LES
# PEUPLES ILLUSTRES

SÉRIE IN-4°.

Propriété des Éditeurs,

*Eugène Adam et Cie*

L'ANTIQUITÉ PITTORESQUE. — III

# LES PEUPLES ILLUSTRES

DESCRIPTIONS TOPOGRAPHIQUES, HISTOIRE, RELIGIONS, MŒURS,
COUTUMES, MONUMENTS, ARTS ET CURIOSITÉS

## DE L'ASIE, DE LA PHÉNICIE, DE LA SYRIE,

### DE LA JUDÉE OU TERRE PROMISE, ETC.

PERSPECTIVES DE SIDON, TYR, CARTHAGE, PALMYRE, JÉRUSALEM,
SAMARIE, HÉLIOPOLIS-BALBECK, ECBATANE, SUSE,
PASARGADE, PERSÉPOLIS, ETC.

CONTRASTES DE LEURS SPLENDEURS D'AUTREFOIS ET DE LEURS RUINES D'AUJOURD'HUI

PAR ALFRED DRIOU

LIMOGES
EUGÈNE ARDANT ET Cⁱᵉ, ÉDITEURS

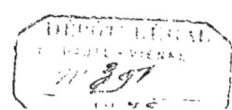

# LES PEUPLES ILLUSTRES.

## PRÉAMBULE.

Les Origines du Monde ;
Les Grandes Républiques de l'Antiquité...

Tels sont les titres de deux volumes qui précèdent ce troisième ouvrage :

Les Peuples illustres du Temps passé.

Lesquels trois livres je vous engage à vous procurer à la Librairie Eugène Ardant et C$^{ie}$, à Limoges, chers lecteurs, car tout différents l'un de l'autre qu'ils soient, ces ouvrages se rattachent et se font suite.

Ils renferment le récit des aventures étranges qui me sont arrivées et qui ont fait de moi presque un savant.

Quelles sont ces aventures? Le court préambule qui suit vous les fera pressentir. Veuillez donc prendre la peine de le parcourir avec plus d'attention qu'on ne met d'ordinaire à jeter les yeux sur une simple préface.

C'était à Paris, rue Blanche, un soir, chez mon oncle de Froley, dans l'atelier de sa fille Evenor, en compagnie de leurs amis Marius Bédrin et Arthur Brigon, tous savants, tous artistes, tous gens ayant visité l'univers entier, fouillé les ruines des plus anciennes cités du vieux monde, ayant tout vu, connaissant tout, à ce point que... je me sentais bien mal à l'aise en leur présence, hélas!

Car, il faut bien vous avouer tout d'abord que moi, Théobald de Lavange, pauvre hère, privé de mon père, mort à la fleur de l'âge, chéri de ma bonne mère, j'étais demeuré fruit sec, et des plus rêches, après des études péniblement subies dans un lycée de province.

Aussi, chez mon oncle, en face de ma cousine Even, en présence des docteurs Bédrin et Bigron, en entendant la conversation la plus éblouissante que puisse imaginer un adepte des quatre Facultés, je me trouvais le plus misérable des humains, n'ayant pas un mot à dire, pas une réponse à faire, ne sachant rien en géographie, rien en histoire, rien en mythologie, encore moins en archéologie, en géologie et autres sciences en *ie*.

Avec cela, mes voyages se bornaient au transport de mon individu de Chartres au Mans, et du Mans à Paris.

Donc, assis de travers sous le regard de l'aréopage qui m'entourait, j'étais là faisant piteuse mine, humant les paroles de mon oncle, m'extasiant devant le savoir de ma cousine, et cherchant à comprendre les problèmes de MM. Marius et Arthur.

La conviction de mon exorbitante ignorance grandissant chaque jour, je cherchais à connaître tout ce que je voyais, enfin que je ne comprenais pas, à réparer tant de temps inutilement perdu, à combler le vide de mon âme, et, en attendant, je n'osais articuler une parole, tant j'avais la conscience de ma nullité, tant je me sentais ignoblement ignare et honteusement sot.

Vainement, pour m'ouvrir les horizons du savoir, ma cousine Evenor, par bonté de cœur, me prenait à part, m'entretenant de certaines études, m'expliquant quelques difficultés que je n'avais pas su vaincre, m'encourageant, me faisant voir les choses sous un jour nouveau : le manque d'habitude de l'application, mon indolence native, un peu le découragement de ne pouvoir arriver à un résultat heureux, et puis la profondeur effrayante qui me séparait de mon entourage, tout me faisait demeurer, sans espoir, dans les bas-fonds de l'ignorance.

Un soir, je vis ma cousine préparant d'immenses albums, remplis de dessins superbes qu'elle-même avait tracés dans ses voyages, en face des sites historiques de l'antiquité. Je la vis ouvrir avec ordre, en glosant sur leurs pages, de magnifiques atlas aux cartes splendides, développant les régions habitées par les premiers peuples, alors que la terre se couvrait des premiers empires et des jeunes républiques. Je la vis, découvrant de longues fresques peintes par son père, sur les larges murailles de son atelier, et présentant le spectacle imposant des plus grands drames de l'histoire des Juifs, des Phéniciens, des Assyriens, des Egyptiens, des Mèdes, des Perses, des Grecs, des scènes mythologiques, ou l'esquisse grandiose des villes les plus renommées, ressuscitées par l'art, d'après les données des historiens d'autrefois.

Ce soir-là, le thé fut apporté de bonne heure et servi par Even, avec une grâce telle que je ne voyais plus en elle qu'une fée jetant à tous des sourires de bonté. Pour moi, dans son regard humide, je trouvais une expression de profonde commisération. Derrière l'azur de ses yeux, je devinais l'azur de son âme, beau ciel rutilant des mille splendeurs étincelantes du savoir, le savoir universel.

Pour répondre à ses bonnes intentions vis-à-vis de ma triste personne, je voulus travailler durant le silence de la nuit, et alors, pour me tenir éveillé, je pris beaucoup plus de thé que de coutume. Or, pendant que je le savourais, lui trouvant un goût tout particulier, je remarquai que les yeux de mon oncle et ceux d'Arthur Bigron et de Marius Bédrin étaient fixés sur moi comme devaient l'être ceux des visiteurs de Socrate au moment où ce philosophe buvait la ciguë, afin d'observer les progrès du poison et étudier les approches de l'instant fatal qui allait plonger cette grande âme... dans les profondeurs de l'éternité...

Je crus même entendre mon oncle dire en sourdine à ces messieurs et à sa fille :

— Un quart d'heure encore et... ce sera fait!...

Cependant minuit sonna.

J'entendis, je comptai même les tintements du bronze...

Mais alors, chose étrange! il me sembla que la voûte de l'atelier s'ouvrait, et que, aussitôt, je nageais dans les plaines d'un air pur, frais et doux, faiblement éclairées par de suaves rayonnements de lune. Il me parut que je prenais mon essor au-dessus de notre sphère terrestre; que d'immenses horizons, enveloppés de la brume d'une nuit tiède et transparente, se développaient à mon regard, se déroulant jusqu'à l'infini...

En même temps, je voyais et j'entendais ce qui va suivre.

— De Paris, que nous quittons, élançons-nous à travers la France. Laissons Marseille et les côtes de notre chère patrie bien loin derrière nous. Jetons à peine un regard sur la Méditerranée, en passant au-dessus de l'Italie et de la Grèce. Saluons seulement ces deux terres de l'art et de la gloire, et abordons en Asie, le grand berceau du genre humain.

Là, va se produire notre vision de la création des mondes, de la naissance des peuples et de l'origine des empires...

C'est la voix magistrale du comte de Froley qui parle ainsi, et elle retentit à mon oreille comme le battant de fer qui frappe sur un gong chinois...

Suis-je donc fou? Non, certes! car je vois bien nettement que nous naviguons tous dans l'éther bleu du ciel... Nous passions, il n'y a qu'un instant, au-dessus de la botte à l'écuyère que simule l'Italie, et du crabe gigantesque que représente la Grèce...

Au délicieux thé que j'ai bu tout-à-l'heure aurait-on donc mêlé une dose quelconque de ce hatchis fameux qui donne à l'imagination humaine des visions fantastiques ineffables, et, dans la surexcitation nerveuse de tout mon être, ne verrais-je pas, comme réels et tangibles, les faits et les choses dont on m'adresse tout simplement le récit ou dont on me donne des esquisses, à l'aide d'albums, d'atlas, de plans, de fresques, de dessins et de gravures?... En vérité, je l'ignore.

Mais ce que je puis affirmer, j'en fais inopinément l'expérience, c'est que la bonne méthode pour apprendre l'histoire et la géographie, pour juger les religions et les mœurs, pour connaître les coutumes et la vie intime des nations, certes! ce n'est pas de lire leurs annales froides et compassées, coulant à pleins bords dans les pages d'un livre, comme un fleuve monotone dans les plaines; c'est de voir, ainsi qu'il m'arrive, grâce à l'invention de mademoiselle Evenor de Froley sans doute, c'est de voir des yeux les comédies, les drames et les tragédies de l'humanité se produire, s'agiter, se mettre en mouvement et en scène, sous les tons chauds et rutilants des brillantes contrées de l'Orient, au sein d'une nature exubérante, au milieu de sites sauvages, ou en présence de paysages charmants, avec des formes, des couleurs, des accidents variés à l'infini...

Et, avec cela, avoir à sa disposition un historiographe comme le comte de Froley, un géographe tel que ma cousine Even, un critique habile de l'acabit de Marius Bédrin, et un savant en *us* de la force d'Arthur Bigron, en un mot des artistes de la trempe des amis qui composent mon cortége, et, à l'envi, s'empressent de me signaler, de m'expliquer, de me faire connaître et de m'aider à juger tous les innombrables tableaux qui se présentent et méritent nos investigations, voilà, j'imagine, une bonne fortune sans pareille!...

Que nous soyons donc emportés par la brise sur un nuage, à la façon des dieux d'Homère, véhiculés sur une vapeur aérienne, ou bien à califourchon sur le Pégase de l'Hippocrène, que m'importe? Ce qu'il me semble, c'est que nous chevauchons dans l'éther du firmament, au-dessus de continents qui glissent sous nos pieds comme les toiles magiques d'un merveilleux panorama. Oui, nous planons, comme l'aigle roi des airs, au plus haut des cieux, sans que j'éprouve la moindre terreur. Seulement, mon cœur bat à se rompre sous l'émotion fébrile que me donne une telle aventure, et, sous l'effet de l'hallucination, le sang martelle mes tempes avec une telle violence qu'il me semble que mon cerveau va s'ouvrir...

Mon oncle est là, cavalcadant à ma droite; Even se tient à ma gauche; nos deux amis nous précèdent, et, du doigt, nous font remarquer le spectacle incomparable qui s'offre à nous, grandiose, splendide, merveilleux...

Jugez-en, cher lecteur!

# CIEUX, SOYEZ ATTENTIFS! TERRE, PRÊTEZ L'OREILLE!

Où l'on met le lecteur au courant de ce qui précède. — Comment on se trouve en Libye. — Ce qu'on voit dans ses déserts. — Simoun. — Science des prêtres égyptiens. — Un mot sur les Pyramides. — Mer Rouge. — Passage de cette mer par les Hébreux. — L'Horeb et le Sinaï. — Description. — Campement des Israélites. — Où Dieu donne ses lois aux hommes. — Sources de Moïse. — Marche du peuple de Dieu. — Colonne de vapeurs. — Nuage lumineux. — Désert de Rhaphidim. — Prodiges. — Tabernacle. — Arche d'alliance. — Chandelier à sept branches. — Mer d'Airain. — Ingratitude. — Châtiments. — Serpent qui guérit. — Passage du Jourdain. — Terre promise. — Mort de Moïse et d'Aaron. — Où paraît Josué. — Paysages. — Mer Morte. — Pourquoi le soleil suspend sa marche. — Partage de la Judée en douze tribus. — Les juges d'Israël. — Débora. — Gédéon. — Jephté. — Les glaneuses du champ de Booz. — Ruth et Noémi. — Maison de David. — Samson. — SAUL. — Enfant et géant. — Une scène de spiritisme. — Salem ou *Vision de la Paix*. — JÉRUSALEM. — Sion, Moriah et Acra. — David assiège Jérusalem. — DAVID. — Vallée de Josaphath. — Gouffre des cadavres. — Revue du monde. — Fondation de CARTHAGE. — Didon. — *Albe-la-Longue*. — SALOMON. — Un rêve béni. — La forteresse de Jérusalem. — Cinq des quatorze tours de la ville sainte. — Sion, cité de David, Ville-Haute. — Moriah et Acra. — Filles de Sion. — Ville-Basse. — Travaux de Salomon. — Opulence et richesses. — Maison des cèdres. — Temple de Jérusalem. — Splendide inauguration. — Fêtes incomparables. — Prodiges. — Grandiose Alleluia! — La reine de Saba. — Erreurs et chute. — Deux royaumes en un seul. — Rois de Judée et rois d'Israël. — *Tristia!*

Notre navire aérien passait lentement au-dessus de l'Egypte, et un sourd murmure, retentissant dans l'air comme une épouvantable charge de cavalerie, faisait osciller notre équipage roulant dans l'espace.

En face de nous se développait la Libye.

Je voyais l'hyène, le chacal, la panthère qui cherchaient curée dans le désert : d'autres hôtes plus gracieux de ces vastes solitudes, l'autruche, la gazelle, disparaissaient dans une course rapide, à la vue de leurs ennemis. Rien n'était beau comme ces gazelles à l'œil timide et doux, si bien dégagées dans leurs formes, à demi sauvages, à demi caressantes, bondissant par troupes parmi les gorges pierreuses du Roc Libyque, et s'arrêtant, attentives et inquiètes, au bruit qui planait au-dessus d'elles.

En même temps, mais plus près de nous, presque sur les rives du Nil, des bandes de bétail se prirent à pousser des gémissements plaintifs; les chevaux hennirent, la nature entière parut s'alarmer.

Peu de minutes après, en effet, le soleil, sur un fond rouge et mat, comme un bouclier sortant de la fournaise, montra son orbe privé de rayons. L'horizon prit des teintes pourpres et violacées; l'atmosphère se chauffa peu à peu à la température d'un four. L'air devint irrespirable; il fatiguait, il brûlait les poumons. Le pouls passa à un état fébrile étrange; il me sembla qu'il allait suffire d'une rafale pour nous donner la mort.

C'était le vent du désert, le simoun, le terrible simoun, qui s'élevait, bruissait, grondait, mugissait et soufflait, presque à l'improviste. Vous le savez, vous qui me lisez, l'air que charrie ce vent est pestilentiel : il tuerait les hommes et les animaux, si ces hommes et ces animaux ne se hâtaient d'éviter de le respirer, soit en se couvrant la figure d'un voile épais, soit en fouissant le sable avec les naseaux.

Ces immenses tourbillons de sable semblent un gigantesque bouleversement de la nature. On dirait qu'ils vont engloutir l'Egypte tout entière, combler son fleuve et niveler sa verdoyante vallée. Ils élèvent leurs nuages fauves à une telle hauteur, que s'ils retombaient aussitôt sur le sol, des villes, des caravanes, des armées seraient immédiatement ensevelies sous leur jaune linceul. L'arène de la Libye garde ainsi presque éternellement des cadavres saisis un jour par l'asphyxie et enterrés à demi vivants. Il en serait ainsi de nous évidemment, si nous reposions à terre : heureusement nous ne sommes que rudement secoués par la violence du simoun qui passe. Pendant quelques instants nous respirons du feu ; notre poitrine est haletante ; nous sentons le sable qui pénètre dans notre bouche, s'infiltre dans notre cerveau et nous livre à une soif brûlante. Even est sur le point de s'évanouir : son père se cache à propos sous un épais burnous. Mais enfin, grâce au ciel, le torrent dévastateur s'arrête ; peu à peu le vent se calme, le simoun cesse, le silence renaît dans la nature et succède à la plus violente tourmente.

Quand le terrible fléau est à sa fin, le savant Marius, qui s'était un instant accroupi, se relève, passe la main sur son front, et s'adressant à moi, en me montrant la longue ligne des chaînes rocheuses qui nous séparent de la Libye et qui ouvrent, ici et là, des vallées mettant l'Egypte en communication avec la Libye, me fait remarquer que les obélisques voisins de Memphis sont placés précisément en face de ces vallées taillées dans le roc. Alors il me dit :

— Je voulais tout-à-l'heure vous donner une preuve des profondes connaissances des prêtres égyptiens, fit-il : eh bien ! mon cher Théobald, le hasard me fournit en ce moment même le moyen de fortifier ces preuves par le fait qui vient d'avoir lieu. Ce que je vais dire est le résultat du profond examen que je fais des Pyramides depuis que je voyage en Egypte avec vous, mes très bons amis. Aussi, vous prié-je de m'entendre, comme le va faire Théobald (1).

(1) Le *Constitutionnel* du mardi 18 février 1862 a publié un rapport plein d'intérêt qui précédemment avait été lu à l'Académie des Sciences et Belles-Lettres du département de la Somme, par M. Anselin, son secrétaire perpétuel, sur un ouvrage de M. de Persigny, ayant pour titre : *De la destination et de l'utilité permanente des Pyramides d'Egypte et de Nubie*. Ce livre de M. le comte de Persigny, écrit depuis longtemps déjà, et cependant jusqu'alors inconnu, nous apporte sur les Pyramides des données nouvelles tellement justes et si frappantes, que nous n'hésitons pas à les regarder comme tout-à-fait concluantes. Aussi nous empressons-nous de mettre au jour et de répandre, autant qu'il est en nous, le système de M. de Persigny, qui explique de la façon la plus vraisemblable l'édification de monuments gigantesques dont l'existence, à titre de tombeaux, ne pouvait véritablement pas satisfaire notre raison.

Voici mon théorème à l'endroit de ces monuments.

*La destination permanente des Pyramides d'Egypte et de Nubie est de s'opposer à l'envahissement des sables du désert.*

Je crois lire quelque étonnement dans vos yeux, mes amis, car comment s'expliquer de prime-abord que des pyramides semées çà et là, espacées entre elles, puissent être un obstacle à l'envahissement des sables, à cette marée de vagues errantes que le vent du désert pousse devant lui, comme il le fait de l'Océan. Mais en me suivant dans mon raisonnement, vous arriverez à ma conviction.

L'Egypte est une immense vallée que le Nil parcourt du sud au nord, depuis la Nubie jusqu'à la Méditerranée, et fertilise de ses eaux. Mais dès l'origine du monde, le vent du désert lui apporte des sables qui tendent à l'envahir. De là ce combat continuel entre Osiris, le génie du bien ou la fécondité, et Typhon, le génie du mal ou la stérilité.

La nature semble avoir voulu cependant protéger l'Egypte; elle lui a donné deux boucliers opposant aux sables une digue formidable : ce sont ces deux chaînes de montagnes qui enferment la vallée du Nil, à l'ouest, vers le grand désert, la chaîne Lybique; à l'est, la chaîne Arabique, parallèle à la mer Rouge.

Cette dernière défend assez bien l'Egypte contre l'arrivée des sables que les vents d'est amènent d'Arabie, et contre lequel ont été jadis employées, avec plus ou moins de succès, les murailles et les plantations. Mais, du côté du grand désert de Libye, la fortification protectrice des montagnes laisse l'entrée à l'ennemi par des gorges, l'une aux confins du Fayoun, l'autre, plus au nord, à la vallée dite

---

Qu'en les édifiant comme obstacle à l'introduction des sables, on les ait utilisés comme sépulcres, rien de mieux. Mais il faut admettre que le dernier mot est dit sur les Pyramides. Leur attribuer, pour but de leur création, la noble et grande destination de repousser les sables, est une idée victorieuse.

Aussi, notre travail sur les Pyramides est-il analysé du mémoire de M. Anselin, et en reproduit-il les arguments les plus irréfutables.

du Fleuve-sans-Eau, nom qui indique que primitivement un bras du Nil y est déjà comblé, et encore vers les lacs Natron.

C'est par ces gorges que les sables du désert de Libye, chassés par les rafales de l'ouest, cherchent à vaincre l'obstacle et à faire pénétrer leurs tourbillons errants dans la fertile vallée de l'Egypte. C'est là que se sont livrés les premiers combats entre la civilisation et le désert, entre Osiris et Typhon. Là, murailles et plantations ont été impuissantes contre le fléau : les unes ont été franchies, les autres renversées. Là est donc l'ennemi, toujours prêt à envahir : c'est donc là qu'il faut veiller sur lui et l'arrêter au passage.

Or, les prêtres égyptiens connaissent deux lois naturelles qui doivent, bien appliquées, préserver leur pays des désastres qui le menacent.

La première de ces lois naturelles peut se formuler ainsi :

Partout où un fluide en mouvement rencontre un corps solide, inébranlable, il y a pression du fluide contre l'obstacle; où il y a pression, il y a condensation et diminution de vitesse.

La seconde fait admettre :

1° Qu'il y a, pour les fluides élastiques, comme pour les fluides incompressibles, ralentissement du courant en amont de l'obstacle;

2° Qu'il y a compression;

3° Que cette compression augmente en approchant de l'obstacle;

4° Enfin qu'à un certain point cette compression se tranforme en ressort et opère réaction sur ce courant.

Les mêmes prêtres ont observé que le vent du désert est presque toujours un vent horizontal, rasant le sol; que les tourbillons sont rares, et leur effet de courte durée : ils ont remarqué que le transport des sables est dû à la forme de la vitesse du vent, supérieure à leur pesanteur, et ils en ont conclu que cette vitesse, étant amoindrie au point d'être inférieure à la pesanteur, celle-ci l'emportera et les sables retomberont sur le sol.

Donc, puisque c'est en face des gorges des chaînes de rochers qui sillonnent l'ouest de la Nubie, que la Nubie est menacée; puisque, dans l'Egypte, c'est la province de Gizeh qui est le plus gravement compromise par les débouchés ouverts dans le Roc Libyque en face du Fayoun, de la vallée du Fleuve-sans-Eau et des lacs Natron, c'est sur ces points essentiels que les prêtres font élever des Pyramides colossales, énergique moyen de combattre l'invasion. Aussi prennent-ils grand souci de l'orientation de ces monuments. Cette orientation ne vient ni d'un méridien quelconque, ni de la marche des mouvements célestes; elle n'a trait qu'à une direction prévue des vents.

Près de ces Pyramides on remarque un sphinx, gigantesque talisman, gardien mystérieux dont la présence écarte le danger. Les prêtres appellent la religion de leur pays à l'aide de leurs travaux : le sphinx a un pouvoir accrédité par les prêtres, et cette présence du sphinx, cette puissance occulte qu'on lui attribue, n'est autre qu'un symbole de la destination des monuments qu'on lui confie. Les prêtres se servent de lui comme d'un voile impénétrable avec lequel ils enveloppent leur science, dont ils veulent être les seuls dépositaires.

Certes, ces Pyramides ont dû servir de tombeaux : mais la destination funéraire de ces constructions n'exclut pas une destination plus utile. Que le peuple ait vu dans l'érection de ces ouvrages titaniques la satisfaction de l'orgueil des Pharaons, c'est très possible. Les prêtres ne rendaient pas compte de leur but mystérieux : mais comme ces travaux énormes ont englouti les trésors de l'Egypte et le sang des peuples, s'ils n'eussent eu pour fin que la frivolité d'une sépulture princière, ces prêtres eux-mêmes n'eussent jamais approuvé ces travaux, tandis qu'ils ont été secondés par ces ministres d'une religion dont le pouvoir domine les Pharaons, et dont le sanctuaire, interdit au vulgaire, est aussi celui de la science.

Quand on pense que, pour l'exécution des Pyramides, furent employés cent mille hommes qu'on relevait tous les trois mois; que dix ans furent employés à la seule construction de la chaussée, qui conduit des carrières de Syène à l'endroit occupé par ces Pyramides; qu'il fallut vingt ans, rien que pour asseoir les fondations de la plus grande, puis trente autres années pour compléter son élévation; quand on songe que toute autre œuvre, l'exercice même du culte, furent alors suspendus, et que, cependant, les prêtres, bien plus puissants que les Pharaons, consentirent à cet engloutissement de trésors, à cette tuerie d'artisans, à cet abandon de la religion, c'est que, évidemment, l'orgueil d'un prince n'était pas seul en jeu.

Non, les prêtres de l'Egypte n'eussent jamais approuvé ces travaux, ils les eussent même interdits, s'il se fût agi d'une simple sépulture royale. Les Pharaons n'eussent pas été seuls atteints de démence; les prêtres, maîtres des Pharaons, eussent été plus insensés qu'eux encore... J'ai dit...

Quand notre orateur se tut, il y eut un moment de silence. Après quoi, le comte, à son tour, prit la parole, et objecta que l'histoire ne dit mot de cette prétendue destination des Pyramides; qu'elle fait des Pharaons, bâtisseurs de ces monuments, de véritables monstres de tyrannie; qu'elle les accuse d'avoir fermé les temples; qu'elle raconte avec complaisance que l'Egypte, irritée, leur refusa la sépulture qu'ils avaient prétendu se donner en pressurant leurs peuples.

A tout cela, Marius ne fit que répondre :

— Précisément!... Ce que vous dites confirme mes opinions. Le peuple, qui ne juge que le dehors des choses, et qui voit les moyens sans connaître la fin, se livre aux passions les plus déraisonnables...

Sur ce, comme notre course aérienne nous portait vers le Roc Arabique, nous découvrîmes bientôt la mer Rouge, témoin naguère du passage triomphal des Hébreux et du désastre des Egyptiens. C'était chose magnifique à voir que cette mer encadrée par ses rivages sévères derrière nous, gracieux et fleuris en face. Le ciel était pur et calme; un faible vent d'est rafraîchissait l'air, où flottaient déjà les tiédeurs du printemps syrien.

A travers de légères vapeurs qui s'étendaient sous le bleu pavillon du firmament, tout à la fois le soleil le matin, et la lune le soir, — car je voyais les deux aspects comme dans un rêve, — tamisaient leurs plus doux rayons. Sur les collines de l'Arabie, vers laquelle nous voguions, la vigne, et dans les vallées les figuiers, montraient leurs feuilles naissantes. Au revers des talus, on voyait les oliviers prendre leur teinte pâle; les myrtes, les caroubiers et le térébinthe étalaient l'éclat verdoyant de leurs jeunes rameaux. Dans les massifs de verdure, on reconnaissait l'amandier couvrant le sol d'une neige rose, au milieu de laquelle se faisaient jour de larges violettes sans parfum. A défaut de rossignols et de fauvettes, j'entendais les tourterelles bleues qui roucoulaient dans les bois de cyprès, et sur les sycomores, les palmiers et les nopals de la pointe de terre qui s'avance entre les bras de la mer Rouge, au nord-ouest de l'Arabie. Enfin, au loin, rutilaient les immenses horizons de sable des trois Arabies, Arabie-Heureuse, Arabie-Pétrée, et Arabie-Déserte.

Alors que nos yeux se portèrent sur la pointe de terre que je viens de signaler, laquelle s'avance au nord de la mer Rouge, enserrée par les deux golfes que la mer ouvre en cet endroit, c'était aussi un vaste désert. Mais, au centre de ce désert, l'Arabie-Pétrée déjà, se dressait une montagne granitique dont le sommet, découpé d'une manière bizarre, offrait l'image d'un animal chimérique, accroupi, et semblant être le gardien silencieux de ces mornes solitudes. Tout bonnement, vus de près, je reconnus deux pics rocheux...

— Horeb et Sinaï!... me dit Even, qui remarqua que mon attention se portait sur ces deux points culminants (1).

---

(1) Le pays du mont *Sinaï* et du mont *Horeb*, ou désert de Tor, limite méridionale de la Syrie, s'étend en forme de presqu'île entre les deux golfes de la mer Rouge; celui de Suez à l'ouest, et celui d'El-Achabé à l'est, dans une largeur de trente lieues sur soixante-dix de longueur. C'est ce que l'on nommait l'Arabie-Pétrée.

Les montagnes, qui sont calcaires du côté de la Syrie, deviennent granitiques en approchant de la mer Rouge. Le Sinaï et l'Horeb sont des pics de granit. C'est par ces monts et le désert de Tor que le peuple israélite arriva en Judée. Ce fut là que Moïse reçut les Tables de la Loi et retint les Hébreux pendant toute une génération, afin d'avoir le temps de faire un peuple de conquérants d'un peuple de pasteurs.

A ces deux noms sacrés, qu'enfant encore ma langue avait tant de fois balbutiés, en lisant la Bible sur les genoux de ma mère, mon

Des moines se sont établis sur le mont Sinaï. Là, le long d'un ravin qui sépare au sud-ouest le Sinaï du mont Horeb, ces religieux ont composé un escalier vaste et commode qui conduit au sommet du Sinaï, au moyen de grandes dalles apportées non sans peine.

Avant de quitter le mont Horeb pour commencer à gravir l'autre montagne, on rencontre une porte cintrée, où jadis se tenait un moine du couvent chargé de recevoir la confession des pèlerins auxquels on ne permettait de franchir le passage qu'après l'absolution de leurs péchés.

Une tradition conservée par les religieux rapporte, au sujet d'une croix qui se voit encore sur la pierre formant la clé de voûte de la porte, qu'un juif, ayant voulu passer pour se rendre sur le Sinaï, une croix de fer lui barra la route, et qu'alors, pour lever l'obstacle, il se fit donner le baptême à la source qui verse ses eaux dans le ravin.

Une autre porte, semblable à celle dont nous venons de parler, existe un peu plus loin. On la rencontre avant d'arriver sur le plateau d'où l'on découvre la cime du Sinaï, ainsi que les deux édifices qui couronnent sa hauteur.

Par suite de l'abandon ou de l'action des eaux de la pluie, l'escalier du mont Horeb est aujourd'hui en grande partie dégradé. Toute cette zone se compose d'un terrain aride qui produit quelques palmiers, des acacias épineux, des tamarins, des sapins et arbustes clair-semés.

Du sommet de ces deux montagnes la vue est admirable.

Dans la vallée du Sinaï, les voyageurs visitent le rocher d'où jaillit l'eau miraculeuse sous la *verge d'Aaron*.

Sur le mont Hor, près de Pétra, ils vénèrent le *tombeau* du même Aaron.

Du reste, Sinaï est l'objet d'un pèlerinage célèbre, car le couvent des moines possède les reliques de sainte Catherine.

Ce couvent est le *monastère de la Transfiguration*. Il est situé entre la montagne dédiée à saint Epistème et le mont Horeb, et adossé contre la muraille qui entoure la base du Sinaï. Sa forme est allongée. Le plus grand ordre et une extrême propreté en font la principale décoration. On dirait un coquet petit village entouré de hautes murailles.

On y voit un puits célèbre qui remonte à l'époque des patriarches, et un grand cyprès isolé, fort ancien.

C'est tout près de là que Moïse rencontra les filles de Jéthro, Marie et Séphora, dont la dernière devint sa femme.

Après avoir quitté le monastère de la Transfiguration pour gravir le sommet du Sinaï, on rencontre à mi-chemin une chapelle dédiée au prophète Elie. Elle est située dans une espèce de vallée formée par la base des montagnes. Cette chapelle est en ruines, mais elle renferme la grotte célèbre où le prophète s'arrêta après avoir marché quarante jours et quarante nuits, et où le Seigneur vint lui parler. Auprès de la chapelle se trouve une source et un très beau cyprès, dont les rameaux répandent au milieu de ces rocs arides et déserts un délicieux ombrage de verdure.

âme fut émue et une vive impression de curiosité me saisit. Le mont Horeb et le Sinaï paraissaient si bien liés ensemble qu'on pouvait les croire une seule et même montagne. Cependant elles sont détachées l'une de l'autre, la première à l'ouest et la seconde à l'est, de sorte que, au lever du soleil, le mont Horeb se trouve enveloppé de l'ombre du mont Sinaï, qui est beaucoup plus haut et semble l'avoir à son pied. Un long ravin, encaissé de rochers énormes, souvent taillés à pic, les sépare au sud-ouest. Le plus majestueux des deux monts est sans contredit le Sinaï : son aspect est d'un effet sublime. C'est un composé d'éminences bouleversées comme les vagues de granit; c'est un chaos de rochers nus, secs et sauvages, qu'on dirait soulevés et amoncelés par d'horribles convulsions. Toutefois, de loin en loin, quelques vallons riants apparaissent entre ces montagnes chauves, et se montrent à vous, tout semés de bocages. D'autre part, on y entend, par intervalles, sous le sol, un murmure prolongé qui ressemble au violent battement d'une pendule et qui semble soulever les sables. Ce phénomène s'explique, comme celui du lac Asphaltite, par l'existence d'anciens volcans; et la grande quantité d'eaux thermales, ainsi que les nombreuses coulées de laves que l'on rencontre dans le voisinage, et d'autres matières bitumineuses, confirment cette opinion. Sur le sol aride, et parmi ces laves, croissent ici et là des palmiers, des acacias épineux, des tamarins, des sapins et des arbustes clair-semés.

Dans la partie blanche du désert qui entoure les deux montagnes, je voyais se détacher en noir mille objets indéfinissables, dont je ne pouvais me rendre raison. Even vint à mon secours, et se drapant dans son burnous à la façon antique, elle dit d'un air inspiré :

— Cieux, soyez attentifs! Terre, prêtez l'oreille!

Le sommet du Sinaï porte à son sommet une chapelle chrétienne, sur le lieu même où Moïse reçut de Dieu les Tables de la Loi.

Les Turcs y ont aussi une mosquée, près de l'endroit où, disent-ils, Mahomet s'éleva vers le ciel.

C'était un début qui promettait. Aussi, le comte, Marius, Arthur et moi, nous mîmes notre âme dans nos yeux pour suivre le discours de notre Pythonisse.

— C'est un campement que tu vois au pied du Sinaï, mon cher Théobald, me dit-elle; cette halte au désert offre un charme, une poésie que ne peuvent présenter nos voyages européens. Les mille points noirs qui maculent le sable sont les hommes; les points fauves signalent les animaux qui les accompagnent; et les parties qui se détachent en un blanc mat, sont les tentes. Nous avons sous les yeux le camp des Israélites délivrés de la servitude de l'Egypte, comme tu as vu, et les voici qui commencent leur longue pérégrination à travers les solitudes de Tor.

Entre la mer et la montagne, ce charmant bouquet de tamarins et de palmiers cache sous son vert feuillage les *sources de Moïse*, d'où s'échappe, par cinq issues, une eau limpide et pure. Ce fut là, non pas que Moïse frappa le rocher, mais qu'il fit, une première fois, désaltérer les Hébreux (1).

Nous arrivons à temps pour voir les crêtes aiguës du Sinaï s'envelopper de nuages, qui bientôt s'amoncellent et se cachent à tous les regards. Les fils de Jacob, dans la plaine, sont consternés et d'autant plus saisis d'effroi que leur guide, le vénérable Moïse, n'est pas avec eux. Il a gravi les rampes de la montagne, et il est allé s'entretenir avec le Dieu d'Israël, qui veut donner au peuple qu'il aime des lois propres à assurer son bonheur. Aussi, voyez : le Sinaï, enfoui dans de profondes ténèbres, fume, gronde, tonne comme un volcan qui prépare une explosion formidable. Le peuple prie d'abord; puis il se lasse de prier; et comme la nuit succède au jour, et le jour à la nuit, et que les éclairs continuent à sillonner l'obscurité, que le tonnerre éclate toujours avec fracas, qu'il se fait sous les pieds comme une os-

---

(1) Napoléon Ier, dans son expédition d'Egypte, poussa sa course jusqu'aux sources de Moïse, et s'y désaltéra. Puis il revint sur ses pas. L'eau de cette source est belle, mais il faut l'aiguillon de la soif pour la trouver potable.

cillation terrible, le peuple juif s'habitue à ce spectacle grandiose : il fait plus, il s'impatiente. Enfin, irrité, le voyez-vous réunir tous les bijoux des femmes, toutes les monnaies qu'il emporte de l'Egypte, et de cet or former, à l'aide du feu, la statue d'un veau stupide, l'adorer, danser autour et lui offrir des sacrifices. Aussi, disons-le, certes! quelle horrible, quelle ignoble ingratitude! Elle fait trembler Aaron; elle fait frémir Moïse, qui, descendant de la montagne, où la vue de Dieu a entouré son front d'une lumineuse auréole, laisse tomber sur le sol, où elles se brisent, les Tables de la Loi, sur lesquelles le Seigneur a gravé son admirable Décalogue...

Alors le chef du peuple fait entendre sa voix menaçante : il renverse l'idole et punit ses infâmes adorateurs.

Puis, afin de le gagner à l'amour du Très-Haut, il fait lever le camp, et toute l'armée des Hébreux s'avance en une immense caravane qui, se déployant sur le sable du désert, semble un serpent gigantesque déroulant avec effort ses noirs anneaux dans la plaine, afin d'être l'objet de tant de priviléges et témoin de tant de miracles, que désormais son ingratitude deviendra le plus épouvantable des forfaits.

Admirez avec moi cette colonne lumineuse dans les ténèbres, et, de jour, semblable à un nuage en spirale que le vent chasse, qui guide la marche des Israélites. N'est-ce pas là déjà un premier prodige bien propre à révéler à ce peuple grossier la bonté de son Dieu?

Et dans cette blancheur qui couvre le sol chaque matin, ainsi qu'une neige tombée pendant la nuit, ne reconnaissez-vous pas la manne sacrée qui nourrit toute cette foule, avec la pluie de cailles que nous voyons s'abattre autour du camp, dans le désert de Sin?

Voici le *désert de Rhaphidim*, qui ouvre maintenant ses solitudes sans limites. Qu'il est sec et aride! Aussi remarquez comme les teintes dorées de l'Orient ne colorent plus le ciel comme à l'ordinaire.

Au contraire, de grandes lignes livides s'étendent au loin sous le soleil; aucune brise ne trouble plus le calme profond de l'air. Aussi les Hébreux sont silencieux; l'inquiétude se peint sur leurs figures : ils semblent pressentir la grande souffrance de la soif. En effet, les lignes qui voilent le soleil prennent un caractère menaçant. Un mugissement mystérieux se fait entendre dans les profondeurs du désert, et les sables soulevés tout-à-coup par un vent violent forment des nuages embrasés au milieu desquels la multitude étouffe de chaleur. La soif la dévore. Aussitôt Moïse prend à la main la verge redoutable, qui tant de fois déjà s'est signalée par des merveilles : il se met à la tête de l'incommensurable caravane, et va droit à des massifs de rochers qui dominent la nappe de sables, non loin de la base de l'Horeb, que l'on tourne en ce moment. Alors, il frappe le rocher une première fois, avec la majesté que donne le pouvoir. L'eau que désire Moïse ne vient pas. Il frappe plus vivement la pierre, qui demeure insensible de nouveau. Cette fois, le guide des Hébreux, d'un coup violent de sa verge sacrée, fait enfin jaillir du roc desséché une eau fraîche qui s'épanche soudain en nappes immenses... Aussi l'armée entière s'abreuve avec délices, et l'eau qui en coulera désormais racontera aux peuples futurs l'admirable bonté de Dieu. Mais Moïse, à raison de l'impatience qu'il a montrée en se défiant du Seigneur, sera puni, car il ne verra que de loin la terre promise réservée au peuple qu'il conduit.

Suivons les fils de Jacob dans ce *désert d'Arabie*, et se dirigeant vers cette terre promise, objet de leurs désirs. Hélas ! l'ingratitude des Juifs, l'impiété même qu'ils manifestent trop souvent, les rendent bien coupables, car en quelques jours ils pourraient atteindre ce lieu de délices où le repos les attend, tandis qu'ils camperont pendant quarante années dans ce désert, et pour entrer dans la terre de Chanaan, ils auront à combattre des peuples nombreux pour les déposséder.

Cependant, afin de frapper les regards et de gagner à Dieu les cœurs de ses enfants d'Israël, que leur séjour en Égypte a rendus matériels et grossiers, Moïse élève un somptueux tabernacle qu'habitera le Seigneur, toujours ainsi présent parmi son peuple. Admirez cette demeure divine. C'est une vaste tente, de l'étoffe la plus précieuse, enrichie de magnifiques broderies, enveloppée, pour la préserver, d'une seconde étoffe tissue en poils de chevreaux, afin de la garantir de l'humidité. Un voile des plus riches sépare en deux ce sanctuaire portatif. Dans la partie la plus reculée sera le Saint des saints, près duquel le pontife seul aura accès.

Il place dans ce sanctuaire l'arche d'alliance, œuvre merveilleuse, faite d'un bois incorruptible. Sorte de coffre, elle est destinée à renfermer les Tables de la Loi, la verge d'Aaron et un vase plein de manne, de cette manne précieuse que les Juifs recueillent dans le désert. En outre, l'arche d'alliance doit être portée dans les expéditions militaires, comme gage certain de la protection divine (1).

En face de cette arche brûlent sept lampes d'or.

Douze pains de proposition, un par chacune des douze tribus du peuple juif, comme droit aux bénédictions du Seigneur, reposent là aussi devant le Dieu qui habite le tabernacle.

On place également dans la première partie de ce même sanctuaire l'autel des sacrifices, la cuve d'airain pour les ablutions des sacrificateurs, le chandelier d'or à sept branches, toutes choses merveilles d'art, de richesse et d'élégance.

Contemplez aussi ces légions de prêtres et de lévites avec leurs tuniques et leurs dalmatiques de pourpre, et le grand pontife vêtu de l'éphode et de la robe blanche bordée de sonnettes d'or, coiffé de la tiare et la poitrine couverte du rational aux douze pierres précieuses, figurant encore les douze tribus issues de Jacob.

(1) Lors de la prise Jérusalem par les Chaldéens, au temps de Nabuchodonosor 1ᵉʳ, Jérémie fit cacher l'arche d'alliance dans un souterrain. Ensuite il la fit déposer dans une caverne profonde que Dieu lui indiqua, dans la montagne de Nébo, où Moïse fut enterré. L'entrée de cette caverne est si adroitement fermée que nul homme ne saurait la découvrir, sans une révélation particulière, ce qui arrivera quand tous les Juifs seront réunis dans leur ancienne patrie.    (*T.*)

Les tentes de ces douze tribus forment un immense carré composé de nombreuses lignes. Au milieu de ce camp s'élève le tabernacle et ses trésors. Quel spectacle pourra jamais égaler la majesté de Celui que nous montrent toutes les tribus prosternées en avant de leurs tentes, pendant qu'autour du tabernacle les trompettes sacrées font entendre leurs religieuses symphonies, et que l'encens fume en nuages immenses qui semblent vouloir cacher aux yeux des mortels les lévites et les sacrificateurs égorgeant les victimes sur l'autel où le feu du ciel vient les dévorer.

Hélas ! nonobstant l'immense étendue de la généreuse bonté de Dieu, le châtiment devient impérieux : le voici qui tombe sur les coupables.

*Nadab* et *Abiu* sont engloutis dans un gouffre embrasé pour avoir emprunté le feu de leurs encensoirs à des brasiers profanes;

Un infâme blasphémateur, qui s'est oublié au point de maudire le Seigneur, est lapidé à la porte du camp;

Un autre misérable qui a préféré son intérêt à l'obéissance qu'il doit à Dieu, est également mis à mort;

*Coré, Dathan* et *Abiron*, pour s'être révoltés contre le chef du peuple, sont engloutis, vivants, avec leurs femmes et leurs enfants, dans le sein de la terre;

*Marie*, la sœur de Moïse, qui n'a pas craint de murmurer, est instantanément couverte d'une lèpre honteuse, qui la dévore et l'humilie;

Enfin Moïse et Aaron, son frère, au pied de l'Horeb, en frappant le rocher de la mystérieuse baguette, eux aussi ont un instant douté que le miracle de l'eau jaillissante soit possible. Aussi, voyez : le premier meurt sur la montagne de Nébo, où pour jamais son corps est soustrait à tous les regards; et le second expire sur celle de Hor, sans que ni l'un ni l'autre n'ait mis le pied dans la future patrie de leur peuple !

Et cependant les prodiges ne manquent pas pour rendre les fils de Jacob fidèles au Dieu de leur père :

C'est d'abord un serpent d'airain qui, exposé au milieu du camp, guérit tous ceux qui le contemplent avec les yeux de la foi ;

C'est ensuite la victoire qui couronne les efforts des Israélites dans le *combat de Jassa*, toutes les fois que Moïse lève des mains suppliantes vers Dieu du haut d'une montagne ;

C'est le devin et prophète *Balaam*, dont l'ânesse se prend à parler pour lui reprocher ses violences, et qui, lui-même, bénit ceux qu'il venait maudire ;

C'est le *passage du Jourdain* (1), que toute l'armée juive traverse à pied sec, à la suite de l'arche d'alliance, portée par les lévites, pendant que les eaux du fleuve se partagent en deux murailles de cristal de chaque côté des Hébreux.

C'est ensuite la chute des remparts de *Jéricho*, alors que sonnent les trompettes des prêtres et que l'arche sainte a fait le tour de la cité (2).

(1) « Je voulais voir le *Jourdain* à l'endroit où il se jette dans le lac Asphaltite, dit M. de Châteaubriand. Nous levâmes donc le camp, et nous cheminâmes pendant une heure et demie, avec une peine excessive, sur une arène blanche et fine. Tout-à-coup les Bethléemites s'arrêtèrent et me montrèrent de la main, au fond d'un ravin décoré d'arbres de baume et de tamarins, quelque chose que je n'avais pas aperçu. Sans pouvoir dire ce que c'était, j'entrevoyais comme une espèce de sol en mouvement sur l'immobilité du sol. Je m'approchai et je vis un fleuve jaune que j'avais peine à distinguer de l'arène de ses deux rivages. Il était profondément encaissé et roulait une onde épaissie... C'était le Jourdain ! »

Les douze pierres que les Israélites déposèrent sur le rivage, une par chaque tribu, après avoir accompli le passage du Jourdain, sont mentionnées par Rudolphe de Suchem, au quatorzième siècle.

Plusieurs voyageurs modernes, Irby, Mangles, Bukingham, pensent que l'on pourrait découvrir ces pierres près du gué passé par les fils de Jacob, à quelque distance *au-dessus* de Jéricho.

(2) Un pauvre village, du nom de *Richa,* occupe aujourd'hui le site de Jéricho. A quelque distance, ou sur l'emplacement même des ruines de l'ancienne Jéricho on trouve un château et un village que les Arabes appellent *Richa*, altération de *Ericha*, où l'on entrevoit le nom primitif de Jéricho. C'est un misérable petit pays,

C'est aussi *Josué* qui, pour rendre complète une victoire, fait prolonger le jour, et s'écrie :

— Soleil, arrête-toi sur Gabaon!... Lune, n'avance pas encore sur la vallée d'Aïalou!...

C'est enfin l'entrée du peuple de Dieu dans la *terre promise*, après que tous ses ennemis, Moabites, Ammonites, Madianites, Edomites, Amorrhéens, Chananéens, Philistins, Jébuséens, ont été effacés du nombre des nations, mais alors aussi... que toute la génération des Israélites, sortis de l'Egypte, n'existe plus, et se trouve remplacée par ses descendants.

Or, selon que parle Even, toutes choses se montrent à moi dans leur magnificence, ou dans leur hideux tableau : marche de hordes immenses qui soulèvent la poussière sous les pas; eaux tombant en cascades de rochers sourcilleux; tourbillons de feux dévorant leurs victimes; cérémonies sacrées en face de Jéhovah; batailles sanglantes, qui jonchent le sol de morts et de mourants, et font exhaler des gémissements et des plaintes sans nom; blanches plages du désert capitonnées de cadavres dénudés de leurs chairs par les bêtes

grossièrement construit avec des ruines anciennes, et habité par des Bédouins indolents, vicieux et méprisés. Le climat de Jéricho est d'une chaleur intolérable, et les voyageurs y sont exposés à des fièvres dangereuses, s'ils y prolongent leur séjour.

Les saintes Ecritures appellent Jéricho la *ville des Palmiers*. Au dix-septième siècle, les palmiers existaient encore. Cette région produisait aussi du miel, de l'opobalsame, le *cophez* du cantique des cantiques, le myrobolan, le sycomore, et la plupart des arbres à fruits connus. Le sol pourrait redevenir fertile; mais l'indolence des habitants paraît être la principale cause de sa stérilité.

Le château, ou tour carrée de Jéricho, passe pour avoir été la *maison de Zachée*, qui monta sur un arbre pour voir Jésus.

La *maison de Rahab* existait auprès de la fontaine. Ses restes sont confondus avec les décombres d'arches du voisinage.

En venant de Jérusalem à Jéricho, on trouve à l'entrée de la plaine une montagne très haute. C'est là que le démon transporta le Sauveur pour le tenter.

Ce fut aussi dans les déserts de cette montagne que Jésus fit un jeûne de quarante jours, appelé la *quarantaine*.

féroces, ou formant sous l'arène charriée par le vent mille ondulations semblables à celles d'immenses cimetières.

Je voudrais peindre, dessiner, tout au moins crayonner les admirables paysages que j'ai sous les yeux, au moment où notre aérienne pérégrination nous porte au-dessus de la terre promise, qu'envahissent les Israélites. Je l'ai vue dans une première excursion déjà, alors qu'elle sortait des mains du Créateur; mais elle ne revêtait pas alors cette splendide poésie et cette richesse pittoresque que je lui trouve aujourd'hui. Ce qui la fait paraître à nos yeux plus verte, plus accidentée, plus riante et plus belle que jamais, c'est certainement le contraste très frappant du désert que nous quittons, et l'opposition crue, sans transition, de la décrépitude de l'Arabie-Pétrée qui l'entoure de ce côté, avec la jeunesse printanière de la terre de Chanaan; montagnes sourcilleuses, rochers escarpés, poétiques vallées, fleuves onduleux, lacs endormis, bois de palmiers et de térébinthes, massifs de lentisques et de nopals peuplés de langoureuses colombes bleues, de blanches cigognes et de mille oiseaux dont le plumage aux vives couleurs égaie les bocages; sol plantureux et déserts même, mais déserts de peu d'étendue; rien ne manque à cette contrée bénie que le Très-Haut livre au peuple qu'il protége. A la contempler de haut, comme nous le faisons, c'est une région ravissante que cette terre qui sera bientôt le théâtre de tant de grandeurs, de faits importants et de mystères de gloire et d'amour.

Aux alentours de la mer Morte, qui cache à cette heure les ruines de Sodome, Gomorrhe, Séboïm, etc., le sol est âpre et stérile, et présente un caractère sauvage; mais cet aspect sévère prépare à la contemplation de ce lac témoin d'une vengeance bien méritée. Bientôt miroite au soleil un vaste bassin dont les eaux semblent de plomb. Ses bords sont plats à l'orient et à l'occident : puis ils se relèvent en croupes ondulées au sud et au nord. La mer Morte n'a pas cette teinte funèbre que son nom seul évoque. C'est un lac éblouissant dont la surface réfléchit le soleil, étincelle et inonde le désert de ses reflets.

Seulement, cette mer est véritablement morte, car elle n'a ni mouvement ni bruit : les vagues lui manquent; ses ondes semblent trop lourdes pour le vent, l'écume de ses lames ne lutine jamais les cailloux de la grève. Elle produit l'effet d'une mer saisie subitement par une congélation soudaine. Elle exhale des miasmes chargés de bitume et de soufre, dont on voit des reliefs sur tous ses rivages. Des eaux minérales jaillissent à la surface du sol dans son pourtour, et tout indique un sol éminemment volcanique (1). Mais les oiseaux passent sains et saufs au-dessus de ses eaux, car j'y vois des hirondelles qui, dans leur vol capricieux, cherchent à y puiser les gouttelettes nécessaires à la construction de leurs nids.

De Jéricho jusqu'au Jourdain, l'œil s'arrête avec complaisance sur de vastes champs où la culture semble des plus fécondes. Les verts maïs s'y convertissent promptement en fauves moissons qui brillent au soleil ou ondulent au vent du soir. Puis, tout redevient encore sable et désert. Mais ensuite le regard descend une zone de talus veloutés de gazon qui s'incline peu à peu vers une plaine plus basse, et fait pressentir qu'un fleuve doit y promener ses eaux bienfaisantes. En effet, le Jourdain, qui vient du nord de la Judée et qui s'est fait entre les plateaux du désert une oasis ombreuse et fraîche, apparaît bientôt parmi des touffes de joncs en fleurs, de bulbeuses aux

---

(1) On a prétendu que sur les eaux du lac Asphaltite, résultat d'une violente commotion de la nature et d'une éruption volcanique, l'homme flottait comme un morceau de liége, tant ces eaux sont lourdes comme le plomb. C'est une erreur. Des esclaves jetés pieds et poings liés dans le lac, par l'ordre de Vespasien, descendirent parfaitement sous les eaux. Pocoke fit une semblable expérience, et prétend n'avoir pu s'y enfoncer. Il faut dire tout simplement que les eaux de la mer Morte soutiennent beaucoup mieux les corps que toutes les autres eaux connues.

D'autre part, nous savons par M. de Châteaubriand que *le fameux fruit rempli de cendres,* dont parlent certains voyageurs, croît à deux ou trois lieues de l'embouchure du Jourdain. « Il est épineux, nous dit-il, et ses feuilles sont grêles et menues. Son fruit est tout-à-fait semblable, par la couleur et la forme, au petit limon d'Egypte. Lorsque ce fruit n'est pas encore mûr, il est enflé d'une sève corrosive et salée : quand il est desséché, il donne une semence noirâtre qu'on peut comparer à des cendres, et dont le goût ressemble à un poivre amer. »

larges corolles, des bouquets d'arbustes aux tiges flexibles, des peupliers de Perse au feuillage touffu. Des forêts de saules, de grands osiers impénétrables s'étendent à perte de vue sur les deux rives du fleuve, dont ils suivent les sinuosités, en le bordant d'une perpétuelle guirlande de rameaux et de feuilles qui trempent dans ses eaux d'un bleu pâle, légèrement ternies par le mélange des terres grises qu'il charrie.

Du Jourdain à la Méditerranée, et du sud au nord, en remontant la terre de Chanaan qui longe le rivage oriental de cette vaste mer, m'apparaît une autre zone où la vigne croît avec vigueur. L'oranger, le citronnier, le figuier, le grenadier, l'olivier y montrent tout à la fois leurs étoiles d'argent, leurs aigrettes de pourpre et leurs fruits d'or.

Puis, à l'ouest, l'œil est attristé par l'aspect de montagnes rocheuses, grises et ternes, presque sans aucune végétation autre que de maigres palmiers et de chétifs oliviers. Je reconnais ce passage mélancolique où j'ai vu mourir Adam, le premier homme, où Isaac faillit être immolé par Abraham. C'est le mont Moriah, c'est Acra, c'est Sion. Déjà une ville couronne les hauteurs de Moriah et d'Acra.

Cette ville est *la Vision de Paix*, ainsi que l'appela, en la formant, le roi et grand prêtre Melchisédech, en l'an 2023 de la création du monde, ainsi que nous l'avons vu : c'est *Jébus-Salem*, ainsi que l'appellent les Jébuséens, qui s'en sont rendus maîtres cinquante ans après sa fondation : c'est Jérusalem, nom que lui donneront les nouveaux vainqueurs; c'est *Verousch al Aïmal*, ainsi que la nommeront les peuples vaincus, pères des futurs Arabes. Mais Jérusalem n'est en ce moment qu'une cité de peu d'importance : à peine quelques murailles entourent-elles ses demeures.

Une longue chaîne de montagnes, dernières ondulations du Liban méridional, remontent vers le nord, comme la terre de Chanaan qu'elles sillonnent, pour se rattacher à la chaîne principale. Mais comment pouvoir dire les merveilleux aspects qu'offrent et ces montagnes, et les vallées qu'elles enserrent, et les villes qui couronnent leurs assises, et les bois qui capitonnent leurs rampes pittoresques, et les vaporeux pâturages et les clairières accidentées qui partout frappent les regards?

Ici, c'est *Bethléem*, Beit-Lhem, la *Maison du Pain*, nom que lui donna Abraham; Bethléem située sur le flanc d'une colline, au-dessus du vallon des Pasteurs, et non loin du tombeau de Rachel; Bethléem qui verra bientôt naître David, Elimelech, Booz, Jessé et CELUI à propos de qui l'Ecriture dit : *Et toi, Bethléem Ephrata, quoique tu sois une des moindres villes de Juda, c'est de toi que sortira mon fils, dit le Seigneur, et il sera le dominateur dans Israël...*

Là, c'est *Mambré*, où dort Adam du dernier sommeil; Mambré, où l'on voit la double caverne qu'Abraham acheta d'un Hétéen pour en faire un double tombeau, et où reposent Abraham, Isaac et Jacob, en regard du septentrion, et vers l'orient Sara, Rébecca et Lia; Mambré, où s'élève encore ce chêne sous l'ombrage duquel Abraham accueillit les anges de Dieu...

Ailleurs, c'est *Béthulie*, nichée sur une gracieuse éminence; la vallée de Térébinthe, étroite et profonde, semée de vignes et arrosée du torrent où bientôt David prendra les cinq pierres dont il frappera Goliath; puis le vallon de Jérémie, où, comme aux filles de Madian, je vois les femmes porter sur leurs têtes des urnes pleines d'eau; ensuite c'est le village placé sur une éminence rocailleuse où naîtra un jour le bon larron; puis la délicieuse plaine de Saarons, dont les roses qui la couvrent embaument l'air de leurs parfums enivrants; la charmante bourgade de Rama, dont les ravins raboteux qui l'entourent redirent si fort les douleurs de Rachel; et puis Nazareth, cachée parmi les montagnes, comme la violette sous les gazons; et Cana, et Capharnaüm, et Corozaïn, et Bethsaïde, et Naïm, et Sichem, et Samarie; puis, c'est aussi le lac de Tibériade, les grottes de Gelboë, les montagnes d'Engaddi, le désert de Ziph, enfin le mont Thabor et le mont Carmel, tant de fois témoins de drames terribles ou de sc touchantes que la Bible nous raconte avec son admirable simplicité.

Tour à tour cet ensemble de beautés de nature, ces contrastes heurtés de paysages sauvages et gracieux, sévères et mélancoliques, riants et sombres, que surmontent des amphithéâtres de montagnes qui se teignent tantôt de lignes violacées et jaunâtres, tantôt de tons fauves et d'un rouge ardent, dont la Terre promise devenue la Judée m'offre le tableau, charment mon regard curieux et enchantent mon imagination. Tour à tour villes et bourgades, plaines et montagnes, lacs et fleuves semblent ne passer au-dessous de moi qu'avec une lenteur majestueuse, comme pour me laisser le loisir de les admirer.

Alors la conquête de la terre de Chanaan une fois mise à fin, j'assiste au défilé des tribus et je suis témoin de leur installation dans cette nouvelle contrée.

Moïse avait assigné déjà aux tribus de RUBEN et de GAD, et à la demi-tribu de MANASSÉ, les terres à l'orient du Jourdain. Les villes de la première sont *Adom*, près de l'endroit où les Israélites viennent de passer le Jourdain, *Hésebon, Cariathaïm, Bozor* et *Jazer*, où Séhon est battu. *Manaïm, Sucoth, Phanuel* et *Maspha*, future résidence de Jessé, sont attribuées à la seconde. Enfin, *Astaroth, Adraï*, où Og, roi de Bazan, fut vaincu et coupé en morceaux, et *Canath*, où Gédéon défit deux rois madianites, sont données à la troisième.

Josué partage alors le pays de Chanaan aux autres tribus.

Au midi, la tribu de JUDA occupe la contrée qui renferme *Bersabée, Hébron, Bethléem* et *Jérusalem*.

SIMÉON, voisine de Juda, est mise en possession de *Horma, Siceleg, Jerimoth, Lobna, Macéda, Eglon, Odollam*, etc.

BENJAMIN, à l'ouest du Jourdain, possède *Jéricho, Béthel, Ophra, Gabaa, Gabaon, Rama, Maspha, Galgala*, où Saül sera proclamé roi, etc.

La tribu de DAN, placée à l'occident de Juda, s'empare des villes du littoral, *Joppé, Accaron, Zaréa, Aïalon, Ekron*, etc.

Celle d'EPHRAÏM, au nord de Dan, a pour villes principales *Sichem,*

*Galgal, Saarons, Gazer, Silo*, où l'arche d'alliance demeurera longtemps; *Béthoron, Rahmath*, patrie future de Samuel; *Samir* et *Pharaton*.

MANASSÉ, au nord d'Ephraïm, s'établit à *Mageddo, Thenach, Endor*, où Saül consultera la Pythonisse; *Thébès*, où périra Abimélech; *Ephra*, qui donnera le jour à Gédéon; et *Samarie*, qui n'est pas encore fondée.

Du Carmel au Jourdain, au nord des autres tribus, celle d'ISSACHAR entre dans les villes de *Jezraël*, qui verra la victoire de Gédéon; *Hapharaïm, Sunam*, non loin des monts Gelboë, où Saül perdra la vie, etc.

AZER, entre Sidon et le Carmel, au nord encore, devient maîtresse de *Rohob*, d'*Helcath* et d'*Achsaph*, puis de Tyr, de Sidon et d'Acco, qui restent à leurs possesseurs actuels.

Du lac de Génézareth ou mer de Tibériade au mont Carmel, la tribu de ZABULON entre dans les villes de *Capharnaüm*, de *Béthulie*, que Judith défendra contre Holopherne; de *Cana*, de *Gath-Héphir*, qui verra naître Jonas; de *Nazareth* et de *Sephoris*. Le mont Thabor et le lac de Tibériade lui appartiennent.

NEPHTALI s'étend depuis Capharnaüm jusqu'à l'endroit où le Jourdain sort de terre, au pied du Liban, par deux branches, dont l'une prend le nom de Jor, et l'autre celle de Dan. Ses villes sont *Dan, Madou*, prise et brûlée par Josué; *Azor, Cédès*, non loin de la vallée de Sennim, où Sisara recevra le coup de la mort; *Mérom*, près du lac de ce nom, dont la rive occidentale a vu la victoire de Josué sur les rois confédérés du nord de la terre de Chanaan.

Quant à la tribu de LÉVI, on ne lui donne ni villes ni domaines, car elle doit recevoir la dîme de tous les fruits de la contrée.

Cependant, les Philistins conservent *Accaron, Azoth, Ascalon* et *Gaza*, au sud-ouest de la Judée. D'autres peuples ennemis sont refoulés à l'est et au nord de la contrée. Ce sont les Edomites ou Iduméens, descendants d'Esaü; les Amalécites, fils d'Amalec, fils lui-même d'Esaü; les Madianites, issus de Madian, fils d'Abraham et de Céthura; les Moabites et les Ammonites, descendants des filles de Loth, et les Ismaélites, fils d'Ismaël, dont les douze tribus errant dans les déserts à l'orient de la Judée deviennent les pères des Arabes futurs.

Mes compagnons de voyage me laissent longtemps plongé dans une muette contemplation en face des métamorphoses étranges qui se passent sous mes yeux, plus vite que la pensée, sans toutefois que j'en perde le moindre détail. Mais enfin je sens une main qui se fixe sur la mienne, et tournant la tête vers l'importun qui m'enlève à mon attention admirative, j'entends aussitôt le comte qui prend la parole et dit :

— A la mort de Josué, qui ne quitte la vie qu'à l'âge de cent dix ans, les enfants d'Israël sont gouvernés pendant quelque temps par un conseil des anciens, composé de soixante-dix membres, qui règle les affaires générales. Les douze tribus forment alors une sorte d'Etat fédéral, dont le chef est le grand-prêtre. Sous ce gouvernement, les Hébreux, comme tu le vois, achèvent la conquête du pays, commencée par Josué avec tant d'éclat.

Dieu bénit et protège à jamais son peuple : mais quand les Israélites se livrent au culte des faux dieux, à celui de Baal, par exemple, vois et comprends, il suscite contre ces infidèles et *Chusan*, roi de Mésopotamie, qui tient Israël en servitude pendant huit années, et *Eglon*, roi de Moab, et *Jabin*, roi de Chanaan, qui lui portent de rudes coups. Mais aussitôt que ce même peuple revient à lui, les larmes aux yeux, la douleur dans l'âme, il lui tend une main secourable et lui envoie des protecteurs, souvent même des héros, qu'il fait lever parmi les plus faibles de ses enfants. Ainsi,

Voici la jeune prophétesse *Débora*. Elle gouverne les tribus, et c'est par l'inspiration de cette faible femme que la violente *Jahel*, une autre pauvre femme, ne craint pas de clouer sur le sol de sa tente la tête du lâche *Sisara*, général de Jabin, qui s'y est endormi.

Voici *Gédéon*, qui met entre les mains de ses plus vaillants soldats des vases de terre renfermant des lampes allumées, et des trompes de guerre. Alors, faisant irruption, en silence, pendant la nuit, dans le camp des Madianites, ses cohortes sonnent toutes ensemble et subitement de leurs trompes effrayantes, en brisant leurs vases dont les lampes flamboient tout-à-coup, et les Madianites, effrayés, sont taillés en pièces, et leur sang impur abreuve les sillons de la contrée.

Voici *Jephté*, dont le vœu fatal lui donne sur les Ammonites une brillante victoire qu'il ensanglante ensuite par le sacrifice de sa blanche fille, vierge immaculée qui pleure sa mort au versant des collines, entourée de ses compagnes, « sacrifice qui ne peut être excusé que par un ordre secret de Dieu, sur lequel il lui a plu de ne nous rien faire connaître, » dira le grand Bossuet.

— Pardon, dis-je sans crainte d'interrompre mon oncle; mais permettez-moi de contempler cette scène biblique, cette touchante pastorale dont les champs voisins de Bethléem sont le théâtre.

— Oui, les glaneuses du champ de *Booz*, *Ruth* et *Noémi!* fait Even. Tu m'apparais en effet, douce et résignée Noémi, belle juive, veuve d'*Elimélech*. Tu as suivi ton mari dans le pays de Moab, où tu en as deux fils, dont l'un épouse Ruth, fille d'Eglon, roi de la contrée, et l'autre *Orpha*. Mais la mort, l'impitoyable mort vient fermer les yeux de ces deux enfants chers à ton cœur, et, comme toi, Ruth et Orpha deviennent veuves. Réjouis-toi cependant, car si Orpha te quitte, la tendre Ruth te reste.

« Ton Dieu sera mon Dieu, et ton peuple mon peuple! » te dit-elle.

Et la voici qui te suit à Bethléem, ta patrie, où tu retournes. Hélas! la misère s'assied à ton pauvre foyer, et, pour vivre, tu dois aller glaner derrière les moissonneurs de Booz, ton parent. La Providence a ses desseins : Booz devine ton amour filial, Ruth, et il use d'un pieux stratagème pour te donner, et à Noémi, le pain qui vous manque : nombre d'épis sont oubliés par les moissonneurs. Booz fait plus : gagné par la vertu de ton âme, il t'épouse, et tu deviens la mère d'Obed, de qui naîtra bientôt David. De ta descendance sortira un roi, et de ce roi un Dieu!

J'essuie une larme furtive qui glisse de mes cils, lorsque mon oncle reprend :

— Après Jephté, *Abésan*, *Aïalon* et *Abdon* gouvernent Israël, sous le nom de Juges.

Puis, voici venir *Samson*, l'Hercule d'Israël, et, comme Hercule, faible dans sa force; Samson qui tue les lions, Samson qui entre dans Ascalon pour y égorger en plein jour trente jeunes hommes, afin de leur prendre trente vêtements qu'il a promis à trente jeunes amateurs d'énigmes; Samson qui s'empare de trois cents renards, leur attache à la queue des torches flamboyantes, et les lâche dans les blés des Philistins; Samson qui, avec une mâchoire d'âne, donne la mort à plus de mille ennemis; Samson qui monte à Gaza, pendant la nuit, enlève les lourdes portes de la ville et va les déposer sur une haute montagne; Samson enfin qui, vaincu par Dalila, une faible femme! se trouve abandonné de Dieu, et se punit lui-même de sa faute en entraînant dans sa mort la ruine d'un temple d'idoles et le trépas de trois mille Philistins.

Mais quel est ce charmant petit lévite, ceint de l'éphod sacré, qui s'empresse d'accourir à la voix de Dieu, qu'il croit être celle d'*Héli*, le grand-prêtre? Assurément, tu le reconnais, Théobald : c'est le timide et pieux *Samuel*, juge futur des différends du peuple.

Devenu grand et inspiré par le ciel, afin de contenter le peuple juif qui aime les spectacles propres à frapper les sens, Samuel donne la consécration sainte au premier roi d'Israël, à SAÜL, fils de Cis; à Saül qui se fait remarquer par sa haute taille et sa beauté, à Saül le grossier laboureur qui cherche les ânesses de son père, égarées dans les bois de Gabaa, à Saül le terrible général qui égorge les bœufs et les divise en douze parts, qu'il envoie aux douze tribus d'Israël, pour les convier à courir sus aux ennemis des Hébreux. Car ces ennemis deviennent d'autant plus nombreux, que les fils de Jacob sont bien infidèles, infidèles à ce point que l'arche d'alliance leur est enlevée et devient l'offrande faite à Dagon (1), l'idole des Philistins!

Contemple à cette heure les victoires de Saül, sa folie, ses erreurs; écoute les chants harmonieux du jeune pâtre David qui, appelé de Bethléem qui l'a vu naître, et dont la vallée le voit garder les troupeaux de son père, calme les fureurs du prince par les accords de sa harpe; vois-le portant à ses frères qui font partie de l'armée du prince les vivres dont ils ont besoin, et s'étonner à la vue du géant Goliath provoquant Israël. C'est dans la vallée de Térébinthe qui se trouvent les deux camps, et comme elle est arrosée par un ruisseau, David, irrité, y prend quelques pierres propres à être lancées avec la fronde, et le voici, le naïf berger, qui s'avance contre le géant. Goliath succombe et l'enfant lui coupe la tête... Alors David devient un héros, et bientôt ce héros sera roi d'Israël. D'abord le fils du roi, Jonathas, le chérit de toute la puissance de son âme. Mais, jaloux, Saül le hait. Aussi le pâtre s'enfuit dans le désert de Ziph. Suis maintenant le roi dans la caverne d'Engaddi; examine cette scène mystérieuse dans laquelle la Pythonisse fait paraître aux yeux de Saül l'ombre de Samuel, qui lui prédit sa mort, et sois témoin du combat de Gelboë, dans lequel il périt en effet.

Le second roi des Juifs monte sur le trône : c'est DAVID.

— Grand Dieu! m'écriai-je en cet instant avec le feu de l'enthousiasme, que vois-je donc là, devant nous? Mais Babylone, Ninive, Thèbes, Memphis, l'Assyrie et l'Egypte n'ont pas de merveilles comparables à celles que me présente cette admirable cité, toute de bastions, de tours et de remparts que je vois assise sur les rochers chauves et calcinés, au sommet de montagnes arides qu'entourent des vallées sans verdure? Je crois y reconnaître Jébus-Salem, la capitale

---

(1) *Dagon*, que l'on confond avec *Adergatis* ou *Atergatis*, déesse des Ascalonites, était représenté sous la figure d'un monstre demi-homme et demi-poisson. Les Philistins lui attribuaient l'invention de la charrue. Atergatis avait le visage et la tête d'une femme et le reste du corps d'un poisson.

des Jébuséens qui l'occupent encore, mais contre laquelle s'avance le nouveau roi des Hébreux.

— Oui, c'est bien Salem, la *Vision de Paix*, la ville fondée par Melchisédech, il y a deux mille ans, sur le Moriah, l'Acra et Sion; elle va devenir la capitale de la nouvelle Judée. Appelée Jébus-Salem encore, bientôt, quand David en aura chassé les ennemis de Dieu, elle prendra le nom glorieux de Jérusalem, dit le comte.

Jérusalem! nom sacré pour toutes les langues humaines; nom sacré balbutié par les enfants de tous les mondes, invoqué par les vieillards, appelé par les désirs les plus ardents des pèlerins et des touristes, cité par les historiens, chanté par les poètes, adoré par tous!

Moïse l'a proposée pour but des quarante années de pérégrinations dans le désert. En effet, pourquoi de ces Hébreux pasteurs, de leurs tribus nomades essaie-t-il pendant ces quarante années à faire une famille, un peuple, une nation? Pourquoi leur vante-t-il sans cesse la terre de Chanaan? Pourquoi, au milieu de la foudre et des éclairs, demande-t-il pour eux des lois à Jéhovah, dans une entrevue dont la majesté semble avoir frappé les rochers du Sinaï d'une stupeur éternelle? C'est pour que Jébus-Salem devienne enfin Jérusalem; c'est pour que cette merveilleuse Jérusalem, qui précède la Rome de Romulus, survive à la Rome de saint Pierre; c'est pour que les pèlerins de tous les âges montent vers elle, tantôt couverts de fer et la lance au poing, pour la reconquérir, tantôt pieds nus et le bâton à la main, pour y adorer et vénérer l'étendard du salut qui doit flotter sanglant sur les âpres rochers du Calvaire.

Aussi rappelle-toi, Théobald, comme les prophètes sont fiers de cette prédestinée! Comme ils s'écrient avec enthousiasme, en faisant parler la ville sainte :

« Toutes les nations tendront un jour vers moi, et les peuples se diront entre eux : Venez! montons vers le Dieu de Jacob! Il nous instruira de ses principes et nous marcherons dans ses voies, car la parole sainte sortira de Sion, et le Verbe par excellence de Jérusalem... »

Comme ces mêmes prophètes sont jaloux de sa gloire! Jérusalem tombe-t-elle sous le glaive de Nabuchodonosor, c'est la pécheresse des nations! Se relève-t-elle sous l'épée des Machabées, c'est la Vierge de Sion, car la victoire efface sa souillure et l'indépendance lui rend sa virginité.

Jetons donc un coup d'œil sur l'immortelle Jérusalem. Voyons-la naître, grandir, tomber, se relever, tomber encore, et enfin devenir le soleil du Christianisme, astre qui luira tout à la fois pour le riche et pour le pauvre, pour le fort et pour le faible, pour le maître et l'esclave, pour le prince et le pâtre, car ce soleil sera fait de l'étoile des Rois et de l'étoile des Bergers.

La nation élue du Seigneur, la nation qui devait être en lutte avec toutes les autres nations, faire une guerre d'extermination à tous les peuples, cette nation avait besoin, pour bâtir sa capitale, d'un lieu fortifié par sa nature même. Il lui fallait tout autour d'elle des escarpements et des défilés. La *Vision de Paix* ne pouvait se montrer que sur de hauts lieux. Ecoute ce que dira plus tard de Jérusalem Tacite, un de tes auteurs aimés, et tu vas voir comme il est d'accord avec Moïse, et comme il justifie le choix de Jérusalem par David pour en faire sa place forte.

« Jérusalem, située dans une position difficile, est encore fortifiée par des ouvrages avancés et par des masses de constructions qui la rendent imprenable, fût-elle été bâtie au milieu d'une plaine. Les fondateurs de Jérusalem ont prévu que la différence des mœurs avec les autres peuples leur attirera des guerres fréquentes; c'est pourquoi ils ont tout disposé contre le plus long siège... »

*Adoniseck*, le roi des Jébuséens, alors que David l'assiége dans Jébus-Salem, connaît bien la force de la place, quand il crie du haut de ses remparts : « Venez! venez, nous n'enverrons contre vous que des aveugles et des boiteux... Cela suffira bien pour vous vaincre! »

Quant à David, il étend le bras vers l'imprenable forteresse de Sion, et s'écrie : « Celui qui montera le premier sur ce rempart sera mon général, et commandera après moi! »

A cette parole du jeune roi, trente forts d'entre Israël s'élancent, et l'armée royale les suit. Vois comme Joab, neveu du roi, applique son échelle contre la muraille, qu'il escalade au milieu des traits, des solives, des quartiers de roc; puis il saisit le créneau, saute sur le rempart et s'y maintient jusqu'à ce que ses compagnons viennent le secourir.

La forteresse est prise, et *Joab* est ce rude général qui maintenant va détruire, dans *Isboseth*, la race de Saül; qui bientôt assassinera *Abner*, et qui plantera trois lances dans le cœur d'*Absalon*, le fils révolté de son roi, alors que sa longue et blonde chevelure se sera prise aux branches d'un chêne touffu.

Quant à la garnison jébuséenne, tu sais ce que les rois d'Israël font de leurs ennemis, depuis que Saül a été puni pour avoir épargné les Amalécites et leur roi?... L'épée du vainqueur la dévore...

Ecoute ce chant de triomphe de David, désormais possesseur et maître de Jérusalem. Il te donnera une idée de l'importance de cette victoire :

« Les rois et les chefs de la terre avaient conspiré contre nous! Ils avaient dit en secret : Venez, et nous les détruirons! Ils ne seront plus une nation, et nous ferons disparaître le nom d'Israël de la surface de la terre!... Mais le Dieu fort a disposé mon bras pour la bataille : j'ai poursuivi mes ennemis et j'ai toujours marché en avant, jusqu'à ce que je les aie consumés. Ils sont tombés sous mes pieds, et je les ai dispersés comme la poussière au souffle du vent! J'ai assujéti des peuples que je ne connaissais point; au bruit de mon nom, ils se sont soumis; l'étranger s'est écoulé et il a tremblé dans ses retraites... »

David est donc maître du formidable emplacement; il a pour centre de défense trois montagnes reliées par leurs contreforts mêmes : SION, ACRA et MORIAH.

Il a trois fossés gigantesques créés par la main qui fonde et ébranle les mondes : à l'orient, la profonde VALLÉE DE JOSAPHAT, où roule le Cédron ; au midi, le ravin escarpé qui se nomme le GÉHENNON ; à l'occident, le GOUFFRE DES CADAVRES. Au nord seulement, la nouvelle capitale sera attaquable.

Aussi, est-ce par le nord que, malgré sa triple muraille, l'attaqueront successivement Nabuchodonosor, Alexandre-le-Grand, Pompée, Titus, et enfin Godefroy de Bouillon.

Et maintenant, à l'heure où commence l'ère nouvelle dont le peuple de Dieu est le héros, étudie un instant ce qu'est le monde ; repasse en toi-même quels sont les empires qui couvrent la terre depuis la création jusqu'au moment où nous apparaît David, son épée sanglante à peine rentrée au fourreau, sa harpe de poète entre les mains, et remerciant le Seigneur, qui, en le faisant fort et victorieux, prépare pour lui les grands destins d'Israël.

L'ASSYRIE fleurit dans toute sa vigueur. Ninive et Babylone, comme deux sœurs, se sourient de loin sous les palmiers gigantesques qui ombragent le beau pays berceau du genre humain, dont elles occupent le centre. Elles tiennent les clés du commerce de l'Asie, et sont les routes où passent les richesses de l'univers. Les produits de l'Egypte et ceux de l'Inde leur arrivent, à l'une par le Tigre, à l'autre par l'Euphrate, à toutes deux par d'immenses caravanes de chameaux.

L'EGYPTE, faite du limon du Nil, mère des Osiris, des Isis, des Typhon, des Anubis, divinités à têtes de bœuf, de vache, de chien et d'épervier, patrie des monuments mystérieux ; l'Egypte, avec ses admirables villes de Memphis, de Thèbes, d'Héliopolis, d'Eléphantine, etc., ses avenues de pylônes, ses forêts d'obélisques, ses sphinx et ses Pyramides ; l'Egypte qui a vu engloutir dans la mer Rouge son Pharaon Aménof et sa puissante armée ; l'Egypte est la rivale de l'Assyrie, comme bientôt la Grèce lui disputera la suprématie sur les autres nations.

L'Inde est caduque déjà. La civilisation s'est levée depuis longtemps, certes! derrière les formidables montagnes de son Himalaya; mais ses dynasties s'oublient, ses villes tombent, et on ne se souvient d'elle que pour aller lui prendre ses splendides tissus, ses métaux, son bois de sandal, sa laque, sa gomme, son ivoire, ses perles, ses diamants, ses pierres précieuses et ses richesses de nature.

La Phénicie compte à peine quelques siècles d'existence, et cependant son peuple innombrable fourmille sur la plage étroite que lui laissent à peine le Liban et l'Anti-Liban. Assurément, le Seigneur, qui a foudroyé Sodome et Gomorrhe, a oublié Tyr et Sidon, les deux grandes cités de la Phénicie, car quels crimes impurs ne se commettent pas dans ces deux sentines des nations. Naviguant sur toutes les mers, en relation avec tous les peuples, s'enrichissant de tous les produits des régions étrangères, mais en même temps ils s'inoculent tous les vices. Néanmoins, acculés au grand lac européen, asiatique et africain de la Méditerranée, ils l'ont asservi et pris pour esclave; et, pendant que Sidon se fait l'atelier de toutes les opulences artistiques de l'Asie, Tyr couvre les mers des ailes de ses innombrables navires.

La Grèce se fait un nom par la brillante et jeune cité qui a nom Athènes. Celle-ci, née d'une colonie égyptienne, commence la série de rois ouverte par Cécrops et que fermera Codrus. Mais d'autres villes se préparent à faire cortége à leur jeune reine, et de Sparte, d'Argos, de Corinthe, de Delphes, de Thèbes, de Messène, d'Olympie, de Mégare, de Sicyone, etc., il sera bientôt parlé dans tout l'univers. La Grèce est le plus petit pays du monde; elle se fera la plus vaste contrée par les arts et les batailles. Ce peuple naissant, à qui l'espace fait défaut, par les travaux et la renommée de ses grands hommes, la bravoure et le mérite de ses illustres capitaines, un jour étendra son influence bien au-delà de son territoire et des limites des siècles où il vivra...

— Silence!... m'écriai-je avec autorité et en tenant le bras levé, comme pour fermer la bouche de l'orateur, ne voyez-vous donc pas cette charmante apparition? Quelle est cette princesse, assise sur la poupe de cette brillante galère, poupe disposée comme un trône? On semble profiter des ombres de la nuit pour entasser des trésors dans sa riche embarcation; et, en effet, voici qu'elle s'échappe, plutôt qu'elle ne s'éloigne, du port de Tyr, à force d'avirons, là-bas à l'horizon.....

A ce moment même, voisin de l'aube du jour, et lorsque les premiers rayons du soleil dorent à peine les hautes cimes glacées du Liban, dont les crêtes enflammées déjà rutilent comme des diamants, je vois en toute vérité une charmante jeune femme, vêtue de la pourpre de Tyr, ornée des plus riches bijoux de Sidon, la tête chargée de longues tresses de perles, la taille serrée dans une ceinture d'or, et servie par des groupes d'esclaves grecques et de filles noires de la Nubie, qui s'enfuit furtivement de sa patrie. Bon nombre de Tyriens, dont le brillant costume, à demi voilé par des écharpes flottantes, me révèle des hommes de cour, entourent la princesse. Enfin, de vigoureux matelots, inclinés sur leurs rames, frappent la vague de leurs coups harmonieusement cadencés, et font voler rapidement les esquifs qui entourent celui de la jeune femme; en un rien de temps, la flottille disparaît dans les brumes argentées dont, au matin, se couvrent les mers.

— C'est Didon que vous voyez là, Didon, que l'on nomme aussi Elissa, m'est-il répondu. Didon a pour proche parent Ithobal, roi de Tyr, père de Jézabel, que tout-à-l'heure tu vas voir devenir la femme d'Achab, roi d'Israël, et le détourner du culte du vrai Dieu. L'époux de Didon se nomme Acerbas, Sicherbas ou Sichée, selon la prononciation syrienne, hébraïque ou française. Mais elle a pour frère Pygmalion, roi de Tyr en ce moment, ou plutôt horrible tyran qui n'a pas craint d'assassiner Sichée, afin de s'emparer de ses immenses richesses.

Heureusement Didon trompe sa honteuse cupidité. Elle s'enfuit, comme tu viens de voir, avec les trésors de son mari, et de nombreux Tyriens fidèles. Elle se dirige vers l'Afrique, et, quand elle aura atteint la côte du nord-ouest de cette grande contrée, elle y jettera les fondements d'une ville qui sera la grande et forte Carthage, l'industrielle Carthage.

Donc, en Afrique, CARTHAGE, fille de Tyr, est fondée en ce moment même, 800 avant J.-C., par Didon, fuyant les sévices de son frère, et prépare une grandeur colossale qui la rendra la rivale de Rome. Elle devient peu à peu la sentinelle avancée de la civilisation orientale en Occident. Toutefois, elle n'est encore que l'entrepôt de Sidon, le comptoir de Tyr, et, comme ces villes, elle mettra toute sa puissance dans un commerce sans limites.

Dans l'Italie, il est une petite ville à peine connue, hissée sur les crêtes du mont Albain, ALBE, qui grandit à cette heure, et que l'on commence à nommer dans l'univers. Les rois du Latium reculent de jour en jour les limites de son territoire. Mais elle a plusieurs siècles encore à parcourir avant d'essaimer sa première colonie, et ses troupeaux paissent encore sur les collines où sera ROME.

Ainsi, tu le vois, le monde n'est pas encore descendu, ou à peine, vers notre Europe, car notre France, l'Espagne, l'Allemagne, la Russie, etc., ne sont que des plaines incultes, à cette époque de l'histoire. On n'y trouve que des rochers déserts, des forêts profondes, et à peine si l'homme habite ces contrées sauvages, bonnes pour les urus, les sangliers et les loups. Le monde, le vrai monde de ce moment en est encore aux civilisations patriarcales, théocratiques et sacerdotales de l'Orient.

Mais revenons à notre Jérusalem.

Après David, le roi de la guerre, apparaît SALOMON, le roi de la paix. Ce jeune roi monte sur le trône en 2970 de la création. Son premier soin est de gravir la colline de Gabaon pour y offrir à Dieu mille victimes de choix sur l'autel d'airain que Moïse a fondu dans le désert de Tor. C'est une offrande si agréable au Seigneur, que, dans le silence de la nuit suivante, il se montre au jeune prince et lui promet, en récompense de sa piété, de lui accorder le don qu'il désirera.

Salomon demande la sagesse !

— Puisque tu me demandes la sagesse, répond le Seigneur, je t'accorde non-seulement ce que tu désires, mais encore la beauté, la richesse et la gloire. Aucun roi des siècles passés, présents et futurs ne sera ton égal en puissance, en majesté, en fortune, en bonheur !

Examine le plan de la ville où va régner Salomon :

La montagne de Sion, sur laquelle était assise la forteresse des Jébuséens est au sud, et forme la pointe d'un triangle avec Acra, à l'ouest, et Moriah à l'est.

Une dépression du sol sépare Sion d'Acra et de Moriah, sous le nom de Tyropéon. Elle aboutit au torrent de Cédron.

De Sion, au sud, les montagnes descendent en pente vers le nord, et sont entourées, à l'est, à l'ouest, mais surtout au sud, de profonds ravins, au-delà desquels se trouvent d'autres montagnes plus élevées, de sorte que la ville ne peut être vue de loin (1). Sous David et Salo-

(1) Voici l'impression subie par l'un des voyageurs les plus célèbres, à l'aspect de Jérusalem. Ai-je besoin de nommer Châteaubriand ?

« Après avoir chevauché une heure sur un terrain inégal, venant de Jaffa, et après avoir traversé la plaine de Saarons et la charmante ville de Rama, nous arrivâmes à quelques masures placées au sommet d'une éminence rocailleuse ; au bout d'une autre heure de marche, nous parvînmes à la première ondulation des montagnes de la Judée. Nous tournâmes par un ravin raboteux autour d'un monticule isolé et aride ; au sommet de ce tertre, on entrevoyait un village en ruine et les pierres éparses d'un cimetière abandonné. Ce village porte le nom du Larron ; c'est la patrie du grand criminel qui se repentit sur la croix et qui fit faire au Christ son dernier acte de miséricorde. Trois milles plus loin, nous entrâmes dans les montagnes. Nous suivions le lit desséché d'un torrent. La lune, diminuée de moitié, éclairait à peine nos pas dans ces profondeurs ; les sangliers faisaient entendre leurs cris sauvages autour de nous.

» Quand le jour fut venu, nous nous trouvâmes au milieu d'un labyrinthe de montagnes de forme conique, à peu près semblables entre elles et enchaînées l'une à l'autre par la base. Parvenus au plus haut point de cette chaîne, nous découvrîmes derrière nous, au midi et à l'occident, la plaine de Saarons jusqu'à Jaffa, et l'horizon de la mer jusqu'à Gaza ; devant nous, au nord et au levant, s'élevait le vallon de Saint-Jérémie, et, dans la même direction, sur le haut d'un rocher, on aperçoit de

## LES PEUPLES ILLUSTRES.

mon, ces trois collines de Sion, Acra et Moriah deviennent l'emplacement de Jérusalem.

Le *Golgotha* ou Calvaire est l'une des extrémités rocheuses de l'Acra, à l'ouest. Je te le désigne à l'avance, pour qu'il n'y ait pas de confusion dans ton esprit. Ce nom de *Calvaire* viendra de la ressemblance du roc nu avec un gigantesque crâne humain (1).

loin une vieille forteresse appelée le château des Machabées. On croit que l'auteur des Lamentations vint au monde dans ce village, qui a retenu son nom au milieu des montagnes; il est certain que la tristesse de ces lieux semble respirer dans les cantiques du prophète des douleurs.

» Cependant, en approchant de Saint-Jérémie, je fus un peu consolé par un spectacle inattendu. Des troupeaux de chiens à oreilles tombantes, des moutons à large queue, des ânes qui rappelaient par leur beauté l'onagre des Ecritures, sortaient du village au lever de l'aurore. Des femmes arabes faisaient sécher des raisins dans les vignes ; quelques-unes avaient le visage couvert d'un voile, et portaient sur leur tête un vase plein d'eau, comme les filles de Madian. La fumée du hameau montait en vapeur blanche. Aux premiers rayons du jour, on entendait des voix confuses, des chants, des cris de joie; cette scène formait un agréable contraste avec la désolation du lieu et les souvenirs de la nuit.

» De la vallée de Jérémie, nous descendîmes dans celle de Térébinthe. Elle est plus profonde et plus étroite que la première. On y voit des vignes et quelques roseaux. Nous arrivâmes au torrent où David enfant prit les cinq pierres dont il frappa le géant Goliath. Le torrent conservait encore un peu d'eau stagnante ; nous le passâmes sur un pont de pierre, le seul qu'on rencontre dans ces lieux déserts.

» Nous continuâmes à nous enfoncer dans un désert où les figuiers sauvages clairsemés étalaient aux vents du midi leurs feuilles noircies. La terre, qui jusqu'alors conservait quelque verdure, se dépouilla; les flancs des montagnes s'élargirent et prirent à la fois un air plus grand et plus stérile. Bientôt toute végétation cessa, les mousses mêmes disparurent. L'amphithéâtre des montagnes se teignit d'une couleur rouge et ardente. Nous gravîmes pendant une heure ces régions attristées, pour atteindre un col élevé que nous voyions devant nous. Parvenus à ce passage, nous cheminâmes pendant une autre heure sur un plateau nu, semé de pierres roulantes. Tout-à-coup, à l'extrémité du plateau, j'aperçus une ligne de murs gothiques flanqués de tours carrées, derrière lesquels s'élevaient quelques pointes d'édifices. Le guide s'écria : « *El cods!...* » « *La sainte !* » et il s'enfuit au galop... C'était Jérusalem!... »

(1) Le mot *Golgotha* paraît être un mot syriaque qui signifie *crâne*, par allusion à celui d'Adam. Le mot latin *Calvaire* veut dire *crâne* également. Il paraît probable que c'est la forme du rocher qui lui a valu ce nom.

Le Calvaire est aujourd'hui compris dans l'église de la Résurrection. Le sommet est uni et offre une plate-forme de quarante-sept pieds sur chaque face. Sur cette plate-forme s'élèvent deux chapelles, séparées par une arcade : dans celle du fond, on voit un ouvrage en mosaïque qui indique l'endroit où J.-C. fut attaché à la croix.

Remarque comme les murs de Jérusalem sont flanqués de tours carrées de vingt coudées sur chaque face. Elles sont massives jusqu'à pareille hauteur. Sur ce cube solide s'élèvent, à vingt autres coudées, des logements surmontés d'un étage, lequel est destiné à recevoir les eaux du ciel, et à former des citernes de réserve, en cas de siége. De larges montées y conduisent. Mais ces murs ne forment encore qu'une première enceinte.

Une seconde enceinte compte quatre-vingt-dix bastions.

Une troisième ligne de remparts est pourvue de quatorze tours. J'ajoute que, de ces quatorze tours, cinq méritent de fixer l'attention.

C'est, à l'est, l'*Antonia*, bâtie sur un rocher de quatre-vingt-dix pieds de haut, escarpé de tous côtés et revêtu de bas en haut de dalles de pierres polies, afin de faire glisser rapidement tout homme assez hardi pour tenter l'escalade. Sur la cime du rocher s'élève en outre une palissade de trois coudées de haut, en fortes pierres, et, du milieu, s'élance un fort de quarante. La grandeur et la variété des appartements de ce fort, les vastes salles où logent les troupes, les larges portiques, les bains, etc., donnent à cet édifice l'apparence d'un palais.

Du sommet de cette seconde tour, la Pséphina, haute de soixante-dix-huit coudées, les sentinelles peuvent découvrir l'Arabie, la Judée et la mer.

Cette troisième est l'*Hippicos*. Elle est carrée, massive, et compte sur chaque face vingt coudées. Sa hauteur est de quatre-vingts.

En regard, voici la *Phasaël*, de quarante coudées sur chaque face. Elle est pourvue d'une galerie de dix coudées, du cintre de laquelle s'élève une seconde tour plus fortifiée que celle de l'enceinte inférieure. Comme les autres, elle renferme des appartements et une piscine.

Dans celle du devant est une table en marbre, percée à jour, de manière à laisser voir, sans que l'on puisse y toucher, les trous où furent dressées les trois croix, ainsi que la fente de rocher produite par le tremblement de terre... (*G. Robinson.*)

Voici le fort *Marianne*, debout sur un massif cubique de vingt coudées, et contenant des appartements plus riches que ceux des autres tours.

Ces trois dernières tours sont bâties sur les cimes de collines, ce qui les fait paraître plus hautes. Elles sont en marbre blanc, et leurs assises sont si parfaitement jointoyées que chaque tour paraît être d'une seule pierre.

Je n'ai rien à dire des autres, sinon qu'elles se nomment *Tour de David, Tour des Fourneaux, Angulaire, Hannanoél, Haute-Tour, Méah, Grande-Tour, de Siloë* et *Tour des Femmes*.

Plusieurs de ces tours remontent à l'époque antérieure à David; d'autres sont de ce prince, et quelques-unes de Salomon.

Cette enceinte générale est percée de douze portes, et renferme deux villes différentes :

*Sion*, la *cité de David*, ou *Ville-Haute*, qui renferme le palais des rois de Judée ou citadelle, et maintenant tombeau de David;

La *Ville-Basse*, sur l'Acra et le Moriah, ou la *Fille de Sion*, dont le Moriah va se couvrir du temple de Salomon, et qui contient la forteresse Antonia.

Ainsi affermi dans sa puissance, Salomon se livre aux travaux qu'exige de lui le bonheur du peuple qui lui est confié. Il étend sa domination sur tout le pays qui s'étend du Nil à l'Euphrate, ses flottes nombreuses côtoient l'Océan. Celle qu'il a fait équiper à Asiongaber, sur la mer Rouge, met à la voile pour Ophir, et n'en revient qu'au bout de trois années, rapportant de la poudre d'or, des aromates, des perles, des harpes indiennes, de l'ivoire et du bois précieux.

Dieu lui tient parole, car à la sagesse et à la beauté, ce prince unit les richesses. Les revenus de Salomon deviennent immenses; ils montent jusqu'à six cent soixante-six talents d'or (1).

(1) Chez les Hébreux, le talent d'argent valait trois mille sicles, c'est-à-dire environ six mille francs de notre monnaie.
Le talent d'or avait une valeur telle, que le revenu de Salomon était de plus de cent millions de francs.

Considère la *maison des cèdres du Liban*, qu'il se fait construire sur le Sion. A-t-on rêvé jamais demeure plus somptueuse? Tout y étincelle d'or, tout y respire le baume, le nard, l'encens de Saba, les parfums d'Idumée. Sa table y est servie avec une magnificence inouïe. Sa vaisselle, dont on compte les urnes, les vases, les coupes, par dix mille, est toute d'or. Ce métal resplendit sur les cuirasses de ses gardes et les vêtements du moindre de ses serviteurs.

Tout-à-l'heure, au temps de David, une vallée sillonnait le sol, entre Sion et la Ville-Basse. Salomon a fait combler cette dépression de terrain, malgré les murmures du peuple. Alors il fit construire un palais entre les deux cités, et le nomma *Bouquet du Liban*. Il en fit la demeure de sa femme, une Egyptienne, fille d'un Pharaon, dont il a fait la terre des Juifs. Est-il édifice plus somptueux?

Maintenant Salomon s'occupe de remplir la grande mission de son règne; car c'est lui que le Seigneur a choisi pour lui bâtir un temple, et il faut que le temple soit digne de Jéhovah. Le jeune prince a l'or, l'argent, les pierreries, la pourpre et l'écarlate; mais il lui manque les bois de cèdre, de genièvre et de pin. Il lui manque surtout l'architecte, le sculpteur, l'artiste qui fondra l'airain, l'argent et l'or, qui sortira les opales et les perles, et qui taillera l'écarlate et la pourpre. Heureusement Tyr et Sidon sont voisines de Jérusalem, et Tyr et Sidon possèdent un roi qui a fait alliance avec le prince hébreu, et surtout des artisans habiles, sous les mains desquels la matière prend le mouvement et la vie. Hiram envoie donc à Jérusalem son plus habile architecte, un fondeur expérimenté, de célèbres ouvriers en or, en argent, en airain et en bois. Aussitôt Tarse et Ophir lui expédient l'ivoire et les pierres précieuses. En même temps, vingt mille charpentiers syriens abattent dans les bois du Liban des cèdres vieux comme le monde. Sous la conduite d'Adoniram, trente mille Israélites tirent le marbre des entrailles de la terre; enfin, cent mille ouvriers de toutes sortes se mettent à l'ouvrage.

Sept années s'écoulent, et quand vient l'an du monde 3001, le grand Salomon, entouré de quarante mille guerriers de la garde, de quatorze mille chariots resplendissants d'or et de fines peintures, d'un immense et pompeux cortége de courtisans, Salomon, la tête rutilant d'une beauté céleste, sa haute taille enveloppée d'une robe immaculée, monte au temple achevé, pour en faire la dédicace. C'est de cette scène majestueuse que l'Ecriture parle lorsqu'elle dit : « Voyez les lis des champs : ils ne travaillent ni ne filent, et cependant Salomon, dans toute sa grandeur, n'était pas vêtu avec plus de pompe que l'un d'eux! »

C'est alors que l'on place dans le Saint des saints le tabernacle qui a reçu les adorations des Hébreux dans le désert. Ce tabernacle est soutenu par vingt colonnes qui forment autant de portes, chacune de la largeur d'une coudée et demie, de sorte que les vingt colonnes embrassent trente coudées. Les bases de ces colonnes sont doubles, appuyées sur les poutres, et elles sont d'argent. Les chapiteaux sont simples, mais en or, et il en est de même des portes, des barres transversales servant de verroux et des encastrements destinés à les recevoir. La hauteur de chaque porte est de onze coudées, ce qui est aussi la largeur du tabernacle. Tel est ce tabernacle, sous les voiles qui le couvrent et qui l'ornent. Les premières tentures sont tissées et nuancées d'hyacinthe, de pourpre, de lin très fin et d'étoffe écarlate, de même que le voile que la divine Ecriture appelle tapisserie. Or, il y a dix voiles différents, réunis cinq par cinq. A l'un des voiles qui est au milieu des quatre autres, sont des anneaux, et au bord du voile correspondant des crochets, de sorte qu'en les rapprochant ou unit les dix voiles. Autrefois, dans les marches à travers le désert, on les portait séparés. Il en est de même pour les secondes tentures, qui sont en peau de chèvre et que, pour cela, on appelle les peaux. Elles sont au nombre de deux, cinq d'une part et six de l'autre, s'unissant de même au moyen d'anneaux et de crochets.

Alors rayonne le candélabre, avec ses sept branches, placé au midi du tabernacle, et qui compte ce nombre de branches à cause des sept jours de la semaine.

Puis on place la table d'airain au nord du même tabernacle, et l'on allume les lampes en commençant par un côté, de telle sorte que la lumière part du midi pour éclairer le septentrion, selon ce que Salomon dit des étoiles dans le livre de l'Ecclésiaste. Cette table est le type de la terre. Les pains de proposition qu'elle supporte, au nombre de douze, représentent les fruits des douze mois, mais ils sont placés trois par trois aux quatre coins de la table, pour représenter les quatre saisons.

Le voile du tabernacle, à l'intérieur, est tissu d'hyacinthe, de pourpre, de lin très fin et d'étoffe écarlate, pour rappeler les quatre éléments, et pour l'ornement du tabernacle. Il partage le tabernacle en deux parties. Dans la partie la plus éloignée se trouve l'arche d'alliance, couverte d'un voile et cachée à tous les yeux, type du Verbe fait chair. Chaque année, deux prêtres y pénètrent tour à tour pour offrir des sacrifices. C'est là le Saint des saints. Quant au vestibule du même tabernacle, il a une longueur de dix coudées et est soutenu par vingt colonnes. Sa largeur est de cinquante coudées, et elle compte douze colonnes. Vers l'orient du tabernacle, on a disposé les colonnes trois par trois, sur lesquelles on étend des voiles de quinze coudées faits du lin le plus pur. A l'entrée du vestibule sont quatre autres colonnes tendues d'un voile de quatre couleurs, mais tissu seulement de lin, et d'une hauteur de cinq coudées. On a disposé des cercles, des barres et des câbles qui servent à étendre ou à replier le toit du tabernacle et les voiles du vestibule.

Voici quel est le vêtement du grand-prêtre :

Une tunique ornée de franges, une épomide ou éphod, une longue robe, une tiare, une ceinture, une mitre, des bandelettes, deux épomides, une sur chaque épaule, reliées ensemble et se portant l'une de droite à gauche, l'autre de gauche à droite, de manière à couvrir la nudité du cou ; toutes deux faites de fil d'or, de pourpre véritable et d'azur, entremêlés de byssus et d'écarlate. A chacune de ces épomides, sur l'épaule, est attachée une émeraude où sont gravés les noms des douze tribus, six sur l'une et six sur l'autre. Le rational du jugement est carré, long en tous sens d'une palme, et repose sur la poitrine. Il est doublé, fait de fil d'or présentant quatre couleurs différentes, et orné de quatre rangs de pierres précieuses, trois sur chaque rang, afin de former le nombre douze. Elles sont enchâssées dans l'or, et sur chacune est gravé le nom d'une tribu. Sur chaque épaule, par-devant, est un petit écu d'or d'où pendent des franges d'or et de couleurs variées; ces écus retiennent le rational sur la poitrine. Au bas du rational, de chaque côté, est une petite chaîne d'or qui vient se joindre par derrière au bord des deux épomides, de sorte que le rational est attaché par devant et par derrière aux épomides. Le vêtement de dessous est tout bleu, depuis la poitrine jusqu'au bas des jambes, et porte à son extrémité un capuchon; le bas est orné de clochettes d'or, de grenades d'or et de fleurs. Sur la mitre est placée une lance d'or qui porte le tétagramme Jéhovah!

Quelle magnificence dans ce temple, la merveille des merveilles! c'est tout une cité : portiques, galeries intérieures et extérieures, salles d'introduction vastes et sublimes, colonnades grandioses, nefs incomparables, voûtes hardies, coupoles incommensurables, absides, transepts, promenoirs, piscines, sanctuaires majestueux, c'est à être ébloui (1)!

(1) Tout chacun sait que Jérusalem fut prise et son temple détruit par Titus, selon les prophéties et la prédiction du Christ lui-même, lorsqu'il pleura sur la ville et lui annonça les malheurs qui allaient fondre sur elle.

Ces événements se réalisèrent en l'an 70 de l'ère chrétienne.

L'empereur romain ne laissa pas pierre sur pierre.

En 136, l'autre empereur de Rome, Adrien, appela *Œlia* la nouvelle Jérusalem, de son propre nom Œlius. Il fit élever un temple à Jupiter sur l'emplacement du temple de Salomon, et un temple à Vénus, sur le sépulcre où le Christ avait été enseveli.

Mais en 326, sainte Hélène, mère de l'empereur Constantin, étant venue visiter la Palestine et Jérusalem, elle s'aida des traditions pour déterminer les lieux où avaient dû se passer les grands événements de la vie de J.-C.

Elle marqua avec une attention particulière trois emplacements:

Mais considère particulièrement le Saint des saints, le sanctuaire destiné à remplacer le tabernacle du désert et à renfermer l'arche

Celui de la naissance du Sauveur ;
Celui de la Passion ;
Et celui de la Résurrection.

Elle fit alors élever deux églises, l'une à Bethléem, l'autre sur le mont des Oliviers.

« Quand Hélène, mère de l'empereur, dit une vieille traduction d'Eusèbe, rebâtit l'ancienne Jérusalem, qui n'était plus qu'une solitude et qu'un monceau de pierres, elle chercha avec soin le tombeau où le Christ avait été déposé et où il ressuscita, et, à la fin, après beaucoup de peines et par le secours de Dieu, elle le découvrit.

» Je vais raconter pourquoi il fut si difficile à trouver.

» Autant ceux qui embrassèrent la religion du Christ avaient un profond respect pour ce sépulcre, monument de la Passion, autant au contraire ceux qui abhorraient le christianisme s'empressèrent, pour le faire disparaître, de porter une grande quantité de terre dans cet endroit, y élevèrent de grandes éminences et y bâtirent un temple à Vénus. Ayant ainsi supprimé tout souvenir de la place, ils y établirent leur idole... »

En 335, eut lieu la dédicace du premier temple élevé par ordre de Constantin sur la place où Jésus-Christ avait été enseveli, et où Adrien avait fait construire un temple à Vénus.

Mais vint un jour où les Turcs s'emparèrent de Jérusalem et de la Palestine tout entière. Alors Omar prit possession de la ville sainte en 1637, et ne tarda pas à ordonner d'élever, sur l'emplacement du temple de Salomon, la grande mosquée qui porte aujourd'hui son nom. Cet édifice est devenu l'un des plus beaux et des plus riches de l'Orient.

A l'occasion de cette mosquée d'Omar, ou Haram, nous citerons ce passage de M. de Saulcy, parlant du mur occidental de cette mosquée :

« Sur une hauteur de plus de douze mètres, dit-il, un fragment de la muraille du temple de Salomon est resté intact ; des assises régulières de belles pierres, parfaitement équarries, mais en bossage, c'est-à-dire offrant une bande lisse qui encadre les joints, sont superposées jusqu'à deux ou trois mètres du faîte de la muraille. Il suffit d'un seul coup d'œil pour reconnaître que c'est là une portion du temple juif restée debout. Un mur semblable n'a été construit ni par les Grecs ni par les Romains ; c'est évidemment un échantillon de l'architecture hébraïque... »

Or les Juifs, eux aussi, considèrent, et la tradition le leur dit, ce pan de muraille comme un débris du temple primitif. Il advient donc que chaque vendredi soir, ceux qui habitent Jérusalem viennent s'y lamenter. On les voit enfoncer leur tête dans les trous de la sainte muraille, que l'on appelle *heit-el-morhaby*, — mur occidental.

» Je fus touché presque jusqu'aux larmes, ajoute M. de Saulcy, en voyant près du parvis de la grande mosquée, située sur l'emplacement de l'ancien temple, quatre ou cinq Juifs, qui me parurent être des rabbins, un livre à la main, la face tournée vers les murailles, et dans l'attitude d'hommes en prières. Je crus entendre ces paroles sortir de leur bouche : « Combien de temps encore, ô Seigneur, serons-nous es objets de ta juste colère ?... » Dans cette partie du mur on remarque plusieurs

d'alliance, où éclate, ruisselle et s'étale la plus inimitable richesse. Les chapiteaux de bronze, les attiques d'airain, les tables d'or, les encensoirs, les urnes, l'étincelant candélabre, les vases, les calices, les patères, les lampes, les tablettes, les lances de même métal, tout y rutile de fauves reflets et se montre enrichi de pierres précieuses. Les lambris de cèdre incorruptible, les sculptures, les ciselures, les moindres détails s'y montrent du plus fin travail et de l'art le plus exquis (1).

Conserve dans ta mémoire la vision de cet édifice, unique au monde, et qui n'aura jamais son semblable, car il est le produit d'un art dont tous les monuments seront un jour effacés de la surface de la terre, comme si le Dieu jaloux qui les inspira voulut alors anéantir ses tabernacles. Selon le Talmud (2), Jéhovah ensevelit Moïse, son serviteur, de ses propres mains, et si avant dans la terre, que nul ne

grosses pierres évidemment taillées à une époque fort reculée, dont quelques-unes ont douze et quinze pieds de longueur, etc. »

Quant à l'église du Saint-Sépulcre construite par l'impératrice Hélène, elle fut brûlée par Chosroës, roi des Perses, en 509. En l'an 1009, Hakem, calife d'Egypte, la fit raser jusqu'au sol, et détruire et déformer le saint sépulcre. Relevée en 1048, agrandie après 1103, par les croisés, elle fut incendiée en 1808. Les Grecs la reconstruisirent alors, et elle fut achevée en 1810.

Les Arabes l'appellent *Kenissat-el-Komamat*.

La coupole de cette église célèbre s'élève très haut; mais l'édifice est comme enfermé et étouffé sous les constructions qui sont venues successivement s'adosser à ses murailles. On ne peut pénétrer à l'intérieur que par une seule entrée, du côté de l'orient.

(1) L'art judaïque perdu et ses monuments abolis ont eu l'heureuse chance d'être exhumés depuis peu, et des textes de la Bible et du sol de Jérusalem, par le savant M. de Saulcy, dans son *Histoire de l'Art judaïque*. De nombreux débris trouvés en Judée lui ont permis de restaurer l'architecture juive dans sa structure essentielle. Il a reconnu les éléments égyptiens et phéniciens qui la composaient. D'un autre côté, en parcourant la Bible verset à verset, il a rassemblé tout un musée des arts d'Israël, absolument comme un homme qui fouillerait sillon par sillon un champ cachant un trésor. Il décrit donc tout à la fois sculptures, tombeaux, armes, armures, étoffes, orfèvreries, instruments de musique, monnaies, bijoux, etc. Un pan de muraille, une moulure lui ont suffi souvent pour rebâtir un palais ou relever un rempart. On ne saurait trop louer l'érudition ingénieuse, patiente et sûre d'un pareil travail...

(2) Le *Talmud* est le code civil et religieux des Juifs.

put retrouver son corps. Il paraîtra de même prendre soin d'enfouir le temple et les palais de sa ville sainte dans des profondeurs connues de lui seul, car aucun fragment de cette riche architecture judaïque et nulle parcelle de ces fines sculptures ne seront retrouvés dans l'avenir. Aussi le temple que tu vois, décrit par la Bible, depuis les pierres des fondations jusqu'aux festons des solives, resteront en partie un édifice inintelligible pour la postérité. L'incohérence du plan en apparence si précis, le désordre des divisions, le vague des mesures dérouteront la sagacité des érudits et des architectes. L'esprit rôdera à travers ces dédales de galeries, de cours, de parvis, d'enceintes concentriques, sans pouvoir en découvrir l'ensemble. Certes, une nuée couvrit le temple lorsque l'arche y fut transportée : la même nuée enveloppera et cachera le même temple dans les siècles des siècles.

Alors, pendant sept jours, le même espace de temps que Dieu mit à opérer la création, Salomon, le pieux Salomon fait durer la cérémonie sainte de l'inauguration du temple.

L'arche d'alliance se présente, portée avec une pompe qui ne saurait se décrire. Les prêtes et les lévites l'entourent de nuages d'encens, et le grand pontife la dépose derrière le voile de pourpre qui cache le Saint des saints.

A l'entour, on dispose, ici les pains de proposition, là la verge d'Aaron, et toutes les choses sacrées du culte.

Alors aussi l'autel des parfums répand au loin les suaves senteurs des plus précieux aromates; alors on égorge en l'honneur du Très-Haut vingt-deux mille bœufs, cent vingt mille brebis, tandis que dix mille lévites chantent en chœur d'une voix formidable :

— Alleluia! alleluia! alleluia!

A leur tour, d'une voix plus formidable encore, les douze tribus, accourues de tous les points de la Judée, couvrent de leurs chants les bruyantes trompettes sacrées et répètent :

— Alleluia! alleluia! alleluia!

Aussi regarde cette nuée miraculeuse qui remplit le sanctuaire. Elle cache Dieu, qui agrée les offrandes et l'amour de son peuple. En même temps, le feu du ciel descend comme un tourbillon des profondeurs de l'empyrée, et soulevant les victimes placées sur l'autel des holocaustes, il les dévore et les fait disparaître. Tout le temple paraît en feu, et le beau ciel de Sion s'obscurcit sous l'éclat des rayons des flammes sorties de la main de Dieu.

A mesure que le comte parlait, les inimaginables splendeurs qu'il me désignait du doigt se montraient tour à tour. J'avais le vertige, tant m'éblouissaient les magnificences déployées dans la brillante Jérusalem, et autour du temple dont semblait s'enorgueillir le Moriah transformé.

Puis arrivait à Jérusalem par toutes les voies des montagnes, et par tous les sentiers des vallées, d'innombrables files de chameaux et de chamelles, de dromadaires et d'éléphants, de gens à cheval dans le plus riche costume oriental, d'esclaves noirs de Nubie et d'Ethiopie portant à grand'peine de curieux palanquins renfermant, soit des femmes, soit des trésors. Jamais regard humain n'aura pu contempler cette caravane admirable qui passait sous moi pour gravir les rampes de Jérusalem. Quelle ne fut pas mon extase lorsque le cortège ayant atteint le palais de Salomon, parmi la foule des cavaliers, des officiers sans nombre, et des femmes de toutes couleurs vêtues avec une inexprimable opulence, je vis enfin paraître une reine, montée sur une blanche cavale du désert, qui d'un sourire salua le grand prince, et enfin pénétra dans sa royale demeure. C'était la reine de Saba, venue tout exprès des profondeurs de l'Arabie, pour proposer à Salomon des énigmes et s'assurer si sa grande sagesse était au niveau de sa renommée. En effet, nombre de jours se passèrent pendant lesquels, tout en offrant au roi des Hébreux l'or et les parfums des régions brûlées par le soleil, la Sabéenne ne cessa de deviser avec le prince sur la sagesse et le bonheur des nations.

Hélas! trois fois hélas! pourquoi faut-il dire que je vois aussi

Salomon, le sage, le pieux Salomon, se détourner du Dieu de son père, s'attacher à des femmes étrangères, contrairement à la loi du Seigneur, et avec elles adorer leurs infâmes idoles. Comment se fait-il que le noble génie qui a écrit les pages sublimes des Proverbes et de l'Ecclésiaste s'éteigne dans le désordre de brûlantes passions?... C'est le secret de Dieu, et bientôt son bras va punir...

On est en 976 avant J.-C., et ROBOAM, fils de Salomon, s'est assis sur le trône de son père. Mais ce prince refuse de diminuer les lourds impôts établis par son prédécesseur, et dix tribus se séparent de lui et prennent Jéroboam pour roi. Juda et Benjamin restent seules fidèles à la maison de David.

Dès-lors il y a deux peuples dans la Judée, et deux royaumes : *Israël* et *Juda;* Israël avec *Samarie*, que l'on fonde tout exprès pour capitale, au nord, et Juda, avec *Jérusalem*, le sanctuaire national; Israël plus peuplé, plus étendu, Juda plus riche et plus respecté, car il possède l'arche d'alliance.

Chaque année, tous ces Hébreux doivent apporter leurs offrandes au temple de Jérusalem : mais pour empêcher ses nouveaux sujets d'aller s'établir dans le royaume de Juda, Jéroboam fait élever à Béthel et à Dan, sur le sommet de montagnes pittoresques, des autels où il force son peuple de venir sacrifier. Il y place des veaux d'or, et c'est à de tels dieux qu'Israël prostitue son encens, au mépris du Seigneur qui lui a donné tant de preuves de sa puissance et de sa bonté, de sa tendre bonté surtout. Cette infraction à la loi religieuse prépare dans Israël l'introduction de l'idolâtrie, dont l'établissement d'ailleurs est favorisé par les relations continuelles de ses rois avec les Syriens.

Juda respecte mieux la loi mosaïque. Toutefois l'idolâtrie se glisse aussi dans le voisinage de Jérusalem, et, pour la chasser, il faut très souvent que les prophètes menacent le peuple et les rois, leur promettant pour l'avenir, comme prix de leur obéissance, un brillant avenir et l'avénement d'un Messie qui soumettrait le monde à la loi de Moïse.

Il me serait difficile d'exprimer ici les visions qui se présentent à moi, dans ce tohu-bohu de princes d'Israël et de Juda, qui dédaignant le Dieu de leurs pères, se livrent à toutes les turpitudes de leurs passions.

Ainsi, je vois, dans le royaume d'Israël, ACHAB, qui tue *Naboth,* et *Jézabel,* sa femme, fille d'*Ithobald,* roi de Sion, qui établit le culte de Baal. Mais survient *Jéhu,* qui précipite Jézabel par les fenêtres du palais de Jezraël et la fait fouler aux pieds de ses chevaux, pendant que les chiens lèchent le sang de la victime, à l'endroit même où périt l'innocent Naboth.

Je vois OCHOSIAS, qui consulte sur son sort *Beelzébuth,* le dieu d'Accaron (1), et qui persécute injustement le sage prophète Elisée.

Je vois JORAM en guerre avec les Syriens. Assiégé dans Samarie par *Bénadad,* leur roi, il est sur le point de se rendre, lorsque les troupes ennemies, saisies d'une terreur panique, se dispersent tout-à-coup. Il est blessé au siége de Ramoth-Galaad : mais pendant qu'il se fait soigner à Jezraël, Jéhu se déclare contre lui, et le tue d'un coup de flèche.

Je vois, toujours en Israël, le roi JOAS remportant quelques victoires sur le même roi de Syrie, Bénadad, et battant Amasias, roi de Judée.

Je vois JÉROBOAM II reprendre sur les Syriens Damas et Hamath, et reculer les bornes de son empire : mais il se déshonore par ses injustices et ses impiétés.

Je vois l'impie MANAHEM monter sur le trône en faisant mourir *Sellam,* qui avait usurpé le pouvoir, et OSÉE, le dernier souverain d'Israël, subjugué par Salmanazar, prendre le chemin de la captivité,

---

(1) Beelzébuth était une idole des Accaronites, peuple philistin. La Bible le qualifie du titre de prince des démons. Son nom veut dire *dieu chasse-mouches.* On ne connaît pas ses vraies attributions.

avec ses dix tribus, et aller en Médie expier ses fautes et le meurtre de Phacée, son rival.

Et cependant les avertissements du ciel ne manquent pas à ces princes! Je vois en effet le saint prophète *Elie*, né à Thesbé, qui cherche à détourner Achab et Jézabel du culte de Baal, et punir leur idolâtrie par une sécheresse de trois ans! Dans le but de ramener le prince infidèle par des prodiges, il offre un sacrifice au vrai Dieu, en même temps que les faux prophètes en offrent un à Baal. C'est sur le mont Horeb (1) que se passe ce drame. Le feu céleste vient aussitôt consumer ses victimes, tandis que celles présentées aux idoles restent intactes. Témoin de ce miracle, le peuple égorge aussitôt tous les faux prophètes. Poursuivi par Achab, Elie se retire dans le désert d'Horeb, où un corbeau lui apporte chaque jour le pain de la vie. Enfin, du sommet de l'Horeb, déjà témoin de la vision du buisson ardent par Moïse, Elie est enlevé au ciel dans un char de feu, en laissant à Elisée son manteau de prophète.

Je vois aussi *Elisée*, un simple garçon de labour, qu'Elie arrache à la charrue. Elie lui donne l'esprit prophétique et lui fait part du don des miracles. Alors Elisée rend saines les eaux de la fontaine de Jéricho, qui étaient malfaisantes. Il maudit des enfants de Béthel qui l'insultent, et aussitôt ces enfants sont dévorés par des ours. Il prédit à Joram et à Josaphat, qui se voient sur le point de périr de soif avec leur armée au milieu des déserts, qu'ils vont trouver de l'eau en abondance, et qu'ils battront leurs ennemis. Il fait cesser la stérilité d'une femme de Sunam; il ressuscite plus tard le fils que la mort enlève à cette femme, guérit Nahaman de la peste, frappe d'aveuglement les soldats de Bénadad, et prédit au roi Joas, assiégé dans Samarie, qu'il triomphera des Syriens. Enfin il meurt à Samarie, en 835.

Hélas! les rois de Juda, eux aussi, sont infidèles au Seigneur, et la main du Seigneur s'appesantit sur eux.

(1) Le pieux moine Arculphe a vu sur le mont Horeb les ruines des autels en pierre qui servirent aux sacrifices d'Elie et des prophètes d'Achab.

Passe sous mes yeux Jérusalem avec son roi ROBOAM. Puni déjà par la révolte de dix des tribus, à cause de ses exactions, Roboam est puni davantage encore, car Sésac, roi d'Egypte, prend et pille la riche et belle Jérusalem.

Après ABIA, qui remporte une victoire sur Jéroboam, roi de Juda, car les deux peuples des douze tribus sont trop souvent en guerre, guerre civile impitoyable! vient ASA, qui proscrit le culte des idoles, repousse les Madianites, triomphe des Ethiopiens, et remporte la victoire sur *Baasa*, roi d'Israël. Sa piété, je le vois avec bonheur, trouve aussitôt sa récompense.

Puis passe à son tour JOSAPHAT, l'un des rois les plus pieux et les plus sages du royaume de Juda. Aussi je le vois bientôt miraculeusement délivré des Ammonites et des Moabites. Son tort unique est de s'allier avec l'impie Achab (1), et de marier son fils Joram à Athalie, fille de Jézabel.

En effet, ce misérable JORAM passe également sous mes yeux, se signalant par ses crimes et ses impiétés. La digne fille de son affreuse mère, *Athalie*, lui inspire les plus horribles cruautés. Par ses conseils, il fait mettre à mort ses frères et la plupart des grands du royaume de Juda. Aussi les Iduméens et les Philistins, les Arabes et d'autres encore, l'attaquent tous à la fois, et mettent ses Etats à feu et à sang. En outre, il périt d'une maladie sans nom.

Voici venir OCCHOSIAS. Il est fils de Joram et d'Athalie. Mais Jéhu, monté sur le trône de Joram, roi d'Israël, par ordre d'Elisée, fait périr Jézabel, comme nous avons vu, mais aussi Occhosias, fils d'Athalie et roi de Juda. Athalie alors immole tout ce qui reste de la famille de David, et s'empare du sceptre.

Heureusement des mains dévouées sauvent le petit JOAS.

---

(1) On donne le nom de *vallée de Josaphat* à la vallée orientale qui borne Jérusalem Selon une tradition populaire, consacrée par un passage du livre de Joël, ch. III, v. 2, c'est dans cette vallée qu'aura lieu le jugement dernier. On la nomme aussi vallée du Cédron, ou vallée de Siloë.

C'est un prêtre, le grand-prêtre Joïada, qui, avec le secours de *Josabeth*, sa femme, emporte ce dernier rejeton de la race royale et le cache dans le temple.

Bientôt après passe sous mon regard le couronnement du jeune prince proclamé roi devant les prêtres et les lévites. Les accords des trompettes sacrées, les cris enthousiastes de la foule des Juifs accourus de loin, attirent Athalie. Cette reine accourt échevelée, l'œil en feu. Mais soudain elle est égorgée par les Juifs, et son cadavre est livré à tous les outrages sur les marches du temple.

N'a-t-elle pas eu l'audace d'établir le culte de Baal dans la ville sainte, au centre de Jérusalem (1)!

Hélas! faut-il avouer que, tout en me voilant le visage de honte et d'indignation, je vois Joas, si généreusement protégé par le ciel, qui abandonne le vrai Dieu? Oui, lui aussi, Joas, se fait idolâtre et brûle son encens devant les faux dieux! D'abord, tant que vit et l'inspire le pieux Joïada, Joas est véritablement l'oint du Seigneur. Mais à la mort de ce sage conseiller, il fait subir, dans le temple même, le dernier supplice à *Zacharie*, le fils de son bienfaiteur, qui lui reproche ses fautes, et alors il s'abandonne sans frein aux plus honteuses passions. Dieu se détourne de lui, et aussitôt Joas est battu par Hazaël, roi de Syrie et usurpateur du trône de Bénadad. Revenu à Jérusalem, couvert de honte, il est tué par ses propres sujets.

Passe ensuite AMASIAS, fils de Joas. Idolâtre, idolâtre encore!

Passe ACHAZ, fils du pieux Joathan. Idolâtre toujours.

Grâce au ciel! je vois venir le saint roi EZÉCHIAS, et je..... Mais Evenor détourne mon regard, en me disant :

— Très cher cousin, c'est à merveille que vous soyez attentif à ce

---

(1) Il ne faut pas oublier que Baal, c'est-à-dire *seigneur*, divinité des Chaldéens, des Babyloniens et des Phéniciens, n'est autre chose que le soleil. Le baalisme est tout simplement le sabéisme, ou le culte du feu représenté par l'astre du jour. Il y avait *Baal-Bérith*, le seigneur de l'alliance, *Baal-Gad*, le dieu du bonheur, *Baal-Péor* ou *Belphégor*, le dieu Priape des Moabites, *Baal-Scaen*, le seigneur du ciel, *Baal-Tséphon*, le dieu sentinelle, et *Baal-Zébuth* ou *Belzébuth*, le dieu chasse-mouches.

long défilé de noires ingratitudes de la part de souverains auxquels Dieu offre d'une main le bonheur, s'ils sont pieux, et de l'autre des désastres, s'ils sont impies. Mais comme l'histoire des Juifs tend à se confondre avec celle des Assyriens, dont le Seigneur se sert comme de fléaux vengeurs, pour punir son peuple infidèle, permettez-nous de vous montrer les horizons de Babylone et ceux de Jérusalem, les contrées baignées par l'Euphrate et le Tigre, et celles qu'arrose le Jourdain, et que capitonnent le Carmel, l'Horeb, le Thabor, etc., et que sillonnent les belles vallées d'Endor et de Garizim.....

# PREMIERS SIGNES DE DÉCADENCE.

Où l'on retourne vers l'Euphrate, berceau de nos premiers parents. — THADMOR ou PALMYRE. — Temple du Soleil. — ATOSSA, reine de Babylone. — SARDANAPALE. — Drames du Khorsabad. — Fin du premier empire d'Assyrie. — PHUL inaugure le second empire. — Jonas. — SALMANAZAR. — Guerre avec la Judée. — Siège de Béthulie. — La belle Judith. — *Super flumina Babylonis!* — Comment Dieu punit quand on l'offense. — SENNACHÉRIB. — Ses victoires, ses défaites, sa mort. — Manière dont le Seigneur récompense ceux qui le servent. — Drame de nuit. — Séthos et son rat. — SAOSÙUCHEDS ou NABUCHODONOSOR I<sup>er</sup>. — CHINALADAN. — Ere de Nabonassar. — MÉRODAC-BALADAN. — NABOPOLASSAR. — NABUCHODONOSOR II. Guerre avec Néchao, pharaon d'Egypte. — Comment Néchao unit la mer Rouge à la Méditerranée. — Triomphe de Nabuchodonosor. — Ruine de Tyr. — Chute de Sidon. — Destruction de Jérusalem. — Jérémie sur les ruines de la patrie. — Captivité des Juifs. — Orgueil de Nabuchodonosor. — Sa folie. — Jardins suspendus de Babylone. — Daniel et Ezéchiel. — EVILMÉRODACH. — LABOROSOARCHOD. — BALTAZAR, dernier roi du second empire d'Assyrie. — Episode de Tobie. — La chaste Susanne. — Retour en Egypte. — Le casque converti en coupe. — Le Pharaon PSAMMÉTICHUS. — Le labyrinthe d'Egypte. — NÉCHAO. — Ses œuvres. — PSAMMÈS et APRIÈS. — Où l'on coupe le nez et les oreilles. — Le dernier des Pharaons, PSAMMÉNITH. — Guerre de la Perse contre l'Egypte. — Où le Nil est asservi et l'Egypte devient esclave.

Ayant dit, je ne sais par quelle puissance de volonté ma cousine Even imprime alors à notre mystérieux véhicule un mouvement d'évolution qui permet aux plus admirables paysages de se dérouler sous nos yeux éblouis.

Bientôt nous dominons les hautes chaînes du Liban et de l'Anti-Liban, de la Syrie-Maritime et de la Syrie-Creuse ou Cœlé-Syrie, et nous contemplons l'immense désert qui s'étend entre Damas et l'Euphrate.

Even me signale les villes de *Samosate*, de *Pendenesse*, de *Bérée*, qui deviendra *Alep*, non loin de la Méditerranée, et qui appartiennent au premier royaume syrien, nommé *Soba* ou *Sophem*.

Elle me montre la place qu'occuperont bientôt, après Alexandre-le-Grand, les quatre villes sœurs de *Séleucie*, d'*Antioche*, d'*Apamée* et de *Laodicée*, confondues sous le nom de *Tétrapole*.

Elle me désigne du doigt le long versant oriental de l'Anti-Liban, le second royaume de Syrie, appelé *Hémath*, sur la lisière même du désert.

En effet, je vois une ville qui se mire dans l'Oronte, au milieu d'une plaine découverte, avec des vallonnements de terrain au premier plan. Cette ville est *Emèse*, dont les habitants adorent le soleil, sous la forme de cône de pierre noire, et qui a nom *Elagabal*. Evenor m'apprend que, un jour, dans cette ville, naîtra un monstre bien digne de l'obscurité, et qui cependant deviendra empereur de la Rome impériale, déjà bien dégradée, sous le nom d'Héliogabale, prêtre du soleil.

Devenu empereur par le choix des soldats auxquels a plu son visage hypocrite, Héliogabale ne s'éloignera de sa patrie qu'en emportant son dieu, sa ridicule pierre noire, pour l'adjoindre aux autres divinités du Pandœmonium romain, le fameux Panthéon. Enfin, plus au sud et toujours sur le versant oriental de l'Anti-Liban, Even me met en face du troisième royaume syrien, celui de *Gessur*, avec une ville de ce nom, peu importante, mais dont le monarque a eu une fille assez noble et assez belle pour qu'elle fût devenue la femme du grand prince de Jérusalem, David.

Ma cousine allait continuer de me faire remarquer telle ou telle cité, lorsque je l'arrêtai soudain. Ce que je voyais était d'une si prodigieuse magnificence, que je demeurais bouche béante, me demandant comment je n'avais pas aperçu tout d'abord ce miracle de beautés qui m'apparaissait dans la plaine, au-dessous de nous. C'était une ravissante oasis qui verdoyait sur les sables, au sud-ouest du grand désert, entre Gessur et Damas. D'innombrables palmiers l'entouraient, inclinant en tout sens leurs fûts élevés et secouant sur l'or fauve de l'arène brûlante leurs palmes orgueilleuses. La nature la plus splendide était enchâssée là dans le site le plus aride et le plus ingrat : car d'une part les escarpements de l'Anti-Liban, et de l'autre l'étincelant et nu miroir d'un désert infini.

— Tu t'extasies, cousin, que c'est merveille! fit Even : mais quelle formule d'admiration emploieras-tu donc quand, à travers l'épais ombrage de ces palmiers, tu jouiras de la féerique apparition de la cité qui s'étale avec bonheur sur les pelouses et parmi les éminences boisées de l'oasis? Ah! je disais bien! voici ton visage qui prend une expression d'enthousiasme... N'aie pas un tel air béat, Théobald, autrement je ne pourrais que rire en te regardant.

Cette nouvelle et brillante cité qu'enfin tu découvres parmi cet océan de palmiers, c'est... THADMOR, la somptueuse, l'élégante Thadmor que, tout récemment le grand Salomon, roi de Jérusalem, a fait surgir au milieu de ces sables, afin qu'il fût bien dit que rien ne lui était impossible. Un jour, les Romains changeront ce beau nom mystique de Thadmor en celui de *Palmyre* : mais ce sera toujours une cité qui fera l'admiration des âges. Palmyre deviendra son nom à cause de ces palmiers qui l'entourent de leur gracieuse ceinture. Les siècles futurs l'appelleront la *Reine du Désert!*

Placée entre l'Euphrate, à l'est; la mer des Indes, le golfe Persique de la mer Erythrée et la mer Rouge, au sud; l'Egypte, la Judée et la Phénicie, à l'ouest; l'Asie-Mineure et l'Assyrie, au nord, Thadmor, à peine sortie de la main de son créateur, devient le comptoir qui recevra de la riche Ophir ses perles, ses coraux et son or; elle sera le caravensérail des nations de l'Orient, de l'Occident, du Sud et du Nord. Examine comme la foule des trafiquants lui arrive de Tyr, de Sidon, de Damas, de Babylone, de Ninive, d'Ecbatane, de Persépolis, de Suse, de Jérusalem, de Memphis et de Thèbes. Compte, si tu peux, les longues caravanes qui sillonnent le désert pour l'atteindre, lui enlever ses trésors, lui donner les leurs en échange, et l'enrichir de leur commerce. Aussi quel luxe, quelle opulence, quelle grandeur !

Certes ! Even a bien raison. Thadmor (1) n'est pas une ville : c'est

(1) Voici ce que disent de Thadmor ou Palmyre les voyageurs modernes qui ont visité ses ruines. Nous avons déjà dit, à l'occasion de cette ville, qu'il n'y a pas si loin du mot *Thadmor* à *Palmyre* qu'on pourrait le croire à première vue. C'est affaire de prononciation. Les Arabes appelaient *Thadmira* la ville espagnole de Palma.

Le R. P. Laorty-Hadji s'exprime ainsi à l'endroit de Palmyre, qu'il visitait de 1850 à 1860 :

« Quelque imposantes que soient les ruines de Balbeck, elles ne sauraient guère être regardées, quand on les compare à celles de Palmyre, que comme une sorte de magnifiques propylées. Pour arriver à la célèbre capitale de l'empire de Zénobie, aujourd'hui perdue au sein des déserts, il faut, après avoir quitté Homs, traverser des steppes incultes, habités seulement par des troupeaux de gazelles. Au-delà on s'engage dans une longue gorge resserrée par deux rangs de montagnes. De hauts édifices de forme quadrangulaire s'élèvent dans le milieu de cette étroite vallée, ainsi que sur les collines qui la bordent. Ce sont de spacieux et superbes mausolées dont la date remonte au temps de la prospérité de Palmyre.

» A l'extérieur, ces tombeaux ressemblent plus à des ouvrages de fortifications qu'à de pieux monuments consacrés à la sépulture.

» Lorsque Wood et Dawkins vinrent à Palmyre, en 1751, ils trouvèrent, dans leurs excursions, des fragments de momies assez bien conservés gisant épars dans ces tombeaux. Ils recueillirent, entre autres, la chevelure d'une femme qui semblait encore toute fraîche, bien que le cadavre fût là depuis des siècles. L'arrangement, la coiffure que ces cheveux affectaient sur la tête de la momie, rappelaient exactement les usages des femmes arabes de nos jours. Si l'on en croit ces voyageurs, il y aurait une identité parfaite entre les momies des Palmyréniens et les momies d'Egypte. Il eût été facile peut-être de constater les rapprochements qui existaient entre ces deux peuples, si une insatiable cupidité n'avait poussé les Arabes à polluer les tombeaux dans l'espoir d'y trouver de l'or.

» C'est au débouché de l'étroite vallée dont nous venons de parler que se présente Palmyre, sous la forme d'une île jetée sur l'Océan sablonneux. On ne saurait se faire une idée du spectacle magnifique qui se déroule alors devant l'œil du voyageur.

» Ce sont de tous les côtés de longues enfilades de colonnes au travers desquelles la vue se joue sans qu'aucun massif vienne l'arrêter ; ce sont des fûts immenses qui semblent aller chercher leur entablement vers le ciel ; c'est une forêt de piliers debout, que rien ne lie plus entre eux, et cela dans une étendue de plus de mille trois cents toises.

» Au-delà de ce point, se révèlent pourtant des édifices plus complets. Ici, c'est un palais dont on ne reconnaît plus que les cours et les murailles ; là, c'est un temple dont le péristyle est à moitié renversé ; puis un portique, une galerie, un arc de triomphe.

» Sur un point, les lignes de la colonnade sont troublées par la chute de plusieurs tronçons ; ailleurs, au contraire, semblable à une allée d'arbres, la colonnade se pro-

tout un gigantesque et interminable palais qui compose la cité tout entière. Des enfilades de colonnes au travers desquelles la vue se perd, ornent ses rues : ce sont partout des fûts si élevés qu'ils semblent prendre le ciel pour entablement. Dans la vaste circonférence qu'elle occupe se groupent de splendides constructions, temples, portiques, galeries, arcs de triomphe, aqueducs élégants, promenoirs, bazars, etc., dont les pilastres se dressent aussi nombreux que les arbres d'une forêt plantureuse.

Mais ce qui attire surtout mon attention et ma curiosité dans Thadmor, c'est l'incomparable *temple du Soleil*, du soleil, le dieu, hélas ! de la jeune et belle cité. L'enceinte carrée de la muraille, mise à jour ainsi qu'une dentelle, qui entoure l'édifice, offre sur chaque face un développement de six cent soixante-dix pieds. Dans toute sa longueur règne intérieurement un double rang de colonnes. Au fond se déploie la façade du temple, large de quarante-sept pieds, dont la porte regarde l'Orient. Le soffite de cette porte est orné d'un zodiaque dont les constellations font hommage à leur seigneur et maître, le soleil. La richesse des détails qui caractérisent l'architecture de cette œuvre sans égale est indescriptible. Une broderie, délicieuse de finesse et d'élégance, véritable guipure, court dans toute la longueur de l'attique. Les colonnes, cannelées, portent des chapiteaux taillés en feuilles d'acanthe. Des guirlandes, des festons semblent se balancer aux frises; de luxuriantes bordures courent à l'entour de la porte; une extrême profusion de sculptures est répandue partout. Tout l'ensemble enchante, éblouit, fascine. Aussi peut-on se demander comment il s'est trouvé des artistes doués d'assez de patience, d'amour de l'art et de talent pour ciseler ce géant de marbre ainsi qu'on peut faire, non sans peine encore, une coupe d'or ou d'onyx.

longe de manière à fuir, à se masser dans le lointain, à un et deux milles de distance. A chaque pas, dans cette vaste enceinte, on heurte d'énormes pierres à demi enterrées, presque couvertes par le sable ou tapissées de plantes grimpantes; chapiteaux écornés, frises mutilées, sculptures effacées, tombeaux violés, autels profanés, pêle-mêle de ruine actuelle et de grandeur ancienne, tel est l'aspect de la Palmyre de Salomon... »

Mes compagnons de voyage me font ensuite remarquer, au nord de Thadmor, une gorge resserrée par deux rangs de montagnes, et qui semblent, de ce côté, l'avenue de cette opulente cité. De hauts édifices quadrangulaires s'élèvent ici et là dans le milieu de cette étroite vallée, ainsi que sur les collines qui la bordent. Ils m'apprennent que ce sont de spacieux et riches mausolées où viennent dormir, embaumés selon la mode égyptienne, les nobles habitants de Palmyre (1). En un mot, c'est le dortoir de la mort de la belle Thadmor : car, hélas ! c'est toujours à la mort qu'aboutit la vie, qu'on l'ait passée dans les plaisirs ou les douleurs, sous les palais ou le toit de misérables chaumières.

Je m'arrache difficilement au magique spectacle de Palmyre. Il est si curieux de voir ces places immenses, ces rues grandioses où des hommes de toutes les nations se heurtent, se croisent en tout sens, avec des costumes si divers, si poétiques, si bizarres. L'œil est ébloui des mille couleurs d'étoffes les plus vives, et de toutes les coupes de vêtements qui s'y montrent. C'est d'une bigarrure truculente, qui du reste donne le type de la physionomie propre aux grandes villes de l'Orient. Tous les hommes sont blancs, mais d'un blanc hâlé par le soleil, dont la réverbération sur les sables augmente encore l'énergie. Ils ont la barbe, les cheveux et les yeux noirs, les dents blanches et bien rangées, les traits beaux, le cou musculeux, mais les genoux un peu gros, ce qui provient de la manière de s'asseoir accroupis, qu'ont adoptée les Orientaux. Les femmes ont les yeux plus larges et mieux fendus que les hommes. Leur taille est souple et gracieuse. Visages, dents, bras, mains, jambes et pieds sont d'une beauté parfaite. Elles sont vêtues d'une longue chemise qui tient lieu de robe, d'un pantalon, et se couvrent de deux voiles, l'un plus large, jeté sur la tête,

---

(1) Les ruines actuelles de Palmyre sont admirables toujours. Dans la gorge dont il est ici question, les voyageurs modernes, en visitant ces tombeaux, trouvent des corps si parfaitement conservés que la chevelure des femmes semble toute fraîche et comme nattée d'hier...

l'autre plus étroit, placé sur la figure, immédiatement au-dessous des yeux. Des anneaux d'argent ornent leurs bras et leurs jambes. Quant aux hommes, leur vêtement se compose généralement d'une tunique, serrée autour de la taille. Mais quelle variété dans les étoffes qui composent ces sortes d'habillements.

Enfin, Even m'enlève à ma contemplation, et quand nous avons franchi les hautes chaînes du Liban, la Cœlé-Syrie, et que nous avançons vers les plaines de l'Euphrate et du Tigre, le bon Marius me dit à son tour :

— Nous avons laissé les Babyloniens courbant la tête sous le joug honteux de l'infâme ATOSSA, qui n'a pas craint de prendre le surnom de SÉMIRAMIS II.

Voici maintenant les fils de cette femme monstrueuse, qui, dans leur dégradation, permettent aux peuples soumis à l'Assyrie de secouer son joug, sans qu'ils y prennent garde et sans qu'ils fassent le moindre effort pour les retenir.

Maintenant, SARDANAPALE, en 785, prend les rênes du pouvoir. Ses turpitudes secrètes, sa vile mollesse, son ignoble inaction vont faire de ce prince la fable de l'univers entier. Il farde son visage avec de la céruse : il se parfume avec les essences les plus rares, il s'habille en femme et semble changer de sexe. Il passe les longues heures du jour à filer des robes de pourpre avec les courtisanes qui peuplent son palais. Et cependant ce nom de Sardanapale veut dire *don de Dieu!* Ne soyez donc pas surpris, mon cher Théobald, de voir en feu l'Assyrie et la Babylonie.

C'est le satrape de Babylone, Bélésis, qui cause tout ce mouvement. Il soulève les sujets du lâche souverain, et va mettre le siége devant Ninive, où dort Sardanapale dans son muet Khorsabad. Voyez quelles lignes de troupes l'entourent et la pressent! Les Ninivites résistent toutefois, et leur lutte courageuse se prolonge pendant trois ans. Mais Dieu parle, et le ciel irrité ouvre les écluses du Tigre. Voici que déborde une inondation d'une telle violence, qu'à la faveur des eaux les soldats de Babylone pénètrent dans la ville assiégée. Le prince efféminé veut alors échapper à la honte. Regardez ce qu'il fait dans ce but.

Dans l'enceinte du somptueux Khorsabad, des esclaves dressent un immense bûcher. On en surcharge le faîte de cinquante lits d'or et d'autant de tables de même métal. Au centre de cet appareil, on dispose une vaste cage dans laquelle on range des divans avec symétrie. Des meubles précieux sont amoncelés ici et là, et, dans leurs flancs on enfouit un million de talents d'argent (1), une vaisselle et des bijoux d'une valeur incalculable, enfin toutes les richesses que l'opulence de douze siècles d'un luxe effréné peut amonceler. Alors, quand ces apprêts sont terminés, se présente un lugubre défilé d'hommes, de femmes jeunes, tous vêtus des plus riches tuniques, des chlamydes les plus élégantes. C'est Sardanapale lui-même qui conduit cette étrange procession. Les visages sont pâles, les regards effrayés, la démarche chancelante. Tout ce monde, par l'ordre du tyran, se couche sur ces lits de pourpre et d'or qui surmontent le bûcher gigantesque, sur les divans qui ornent la cage, où l'on enferme les récalcitrants. Soudain cent torches flamboyantes mettent le feu au bûcher qui s'allume peu à peu, jette une noire fumée, pétille bientôt, et enfin s'élance en larges flammes qui tourbillonnent. C'est en vain que les plus lâches, parmi les hommes, et les plus attachées à la vie, parmi les femmes du roi, veulent s'échapper de cette fournaise dévorante : des glaives acérés forment autour du brasier une muraille infranchissable. Alors, malgré les hurlements de douleur, malgré les cris de la rage, malgré les gémissements, les plaintes, les soupirs et les déchirements d'une inexprimable agonie, meubles riches, or, argent, trésors, courtisans, courtisanes, hommes et femmes, tout est consumé. A son tour, après s'être assuré qu'il n'est plus rien de sauf, Sardanapale se précipite dans le monceau rutilant qui flamboie, et y trouve la mort la

(1) Nous avons dit ailleurs que le talent babylonien valait comme poids 30 kilogrammes 837 grammes, et comme monnaie 6,416 francs.

plus cruelle. Mais il enlève au vainqueur le fruit de son triomphe. Ainsi finit l'homme le plus dégradé, l'homme si vil dans son ignominie, que dans les siècles des siècles on stygmatisera les infâmes et les lâches en les appelant Sardanapale !

Comparez maintenant l'inscription du tombeau de Sémiramis que vous avez en mémoire, sans doute, avec l'épitaphe que Sardanapale a préparée et que l'on grave sur son sépulcre :

« *J'ai vu la vie fugitive de l'homme empoisonnée par les amertumes du chagrin et des remords. J'ai observé que toutes les jouissances que je pourrais dédaigner passeraient à d'autres qui s'y livreraient sans scrupule. Alors j'ai usé de tous les droits du trône, et tant que j'ai vécu sous la lumière du soleil,*

» J'AI BU, J'AI MANGÉ, J'AI JOUI (1) ! »

Telle est la fin du premier empire d'Assyrie.

— Elle n'est brillante que par les flammes de cet horrible bûcher ! osai-je dire, tout impressionné du spectacle au-dessus duquel nous étions arrivés.

— Le second empire d'Assyrie commence à PHUL, appelé aussi SARDANAPALE II, qui en est le fondateur en 759, continue Marius. Mais, comme l'Assyrie est démembrée, Phul ne conserve que le royaume de Ninive.

Le bruit de la grande chute de Ninive retentit au loin. Les traditions de l'avenir rapporteront qu'avant cette fin sinistre de l'Assyrie, Ninive se livrant aux plus impurs désordres, Dieu y envoie *Jonas*, un prophète juif, pour lui annoncer sa ruine prochaine. Jonas descend donc à *Joppé* et s'embarque sur un navire phénicien prêt à partir pour *Tarsis*. Mais le Seigneur fait souffler sur la mer un vent si véhément qu'il met ce vaisseau en danger de périr. Les matelots tirent au sort pour savoir qui attire sur leur tête la colère des dieux. Le sort tombe sur Jonas. Reconnaissant lui-même la main du

---

(1) Chéryle et Athénée, *Banquet des Philosophes.*

Seigneur, à laquelle il a voulu se soustraire en n'allant pas à Ninive, Jonas se soumet. A peine l'a-t-on jeté à la mer, que la tempête se calme. Mais un monstre marin qui suit le vaisseau, dit l'Ecriture, dévore le prophète. Toutefois Dieu lui conserve la vie, et au bout de trois jours le cétacé vomit Jonas sur le rivage. Un nouvel ordre d'aller à Ninive est alors donné au prophète. Il part pour la capitale de l'Assyrie, et dès qu'il en a passé les portes, il s'écrie :

— Encore trois jours, et Ninive sera détruite!

Tant que le soleil est sur l'horizon, il parcourt ainsi toutes les rues de la grande cité, en répétant sa clameur sinistre. La frayeur saisit cette population corrompue; le prince donne lui-même l'exemple de la pénitence; un édit ordonne un jeûne solennel, et Dieu, apaisé par ce repentir, épargne pour quelques années encore la ville coupable (1).

Cependant le royaume d'Israël, troublé par de violentes commotions, et celui de Juda, non moins agité, fixent l'attention et inspirent la convoitise aux rois dont les provinces entourent la Judée. Phul, le premier monarque du second empire de Ninive, songe à tirer parti de ces révolutions. Il s'approche avec une armée formidable : mais MANAHEM arrête son invasion en lui offrant un tribut de cent talents.

C'est une faute grave que commet Manahem, car c'est avec le fer qu'on repousse ses ennemis. L'or qu'il prodigue ne fait qu'accroître l'avidité des Assyriens. Ils apprennent à connaître la route de la Judée, et voici TEGLATH-PHALASAR qui, appelé par Achaz, que menacent et Bazin, roi de Damas, et Phalée, roi d'Israël, envahit la Syrie, tue Razin, s'empare de Damas, pénètre dans Israël, lui enlève

---

(1) Suivant une tradition, Sardanapale, échappé à ses ennemis, se serait retiré en Cilicie, où il aurait fondé la ville de Tarse, et un étrange édifice que l'on y voit, le *Donuk-Dasch*, qui serait son tombeau. Athénée rapporte l'inscription que l'on y trouve gravée par ordre de Sardanapale : SARDANAPALE, FILS D'ANAXYNDARAX, A BATI TARSE ET ANCHIALE EN UN JOUR, ET MAINTENANT IL N'EST PLUS ! — C. Saulcy, *Recherches sur Ninive, Babylone, Ecbatane*, et Victor Langlois, *Explorations archéologiques de la Cilicie*, t. IV, p. 162.                           (*V. Duruy.*)

ses meilleures provinces, Galaad, Galilée, terre de Nephtali, et emmène les habitants captifs en Assyrie. L'impie Achaz paie cher le secours qu'on lui donne : il doit se reconnaître tributaire et se rend à Damas, afin de rendre hommage au vainqueur. Jérusalem a la douleur, en même temps, de voir placer dans le temple de Jéhovah une odieuse idole assyrienne.

Un nouveau roi règne à Ninive : il a nom SALMANASAR.

Attiré en Phénicie par la renommée de ses villes, Salmanasar passe l'Euphrate, franchit le désert, et vient mettre le siége devant l'opulente Tyr, que protégent de hautes murailles et que défend la mer. Tyr échappe aux serres du vautour.

Pour se venger de cet échec, le roi d'Assyrie fond sur le royaume d'Israël. Vainement *Osée*, qui règne alors à Samarie, implore l'assistance du Pharaon d'Egypte, *Soua*. Salmanasar investit Samarie, qui se défend pendant trois ans entiers. Mais enfin la ville succombe, et voici que commence un immense défilé de peuple, hommes, femmes, vieillards et enfants, chargés, comme des bêtes de somme, de leur propre butin appartenant au dompteur assyrien, et destinés à être vendus comme esclaves sur les marchés de Babylone et de Ninive. Pour compenser le vide qui se fait en Judée, Salmanasar envoie des colonies de ses Etats repeupler Samarie déserte. Alors les Assyriens se confondent avec les débris de la population juive, ils s'initient au culte du vrai Dieu ; mais, hélas ! ils le corrompent en y mêlant leurs traditions nationales.

SARGOUN renverse du trône le trop ardent Salmanasar. Toutefois ce Sargoun est aussi bouillant que le prince déchu, car vois-le, Théobald, faire d'immenses conquêtes au nord et à l'ouest de la Mésopotamie, s'emparer de l'île de Cypre, et se louer dans de fastueuses inscriptions : « J'ai vaincu trois cent cinquante rois, et j'ai contraint leurs peuples à quitter leurs superstitions pour passer au culte de Bel ou Baal, le vrai Dieu ! »

— Oh ! m'écriai-je en interrompant le récit de mon ami et en plongeant le regard sur les rives de l'Euphrate et du Tigre, où je vois errer, comme des ombres languissantes, les pauvres Israélites arrachés à leur patrie et pleurant, en haillons, sur les douleurs de leurs familles désolées. Oh! voici maintenant l'heure où ces rivages vont retentir du funèbre et déchirant : *Super flumina Babylonis illic sedimus, et flevimus cum recordaremur Sion!*

En effet, je vois le royaume de Juda, maintenant à découvert, surveillé de près par les peuples qui l'entourent, Egyptiens, Syriens, Babyloniens, Ninivites, Arabes même, et je tremble que ce temple, le merveilleux temple de Salomon, ne devienne bientôt la proie de quelque avide conquérant. La race de David occupe encore Jérusalem, cependant, et quelques rois que j'ai désignés, Josaphat notamment, s'y distinguent par leur justice et leur piété.

C'est avec raison que je tremble. Voici que l'horizon, du côté de l'Egypte, se couvre d'une épaisse poussière au travers de laquelle jaillissent le feu des cuirasses, des casques et des armes de guerre. Sésac, le pharaon Sésac, vient piller Jérusalem et son temple...

La chute de Samarie, sous Salmanasar, était une cruelle menace pour Jérusalem. Josaphat mort, Ezéchias monte sur le trône de David, et dans le but d'assurer son repos, il promet à SENNACHÉRIB, fils de Sargoun, qui règne alors à Ninive, un tribut de trois cents talents d'argent et de trente talents d'or. Pour les payer il est obligé de détacher les lames d'or qui couvrent les portes du temple. Puis, comme la pensée de Sennachérib l'empêche de dormir, il fait sourdement alliance avec l'Egypte, malgré l'avis du prophète Isaïe.

Sennachérib, en effet, est un prince envahisseur et redoutable. Dès la première année de son règne, il bat Mérodac-Baladan, que Sargoun a laissé à Babylone, comme roi tributaire : il pille ses villes, ses trésors, et se fait suivre de nombreux captifs. Il envahit ensuite la Phénicie et s'empare de Sidon. Enfin, il marche contre le Pharaon d'Egypte, Séthos, et fait le siège de Lachis, avec une armée innombrable.

Alors, tandis qu'il assiége Lachis, je vois *Rabsacès*, son lieutenant, qui vient droit à Jérusalem. Lorsqu'il a établi ses troupes autour de la ville en deuil, Rabsacès s'approche de Jérusalem, avec quelques officiers, et quand il est arrivé à l'aqueduc de la Piscine-Supérieure, dans le chemin du champ du Foulon, il s'arrête et s'adresse ainsi à des gens du roi venus à sa rencontre :

« Dites à Ezéchias : Voici comment parle le grand roi :

» Quel est ton espoir? En qui mets-tu ta confiance? Est-ce de l'Egypte que tu attends secours? Mais l'Egypte n'est qu'un roseau fragile. Si tu t'appuies sur lui, il cassera et te percera la main. Soumettez-vous à mon roi et il vous donnera deux mille chevaux, si vous pouvez toutefois trouver assez de cavaliers pour les monter... »

Alors les gens d'Ezéchias répondirent à Rabsacès :

« Parlez-nous en syriaque, que nous comprenons, et non dans la langue des Juifs, afin que tout ce peuple qui est accouru sur ces murailles ne puisse entendre ce que vous dites. »

Mais Rabsacès, se tournant au contraire vers le peuple, cria en hébreu, d'une voix tonnante :

« Ecoutez ce que dit le grand roi des Assyriens :

» Ne vous laissez pas tromper par les discours d'Ezéchias; il ne saurait vous délivrer de nos mains! Qu'il ne vous dise pas non plus : Le Seigneur vous sauvera. Est-ce que les dieux des autres nations les ont sauvées? Où est le dieu d'Emath et d'Arphath? Où est le dieu d'Eppharvam? Ont-ils pu défendre Samarie contre moi? Quel est le dieu qui arrachera de mes mains la terre de son peuple? Sera-ce celui de Jérusalem? »

Instruit de ces insolentes paroles, Ezéchias déchire ses vêtements et envoie les anciens des prêtres vers Isaïe.

Isaïe, fils d'Amos, et neveu d'Amasias, roi de Juda, est un jeune Hébreu qui doit à sa piété l'inspiration prophétique que lui donne le ciel. Déjà sa voix révélatrice s'est fait entendre sous Osias, Joathan, Achaz et Josaphat. Son éloquence est admirable. Rien de sublime comme ses idées; rien d'énergique comme ses tableaux; rien de véhément comme son langage. Il est aimé d'Ezéchias, à qui, précédemment, il annonça qu'il allait mourir, puis ensuite que sa vie serait prolongée de quinze ans. Pour confirmer cette promesse, il a fait rétrograder de dix degrés sur le cadran l'ombre du soleil (1).

Le prophète répond au roi de Juda :

« L'Eternel a exaucé ta prière, et voici comment il parle à Sennachérib :

» La vierge de Sion te méprise, et la fille de Jérusalem se rit de toi. Qui penses-tu avoir insulté? Contre qui crois-tu blasphémer?

» C'est contre le Saint d'Israël! Tu m'as attaqué par ton insolence, et le bruit de ton orgueil est monté jusqu'à moi. C'est pourquoi je te mettrai un anneau aux narines et un frein à la bouche, et je te ramènerai dans le chemin par où tu es venu.

» Tu n'entreras point dans Jérusalem, tu ne lanceras pas tes flèches contre elle, tu ne l'entoureras point de tes soldats et de tes boucliers, car... je la protège et je la sauverai à cause de moi et de David, mon serviteur... »

Alors, ô prodige merveilleux! quand la nuit a couvert toutes les montagnes qui entourent Jérusalem, alors que la ville sainte est plongée dans les plus épaisses ténèbres, il descend des cieux une nuée qui enveloppe la contrée comme du plus noir manteau. Soudain mes oreilles sont frappées de clameurs effrayantes. Je m'incline pour mieux écouter, je cherche à percer des yeux l'horrible obscurité qui nous cache la terre. Peines inutiles! Mais au lever du soleil, que vois-je, Seigneur? Le camp des Assyriens est rouge comme un lac de sang, et sur sa surface nagent des tentes éparses, nagent des cadavres de chevaux, nagent des corps d'hommes égorgés. Le nuage noir tombé pendant la nuit a transporté du ciel l'ange exterminateur du

---

(1) Isaïe fut mis à mort et scié en deux, sous le règne de l'impie Manassé, fils d'Ezéchias, vers l'an 694 avant J.-C. Il avait alors 130 ans. Il fut le premier des quatre grands prophètes.

vrai Dieu, et cent quatre-vingt-cinq mille Assyriens jonchent le sol, immolés par l'épée de l'Ange redoutable du Dieu des armées (1).

Pendant que s'accomplit ce drame, le siége de Lachis continue. Puis, fatigué de l'attente, Sennachérib s'avance dans l'Egypte. Le prêtre Séthos est alors Pharaon. Il se prépare à repousser son agresseur. Mais voici que la caste des guerriers, que Séthos a offensée, lui refuse son concours. Grand embarras du prince! Que fait-il? Le Pharaon réunit autour de lui tous les hommes de bonne volonté : il se met à leur tête et vient camper près de Péluse qui, assise sur l'isthme qui unit l'Afrique à l'Asie, est la clef de l'Egypte. Son armée n'offre qu'un aspect misérable, composée qu'elle est d'artisans, de marchands, de mercenaires, de gens de la plèbe la plus infime. Mais Dieu veille aussi sur la terre d'Egypte. Comme sur le camp des Assyriens auprès de Jérusalem, la nuit tombe, épaisse et noire, sur le camp des Assyriens auprès de Péluse. Aussitôt une incalculable multitude de rats se répand dans le camp de Sennachérib, pénètre sous toutes les tentes et se met à ronger le cuir des arcs, des carquois, les courroies des boucliers, les brides des chevaux, etc., et leur besogne se fait avec une telle rapidité que, le jour venu et les vaillants soldats d'Assyrie voulant saisir leurs armes pour livrer bataille aux téméraires Egyptiens, arcs, carquois, boucliers, brides, etc., leur font défaut... La surprise est grande chez les soldats, mais la colère de Sennachérib est plus grande encore. Elle se change même en fureur, car les Egyptiens avançant en bon ordre, les Assyriens sont contraints de détaler au plus vite. Ils s'enfuient,

---

(1) On lit, sur des monuments retrouvés depuis peu parmi les ruines de Ninive, une inscription laudative et ayant trait au règne de Sennachérib. Le prince y raconte lui-même ses travaux et ses victoires. L'inscription se termine ainsi : « Le roi Ezéchias ayant refusé de se soumettre à ma domination, je lui enlevai quarante-six villes, en lui laissant Jérusalem. Je pris cinquante talents d'or, huit cents d'argent, les trésors des nobles et de la cour d'Ezéchias et de leurs filles, et fis tout le peuple esclave, etc... »

Heureusement les annales de l'Egypte confirment le récit de la Bible, qui nous sert de guide.

en laissant aux ennemis un immense butin et en couvrant le sol d'Egypte de cadavres sans nombre...

Aussi quelle n'est pas la joie de Séthos. Il triomphe! Mais rapportant le succès à ses dieux, il place dans le magnifique temple de Phtah ou Vulcain, qui décore la ville de Memphis, une statue de pierre qui le représente, lui Séthos, tenant un rat de sa main droite, et, de la gauche signalant cette inscription gravée sur la base de la statue :

« Qui que tu sois, en me voyant, apprends a respecter les dieux!

De retour à Ninive, humilié, confondu d'avoir inutilement voulu réduire à la fois l'Egypte et Jérusalem, Sennachérib bataille encore contre les Chaldéens et contre les peuplades qui habitent les montagnes au nord de l'Assyrie. Puis il embellit Ninive de nombreux monuments et élève à ses dieux de nouveaux temples. Car, malgré les avertissements du prophète Jonas, les Ninivites, comme les Babyloniens, se livrent plus que jamais au culte des plus absurdes divinités et aux plus ignobles turpitudes des passions.

Leur mythologie a pour but d'expliquer l'univers et de raconter la formation du monde.

Dans ce but, leurs puissances créatrices, partant du dieu-poisson *Oannès*, aboutissent à Bel ou Baal, l'ordonnateur définitif, l'organisateur de la matière et de la société, le fondateur de Babylone.

A ces croyances se joignent le culte des astres, sous l'influence desquels la crédulité populaire place tous les événements. Autant d'astres, autant de dieux. Le soleil, le premier de tous, c'est leur Bel ou Baal. Il a son temple à Babylone, est c'est le premier monument de l'antiquité qu'il m'a été donné d'admirer, assis qu'il est sur la base de la Tour de Babel. Soixante-dix prêtres sont attachés au service de Bel, auquel chaque jour je vois offrir douze grandes mesures de pur froment, quarante brebis grasses et six grands vases de vin. Cela se conçoit, le soleil doit avoir un rude appétit; une seule chose m'étonne : c'est que, dans sa poitrine, il n'ait pas plus grande soif. Braves prêtres de Baal, comme ils font chère lie, sans qu'il leur en coûte rien !

A côté de Baal, le plus grand des dieux assyriens, vient la déesse *Beltis* ou *Mylitta;* puis les cinq planètes chaldéennes, *El* ou *Ael*, dont le nom est le même que celui du soleil, *Nergal* ou *Mars*, *Nava* ou *Vénus*, *Nabo* ou *Mercure*, *Bel-Gad* ou *Jupiter*. A ces divinités se rattachent encore d'autres puissances, *Oannès* et *Derceto*, représentés sous la forme d'un poisson, ou *Sémiramis* figurée par une colombe.

Une semblable religion permet, exige même des orgies impures. Aussi me garderai-je bien de rien dire des infamies dont je suis le témoin. On est obligé de s'envelopper la tête d'un voile, afin de n'avoir pas à rougir de trop horribles mystères.

La science des astres et des événements de la vie par l'astrologie est muette sans doute pour Sennachérib, car, un jour qu'il se prosterne dans l'ombre d'un sanctuaire en face de son dieu favori, deux Assyriens s'approchent cauteleusement du prince, et se baissant sur lui, plongent leurs glaives dans sa poitrine. Le prince conserve assez de force pour regarder quels sont ses assassins. Horreur! il reconnaît ses deux fils !...

Les misérables ne recueillent pas le fruit de leur parricide : le peuple de Ninive, irrité, les contraint de s'enfuir en Arménie et de laisser le trône à Assar-Haddou, le troisième fils de Sennachérib.

Assar-Haddou est vice-roi de Babylone, quand il succède à son père, à Ninive, car le royaume d'Assyrie, sous Sennachérib, a pris assez de force par ses conquêtes dans l'ouest et le nord, pour permettre aux rois d'Assyrie de chercher l'occasion de nouveaux exploits. Ainsi, Assar-Haddou envahit la Syrie, pénètre dans la Judée et s'avance contre l'infortunée Jérusalem.

Manassé vient de remplacer son père Ezéchias : mais au lieu d'imiter sa piété, il s'abandonne à toutes les superstitions de l'idolâtrie. Il rétablit les hauts lieux, où il dresse des autels à Baal; il dédaigne les menaces des prophètes et ne tient pas compte des murmures du peuple. Le voici même qui fait périr Isaïe sous la dent meurtrière d'une scie. De tels crimes méritent bien un châtiment. Dieu le lui envoie, et Assar-Haddou l'apporte. Il s'empare de Jérusalem et emmène Manassé captif à Ninive. Là, dans l'obscurité de sa prison, le malheureux prince rentre en lui-même et s'humilie devant le Seigneur. Aussi Dieu lui fait rendre la liberté, voire même le trône : mais il demeure vassal et tributaire du monarque assyrien.

Enfin, SAOSDUCHEUS, surnommé NABUCHODONOSOR Ier et CHINALADAN, appelé aussi SARAC, en succédant à Assar-Haddou, retombent dans l'inertie des anciens rois et laissent s'affaiblir une seconde fois l'Assyrie.

Alors il se fait sous mes yeux un tel tableau de désordres, que je m'écrie en m'adressant à Even :

— Quelle est cette tempête qui se forme du côté de Babylone et semble devoir broyer le monde sous ses noirs tourbillons? Que sont encore ces caravanes désolées qui traversent les déserts de Syrie et viennent camper sous les saules de l'Euphrate et du Tigre?...

— Dieu est grand et bon, mais il est terrible et redoutable quand on le méprise, me répond Evenor. Vous vous rappelez, cousin, qu'il y eut un jour où Bélésis aida Arbacès à briser le premier empire ninivite. Or, le satrape Arbacès met sur le trône de Babylone, en 748, un jeune prince du nom de NABONASSAR. C'est un savant, un guerrier, un bon administrateur que Nabonassar. Il s'efforce de détruire le souvenir des rois assyriens qui ont dominé Babylone, et, pour effacer le passé, en datant toutes choses de son règne, il institue l'ère célèbre qui prend le nom d'*Ere de Nabonassar*. Elle commence le 26 février 747, et sert aux prêtres chaldéens pour leurs observations astronomiques, qui sont portées à un haut degré sous le règne de ce prince.

Néanmoins, les successeurs de Nabonassar ne sont ni assez habiles ni assez forts pour résister aux maîtres du second empire assyrien. Mérodac Baladan, notamment, a été vaincu par Sennachérib, et emmené prisonnier à Ninive. Ce fut alors que Assar-Haddou devint vice-roi de Babylone.

Babylone est ainsi violentée par les Assyriens, et elle se trouve la vassale de l'orgueilleuse Ninive, sous Sennachérib. Mais Nabuchodonosor Ier et Chinaladan s'étant endormis dans les voluptés, tu vois la cité de Sémiramis se lever contre Ninive, et Babylone redevenir une capitale souveraine. C'est cette grande et nouvelle révolution qui s'accomplit à cette heure. Il en est ainsi des empires asiatiques : ils ressemblent au sable du désert, que le vent roule et amoncelle en collines aujourd'hui, collines dont on cherchera vainement les ondulations demain.

La seule manière d'expliquer les révolutions qui agitent l'Asie occidentale, aux VIIe et VIIIe siècles avant J.-C., est celle-ci : Un Etat possède-t-il un prince fort et habile? il entraîne son peuple au combat et à la victoire. Alors, satisfait du succès, il rentre dans son domaine en laissant derrière lui des monceaux de ruines et des lacs de sang, ne s'inquiétant nullement des moyens d'assurer la fidélité des vaincus. Il advient de là de continuels changements de fortune : les royaumes s'élèvent et tombent, selon que c'est un prince énergique ou un monarque sans valeur qui les gouverne et les abandonne.

Dans ces mêmes temps, arrivent de longues caravanes des limites des déserts, et ces longues files de peuples fondent sur Babylone. Ce sont les Scythes, qui viennent du septentrion de l'Asie pour s'emparer des contrées qu'arrosent l'Euphrate et le Tigre. Cette nation nomade, descendue de régions montagneuses, s'empare de Babylone en 630, et le royaume n'en devient que plus florissant, car les Scythes sont braves et entreprenants. Toutefois, après une assez longue domination de ces étrangers, ils sont invités à des fêtes où on les enivre et où on les égorge jusqu'au dernier. Tels sont les affreux désordres qui assombrissent l'horizon de Babylone.

Règne alors Nabopolassar, en 625, dans Babylone délivrée des Barbares. C'est ce prince qui, voyant Ninive corrompue et asservie, soumet les débiles Nabuchodonosor Ier et Chinaladan, et leur enlève le royaume de Ninive, asservie à son tour. Cette épouvantable catastrophe se montre à vous, Théobald, sous forme de tempêtes et de noirs tourbillons. Il en sort le second empire assyrico-babylonien.

Mais brisé par l'âge et les fatigues, Nabopolassar bientôt livre ses armées, ses trésors et son royaume à son fils, Nabuchodonosor II, car il se présente un nouvel ennemi sur les terres de Babylone. Regarde, voici venir Néchao, le nouveau Pharaon d'Egypte.

Néchao ne s'est pas rendu fameux par ses conquêtes, jusqu'alors. Les communications, devenues plus fréquentes entre les contrées de l'Afrique et de l'Asie, lui donnent la pensée de joindre la mer Rouge avec le Nil, par un canal qui comptera une longueur de quatre journées de navigation. Sa largeur permettra que deux trirèmes puissent naviguer de front. Le canal prend son origine à l'extrémité septentrionale du golfe de la mer Rouge qui a nom Héropolite, près d'Arsinoë, plus tard Cléopatris, et enfin Suez : il traverse la terre des Pâturages que la Bible nomme terre de Gessen; puis, tournant vers l'ouest par un large demi-cercle, au lieu de se diriger vers Péluse, et de continuer la ligne droite qui longerait une dépression longitudinale résultat de l'intersection des deux plaines venant, l'une de l'Egypte peu sensible, l'autre descendant des contrées de l'Asie très difficile, il devra se souder au Nil à l'endroit où le fleuve arrose Pharbète, et là, s'embranchant sur le bras du fleuve qui s'appelle Bubastique, à cause de Bubaste qui en est proche, conduire à la Méditerranée (1).

(1) Dans le fond du golfe de Suez (Héropolite, à Arsinoë), on voit distinctement de très nombreux vestiges de digues en maçonnerie, qui devaient servir de clef au canal et empêcher que ses eaux ne se mélangeassent aux eaux de la mer. Ces maçonneries sont d'une telle dureté, d'une telle cohésion, qu'on les prend pour des roches naturelles. Puis, en sortant du golfe pour traverser l'isthme, on rencontre, pendant un espace de sept à huit lieues, des digues en terre, parfaitement visibles, qui s'élèvent en quelques endroits jusqu'à dix-huit pieds au-dessus de la plaine. A chaque pas, on trouve des traces de travaux anciennement exécutés, etc.

Néchao construit ensuite une immense muraille qui ferme l'isthme de Péluse, afin d'arrêter les incursions des Barbares.

Cent mille hommes et plus périssent dans les premiers travaux, qui du reste sont interrompus, un oracle ayant révélé au Pharaon qu'il travaillait pour un Barbare. Traduisez cet oracle par ceci : Les prêtres égyptiens voient de mauvais œil une semblable entreprise, qui ouvre davantage l'Egypte aux influences du dehors, et ils ordonnent au prince d'en rester là.

— Vous voyez, dit Arthur Bigron en interrompant Even, que ce projet de faire communiquer les deux mers, projet qui occupe actuellement nos ingénieurs européens, sous la direction de l'infatigable et hardi M. de Lesseps, remonte un peu loin. En effet, les communications de l'Europe avec l'Asie méridionale gagneront énormément de temps et d'espace au lieu d'aller doubler le cap de Bonne-Espérance, si le trajet peut s'effectuer par un canal débouchant la Méditerranée sur la mer Rouge...

— Je reprends mon récit, dit ma cousine.

Néchao tient à se faire un grand nom : arrêté dans les œuvres du génie, il se jette vers les choses de la guerre. Il se plaint des Juifs, ses voisins, et alors, pour satisfaire sa vengeance, il porte ses armes en Judée, bat et tue, à Mageddo, le roi de Juda, Josias, et donne la couronne à Joachim, dont il se fait un tributaire.

Mais l'orgueil lui monte au cerveau, et il prétend entamer le vaste empire babylonien. En effet, il gagne l'Euphrate et s'empare de Carchémis. Hélas! quelle gloire est de longue durée sur la terre? Il suffit d'une seule défaite, que lui fait éprouver Nabuchodonosor II, pour le rejeter en Egypte, nu, dépouillé de toutes ses conquêtes et de tout son butin.

A son tour Nabuchodonosor s'indigne qu'un Pharaon ait osé mettre la main sur la Syrie, sur la Judée, qu'il regarde comme faisant partie de son empire. Disons mieux : Tyr et Sidon n'adorent que d'horribles divinités. Par la volonté de ces dieux immondes, chez les Tyriens et les Sidoniens, les races se confondent sans familles certaines, et nul de ces impurs citoyens ne saurait désigner quel est son père, qui est son fils, tant on multiplie, au hasard, comme les reptiles des solitudes. D'autre part, les Hébreux oublient le Seigneur, et chaque jour ils se révoltent et pèchent contre la loi de Dieu. Aussi le Seigneur appelle sur les Tyriens, les Sidoniens et les Juifs la redoutable colère de Nabuchodonosor.

Qu'advient-il alors? continue Even, en prenant sa pose de prophétesse inspirée et en paraissant plonger ses yeux, qu'elle couvre de la main, pour mieux y lire, dans les profondeurs de l'horizon. Tout-à-l'heure, l'un de nous disait que le Seigneur avait puni Sodome et Gomorrhe, mais qu'il oublierait Tyr et Sidon... Non, certes! il ne les oublie pas. Voyez ce qui se passe, et dites-moi si le ciel ne punit pas les hontes de la terre.

Nabuchodonosor s'est levé. Il s'avance avec ses éléphants, ses cavaliers, ses chars de guerre, ses balistes, ses catapultes, et pénètre dans la Syrie. Il entoure les remparts de Tyr d'une muraille vivante de soldats, dresse ses tentes innombrables, fait le siége de la place, la presse par le fer, par le feu, par la famine. Dirai-je la valeur et les exploits des assiégés? Parlerai-je de l'audace des assiégeants? Non, car on peut comprendre les hauts faits qui se produisent de part et d'autre, en voyant que le siége dure treize ans, terme fatal, après lequel le vainqueur passe le vaincu au fil de l'épée (1).

(1) Les rochers d'Adloun, au nord de Sour, dont le pourtour est couvert de ruines, sont criblés d'hypogées ou chambres sépulcrales. Plusieurs tombeaux ont été pratiqués dans des morceaux de rochers séparés de la masse, et étaient destinés sans doute aux rois et aux personnages importants, tandis que des puits paraissent avoir servi de fosse commune au peuple, comme à Petra et en Egypte. On voit sur ces rochers une sculpture égyptienne semblable à celles qui existent sur les bords du Lycus, près de Beyrout. M. Jules de Bertou croit reconnaître dans ce monument un des stèles que l'on attribue à Sésostris, et qui représente un personnage regardant l'Orient, la tête couverte d'une coiffure conique, portant une saillie sur le devant rappelant les coiffures égyptiennes. Sa tunique est courte et striée obliquement. La figure est faite en méplat, sans modelé. Au-dessus de la tête, sont quelques em-

Tyr cesse désormais d'être la reine des mers.

C'est en 572 que s'accomplit ce drame, et c'est de ce moment que commencent à se vérifier ces paroles du prophète Ezéchiel :

« Tyr, je te désolerai comme les villes que l'on n'habite plus ! Je te réduirai à rien ! On te cherchera, et on ne te trouvera jamais ! »

J'anticipe quelque peu sur les événements, mais j'en veux finir avec Sidon. Dans deux cents ans d'ici, alors que la Perse sera grande et forte, après le règne de TÉTRAMNESTUS, roi de Sidon, et sous celui de TEMNÈS, son successeur, le Perse Darius-Ochus assiégera Sidon, qu'épargne en ce moment Nabuchodonosor, pour la punir de refuser le tribut qu'elle s'est engagée à payer. Cet autre siège sera tout de violences inouïes. La proie qui appellera l'ennemi sera si attrayante ! Alors les Sidoniens livreront leurs vaisseaux à l'incendie d'abord ; puis, réduits au désespoir, ils s'enfermeront dans leurs demeures, y mettront le feu et s'enseveliront sous les ruines de leur patrie. Darius-Ochus, trop avide, sera puni lui-même, car il ne retirera des décombres que des métaux fondus et mélangés avec tant de choses immondes, qu'ils deviendront hors d'usage !

Sidon cessera ainsi d'être le grand atelier des nations.

C'est en 361 que se dénouera cette autre tragédie.

Ainsi, vous le voyez, Tyr et Sidon n'ont pas été plus oubliées que Sodome et Gomorrhe, leurs rivales en infamies et en inexprimables désordres. Et l'on ne verrait pas là-dedans le doigt de Dieu ! Oh ! si ces deux grandes villes, comptoirs des peuples, fournaises de l'or qui s'épanche dans l'univers, périssent de la sorte, c'est que le ciel a déchaîné ses légions pour les punir.

Il est vrai qu'après ces désastres les Tyriens se font un abri dans une petite île à une lieue de la côte, et qu'ils y construisent une cité nouvelle. Il est vrai que les Sidoniens, échappés aux flammes, lou-

---

blèmes parmi lesquels on distingue un oiseau, un bâton rompu et quelques hiéroglyphes. Le guerrier tient une lance de la main gauche, et un arc triangulaire de la droite.

voient sur le littoral en quête d'une hospitalité que la nouvelle Tyr leur accorde volontiers. Il est vrai que les deux peuples, confondant leur misère, se consolent de leur abaissement par la conservation de leur indépendance. Il est même vrai que, par la persévérance de leurs efforts et grâce à leur position maritime, ils sembleront se relever de leur triste chute.

Mais vienne Alexandre-le-Grand, oui, vienne Alexandre-le-Grand, — et il n'est pas loin, — car je sens que la terre frissonne à son approche, *et tremuit terra a facie ejus*, dit l'Ecriture, et alors, de nouveau malheur, trois fois malheur à Tyr et à Sidon!

Revenons à Nabuchodonosor.

La formidable armée s'avance le long du Liban et pénètre bientôt dans la Judée. Il est facile de la reconnaître à tous ces sites, à tous ces splendides paysages que nous avons déjà tant de fois explorés, n'est-ce pas, Théobald?

Voici, par exemple, *Acco*, sur les bords de la Méditerranée. Acco est peut-être plus ancienne que Damas et Jérusalem. On prétend qu'elle doit son origine à Adam, qui se fixa, pour quelques heures de repos, sous ces hauts palmiers, lorsqu'il allait ensevelir ses remords sur le Moriah. On ajoute que ce fut lui qui découvrit la source que tu vois au centre de la ville, et où il se désaltéra. Un jour, lorsque règneront les Séleucides en Asie, Acco recevra le nom de *Ptolémaïs*. Puis, plus tard, bien plus tard encore, elle recevra l'autre appellation de *Saint-Jean-d'Acre*. Mais alors elle sera assiégée par les Croisés d'abord, puis par le grand Napoléon I$^{er}$...

Nabuchodonosor dédaigne Acco et passe fièrement devant ses murs. Toutes les villes se soumettent devant le redoutable guerrier. Il arrive sous les murs de Jérusalem, que le Pharaon d'Egypte a laissée sans défense, s'en rend maître, s'empare des vases sacrés du temple et emmène JOACHIM, son roi, captif à Babylone, avec les plus notables d'entre les Juifs. Alors commencent les soixante-dix années de captivité, années qui seront cruelles pour les Hébreux. Joachim, toutefois, recouvre sa liberté, à la condition de payer un tribut au monarque de Babylone.

Mais comme bientôt Joachim renouvelle son alliance avec Néchao, et que le prince égyptien, cette fois, pour secourir son allié, s'avance jusque sur les bords de l'Euphrate avec une puissante armée, irrité, Nabuchodonosor s'élance comme la foudre. Il écrase les Egyptiens à Carchémis, et fond sur la Judée, qu'il dévaste impitoyablement. Une seconde rencontre avec Néchao le rend de nouveau vainqueur, et alors il entre à Jérusalem, dont il fait mourir le roi, et qu'il met à feu et à sang.

Pauvre cité de Sion! combien n'a-t-elle pas à souffrir. Voyez ce qui reste de ses habitants, les quelques Hébreux qui peuplent encore les campagnes, tout ce bétail humain est conduit, la corde au cou, le corps courbé sous le faix de dépouilles, à travers les monts et les vallées, les plaines et les déserts, jusque sur les places et les carrefours de Babylone, de Ninive, de toutes les villes de l'Assyrie, et jusque dans la Médie, pour y être vendus comme esclaves. Dieu fait peser son bras sur ce peuple qu'il aime, et ce peuple ne reconnaît pas ce Dieu! Qu'elles s'écoulent donc lentement, une à une, ces années, les soixante-dix années de dur servage, que rien n'allégera jusqu'à la venue du grand Cyrus.

Cependant, malgré tant de misères, la royauté juive dure toujours, et Jéchonias prend le sceptre de David, après le départ des Assyriens. Mais il ne demeure sur le trône que le temps de s'y asseoir, car une troisième fois l'infatigable Nabuchodonosor reparaît devant Jérusalem, la prend, enchaîne le jeune roi, auquel il donne *Sédécias* pour successeur.

Désespérés, les Juifs s'allient avec les Ammonites, les Moabites, les Tyriens, les Sidoniens, tous ennemis de l'Assyrie. Une vaste confédération se forme, et certes, de tant de peuples, Nabuchodonosor pourra-t-il triompher encore? Nabuchodonosor arrive néanmoins. Mais ce n'est pas contre les Hébreux qu'il bataille. Le Pharaon d'Égypte, intéressé au salut de la Judée, vient à lui et une lutte terrible commence. Ce sont les Assyriens qui ont la victoire !

Malheur à toi, Jérusalem ! Vainement tes soldats se changent en héros : la famine est plus forte que leur valeur. Dix-huit mois de siége les épuisent, et voici que dans la nuit du 9 au 10 juillet 589, l'ennemi pénètre par une brèche dans ton enceinte, d'où le roi s'enfuit vers le Jourdain. Mais arrêté dans la plaine de Jéricho, on le charge de fers, et là, sous ses yeux, ses fils, les princes et les chefs de Juda qui l'ont suivi sont massacrés en sa présence. A lui-même on arrache les yeux, et on le conduit à Babylone, où, dans un noir cachot, il traînera jusqu'à sa mort la plus misérable vie.

En même temps, *Nabuzardan*, général des troupes assyriennes, entre dans Jérusalem et donne le signal de la ruine. L'œuvre de destruction commence. Le temple et le palais des rois sont livrés aux flammes ; les murailles sacrées s'écroulent, les ornements d'airain sont transportés à Babylone, la cité tout entière est la proie du fer et du feu. On égorge même le grand prêtre et soixante des principaux habitants : puis les derniers débris du peuple juif sont traînés à Babylone.

Quel affreux spectacle présente alors Jérusalem ! Ruines fumantes, palais effondrés, sans toiture, sans portes, temple saint rasé, jeté bas, au point que colonnes, portiques, sculptures des plus riches gisent épars sur le sol, flammes qui achèvent de dévorer les édifices, derniers pans de murs qui s'écroulent et répandent au loin d'épais nuages de poussière. Mais quel est cet homme vêtu d'une longue robe brune, du schumla juif, la tête nue, les cheveux à peine retenus par une longue bandelette, et qui, incliné sur les décombres, promène un œil de douleur sur les fûts et les tronçons de pilastres qui lui servent de siége ?

C'est *Jérémie*, le prophète Jérémie, l'un des quatre grands prophètes du peuple de Dieu. Inspiré dès l'âge de quatorze ans, il a prédit lui-même cette ruine épouvantable de Jérusalem ; il a prédit la captivité de soixante-dix ans du peuple hébreu. Devenu odieux à ses concitoyens par ses lugubres prédictions, il fut mis en prison. Aujourd'hui que ses prophéties se sont réalisées, Jérémie est libre, et il pleure sur la désolation de la patrie. Y a-t-il rien de plus énergique, et en même temps de plus simple, que le chant de ce barde sacré (1) :

« Comme elle est solitaire, à cette heure, cette ville si pleine de peuple ! Est-elle délaissée, elle, la maîtresse des nations ? Elle paie tribut, elle, la reine des provinces ! Elle pleure, et personne ne la console !

» Les rues de Sion gémissent, car personne ne vient plus à ses solennités. Ses portes sont brisées, ses prêtres sont dans les larmes, ses vierges ont été ravies : elle reste seule dans l'amertume de son cœur...

» La fille de Sion a perdu sa parure. Ses princes sont comme des béliers qui ne trouvent plus de pâturages : l'ennemi les a chassés devant lui, comme un vil troupeau...

» O vous tous qui passez dans le chemin, regardez et voyez... s'il est une douleur semblable à ma douleur !... »

Autre spectacle, non moins cruel. N'apercevez-vous pas les Juifs ennemis en captivité, vivre dispersés, misérables, languissants sous les saules qui bordent les rives du fleuve Chabar... Ils maudissent leurs vainqueurs et ne peuvent oublier Jérusalem.

« Assis au bord des fleuves de Babylone, nous avons pleuré, en pensant à Sion...

» Nos harpes demeurent suspendues aux saules du rivage ;

» Et ceux qui nous ont emmenés captifs, nous disent en vain : Chantez-nous quelques-uns des cantiques de Sion !

» Mais comment chanter un cantique au Seigneur sur la terre étrangère ?

---

(1) Après la prise de Jérusalem, Jérémie se retira en Egypte, avec un grand nombre de Juifs. On ne sait pas comment il mourut.

» Si je t'oublie, ô Jérusalem, que ma droite m'oublie moi-même;

» Que ma langue reste attachée à mon palais si tu sors jamais de ma pensée, si tu n'es pas, ô Jérusalem, le premier objet de mes joies !... »

Comme puissant contraste à tant d'afflictions et d'ignominies, considère maintenant, Théobald, dit toujours Even, la belle et merveilleuse ville de Babylone. Depuis Sémiramis qui l'a faite si pleine de magnificences, on ne pouvait pas supposer qu'elle pût s'embellir encore. Cependant, regarde, oui, admire ces fameux *jardins suspendus*, attenant au palais des rois, dont Nabuchodonosor vient de la doter. Ces jardins mériteront bientôt la fameuse dénomination de l'*une des sept Merveilles du monde*. En effet, comme la plaine de Sennahar est plate, uniforme et triste, afin de donner à sa belle cité un aspect pittoresque et féerique, examine comme le prince a fait élever un nombre infini de colonnes gigantesques sur lesquelles reposent des voûtes épaisses composant d'immenses plates-formes. Une fois chargées d'une excellente terre qu'arrosent des filets d'eau pris à l'Euphrate, on a émaillé ces parterres aériens de mille plantes, de toutes fleurs, de tous arbustes. Certaines parties, grâce aux palmiers de Syrie, aux nopals de l'Inde, aux térébinthes de Judée, aux cèdres du Liban, aux lentisques d'Idumée, aux tarodium *semper virens*, aux cryptomirias du pays des Sines, et aux arancarias d'Afrique, ne ressemblent-elles pas à de véritables forêts? Et, pendant que de charmantes balustrades forment balcon dans l'immense pourtour de ces jardins délicieux, pendant que d'innombrables et sinueuses allées permettent d'en parcourir tous les points les plus apparents, au-dessous, sous leurs voûtes décorées de peintures et chargées de sculptures, pendant l'hiver, tout un peuple peut trouver le plus riche et le plus commode des promenoirs (1).

(1) Les jardins suspendus de Babylone sont encore visibles à cette heure, au moins en partie. Nous avons déjà dit que les ruines de la Tour de Babel existaient, parfaitement conservées, sous le nom de *Birs-Nemrod*, ou *Bourdj-Nemrod*, ainsi que le

En outre, Nabuchodonosor emploie les bras de ses captifs à bâtir une seconde ville sur la rive droite de l'Euphrate. Il répare la fameuse Tour à huit étages, qui fut la Tour de Babel, et qui a fait naguère notre admiration, quand elle devint le temple de Bel (1). Plusieurs canaux sont dérivés du fleuve, afin de servir à l'arrosement des plaines voisines, et il fonde la ville de Térédon, afin d'assurer la navigation du golfe Persique.

Aussi, de quel orgueil est pénétré Nabuchodonosor, à la pensée de ses victoires, de ses triomphes, de ses villes, des splendeurs de sa Babylone!...

Voyez-le se félicitant lui-même. Oui, regardez! Mais aussi, reconnaissez le doigt de Dieu!...

Je regarde, comme le veut Even, et, sur les terrasses de son

palais élevé par Nabuchodonosor, dans lequel Alexandre-le-Grand rendit le dernier soupir, et dont les restes grandioses portent le nom de *Alcasr*, qui veut dire palais.

Nous ajouterons ici que, non loin de là, on remarque des pans de murailles qui paraissent avoir servi de fondements aux jardins suspendus de Nabuchodonosor II. On y voit même un arbre verdoyant, énorme rameau enté sur un très vieux tronc. C'est un cèdre, ou variété du *tamarix orientalis*, et il est le seul végétal qui soit encore là, parmi les plus magnifiques débris des merveilleux jardins qui aient mérité quelque célébrité dans le monde. Ces jardins et cet arbre sont placés sur la rive orientale de l'Euphrate. Les Arabes appellent le cèdre l'*Athele*, ou *Athéti*, et disent que Dieu l'a miraculeusement préservé de la destruction de Babylone, pour permettre à Aly d'y attacher son cheval, après la bataille d'Hilla.

Ces jardins suspendus étaient probablement disposés en étages, formant pyramides, à peu près comme ceux de l'*Isola-Bella*, sur le lac Majeur, en Italie.

Les Arabes fuient, à l'entrée de la nuit, l'éminence où ils étaient situés : ils la croient hantée par les mauvais esprits.

Le fait est que ces immenses ruines offrent d'interminables corridors et des chambres qui servent de retraite aux lions et aux bêtes féroces. Ces gigantesques amas de décombres n'ont pas moins de vingt mille six cents pieds de développement en carré. Mais ils diminuent chaque jour par la quantité de briques qu'on ne cesse d'en retirer.

Ces briques sont de la plus belle espèce, cuites au feu, et parfois tellement bien moulées qu'elles laissent voir une inscription, sur la face qui est en-dessous.

A côté des monceaux de briques, se trouvent mêlés des fragments de vases d'albâtre, des urnes en terre, des plaques de marbre, et des tuiles vernissées.

(*Kor Potter.*)

(1) On sait, par une inscription trouvée à Babylone, que les travaux de réparation de la Tour de Babel furent exécutés par les ordres de Nabuchodonosor.

palais, je vois en effet le vainqueur des Juifs se livrant à un tel enthousiasme de satisfaction et de ridicule vanité, qu'il se croit Dieu lui-même. Il appelle ses hommes de cour, et corrompu par la fangeuse sanie de son admiration pour lui-même, le voici qui demande l'adoration d'eux et de son peuple. On se hâte d'obéir aux vœux de cette divinité improvisée, et comme ce n'est pas un temple qui suffira à l'immensité de ses adorateurs empressés, c'est dans la belle vallée de Dura qu'on élève sur un pompeux autel la statue d'or du nouveau dieu, statue haute de soixante coudées. Un décret prescrit d'adorer cette idole à certains jours et à certaines heures. Hélas! les Juifs esclaves, eux aussi, doivent se prosterner devant le précieux simulacre; toutefois, s'il en est qui ne craignent pas de se prosterner, d'autres portent au cœur l'amour du Seigneur et le respect d'eux-mêmes.

Un jeune prophète, *Daniel*, jeune Juif emmené de Jérusalem à Babylone, et élevé dans les appartements royaux de Nabuchodonosor, à cause des talents précoces qui brillent en lui, et trois autres Hébreux, *Ananias*, *Misaël* et *Abdénago*, refusent de fléchir le genou devant une image qui n'est pas celle du vrai Dieu.

— Qu'ils périssent dans les flammes! s'écrie le prince au comble de la fureur.

Aussitôt les quatre jeunes martyrs sont précipités dans une fournaise ardente dont on active les brasiers... Mais leur Dieu, le Dieu d'Abraham, d'Isaac et de Jacob, veille sur eux et les protège. Sous mon regard troublé par l'épouvante, je vois tomber les liens des victimes, dévorés par le feu, tandis que Daniel (1), Ananias, Misaël et

---

(1) Prideaux estime que Daniel mourut à Suse, vers la quatrième année du règne de Cyrus à Babylone.

L'historien Josèphe parle d'un édifice immense construit, à Suse, par Daniel.

Enfin Aasim de Cufah, historien arabe mort en 737, fait mention de la découverte du tombeau de Daniel, à Suse.

Ibn-Haukal, deux siècles après, donne la même indication.

Ce tombeau de Daniel fut visité par le capitaine Monteilh, dans ses voyages en Perse. Il parle d'une pierre sculptée fort curieuse qui fut trouvée dans le tombeau du prophète. Elle est gardée avec le tombeau, par le fakir qui les montre aux pèlerins.

Abdénago marchent sur les charbons enflammés et chantent la gloire de Jéhovah d'une voix fraîche et pure.

— Leur Dieu est vraiment le seul Dieu puissant! s'écrie Nabuchodonosor.

Et il leur fait rendre la liberté. En même temps, par un édit solennel, lui aussi, l'orgueilleux tyran publie la grandeur et la force du Dieu d'Israël.

Cependant cette superbe d'un roi de la terre attire la punition du roi du ciel. La main du Seigneur s'étend sur Nabuchodonosor pour le frapper. Le roi de Babylone devient fou, fou par orgueil. Il se croit un aigle, il se croit un bœuf. Pendant sept années ne s'avise-t-il pas de laisser pousser ses cheveux, qu'il suppose être les plumes du roi des airs, et ses ongles, qu'il prend pour des serres. Puis il simule avec sa tête les mouvements du taureau frappant des cornes, et de sa voix les rauques mugissements de ce quadrupède : ou bien encore, de ses ongles il déchire une proie, comme l'aigle de ses serres, et broute l'herbe des champs, tel que le bœuf, dans les pâturages.

Pendant ce temps, *Nitocris*, une des femmes du pauvre fou, continue les travaux commencés par le prince. Elle creuse au-dessus de Babylone un immense et profond canal qui a pour but de mettre obstacle aux invasions d'un nouveau peuple, les Mèdes, qui occupent la contrée montagneuse au nord-est de la Mésopotamie, et dont la puissance devient redoutable. Enfin, elle se dresse à elle-même un tombeau au-dessus de l'une des portes de la ville, et le bruit se répand que les trésors de l'empire y seront cachés avec son cadavre. D'ailleurs une inscription l'atteste.

Ker-Porter a publié une esquisse de cette pierre hiéroglyphique. Il dit, au sujet de Suse et du tombeau de Daniel :

« Les habitants distinguent dans les restes de Suse deux masses de ruines qu'ils nomment l'une le *château*, et l'autre le *palais*. Au pied de la plus élevée est un petit bâtiment en forme de dôme, sous lequel on montre au voyageur la *tombe du prophète Daniel*. Un derviche ou fakir garde et montre ce monument qui, bien que recouvert d'une construction moderne, est considéré par les Juifs, les Arabes et les musulmans, comme étant d'une haute antiquité et contenant bien réellement les restes du prophète. »

A la dernière année de sa vie seulement, Dieu rend à Nabuchodonosor et la raison et le trône.

— Maintenant, reprend Evenor, quand ce drame de la folie du roi est à son dénoûment, c'est EVILMÉRODACH qui prend le sceptre, en 562. Mais sa cruauté met les armes de la vengeance aux mains de sa propre famille, et il meurt bientôt sous le poignard d'un assassin.

Alors, c'est-à-dire en 560, NÉRIGLISSOR, époux de la sœur d'Evilmérodach, devient souverain de Babylone, déclare la guerre aux Mèdes qui font des incursions sur ses domaines, et meurt dans une bataille. Un jeune prince de grand renom, Cyrus, commande les Mèdes dans cette occasion.

Puis, en 555, LABOROSOARCHOD, fils de Nériglissor, occupe le trône pendant huit mois; mais à raison de ses infâmes et odieuses passions, le poison fait bientôt justice de ce monstre.

Enfin, pour dire adieu à cette série de rois assyriens, regardons ce dernier rejeton de la race qui se présente à nous. C'est *Nabonith*, Habinith, Labynéthos, en un mot le BALTHAZAR de la Bible. Voyez comme sous la pourpre et sur le trône il se montre plus pervers encore et plus vicieux que ses prédécesseurs. Mais après avoir étudié son ingrate et perverse physionomie, laissons-le se plonger dans les délices énervantes de ses gynécées et jouir des priviléges de la royauté. L'heure viendra bientôt où nous retrouverons ce roi de Babylone face à face avec le Roi des rois, le maître des mondes. Dieu, le terrible ennemi du crime, viendra sans tarder longtemps, et, villes impures et monarques infâmes, il fera tout tomber dans la poussière d'où il les avait tirés. Alors Babylone cessera d'être la reine de l'univers...

— Reine déflorée, m'écriai-je, reine avilie, reine tombée dans les sentines du vice, et dont les derniers lambeaux de pourpre ne peuvent suffire à voiler les hontes et les plaies immondes...

— Bravo! bravissimo! Théobald : tu commences à comprendre le mauvais esprit des nations et à les juger sainement... me dit le

Pirate, mon digne et cher oncle. Les enseignements de l'histoire te forment, c'est bien, cela. Non, personne n'arrachera les derniers oripeaux de la fastueuse Babylone et de l'orgueilleuse Ninive. Il suffira que le vent de la colère de Dieu souffle, et Babylone et Ninive tomberont en poudre. Impies et gangrenées par le vice, elles ont attiré le regard du ciel, et le ciel se vengera.

— Mais vous comprenez à cette heure, ajoute Arthur Bigron, pourquoi l'on pleure sur les rives de l'Euphrate, et pourquoi les Hébreux, découragés, suspendent leurs lyres et leurs tympanons aux branches des saules, pour demeurer immobiles et couchés dans la fange de l'amertume, sous les palmiers de Sennahar... C'est ainsi que pleure Tobie...

*Tobie!* Ce doux nom sonnait à peine à mes oreilles, que je voyais, au loin, dans Ninive, une pieuse famille se lamentant sur les douleurs de ses pères, mais avec une foi vive et sainte, implorant le secours du Seigneur. C'était toute une scène biblique que cette réunion d'un père âgé déjà, d'une mère plus jeune, et cependant déjà brisée par le chagrin, et d'un fils, charmante tête d'adolescent, fraîche et naïve. Le vieillard parlait à son cher enfant et lui disait les merveilles que le ciel avait produites en faveur de son peuple, et l'adolescent écoutait avec recueillement et intérêt.

— C'est le Tobie dont je vous parle, continue mon ami Bigron. De la tribu de Nephtali, le brave vieillard demeurait à *Cadès*, capitale de cette tribu. Il a épousé Anne, et voici, dans cet adolescent, le fruit de cette union. Conduit à Ninive, captif comme ses frères, jamais il ne s'est souillé, comme eux, en mangeant des viandes défendues par la loi. Aussi sa fidélité lui fait trouver grâce devant le Seigneur. Bien plus, comme la vertu exhale une suave odeur qui trahit sa présence, Salmanasar, qui règne alors que Tobie est captif, l'a distingué entre tous les Hébreux, et il comble Tobie d'honneurs et de biens. Le cœur généreux du vénérable Hébreu fait qu'il emploie tous ces dons au soulagement de ses frères. Un jour, étant à *Ragès*, ville des Mèdes, il prête, sur une simple reconnaissance écrite, dix talents à son parent *Gabélus*. Plus tard, voulant retirer cette somme avant de mourir et la laisser à son fils, il désire que le jeune homme parte pour Ragès. Que de fatigues, que de dangers à craindre pour cet être si cher et si frêle dans une route si longue et si périlleuse ! Le Seigneur, il est vrai, enveloppe d'un regard protecteur ses faibles enfants : mais tenter sa bonté n'est-ce pas un crime?

Qu'advient-il? Voyez-le, Théobald...

Je vois alors sortir le jeune Tobie pour s'enquérir de la route à suivre pour aller à Ragès. Aussitôt se présente à lui un voyageur qui a nom *Azarias,* et qui, partant pour la Médie, offre à l'adolescent d'être son guide. Tout humide du baiser maternel, Tobie part, le cœur plein d'une confiance qui ne sera pas trompée. Son généreux conducteur, qui est déjà son ami, le préserve de tout danger. Il éloigne de lui un monstre des eaux qui le menace, le long du Tigre; et, à Ragès, il le fait triompher de l'ange des ténèbres qui s'opposait à son union avec *Sarah,* fille du reconnaissant Gabélus.

Cependant, son vieux père remplit chaque jour un devoir que toutes les religions rendent sacré : il honore d'une sépulture ses frères morts et abandonnés dans les rues de Ninive, lorsque, épuisé par la fatigue, il s'endort au pied d'une muraille. D'un nid d'hirondelles tombe en ce moment de la fiente chaude qui le rend aveugle. Grâce au ciel! la cure merveilleuse de cette cécité est réservée à l'amour filial et aux sages conseils d'Azarias. Car au retour de son fils, Tobie, le vieux Tobie peut revoir la lumière, et presser sur son cœur et son enfant et sa belle-fille Sarah, qui arrive avec son jeune époux et le bon Azarias. Mais à ce moment si doux, Azarias déclare qu'il est Raphaël, l'ange du ciel envoyé par Dieu pour guider le jeune Tobie. La mission de l'envoyé de Jéhovah est remplie, soudain il a disparu...

— Tu vois que c'est à Tobie que remonte la personnification de l'ange gardien, me dit Even de la voix que dut avoir Azarias. Est-il rien de plus poétique que ce doux commerce des hommes qui ont dépouillé corps avec leurs frères qu'ils laissent sur la terre et qu'ils aident de leur expérience et de leur amitié? La croyance qu'autour de vous erre le pur esprit qui vous aime et qui vous préserve d'un contact impur et nuisible, ce quelque chose qui soulage dans le rude chemin que nous avons à suivre et qui détruit l'isolement, trop souvent mortel, qui nous environne...

— Nous pouvons encore vous faire remarquer, sir Théobald, reprit Arthur Bigron, que Dieu, tout en châtiant les Juifs, ne les abandonne pas. Il leur a donné jadis Elie, Elisée, Isaïe, Jérémie et d'autres prophètes encore, dont la parole puissante ou les soutenait dans le bien, ou cherchait à les arracher au mal. Actuellement, c'est Daniel, c'est Ezéchiel, deux autres grands prophètes, dont l'exemple et les paroles font leur courage et leur appui.

Parmi les captifs de Jérusalem, martyrs de leur douleur à Babylone, il est un homme de la tribu de Juda, qui a une femme du nom de *Susanna*, d'une beauté rare et d'une chasteté à l'abri de tout reproche. Deux anciens d'Israël ont rencontré la belle Juive dans un jardin de la ville, et la menacent, si elle ne cède à leurs coupables désirs, de l'accuser d'adultère. Sur son refus intrépide, les infâmes accusent, en effet, Susanna devant le tribunal des Hébreux, et l'infortunée jeune femme est condamnée à mort. Déjà les apprêts du supplice sont terminés, et l'on conduit Susanna hors de la ville, pour être lapidée. La Juive s'avance le front pâle, mais la démarche ferme. Elle est fière de son innocence, et la conscience lui donne le courage de mourir avec héroïsme. Mais survient Daniel, qui arrête avec autorité la marche du funèbre cortége. Il obtient la révision du jugement; il parle avec l'autorité que donne l'inspiration du ciel, et, assis lui-même sur le siége du tribunal, il prouve l'imposture des deux vieillards. Alors ce sont eux que l'on envoie à la mort.

*Ezéchiel*, ou mieux *Yechezk'el*, dont le nom veut dire *celui que Dieu fortifie*, fils de Bouzi, d'une famille sacerdotale, a été emmené en captivité à Babylone avec Jéchonias, roi de Juda, vers 599. On l'a relégué sur les bords du fleuve Chaboras, en Mésopotamie. Mais de là sa voix se fait entendre à tous les Juifs de la captivité et leur rend le courage, car il prédit la fin de la captivité, le retour des Juifs à Jérusalem, le rétablissement du temple, le règne du Messie et la vocation des Gentils (1).

Toutes ses prédictions sont vérifiées par l'événement, et c'est là, si je ne me trompe, la preuve la plus irréfragable de la vérité du christianisme.

— Ajoutez, fait Marius en regardant Arthur, que le recueil des prophéties d'Ezéchiel étincelle de beautés. Les images en sont vives et variées, les descriptions frappantes, et le style énergique et fort...

— Eh bien! maintenant, laissons les malheureuses cités de Babylone et de Ninive à la ruine qui les attend, fait Evenor. Et, comme l'Asie ne doit pas nous occuper seule, quittons l'Asie et ses peuples nouveaux, pour aller voir ailleurs les drames de la terre.

— Ordonne, ma fille... répond le comte, et tu seras obéie...

(1) Au sud-ouest de Babylone, non loin de la rive droite de l'Euphrate, on voit un tombeau qui porte le nom d'*Hézékiel* ou *Kéfil*.

C'est une espèce de rotonde que les habitants du pays désignent sous le nom de *tombeau du prophète Ezéchiel*. Il est très fréquenté par les plus dévots de la nation juive.

Niébuhr en fait la description suivante :

« Kéfil est le nom arabe d'Ezéchiel, dont des milliers de Juifs viennent annuellement visiter ici le tombeau. Mais ce prophète n'a point ici de trésors, ni d'argent, ni d'or, ni de pierreries ; car quand aussi les Juifs voudraient lui faire de pareils présents, les mahométans ne les lui laisseraient pas longtemps. Ils doivent se contenter de la permission de faire ici des pèlerinages. Dans la chapelle du prophète, qui est une petite tour, on ne voit rien autre chose qu'un tombeau muré. Le propriétaire ou le gardien de ce sanctuaire est une famille arabe, qui a ici une jolie petite mosquée, avec un minaret, et ne paye aucune contribution aux Turcs, uniquement pour l'amour du prophète. Outre cela, cette famille arabe gagne encore considérablement des voyageurs, qui aiment à se reposer ici. Le tombeau d'Ezéchiel, la mosquée et le peu de mauvaises demeures qu'il y a, sont environnés d'une forte muraille, haute de plus de trente pieds et de deux cent cinquante pas doubles, ou environ douze cents pieds de circonférence. On prétend qu'elle a d'abord été bâtie aux frais d'un Juif de Cufa nommé Soleyman, et, selon toute apparence, elle est encore entretenue par les Juifs, car ceux-là en retirent la plus grande utilité... »

La voix du Pirate, puisque ses amis lui donnaient parfois ce nom, vibrait encore à mes oreilles qu'il se fit comme un grand coup de vent dans l'atmosphère. C'étaient nos hippogriffes, notre aérostat, notre tente aérienne, nos véhicules en un mot, vous appellerez comme vous voudrez l'appareil qui nous porte, obéissant au mouvement qu'on leur imprime, qui s'élancent avec une vélocité toute nouvelle vers d'autres régions.

Au-dessous de nous passent alors des montagnes, des vallées, des fleuves, des déserts, des villes, de charmants paysages, de délicieuses oasis. Je reconnais même Palmyre et ses merveilles. Puis, tout-à-coup, nous planons sur l'Egypte.

Mon oncle me sourit, et je compris qu'il allait prendre la parole :

— Nous touchons à la fin des événements qui composent l'histoire de l'Assyrie, me dit-il ; il faut aussi que nous te fassions connaître le dénoûment de l'histoire de l'Egypte.

Déjà nous t'avons parlé de Néchao, à l'occasion des conquêtes de Nabuchodonosor ; mais nous avons omis de te montrer les Pharaons qui précèdent ce Néchao.

Après Séthos que tu as vu représenté, dans le temple de Vulcain, à Memphis, tenant un rat dans sa main droite, pour signaler la délivrance miraculeuse d'entre les mains de Sennachérib, il y eut un bouleversement dans la constitution politique de l'Egypte.

Les chefs des guerriers, caste qui avait toujours vu le Pharaon Séthos de mauvais œil, quoiqu'il fût de la caste sacerdotale, les chefs des guerriers, dis-je, s'emparèrent du gouvernement, qui fut confié à douze d'entre eux. Ils régnèrent avec une concorde parfaite ; aussi voulurent-ils laisser, de cette concorde, un monument à la postérité.

Cette résolution prise, ils font construire un *Labyrinthe*, un peu au-dessus du lac Mœris, et assez près d'Arsinoë, la ville des Crocodiles.

Les curiosités de cet édifice sont au-dessus de toute expression. Tous les ouvrages des Grecs ne peuvent lui être comparés. Le Labyrinthe l'emporte sur les Pyramides !

Il est composé de douze cours environnées de murs, dont les portes sont à l'opposite l'une de l'autre, six au nord, six au sud, toutes contiguës. Une même enceinte de murailles, qui règne en-dehors, les renferme. Les appartements en sont doubles. Il y en a quinze mille au rez-de-chaussée, et quinze mille au sous-sol, trois mille en tout. De ceux qui sont souterrains, nous ne savons que ce qu'on en dit. Les Egyptiens ne permettent pas qu'on les montre, parce qu'ils servent de sépulture aux crocodiles sacrés et aux Pharaons qui ont élevé l'édifice.

Ce qu'on peut dire, et ce que tu peux voir, c'est que chaque palais a des chambres aboutissant à des pastades ou cryptes; au sortir de ces pastades, on pénètre dans d'autres chambres. Et toujours ainsi. Aussi l'on s'y perd, tant il y a de passages tortueux, de galeries, de corridors, d'avenues, de promenoirs, et des chambres, et des salles, et des appartements sans fin. Tout ce bâtiment est en pierre. Autour de chaque cour, règne une colonnade. Quand enfin le Labyrinthe permet de sortir, on trouve une Pyramide de cinquante orgyes, sur laquelle on a sculpté des figures d'animaux (1).

Hélas! ce témoignage de bonne union était à peine commencé que l'harmonie était détruite.

(1) Un étranger, dit Strabon, ne pourrait, sans guide, parvenir à aucune des *aulæ* ou cours, ni en sortir, une fois qu'il y serait entré.

Letronne traduit *aulæ* par *cours couvertes d'un toit*. Il pense que les pastades étaient des *cryptes* ou passages souterrains.

On doit savoir que ce sont deux Français, MM. Jomard et Bertron, qui découvrirent, en 1799, les grandes masses de débris, ruines du Labyrinthe.

Une commission prussienne y a fait de récentes études, qui confirment ou infirment d'une manière définitive les ingénieuses hypothèses des savants sur le Labyrinthe. Ainsi le docteur Lepsius a compté littéralement les restes de *cent chambres* placées à côté ou au-dessus les unes des autres, de grandeurs diverses, quelques-unes très petites. Il ne vit aucune trace de sinuosités ou de passages tortueux. Trois constructions massives, d'une largeur de trois cents pieds, entourent un carré long de six cents et large de cinq cents, qui était autrefois divisé en cours. Le quatrième côté est formé par une pyramide dont les ruines couvrent le sol.

Un canal moderne coupe diagonalement les restes du Labyrinthe.

Suivant Apion, surnommé Phistonicés, on voyait dans le Labyrinthe la statue de Sérapis en émeraude, haute de neuf coudées.

En effet, voici l'un des douze, Psammétichos, gouverneur de Saïs, qui rétablit l'unité, en renversant ses onze collégues.

Voici comment il s'y prend :

Un oracle a déclaré que celui d'entre les douze guerriers qui offrirait des libations à Vulcain dans une coupe d'airain, serait seul le Pharaon de l'Egypte. Or, un jour que les douze chefs sacrifiaient à ce dieu, le grand-prêtre leur présente les coupes d'or dont ils ont l'habitude de se servir en cette occasion. Seulement il se trompe sur le nombre et n'en apporte que onze. Psammétichos est au dernier rang. Alors, comme il n'a pas de coupe, il prend son casque qui est d'airain, et s'en sert pour faire sa libation. A cet instant, les autres guerriers se souviennent de l'oracle et veulent tuer Psammétichos : mais comme ils reconnaissent qu'il vient d'agir sans préméditation, ils se contentent de le dépouiller de ses domaines et le relèguent dans les marais du Delta (1).

Psammétichos envoie consulter à Buto l'oracle de Latone. On lui répond qu'il sera vengé par des hommes d'airain sortis de la mer. Il est loin de comprendre comment un tel événement pourra se faire, lorsque, peu après, des pirates ioniens et cariens sont poussés sur les côtes d'Egypte par la tempête, et ils descendent à terre revêtus d'armes d'airain. Cette nouvelle est portée à Psammétichos, et on lui dit que des hommes d'airain sortis de la mer pillent le Delta... Grande joie de Psammétichos, car l'oracle est accompli. Le guerrier fait alliance avec ces ioniens et ces cariens. Avec ces auxiliaires il culbute les onze chefs, ses compétiteurs, et devient Pharaon.

Alors, sous ce prince ardent, l'esprit de conquête se ranime, les entreprises maritimes prennent un nouvel essor, les Grecs sont appelés en Egypte, où ils forment leurs premiers établissements, on leur donne des terres près de Bubaste, ils y ouvrent des écoles pour la langue grecque, et s'ouvre une nouvelle période qui n'est pas sans gloire.

(1) Hérodote. *Voyage en Egypte.*

Toutefois, deux cent quarante guerriers, mécontents de l'innovation à l'endroit des Grecs, émigrent à Méroë, dans l'Ethiopie (1).

Mais Psammétichos se ménage l'alliance de la caste sacerdotale, en construisant à Memphis les magnifiques propylées du temple de Phtah ou Vulcain, et en élevant un autre temple d'Apis, où ce dieu-bœuf est grassement nourri. Tu peux admirer ces deux édifices.

D'autre part, nonobstant la défection des guerriers, le Pharaon bataille contre la Judée et s'empare d'Azoth, après vingt-huit ans de siége.

Il est le père de Néchao, du Néchao que tu connais déjà, pour l'avoir vu battre et tuer à Mageddo, en Judée, le roi de Juda, Josias, être battu à son tour par Nabuchodonosor, et avoir entrepris de mettre en rapport la mer Rouge avec la Méditerranée par un canal de communication.

Quand ce canal fut abandonné, par le fait des prêtres, comme tu as vu, Théobald, Néchao fait construire des flottes qui vont trafiquer sur les côtes de la Syrie et de la Judée.

Il charge les Phéniciens du premier voyage de circumnavigation autour de l'Afrique qui ait été accompli jusque-là. Ce voyage dure trois ans. A leur retour ils racontent qu'en faisant voile autour de la Libye ils ont vu le soleil se lever derrière eux (2). En un mot, le généreux Pharaon rend son règne remarquable par le progrès dans les sciences, le commerce et l'industrie.

Le successeur de Néchao, Psammès, ne gouverne l'Egypte que pen-

(1) Le pays de Méroë fut, dès la plus haute antiquité, un Etat puissant. Il semble même avoir précédé l'Egypte, et Thèbes ne serait qu'une de ses colonies. Les monuments de Méroë, pyramides, obélisques, tombeaux, etc., sont aussi nombreux que ceux de l'Egypte, et offrent le même caractère colossal. Méroë était fameuse par ses oracles d'Amoun ou Amon. Il reste des ruines magnifiques.

(2) *Hérodote* prétend que le fait n'est nullement croyable.

Il est, au contraire, la preuve de l'authenticité du voyage, car les Phéniciens n'auraient pas imaginé cette position du soleil, dont ils furent en effet les témoins, du moment qu'ils eurent dépassé la ligne équinoxiale.      (*V. Duruy.*)

dant six ans. Il meurt au retour d'une expédition contre les Ethiopiens, en 594.

Apriès lui succède. Mais une armée qu'il envoie contre les Cyrénéens, sur les côtes septentrionales de l'Afrique, ayant essuyé une défaite complète, les Egyptiens se soulèvent contre le Pharaon. Apriès charge Amasis de les faire rentrer dans le devoir : ce général obéit d'abord, puis les rebelles lui ayant offert le sceptre du prince, Amasis se laisse séduire et monte sur le trône.

Aussitôt Apriès rassemble dans la ville de Saïs trente mille Cariens et Ioniens, et marche contre l'usurpateur. Convaincu qu'il suffira d'un mot pour apaiser la révolte, il charge un officier fidèle, Patarbemis, d'aller prendre Amasis et de le lui amener vivant. Patarbemis va droit au rebelle, mais il retourne bien vite près du Pharaon, et lui rend cette réponse insolente :

— Va dire à celui qui t'envoie qu'Apriès me verra bientôt arriver en nombreuse compagnie.

Apriès ne peut croire à pareil outrage, et regardant Patarbemis comme un traître, il lui fait couper le nez et les oreilles. Alors a lieu une bataille terrible dans laquelle Apriès est vaincu. L'infortuné prince est incontinent livré aux Egyptiens, qui l'étranglent et font injure à son cadavre. Tout au plus permet-on de l'ensevelir dans le tombeau de sa famille, qui est à Saïs, dans le temple de Minerve.

Amasis devient donc paisible possesseur du trône des Pharaons. Mais comme il est d'une naissance obscure, son peuple fait peu de cas de sa personne. Le prince use d'adresse pour le ramener à de meilleurs sentiments. Il possède un vase d'or dans lequel il a coutume de se laver les pieds. Il ordonne de le briser et d'en faire la statue d'un dieu qu'il place dans l'endroit le plus fréquenté de la ville. Les Egyptiens ont la nouvelle image en vénération. Sur ce, Amasis rassemble les habitants de Saïs, où il réside, et dit :

— Cette statue est faite avec un bassin qui servait à laver les pieds : cependant elle est l'objet de votre culte. Ma destinée est toute semblable. J'ai d'abord été un simple plébéien : aujourd'hui, je suis votre Pharaon. J'ai donc droit aux honneurs que je vous prescris...

C'est ainsi qu'il amène les Egyptiens à se soumettre. Du reste, Amasis mérite le respect et l'amour de ses sujets par son infatigable activité et la sagesse de son gouvernement. Il fit la paix avec les Cyrénéens, rechercha l'alliance de Cyrus, auxquels il permit d'avoir un comptoir à Naucratès, et rendit tributaire l'île de Chypre.

Il signala aussi son règne par la construction de tous ces splendides édifices que tu vois décorer l'Egypte, immenses colosses et sphinx à figure humaine d'une grandeur énorme.

Après un règne de quarante-quatre ans, il laisse le trône à son fils PSAMMÉNITE. Mais vois quelle tempête se forme au loin, vers le nord, au-delà de Ninive et de Babylone. Elle menace de fondre, et elle fondra bientôt sur l'Egypte, qu'elle couvrira de ruines, et à laquelle elle enlèvera ses Pharaons. Voici quelle est la cause de ces désastres imminents.

On a fréquemment mal aux yeux, en Egypte : les sables fins et brûlants de la vallée du Nil, poussés par le trop fréquent simoun, cause ces cruelles ophthalmies. Tout mal a besoin de remèdes, et plus le mal est intense, plus on étudie le moyen de le guérir. C'est t'apprendre que les médecins égyptiens sont devenus fort habiles dans la cure des yeux. Cyrus, le roi de Perse que tu vas voir bientôt paraître en scène, fait un jour demander à Amasis de lui envoyer le meilleur médecin qu'il aurait pour soigner les maladies d'yeux. Amasis lui expédie l'homme le plus habile. Hélas! pour cet Egyptien, c'était un exil qu'un pareil voyage. Condamné à ne jamais plus revoir sa patrie, sa femme et sa famille, le médecin conçoit une rancune implacable contre son Pharaon, et, dans un but de vengeance, il s'empare de l'oreille de Cambyse, le successeur de Cyrus, et l'engage à demander au chef de l'Egypte qu'il lui donne sa fille en mariage. Il sait parfaitement, l'artificieux médecin, que le Pharaon déteste autant les Perses qu'il les craint, et il espère qu'un refus d'Amasis mettra Cambyse en guerre.

En effet, demande rejetée et grande colère du roi de Perse. Psamménite paie pour son père que la mort a enlevé : il est vaincu à Memphis, et mis à mort par l'irascible Cambyse.

Dès-lors l'Egypte passe sous la domination étrangère.

Vainement elle proteste contre le joug par de très fréquentes révoltes : juge de ses efforts pour recouvrer son indépendance. Ils sont inutiles. Revenue province de Perse, elle sera un jour conquise par Alexandre-le-Grand, le vainqueur annoncé par les prophètes de l'Ecriture divine.....

— Pauvre Egypte! comme la voilà humiliée, déchue, anéantie! dit avec emphase le sage Marius.

Elle, la base de l'antique civilisation, le point de départ des religions, elle périt, car elle s'est fourvoyée dans sa route...

Et cependant, ne peut-on pas dire d'elle, et de toute l'antiquité, car parler de l'Egypte, c'est parler de tout le vieux monde, ne peut-on pas dire d'elle ceci, à propos de son culte :

Il est incontestable que les religions païennes et idolâtres faisaient appel aux terreurs pieuses des hommes, à leur ignorance, à leur passion pour le merveilleux, dominant ainsi, par de tels moyens, les masses crédules ou fanatisées. Il est encore vrai que la foi et les croyances étaient exploitées, soit à l'aide de bruits effrayants, soit de menaces épouvantables proférées par les bouches écumantes des sybilles et des oracles, soit de processions mystérieuses, et souvent de sacrifices sanglants. Ainsi, que savons-nous des mystères d'Isis, des mystères d'Eleusis, de ceux des Cabires? Leur secret a été si parfaitement gardé, que nous en sommes réduits à de simples conjectures, peut-être fort éloignées du vrai.

Mais il serait injuste, je crois, de ne pas accorder à ces religions un fond quelconque, beaucoup moins grossier et plus élevé qu'on ne le suppose.

En effet, en même temps que ministres d'un culte à grand apparat, plus ou moins charlatanesque, les prêtres de l'Egypte, les premiers de tous au point de vue des temps et du savoir, les prêtres de l'Egypte nous semblent devoir être considérés comme les représentants d'une idée immatérielle.

Certes! la foi du serment, l'honneur, la vertu, le travail, le talent, l'honnêteté, la pureté de mœurs, la glorification du Créateur, sont des bases tellement innées et fondamentales de toute société humaine, qu'il n'est pas possible d'admettre la durabilité et l'influence d'institutions religieuses si elles ne reposent pas sur des principes moraux. Qu'elles subissent les atteintes de la corruption par la suite des temps, c'est possible, nous l'admettons, car, en-dehors du judaïsme et du christianisme, le sens moral païen ne pouvait être qu'une flamme de faible lueur et mal alimentée. Mais il y avait néanmoins un sentiment profond du vrai. En voici la preuve :

En 1858, un papyrus, trouvé dans un tombeau par un Anglais, fut l'objet d'un examen sérieux à la Société royale de Londres. M. Poole constata que ce papyrus avait été écrit par Ptah-Hotp, fils aîné d'un Pharaon, et qu'il portait la date du règne d'Assa. Or, Ptah-Hotp donne, dans cet écrit, des exhortations morales à son fils, exhortations exprimées en un langage remarquable par son énergie et son élévation. Le nom d'Osiris se trouve prononcé une fois seulement dans le manuscrit, tandis que le mot « Dieu » s'y trouve fréquemment répété, sans autre addition.

Si, comme on le croit généralement, Ptah-Hotp était le fils aîné du roi régnant Assa, ce dernier a dû vivre au moins cent trente ans, puisque Ptah-Hotp constate dans son écrit son propre âge de cent dix ans. La longévité de cette famille de Pharaons Macrobites sert d'argument puissant et sérieux à ceux qui croient à l'exactitude des chiffres que la Bible attribue à la durée de la vie de certains patriarches, chiffres fort contestés, comme on sait. Aussi, à ce point de vue, le papyrus en question a-t-il vivement frappé les érudits, et était-il devenu un monument des plus intéressants. C'est pour cela qu'il fut soumis à un examen et à une critique des plus sévères, dont il est sorti à son honneur.

Pour moi, cet écrit a une signification que voici, et certes elle a de la valeur! C'est que, au temps du Pharaon Assa, — que ce dernier soit l'un des rois de Memphis de la troisième dynastie, ou que, au contraire, ce qui paraît plus probable, il soit un des rois-pasteurs de la quatorzième dynastie, connu plus généralement sous le nom de Manéthou-Assis, — c'est que, dis-je, au temps du Pharaon Assa, *c'est-à-dire dix-neuf siècles au moins avant l'ère chrétienne, il y avait au sommet de la nation un sentiment religieux très accentué, exprimé en style presque biblique, et une notion excessivement nette et élevée de la divinité.*

Ainsi, semble-t-il que les castes religieuses de l'Egypte, si voisines hiérarchiquement du pouvoir royal, n'étaient pas seulement des sectes dominatrices des masses par les sens extérieurs; elles doivent nous apparaître aussi comme les représentants d'une idée grande et naturelle, celle de la divinité.

Des prêtres, en outre, étaient les dépositaires et les gardiens jaloux de tous les trésors scientifiques amassés par la tradition.

Les prêtres égyptiens, par exemple, étaient seuls possesseurs de l'art difficile et délicat d'extraire l'or et l'argent. Cette élaboration était maintenue secrète, enveloppée de rites mystérieux. Il est probable que l'initiation était divisée en plusieurs branches distinctes et indépendantes les unes des autres, de façon qu'elle ne devenait complète qu'au sommet de la hiérarchie.

Ainsi, très probablement, le chef des prêtres possédait à lui seul la clef d'une si importante industrie, qui embrassait à la fois le creusement des mines, la préparation mécanique des minerais, leur traitement métallurgique, l'affinage et l'élaboration des métaux précieux en bijoux, monnaies, fils, etc.

Le triple caractère du prêtre : hiérophante, ministre et savant, se rencontrait certainement chez les nations égyptiennes, chaldéennes, assyriennes, indiennes, etc., et sans contredit le caractère scientifique était, chez elles, le plus saillant de leur institution.

Cette séquestration sévère des connaissances scientifiques, entre des mains privilégiées et exclusives, cause et explique l'absence de renseignements sur le passé si intéressant de la race prodigieusement étonnante des Pharaons.

D'autre part, Suidas nous dit que l'art de faire de l'or et de l'argent porte le nom grec de *chemeïa*, d'où sont venus les mots *chimie* et *alchimie*. Il nous apprend en même temps que l'empereur Dioclétien, dans le but d'empêcher les Egyptiens d'acquérir autant de richesses, et de puissance par les richesses, fit brûler tous les anciens livres de l'Egypte sur la chimie.

Cette remarque de Suidas concorde avec l'opinion de Cuvier, qui fait naître la chimie dès l'aurore de la civilisation, et qui lui donne comme étymologie le mot *chim*, nom par lequel l'Egypte était jadis désignée, nom qu'on retrouve dans les inscriptions du *monolithe de Rosette*, nom qui, enfin, signifie aussi *art égyptien* ou du *pays noir*.

Ne nous étonnons donc plus si, sur les bords du Nil, vingt-deux siècles avant leurs successeurs les alchimistes, nous voyons florissantes et prospères les industries des métaux, du verre, des poteries, de la teinture, etc.

Et, à propos de ces inventions, dont les nôtres ne sont plus que des *réinventions*, n'omettons pas de dire que M. Layard trouva, dans Ninive, dans le palais nord-ouest de Nemrod, au milieu de coupes et de vases en verre, des lentilles en cristal de roche qui font penser que le microscope, inventé par Leukowen, était déjà peut-être inventé du temps de l'ardent chasseur!

Ayant ainsi parlé, Marius garda le silence... Alors nous quittons le Nil et ses bords, ses ruines et ses tombeaux, ivres de soleil, aveuglés par le sable du désert et rassasiés d'hiéroglyphes. Mais, à force de voir des palais et des temples enfouis dans la poussière ou sous de misérables villages; à force d'errer dans d'humides galeries, en quête de peintures et de papyrus; de visiter les sépulcres des Pharaons et des plus modestes Egyptiens; d'étudier les grottes, les hypogées, les spéos, les cryptes, où bien souvent j'avais senti sur ma figure des battements d'ailes de chauves-souris, j'ai fini par mieux comprendre les choses de l'antique Egypte.

Mais, alors que nous nous éloignons, en Egypte, comme tout-à-l'heure en Assyrie, comme partout où le ciel châtie les peuples, on pleure, on gémit, on se lamente... Hélas! c'est que tout est révolution sur la terre; oui, tout est souffrance, misère et agonie, parce que les hommes se refusent à reconnaître le Dieu des mondes, parce que notre sphère est le séjour de l'exil et de la douleur...

Au moment où Marius cesse de parler, le soleil, sur son déclin, illuminait de ses feux l'Egypte et la Libye, les mers Rouge, d'Erythrée, Intérieure, et le grand Océan des Indes. Les montagnes éloignées, les plaines et leurs bois, les déserts et leurs oasis, les villes et leurs horizons nageaient dans les vapeurs du soir, teintes des couleurs les plus douces. Une suprême mélancolie couvrait toutes choses de son ineffable expression. La poésie de la nature la plus riche émotionnait l'âme et faisait battre les cœurs. Je me sentais oppressé, et pourtant je jouissais du grandiose spectacle que j'avais sous les yeux. Je ne sais quelles vibrations nouvelles retentissaient dans ma poitrine comme les célestes harmonies d'une résurrection. Il me semblait que je dépouillais le vieil homme pour revêtir le nouveau.

N'avais-je donc rien compris jusque-là des choses de la vie? Non, hélas! j'étais comme les simulacres dont parle la Bible : j'avais des yeux, et je n'avais pas vu jusqu'à cette époque de mon existence; je possédais des oreilles, et je n'avais rien entendu, rien écouté encore; je jouissais de narines, et je n'avais pas appris à savourer les parfums de la science; enfin, j'étais doué d'une intelligence, et jusqu'à ce moment que lui avais-je confié ?

Mais le voile tombait de ma face; il se faisait en moi comme un grand coup de vent qui enlevait les brouillards de ma raison; le jour, un jour pur et lumineux, commençait à plonger ses rayons dans mon cerveau jusque-là si plein de ténèbres...

# DRAMES DE LA TERRE.

A travers les montagnes. — MÉDIE. — Où reparaît Madaï, fils de Japhet. — La Médie, d'abord province de l'Assyrie. — Arbacès, satrape de Médie. — Mœurs sauvages des Mèdes. — DÉJOCÈS, premier roi. — Fondation d'ECBATANE. — Une ville à sept enceintes. — PHRAORTE. — Sa défaite par Nabuchodonosor. — CYAXARE. — Première éclipse annoncée. — Thasis, de Milet. — Guerre des Scythes contre les Mèdes. — Ligue de Cyaxare et de Nabopolassar, roi de Babylone, contre Ninive. — Ruine de Ninive. — ASTYAGE. — Topographie de la Médie. — Ragès. — Porte caspienne. — Lac Spanta. — *Campi Nysæi*. — Transformation des Mèdes. — Opulence et mollesse. — LA PERSE. — Antiquité problématique des Perses. — CAMBYSE, premier roi des Perses. — Où il épouse Mandane, fille d'Astyage. — PASAGARDE, capitale d'été de la Perse. — Comment on expose un enfant. — Pâtre et courtisan. — Où se révèle Cyrus. — Rudesse des Perses. — Comment on élève la jeunesse. — Place Eleuthère. — Cyrus chez son grand-père Astyage. — Anecdotes enfantines. — Cyrus et Sacas, l'échanson. — CYAXARE II ou DARIUS LE MÈDE, roi d'Ecbatane. — CYRUS, roi de Perse. — Royaume de LYDIE. — Tmolus et Pactole. — La ville de SARDES. — CANDAULE, roi de Lydie. — L'anneau de Gygès. — CRÉSUS. — Quel est l'homme le plus heureux ? — Roi et philosophe. — Crésus et Solon. — Cyrus à la conquête du monde. — Bataille de Thymbrée. — Où le vainqueur fait brûler le vaincu. — Comment s'éteint le bûcher. — Cyrus contre Balthazar. — Siège de Babylone. — A quoi sert un fleuve sans eau. — Orgie nocturne. — Une main de feu. — *Mane, Thekel, Pharès*. — Encore Daniel. — Fin du deuxième empire d'Assyrie. — Ruine de *Babylone*. — Délivrance des Juifs par Cyrus, prédite par les Prophètes. — SUSE, capitale d'hiver de la Perse. — Description. — Cyrus à Suse. — La plaine de l'Araxe. — PERSÉPOLIS fondée en regard de Pasagarde. — Merveilles de Persépolis. — Religion des Perses. — Culte du feu. — Zoroastre. — Mages. — *Ormuz* et *Ariman*, le ciel ou l'enfer. — *Mithras*, ou le soleil. — Défilé d'une procession perse. — Conquêtes de Cyrus. — Il épouse une Egyptienne. — Persépolis capitale du monde. — Guerre contre les Massagètes. — Mort de Cyrus. — Son tombeau. — Inscription. — Rivalité de Smerdis, fils de Cassandre, première femme de Cyrus, et Cambyse, fils de Nitetès, sa deuxième femme. — CAMBYSE. — Guerre contre l'Egypte. — Caractère de Cambyse. — Comment il boit et ce qu'il fait quand il a bu. — Entrée en Egypte. — Bataille de Péluse. — Armée de chiens et de chats. — Oracle de Jupiter-Ammon. — Conquête de la Libye. — Où Cambyse marche contre l'Ethiopie. — L'arc d'un Ethiopien. — Où le climat tue toute une armée. — Fureur de Cambyse. — Fête du bœuf Apis. — Comment un homme fait périr un dieu. — Où la punition suit de près le crime. — Révolte de Smerdis, en Perse. — Chose prodigieuse et rare ! un secret est dévoilé par une femme. — Un roi sans oreilles. — Intrigues de Mages. — DARIUS, fils d'Hystaspe, l'ASSUÉRUS de l'Ecriture. — Révolte de Babylone. — Sa soumission. — Réapparition de Zoroastre. — Le *Zend-Avesta*. — Vision de la belle Esther. — Où Aman est confondu. — Mardochée. — Guerre avec les Scythes. — Mythologie des Scythes. — Ambassade. — Guerre des Mèdes et des Perses contre les Grecs. — Première guerre dite *médique*.

Sur ce, notre pyroscaphe aérien sillonna l'espace avec la rapidité de l'éclair. Il passait, comme un nuage poussé par la tempête, au-dessus des déserts dans lesquels erraient sans doute des chacals, des panthères et des tigres, car d'horribles glapissements de bêtes fauves arrivaient jusqu'à nous et m'eussent glacé de terreur si je n'avais été rassuré par la présence de ma société. Assurément nous planions au-dessus de vastes déserts. La nuit était épaisse et noire : pas une étoile ne brillait aux cieux, et, sur la terre, rien n'indiquait qu'aucune créature humaine veillât sous les lambris de palais ou le chaume de huttes sauvages. Enfin l'aube fit paraître son cercle d'argent sur l'horizon : ce cercle d'argent fut suivi des rayons d'or de l'aurore ; à l'or succéda la pourpre des rideaux du soleil, puis un vent frais, soufflant avec force, chassa les sombres nuées de la nuit, et bientôt il nous fut facile de reconnaître que nous voguions entre le plus bel azur du firmament et la grande Asie, dont nous voyions le centre occupé par les contrées montagneuses de la *Médie*.

Aussitôt le digne Pirate s'enveloppant de son manteau, tousse d'abord, se mouche ensuite, ce qui annonce qu'il va prendre la parole et prononcer un long discours.

— La Médie, comme tu vois, dit-il en effet, est située entre l'Assyrie, à l'ouest ; les monts qui entourent la mer Caspienne, au nord ; la Susiane, au sud ; et l'Hyrcanie et la Parétacène, à l'est.

Le sol de cette région est fertile, le climat délicieux. Voici des montagnes, voici de riches plaines, voici des rivières. Ce beau pays ne renferme que des peuplades barbares, issues de Madaï, fils de Japhet, et qui obéissaient à l'Assyrie, lorsqu'en 785, sous le règne de Sardanapale de triste mémoire, *Arbacès*, son satrape, et *Bélésis*, gouverneur de Babylone, s'étant ligués avec les Perses, également tributaires de l'Assyrie, se révoltèrent. Tu te souviens que Sardanapale, d'abord vainqueur dans la lutte, fut ensuite assiégé dans Ninive, et que voyant sa capitale livrée par un débordement du Tigre, afin de ne pas tomber vivant entre les mains de ses ennemis, il se jeta dans un bûcher en flammes avec ses femmes, ses officiers et ses trésors.

Alors Arbacès, tout en permettant à l'Assyrie d'avoir ses rois particuliers, mit le souverain pouvoir chez les Mèdes et devint leur premier roi, en 759. Mais il fut indulgent et bon, car il laissa son peuple vivre à sa guise et jouir de sa liberté.

Divisés en tribus, habitant des hameaux, n'ayant ni forteresses ni capitale, si ce n'est Ecbatane, une bicoque sans importance, les Mèdes usèrent pendant quelque temps de cette liberté facile dans une région fortifiée par sa situation même et dont l'entrée pouvait être facilement défendue. Ils se donnèrent des magistrats dont ils reconnaissaient l'autorité pendant la paix; et, dans la guerre, ils choisissaient eux-mêmes leurs chefs. Mais cet état, heureux en apparence, ne laissa pas d'amener l'anarchie.

Un Mède, politique habile autant que philosophe, s'étant rendu nécessaire par des services offerts à ses concitoyens, sut les amener alors à lui proposer la couronne, qu'il refusa d'abord, mais qu'il accepta ensuite, après avoir aiguillonné la fantaisie du peuple. C'était vers 710.

Ce roi, ainsi produit par adresse et sorti des rangs du peuple, se nomme DÉJOCÈS. A peine s'est-il rendu aux vœux de la nation que le nouveau souverain, dans le but de frapper les yeux et d'asseoir son autorité, s'entoure de toute la pompe des princes d'Orient. Il rassemble dans des villes les Mèdes jusqu'alors épars dans les campagnes, et songe à construire une ville qui soit digne, par sa beauté, des grandeurs qu'il médite pour l'avenir de son peuple.

Il choisit ECBATANE, jusqu'alors simple bourgade, pour théâtre des magnificences qu'il se promet de produire.

Située au pied des *monts Oronte*, que tu vas voir, et au sud-ouest de la mer Caspienne, la position de cette ville lui permet de créer des splendeurs inimaginables...

Du reste, nous y arrivons : voici la brillante Ecbatane qui s'avance vers nous...

— En effet, m'écrié-je, voici venir de l'horizon une mer qui étincelle, et, à droite, un lac, qui brillent l'un et l'autre comme des miroirs enchâssés dans l'or le plus pur; et puis, plus près, sur le large plateau d'une colline verdoyante, j'aperçois une ville dont l'aspect offre à mes yeux étonnés toutes les fantaisies des plus étranges mirages.

Si je ne suis pas l'objet d'une hallucination, je compte autour de cette cité magique sept enceintes concentriques, disposées en amphithéâtre sur les rampes de la colline, de manière que les remparts de la seconde enceinte s'élèvent plus haut que ceux de la première; les remparts de la troisième débordent ceux de la seconde, et ainsi de suite jusqu'à la dernière. De sorte que, du point où nous sommes, nous pouvons voir en même temps une partie de chacune de ces enceintes. On dirait qu'Ecbatane est environnée d'un arc-en-ciel qui lui serre la taille, car ces enceintes sont peintes de diverses couleurs. La plus extérieure est peinte en blanc; en noir, la seconde; la troisième, en rouge; en bleu, la quatrième; la cinquième, en vert; la sixième est argentée, et la septième dorée... Cette incomparable et gigantesque pyramide, si large à sa base qu'on dirait, à la blancheur de ses murailles, que c'est un lac immense du milieu duquel elle s'élève, et si rutilante à son sommet qu'on croirait que des feux s'en échappent, comme de la plate-forme d'un autel, fait honneur à l'imagination de Déjocès. Mais pourquoi ces différentes enceintes, et pourquoi ces couleurs dissemblables?

— L'enceinte d'or renferme les palais du roi, me répond le comte, et le plus riche, celui qui me paraît avoir une façade d'au moins un quart de lieue et dont toute la toiture ressemble à un ventre d'énorme poisson, parce qu'il est tout entier couvert d'argent repoussé en écailles, est celui que le monarque habite de préférence. C'est dans cette féerique résidence qu'il passe ses jours avec ses femmes et ses ministres, au milieu des labeurs du gouvernement et des jouissances du luxe. On dit que toutes les murailles intérieures sont revêtues de bois de cèdre sculpté et de cyprès travaillé à jour. Les solives, les caissons des plafonds, les colonnes des péristyles et les pilastres des cours sont chargés de plaques d'or, d'argent, de métaux finement ciselés et décorés de pierres précieuses (1).

Dans cette même enceinte d'or s'élèvent aussi les temples des dieux, et, au milieu, se dresse une puissante citadelle qui commande

(1) *Ecbatane* ou *Agathanes* était située sur l'emplacement occupé de nos jours par *Hamadan*. (Flandin, *Voyage en Perse*.)
Le voyageur ne peut demander à la ville actuelle de lui montrer les sept murailles concentriques dont il est question dans cet ouvrage, et dont Hérodote raconte que Déjocès fit entourer la capitale. Mais, en suivant pas à pas la description du grand historien, il retrouvera, sur les dernières pentes du mont *Alvend*, auquel est adossé Hamadan, et dans les collines qui s'y relient, cette disposition historique qui fit adopter au roi des Mèdes ce système de fortifications, dont les remparts se dépassaient mutuellement en hauteur.

Hors des murs, et au sud de la plaine, on découvre au loin plusieurs *tépehs* ou éminences, dont l'aspect et les aspérités anguleuses dénotent la présence, sinon de monuments, du moins de décombres signalant la place qu'ils occupaient.

Le palais de Déjocès était au-dessous de la citadelle, qui couronnait Ecbatane, et il avait sept stades de circonférence. La charpente était en bois de cèdre ou de cyprès. Les poutres, les plafonds, les colonnes des portiques et les péristyles étaient revêtus de lames d'or et d'argent, et les toits couverts de tuiles d'argent. (*Polybe*, liv. x.)

Ce fut à Ecbatane qu'Alexandre-le-Grand souilla sa gloire par le meurtre de Parménion, l'un de ses plus habiles lieutenants, et qu'il perdit Héphestion, le plus dévoué de ses généraux.

Des voyageurs modernes, deux Anglais, Morier et Porter, ont reconnu distinctement la plate-forme de la montagne que couvrait la citadelle d'Ecbatane. Porter a même découvert, dans le roc, les trous où tournaient les pivots des portes qui en fermaient l'entrée. Il a trouvé aussi la base et le fût d'une colonne portant le chapiteau en feuilles de lotus, habituel à l'architecture mède, et offrant le plus pur caractère persépolitain. Quant aux inscriptions à têtes de clous ou *cunéiformes* gravées sur les rochers, elles sont très fréquentes dans toute la Perse.

A Hamadan, vous rencontrez un entrepôt de médailles et de pierres gravées, médiques, surtout de celles relatives au culte de Mithra, de même que, à Bagdad, les *bétyles* ou cylindres babyloniens, qui ne sont que des *cachets*. Légère fumée pour rappeler tant de gloire !

Les localités de la Perse moderne où il existe des monuments antiques sont Hamadan (Ecbatane), Mader-i-Souleiman ou Pasagarde, Istakhr ou Persépolis, Chouster ou Suse, etc., etc.

L'histoire de l'origine des Perses est fort obscure. La plus célèbre dynastie de leurs rois est la dernière, celle des Achéménides, qui, d'après Hérodote, aurait donné neuf rois : Achéménès, Cambyse, Cyrus, Taspes, Ariazamnès, Arsames, Hystaspe, Darius et Xerxès.

On attribue aux Achéménides les plus anciens et les plus beaux monuments, non-seulement à la ville, mais à toute la contrée. Temples et palais sont remplis de merveilles de l'art, et c'est douleur de penser à l'avance que toutes ces richesses seront un jour enlevées par Alexandre-le-Grand et Séleucus-Nicanor.

Les officiers du roi sont établis dans l'enceinte d'argent, qui ne renferme que palais de marbres et de porphyre.

L'enceinte vert de mer et celle d'azur sont occupées par les plus riches personnages de la nation. Enfin les marchands sont renfermés dans l'enceinte rouge, et le peuple habite les deux autres. Ce sont donc autant de villes différentes qui ont leur physionomie particulière.

Je te signale là, au pied sud-est de cette ville fantastique, un lieu caché sous de grands arbres qui sera bientôt sacré, car il portera bientôt les tombeaux d'Esther et de Mardochée, et, quand Ecbatane ne subsistera plus et qu'on en trouvera difficilement les vestiges (1), Dieu permettra, pour sa gloire, qu'il se fasse un éternel pèlerinage à ces tombeaux (2).

(1) Polybe, auteur grec, né en 200 avant J.-C., frère d'armes de Philopœmen, admirateur de la citadelle d'Ecbatane.

(2) Voici ce que dit Ker-Porter de ce monument :

« J'accompagnai le rabbin à travers les ruines à un enclos un peu plus élevé que les habitations voisines. Au milieu était la tombe juive d'Esther, c'est-à-dire un carré long de briques en forme de mosquée, et un dôme allongé assez élégant au sommet. L'ensemble était en mauvais état. La porte est très petite, de même que les anciennes portes sépulcrales du pays ; elle se compose d'une seule pierre très épaisse, tournant sur deux pivots d'un seul côté. La clef est toujours entre les mains du chef des Juifs, à Hamadan.

» Nous entrâmes en nous courbant en deux, et nous nous trouvâmes dans une petite chambre voûtée où étaient les tombes de plusieurs rabbins. Une seconde porte s'offrit à nous : il fallut, pour passer, marcher sur nos mains et sur nos genoux. Nous nous levâmes ensuite, et nous vîmes que nous étions dans une assez vaste salle, sous le dôme. Au milieu sont deux sarcophages en bois sombre, et sculptés avec une complication de lignes et une richesse d'ornements remarquables. Une ligne de caractères hébreux court autour de la bordure supérieure de chacun d'eux. Beaucoup d'inscriptions sont gravées sur les murailles ; la plus ancienne et qui échappa, dit-on, à la ruine d'un premier édifice, est gravée sur une tablette de marbre blanc incrustée dans le mur. » — C'est l'éloge de Mardochée.

Mais il ne suffit pas de bâtir des capitales avec le luxe de cette Ecbatane que tu admires, continue mon oncle : Déjocès songe à des choses tout aussi sérieuses. Par ses soins, une police vigilante est établie dans son empire. Le moindre délit est-il commis? le coupable comparaît aussitôt et on le punit selon la loi. Le prince envoie partout des espions qui le tiennent au courant du plus petit événement. Aussi se montre-t-il très sévère dans l'exercice de la justice. Mais il en advient que son peuple est heureux et tranquille, et que lui-même est aimé de ses sujets.

Déjocès règne paisiblement de la sorte pendant cinquante ans.

Phraorte, son fils, lui succède en 660.

A peine armé du sceptre, celui-ci songe aux conquêtes et porte chez les Perses ses armes victorieuses. Il enlève même à l'Assyrie des provinces qui étaient restées ses tributaires.

Alors s'avance contre lui Nabuchodonosor, dont les troupes parfaitement disciplinées ont facilement raison des Mèdes fort inexpérimentés au point de vue de la tactique militaire. Vainement Phraorte fait des prodiges de valeur, il est accablé par le nombre et périt dans une bataille qui détruit jusqu'au dernier de ses soldats.

Cyaxare, son fils, monte sur le trône, et plein de projets de vengeance, le voici qui rassemble de nouvelles troupes, les forme à la manœuvre selon l'usage assyrien, et, pour se faire à la mort, porte d'abord la guerre aux Lydiens, dans l'Asie-Mineure. Là, au moment de donner le signal du combat, soudain le soleil voile sa face, et l'astre du jour, refusant sa lumière, répand la terreur dans les deux armées.

— C'était tout bonnement une éclipse de soleil! dis-je au Pirate.

— Sans doute, mais les Mèdes et les Lydiens n'avaient pas Mathieu

Celles des sarcophages sont des prières à Dieu.
Nombre d'Israélites habitent la contrée, à cause de ces tombeaux, et on fait un immense pèlerinage annuel de tous les points de l'Asie.

Laensberg pour s'édifier sur l'article des éclipses... riposta le vieux Pirate.

— Rien de mieux, fit Evenor; mais cette éclipse avait été prévue et annoncée. C'était même la première dont on ait fait le calcul, et *Thalès de Milet*, l'un des *sept sages de la Grèce*, eut la gloire de cette opération.

— Alors l'almanach des Mèdes avait fait une omission grave en ne prévenant pas les soldats de cet événement, continua le comte de Froley. Quoi qu'il en soit, Cyaxare bat les Lydiens une fois, deux fois, trois fois : puis, bouffi de son succès, il s'élance comme un lion sur l'Assyrie et assiége Ninive.

Mais pendant qu'il rêve la conquête de cette capitale, arrive un courrier couvert de poussière qui éteint ses songes dorés et lui apprend que les Scythes, ses voisins, fondent sur la Médie. Il quitte donc le siége, court, vole et se fait battre par ces ennemis inattendus. Une fois maîtres, ces barbares pèsent sur les Mèdes de toute leur avidité, et cela pendant vingt-cinq ans. Heureusement Cyaxare attire un jour leurs chefs à un grand festin, les massacre et met en fuite les Scythes effrayés.

Fier de sa ruse, Cyaxare se ligue avec Nabopolassar, roi de Babylone, et arrive enfin à son but en prenant Ninive qu'il détruit, et en mettant un terme à l'empire d'Assyrie, en 648. Il règne alors en paix, et, en 618, laisse le trône à son fils Astyage.

Je vais entamer une belle et noble histoire, à cette heure, mon cher Théobald, ajoute mon oncle. Pour te préparer à l'entendre, vois un peu quelles villes comptait la Médie. Quand tu connaîtras le théâtre, nous mettrons en scène les acteurs.

— Voici d'abord *Ragès*, au nord d'Ecbatane, fondée par Ninus, me dit Evenor. C'est la seconde ville de la Médie, et elle compte parmi ses habitants Gabélus, à qui Tobie, pendant la captivité des Juifs à Babylone, a prêté six talents. Ces noms bibliques sont doux à entendre, n'est-ce pas?

A l'est de Ragès se trouve un défilé de montagnes appelé *Portes-Caspiennes, Caspiœ Pylœ*, long de dix lieues, et par lequel nous verrons Alexandre entrer dans le pays des Parthes.

Ici, au nord du *lac Spanta*, vous voyez une bourgade qui se nomme *Gaza*, et Darius, fuyant Alexandre, y déposera ses trésors.

Là, voici *Nysa, Nysœi Campi*, vaste plaine au sud d'Ecbatane, où vous pouvez remarquer que l'on élève les chevaux qui font la gloire de la Médie, et que l'on réserve pour les rois.

Maintenant apprenez que la civilisation inspirée par Déjocès a fait de ces Mèdes si durs et si sauvages à leur origine, un peuple décrié chez ses voisins par son luxe et sa mollesse. Rien n'égale la somptuosité de leurs vêtements. Ils paraissent toujours en public avec des robes longues et traînantes. La variété des couleurs, la beauté des tissus, l'or, l'argent, les pierres précieuses dont elles sont décorées, donnent un aspect imposant à ceux qui les portent. Une sorte de tiare, de mitre, de bonnet de riche drap d'or ou de pelleterie couvre les longues tresses de leur chevelure flottante. Leurs bras et leurs cous étincellent sous les bracelets et les colliers de perles, de rubis et d'émeraudes. Ils se peignent d'azur ou de carmin l'orbe des yeux, et se fardent le visage. Les voluptueux raffinements de leur vie intérieure dépassent de beaucoup les splendeurs de ces choses extérieures. La somptuosité et le sybarisme de leurs festins n'ont pas de limites. Ils font un dieu de leur ventre. Aux plaisirs du festin ils joignent l'agrément de la musique et de la danse, pour lesquels ils sont passionnés. Ils font aussi de la chasse leur passe-temps favori. Pour en jouir plus à l'aise, les princes et les grands officiers font établir des parcs immenses dans lesquels ils renferment pêle-mêle cerfs, sangliers, lions, tigres, léopards et toutes sortes de bêtes fauves (1).

— Il n'en est pas de même des habitants de la Perse que voici au sud de la Médie et s'étendant jusque sur les rives du golfe Persique,

---

(1) *Xénophon*, Cyropedie, liv. 1er.

reprend le Pirate. Ils sont tellement rudes dans leurs mœurs, que le premier, le seul élément de leurs repas est le cresson, le pain et l'eau sans mélange. Tu auras la preuve de cette âpreté d'usages dans ce que nous allons dire.

La Perse est formée de diverses tribus dont la principale est celle des *Pasagardes*. La Perse est tributaire de la Médie en ce moment, et c'est une nation dont l'origine est proche. Cependant ses annales rapportent une série d'événements qui lui donnent une antiquité fabuleuse. On y cite la dynastie des *Pichdadiens* ou *Kaïomaniens*, laquelle fut suivie de la dynastie des *Kaïoniens* ou *Achéménides*. Ce qu'il y a d'authentique est que, pendant les bouleversements des empires d'Assyrie et de Babylone, les Perses, restreints à leur territoire et se tenant cois dans leurs limites, restèrent indépendants.

Ce fut Phraorte, le roi de Médie, qui, les attaquant en 660, leur imposa un tribut. Mais il ne détrôna pas leurs rois, qui ne sont guères que des chefs, presque sans cour, de façon qu'à l'inverse des Mèdes efféminés par le luxe, les Perses, libres, généreux et forts, vivent heureux dans leur contrée sauvage et sévère comme eux.

Or, il advint en 510 que le chef ou roi des Perses, CAMBYSE, le premier prince de Perse que nomme l'histoire, tant les Perses vivaient à l'écart et dans l'obscurité, il advint, dis-je, que Cambyse demanda et obtint en mariage *Mandane*, fille d'Astyage, roi des Mèdes, dont j'ai parlé tout-à-l'heure comme succédant à Cyaxare Ier.

Cette union devait amener, et amène en effet une étroite union entre les deux peuples. Je ne te ferai pas le tableau de ses splendeurs et de ses fêtes.

Mais voici qu'au moment ou Mandane est sur le point de faire ses couches, Astyage rêve que sa fille rend une si grande quantité d'eau que l'Asie toute entière en est inondée. Quelque temps après, un autre songe lui fait voir une vigne qui sort de Mandane et couvre toute l'Asie. Grand émoi au palais d'Ecbatane. Les devins sont mandés et obligés de répondre aux instantes questions d'Astyage. Aussi, pour le satisfaire, disent-ils aux vieux monarque que Mandane donnera le jour à un fils qui... enlèvera la couronne à son grand-père (1)!

La capitale de la Perse est PASAGARDE, ville située à l'entrée d'une plaine vaste et fertile, sur les confins de la Carmanie. Elle est simple et modeste encore, comme le roi, comme le peuple qui l'habitent. C'est là que Mandane met au jour un fils, et c'est de là que ce fils, à peine venu au monde, est enlevé par l'ordre d'Astyage, transporté à Ecbatane, et livré à son aïeul, qui donne à son ministre Harpage l'ordre de le faire mourir. Faire mourir un si petit être, un innocent enfant qui tend ses bras mignons avec tant d'abandon, émeut Harpage. Il se décharge de sa mission sur Mitradate, un des bergers du roi. Mais la femme de Mitradate, qui venait de perdre un enfant, né en même temps que le fils de Mandane, saisit avec bonheur cette occasion de donner à son cœur une consolation. Elle fait exposer sur une montagne voisine des pâturages son enfant mort, et garde le petit prince vivant. Et voici le fils d'une reine qui suce le lait d'une bergère, qui joue en plein air avec les pâtres de la solitude, qui grandit et devient beau et fort, beau à gagner tous les cœurs, fort à vouloir commander à tous ceux qui l'entourent.

Un jour, un jeune Mède, issu d'un des seigneurs de la cour, se trouve parmi les joueurs, venu aux champs qu'il était, et le fils de Mandane, sans égard pour sa naissance, le prend pour un de ses familiers et lui donne des ordres. Celui-ci refuse d'obéir. Il est aussitôt fouetté, selon la règle du jeu, par l'ordre de l'enfant royal. Tout larmoyant, le jeune Mède se fait reconduire à Ecbatane, se plaint à son père d'avoir été fouetté pour sa rébellion envers un pâtre, et la cause est portée devant Astyage. Le roi fait venir le coupable, l'interroge, s'émeut de ses réponses énergiques et hautaines, s'étonne de son maintien superbe, des traits de son visage, qui lui rappellent Mandane, de son âge, et conçoit des soupçons qu'il veut éclaircir. Bientôt Har-

(1) *Hérodote.*

page est convaincu d'infidélité. Mais le jeune pâtre est si noble, si beau! Comment ne point pardonner au ministre qui l'a épargné?

Astyage pardonne donc. Il fait plus : il invite Harpage à envoyer son fils à la cour, pour y souper, le soir même. Mais à peine entré, le pauvre enfant est égorgé, coupé par morceaux, servi en face même d'Harpage, qui en fait son repas. Puis, au moment où l'on quitte la salle du banquet, un esclave noir lui présente dans une corbeille, avec des fleurs, de la part d'Astyage, la tête, les mains et les pieds de son fils... Harpage comprend qu'il a mangé les membres de son enfant : il frémit de douleur, mais dissimule l'horreur et la colère qu'il ressent. Et, après que les devins ont rassuré Astyage inquiet, en lui disant que les rêves ont eu leur accomplissement lorsque les compagnons de son petit-fils l'ont élu pour roi, Harpage met le jeune prince en révolte, et, assure sa vengeance en l'aidant à détrôner son grand-père.....

— Ainsi parle l'historien Xénophon, dit Evenor en interrompant son père. Souffrez que je vous tienne un autre langage, celui de la vérité, de la réalité, dit-elle.

L'enfant de Mandane est appelé *Cyrus* dans notre langue, et nous tenons ce nom de *Curos*, mot grec, et de *Cyrus*, mot latin. Mais son vrai nom en langue perse est *Koreseh*, qui signifie *soleil*. Il reçut le jour à Pasagarde, en 599.

Cambyse ayant eu Cyrus de Mandane, fille d'Astyage, roi des Mèdes et résidant à Ecbatane, le fait élever selon l'usage des Perses. On vous l'a dit : ces usages sont simples, austères et purs. Les enfants, comme leurs parents, vivent de pain, de cresson, d'eau claire, et jeûnent volontiers. A une vie dure et sévère on leur fait joindre l'exercice de l'arc et du javelot. Lorsque les jeunes Perses atteignent seize ans, ils entrent dans l'ordre des adolescents.

On vous a dit aussi que Pasagarde est une bourgade encore, quoique capitale, et n'a pas pour le moment les dehors d'une cité de premier ordre. C'est dans son enceinte toutefois que l'on couronne les rois, c'est parmi son peuple que le souverain passe les diverses saisons de l'année, et c'est dans un de ses temples qu'on les ensevelit après leur mort. Mais dans la ville il est cependant un quartier qui mérite d'être signalé.

C'est la *place Eleuthère*, nom qui signifie : destinée aux *exercices libéraux*. Le palais du monarque et les édifices du gouvernement sont bâtis de côté et d'autre de cette place. Aussi les trafiquants en sont-ils bannis et relégués ailleurs, afin que leurs cris et leurs usages grossiers n'altèrent point l'ordre et le recueillement des exercices libéraux qui s'y livrent. La place Eleuthère est divisée en quatre parties. La première est destinée aux enfants, la seconde aux adolescents, la troisième appartient aux hommes, et la dernière aux vieillards. Tous doivent se rendre chaque jour dans leur division, les enfants et les hommes dès l'aube, les vieillards quand leur commodité le permet : quant aux adolescents, ils doivent coucher toutes les nuits autour des édifices publics, avec leurs armes, excepté ceux qui sont mariés ; mais encore, c'est une honte pour eux d'être souvent absents.

Chacune de ces quatre classes a douze chefs, suivant le nombre des douze tribus qui composent toute la république des Perses. Les enfants sont gouvernés par douze vieillards, qui sont élus de tout leur corps, comme les plus capables de bien instruire la jeunesse. Les adolescents sont gouvernés par les douze hommes d'âge mûr auxquels on suppose le plus de talent pour les rendre meilleurs. Les hommes sont gouvernés par ceux d'entre eux qui ont la réputation de conduire le mieux les autres.

Ainsi est élevé Cyrus, devant passer par les différents degrés de cette éducation populaire et libérale.

Mais un jour, sur ce qu'il entend dire de la beauté, des nobles qualités surtout de son petit-fils, Astyage, roi d'Ecbatane, invite Mandane à lui amener Cyrus. A peine arrivé, le jeune prince embrasse son grand-père, mais en même temps qu'il l'embrasse, il recule pour le mieux regarder, car il remarque que son aïeul a les yeux peints, le visage fardé, de faux cheveux sur la tête. Il examine avec attention sa robe et son manteau, qui sont de pourpre, et les colliers de perles et les bracelets d'or dont il est couvert.

— Que grand-père est beau, mère! s'écrie naïvement le jeune Cyrus, étonné de ce luxe.

— Plus beau que votre père? demande malicieusement Mandane.

— Mon père est le plus beau des Perses, et mon grand-père le plus beau des Mèdes... répond l'adroit enfant.

Astyage l'embrasse à son tour et lui fait revêtir une robe magnifique. En outre, on met des colliers d'or au cou de Cyrus, des bracelets de rubis à ses bras : on le coiffe de la tiare la plus riche ; on le place sur un cheval de petite taille, mais plein de feu, dont les rênes sont de pourpre et le mors d'ivoire; des hérauts le promènent dans la belle ville d'Ecbatane, le vieil Astyage, rajeuni par la présence de ce pétillant enfant, chevauchant à ses côtés.

Le soir venu, on s'assied à la table du souper en face de mets nombreux et dans une salle dont le luxe surprend Cyrus.

— Que de mets! que de mets! Faut-il manger de tout cela? Mais alors, que de serviettes pour essuyer ses doigts! Vivent nos dîners de Perse : du pain, de la venaison sans apprêt, voilà!... s'écrie l'impétueux enfant.

Le lendemain, assis à un banquet plus somptueux encore, Cyrus de dire :

— Grand-père, que je vous plains de la besogne qui vous attend! Je sais bien ce que je ferais si tous ces plats étaient à moi!

— Je te les donne... lui répond Astyage.

Aussitôt Cyrus distribue l'un après l'autre les plats aux officiers du roi, en disant à chacun pour quelle raison il lui faisait ce présent.

— Je te donne cela, disait-il à l'un, parce que tu m'apprends de bon cœur à monter à cheval. A toi, disait-il à l'autre, parce que tu m'as donné un javelot. Prends ceci, faisait-il à un troisième, car je t'aime parce que tu sers fidèlement mon grand-père. Accepte cela, disait-il à un quatrième, parce que tu as de grands égards pour ma mère...

— Hé quoi! lui dit Astyage, tu n'as rien donné à Sacas, l'échanson que j'aime tant?

Sacas était un officier fort bien fait de sa personne, et qui avait la charge d'introduire auprès du roi ceux qui voulaient lui parler, et de renvoyer aussi ceux qu'il ne jugeait pas à propos de laisser entrer.

Cyrus prenant brusquement la parole, à la manière des enfants, répondit :

— Et pourquoi l'aimez-vous tant, ce Sacas?

Astyage repartit en plaisantant que c'était à cause de la grâce et de l'adresse avec lesquelles il servait à boire. Et de fait les échansons mèdes sont fort adroits. Après avoir versé proprement le vin dans la coupe, ils la prennent de trois doigts, et la présentent à celui qui veut boire, de manière qu'il la reçoive facilement de leurs mains.

— Commandez à Sacas, dit Cyrus, qu'il me donne la coupe, afin que je vous serve à boire, et que je gagne aussi votre affection par ce moyen-là, s'il m'est possible.

Alors Cyrus ayant reçu la coupe, la rinça fort proprement, comme il avait vu faire à Sacas, puis, composant son visage, il la présenta au roi avec tant de sérieux et tant de grâce, qu'Astyage et Mandane ne purent s'empêcher d'en rire beaucoup. Cyrus lui-même, riant aussi, sauta au cou de son grand-père, en disant :

— Pauvre Sacas, te voilà ruiné, je te vais faire perdre ton office, car je servirai mieux que toi, et je ne boirai pas le vin comme tu fais.

Il disait cela parce que les échansons des rois, en leur présentant la coupe, y puisent avec une cuiller un peu de vin qu'ils avalent après l'avoir versé dans leur main gauche, afin que si l'on y avait mis du poison, les princes ne fussent pas victimes.

Sur ce propos, Astyage dit à Cyrus :

— Pourquoi donc, puisque tu as pris garde à faire comme Sacas, n'as-tu pas goûté le vin?

— J'ai eu peur qu'il n'y eût du poison dedans, répondit l'enfant : car je me souviens bien qu'au festin que vous offrîtes à vos amis le jour de votre naissance, Sacas en avait mis dans votre vin.

— Comment as-tu su cela? fit Astyage.

— C'est, dit Cyrus, que je voyais un grand désordre s'emparer de vous et de vos esprits, car vous faisiez ce que vous n'auriez pas souffert de nous autres enfants. Vous parliez tous ensemble, sans entendre rien de ce qui se disait. Vous chantiez ridiculement, et, sans avoir entendu le chanteur, vous juriez qu'il chantait fort bien. Chacun de vous vantait son adresse et sa force; et cependant, quand il fallut se lever pour danser, loin de pouvoir faire un pas en cadence, vous pouviez à peine vous soutenir. Vous aviez tout-à-fait oublié, vous, que vous étiez roi, eux, qu'ils étaient vos sujets...

Astyage reprenant la parole :

— Votre père Cambyse ne s'enivre-t-il donc jamais? dit-il.

— Jamais, répondit Cyrus.

— Et comment fait-il donc? ajoute le roi Mède.

— Il cesse d'avoir soif après avoir bu... dit Cyrus, et c'est, je pense, qu'il n'a point un Sacas qui lui serve à boire.

A ces mots, Mandane lui demanda pour quel motif il attaquait toujours Sacas.

— Je le hais, fit Cyrus, parce que, quand je veux aller voir grand-père, ce méchant ne veut pas me laisser entrer. Mais je vous prie, ajouta-t-il en se tournant vers Astyage, donnez-le-moi pour trois jours.

— Que lui feriez-vous? dit Astyage.

— Je me tiendrais sur son passage, repartit l'ingénieux enfant, et quand il voudrait aller dîner chez le roi, je lui dirais : Le roi est en affaires! Quand il voudrait aller souper, je lui dirais : Le roi est dans l'appartement des femmes! En un mot, je lui rendrais tout l'ennui qu'il me fait subir en m'empêchant de vous voir (1).

On raconte ainsi de ce jeune prince mille traits d'esprit, et les plus belles promesses d'un riche avenir, continue Even. Mais son rôle de héros va commencer, et je laisse à ces messieurs le soin de vous apprendre ses hauts faits.

— Il est inutile de te dire, reprend le comte, que chez son grand-père, Cyrus devient un très habile écuyer et dompte les chevaux les plus ardents de la Perse, qu'il devient aussi un fort adroit chasseur, et tue audacieusement tigres, sangliers et bêtes féroces, dans les grandes plaines stériles, les montagnes nues et incultes et les halliers de la contrée, qui abonde en daims, zèbres, antilopes, hyènes, loups, et mille animaux carnassiers. Il est inutile d'ajouter que notre charmant jeune homme devient un soldat intrépide sous l'inspiration de Cambyse, son père, près duquel il retourne, et un adroit sagittaire, titre bien envié des Perses, qui préfèrent à tout l'exercice de l'arc.

Le vieil Astyage meurt, laissant son trône à CYAXARE II, son fils, frère de Mandane, appelé dans l'Ecriture DARIUS-LE-MÈDE.

Mais peu désireux de régner, et n'ayant pas d'enfants, Cyaxare II cède son empire à son neveu Cyrus, qu'il affectionne vivement à cause de ses bonnes qualités. Et comme, presque dans le même temps, Cambyse, le roi de Perse, va rejoindre ses ancêtres dans les mondes inconnus, notre héros se trouve maître tout à la fois de deux royaumes.

---

(1) Ces récits sont tirés de la *Cyropédie*, de *Xénophon*, ch. III, liv. Ier.

*Xénophon*, général, philosophe, historien, fils de Gryllus, naquit en Attique, vers 445 avant J.-C. A seize ans il était le disciple de Socrate, qui lui sauva la vie à la bataille de Délium.

Xénophon commandait, avec *Cléarque*, les dix mille Grecs, à la bataille de Cunaxa, soutenant le prince nommé *Cyrus-le-Jeune*, révolté contre son frère *Artaxerce-Mnémon*, roi de Perse. Les Grecs furent obligés de battre en retraite, Cyrus-le-Jeune ayant été vaincu et tué. Cette retraite, dirigée par Xénophon, est une merveille de stratégie militaire. Xénophon en a écrit l'histoire.

Il a écrit de même la *Cyropédie*, ou histoire de Cyrus-le-Grand. Mais cet ouvrage est plutôt un roman moral qu'une histoire.

Alors Cyrus est proclamé roi des Mèdes et des Perses.

Alors, aussi, l'ambition bouillonne dans sa poitrine, et à l'ambition se mêlent des souvenirs de rancune et des pensées de vengeance.

Phraortè, père de Cyaxare I$^{er}$, l'un des aïeux de Cyrus, a été vaincu par les Assyriens, d'une part; de l'autre, *Nicocris*, mère de *Nabonid*, *Labynit* ou *Balthazar*, qui règne à Babylone, a fait alliance avec les Lydiens, qui possèdent presque toute l'Asie-Mineure, contre le nouveau roi de Perse et de Médie, dont on craint la puissance.

Cyrus fait aussitôt d'immenses préparatifs. Il veut triompher de la Lydie; il veut asservir l'Assyrie; il lui faut le monde!

Ce *royaume de Lydie* est situé dans l'Asie-Mineure, sur la côte orientale de la mer Égée, entre la Mysie et la Carie. C'est un Etat indépendant. Sa capitale est *Sardes*, grande, belle et opulente cité, fièrement assise sur le *Pactole*, ce fleuve qui roule de l'or, et que nous t'avons montré sortant ses eaux de la riche montagne du *Tmolus* (1). Tu as dû remarquer alors que de délicieux vignobles couvrent cette contrée, dont les habitants se font gloire d'avoir vu élever Bacchus, qui inventa chez eux l'art de faire le vin.

Candaule, de la famille des Héraclides, fut le premier roi de Lydie.

---

(1) *Sardes,* résidence antique des riches monarques de la Lydie, la plus riche, en effet, des villes de l'Asie-Mineure, et que Florus appelait la seconde Rome, n'est plus maintenant qu'un misérable village.

On y voit les vastes ruines d'un temple et le tumulus colossal d'Alyattes, père de Crésus. C'est un cône en terre de deux cents pieds de haut, dont la base, formée de grandes pierres de taille, a six stades de circonférence. Hérodote, qui décrit ce monument, le regardait, de son temps, comme le plus grand de toute la Lydie, et seulement inférieur à ceux de l'Egypte et de Babylone.

Le temps et l'exhaussement du sol ont entièrement recouvert la base de ce tombeau, qui a l'apparence d'une colline.

En descendant un peu vers le sud, on trouve la ville de Baudroan, ancienne *Halycarnasse*, située dans une position agréable. On y voit plusieurs sculptures d'un travail parfait, représentant des processions funéraires et des combats entre des figures habillées ou nues, et toutes encastrées dans la muraille de la citadelle.

Cette circonstance fait conjecturer que cette forteresse serait peut-être bien bâtie avec les matériaux du fameux *Mausolée* ou tombeau que la reine Artémise éleva au roi Mausole, son époux,

Mais enorgueilli de la beauté de sa femme, il l'offensa, par vanité, d'une façon si outrageante, qu'elle chercha un vengeur. Il était sous sa main. Gygès, fils de Mermnas, favori de Candaule, avait trouvé dans les flancs d'un cheval un anneau mystérieux qui rendait invisible celui qui le portait. Il lui devint facile d'immoler le prince imprudent. Il le fit, et sa récompense fut la main de la belle veuve et le trône de la victime. Ainsi Gygès fonda-t-il la dynastie des Mermnades, en régnant jusqu'à 680.

Crésus lui succède ensuite.

Ce prince se rend bientôt fameux par d'immenses richesses, dont il est aussi vain que Candaule l'était de sa femme. Toutefois il partage son temps entre la guerre, les arts et les plaisirs. Sa cour est le rendez-vous des philosophes et des poètes. Il y voit même arriver un jour le législateur athénien *Solon*, et met un ridicule orgueil à lui montrer ses trésors et à lui demander s'il connaît quelqu'un de plus heureux que lui. Solon, conservant un admirable sang-froid, lui répond :

— Oui, je connais un homme plus heureux que vous : c'est Tellus, un homme du peuple, bon citoyen, qui, dans une honnête aisance, donna généreusement sa vie en combattant pour sa patrie.

Et après Tellus? demande Crésus, étonné de la niaiserie de Solon.

— *Cléobis* et *Biton*, deux frères d'Argos, répond Solon, lesquels frères traînèrent un jour à l'Héræum (1) le char de leur mère Cydippe, prêtresse de Junon, parce que les bœufs tardaient à venir. Cydippe, ravie de la piété filiale de ses enfants, pria la déesse de leur donner le bonheur le plus grand, et, quand elle sortit du temple, elle trouva Cléobis et Biton endormis pour toujours dans les bras l'un de l'autre.

— Ne suis-je donc pas plus heureux que ces gens-là? fit Crésus, dont la colère illuminait le visage.

(1) L'*Héræum* est le temple de Junon, *Éra*, bâti entre Mycènes et Argos, dans l'Argolide, où Junon était honorée d'un culte particulier.

— N'appelons personne heureux avant sa mort! reprend flegmatiquement l'Athénien.

Et qu'il a raison! Car Crésus apprend presqu'aussitôt que Cyrus marche contre lui. Il rassemble incontinent son armée, qui ne compte pas moins de quatre cent mille hommes, et s'avance à la rencontre de son ennemi.

C'est dans la *Phrygie*, à *Thymbrée*, que les deux rois se rencontrent, là, au nord d'Ipsus, où nous verrons plus tard d'autres armées se battre, et d'autres rois, les successeurs d'Alexandre, lutter avec furie. Cette *bataille de Thymbrée* est décisive. Les troupes de Crésus sont taillées en pièces, et le roi de Sardes se réfugie dans ses murs. Cyrus le suit de près, assiége Sardes, livre l'assaut, triomphe et fait Crésus prisonnier.

C'était en 548.

Sévère dans sa vengeance, Cyrus condamne le prince lydien à être brûlé vif. On dresse le bûcher, et les apprêts du supplice terminés, le roi de Lydie est amené par ses gardes, les mains liées, la chaîne au cou. Il monte sur l'horrible et dernier trône qui l'attend : mais en gravissant l'échelle, au souvenir de ses richesses perdues et du législateur athénien, sa voix éteinte par la terreur murmure faiblement et par trois fois :

— Solon! Solon! Solon!

Cyrus, qui est présent avec les principaux officiers de son armée, reconnaît le nom du célèbre philosophe. Il s'émeut, s'informe du motif de cette exclamation, et en l'apprenant de la bouche même d'une victime du sort, il réfléchit qu'homme lui-même, il livre aux flammes un autre homme dont la prospérité n'a pas été au-dessous de la sienne, et, se repentant de sa rigueur, il pardonne à Crésus, dont il fait son suivant et son ami.

Maître de la Lydie, notre vainqueur s'élance vers l'Assyrie. Il arrive rapidement sous les murs de Babylone, asseoit son camp autour de la ville, investit la cité d'une circonvallation, et entreprend le siége de la place selon les règles de l'art militaire de l'époque.

Le roi de Babylone, Balthazar, de son côté, ne s'inquiète nullement de sa présence. Il sait combien sont puissantes et vastes les murailles de sa capitale, nombreux et intrépides ses soldats, et bien pourvus les habitants de la ville. Veillent donc les sentinelles! A lui le plaisir, l'insouciance, le repos. Renfermé dans son palais de Bélus, il appelle à sa table ses femmes, ses officiers, ses favoris : tous ensemble, ils se livrent à d'inimaginables orgies.

— C'est bien là l'illusion de l'homme que le ciel abandonne! dis-je à mon tour, en voyant se dénouer sous mes yeux le grand drame qui nous occupe. Voici que par l'ordre de Balthazar on apporte les coupes d'or, les urnes, les calices, les patères, les vases de parfums, toutes les richesses enlevées au temple de Jérusalem, lors du siége et de la prise de cette ville par Nabuchodonosor, en 605. Profanation, sacrilége! c'est dans ces amphores, c'est avec ces hanaps, c'est dans ces vases consacrés au vrai Dieu, qu'un roi impie, ivre, et ses soldats, boivent les vins de Damas, de Crète et de Sicile! Aussi le ciel s'irrite sans doute, car voici... Oh! c'est effrayant!

Voici qu'une affreuse obscurité se répand dans la vaste salle du banquet. Les femmes pâlissent sur leurs lits de sandale et d'ivoire. Les esclaves juives, aux longs cheveux d'ébène, les jeunes Grecques, blanches comme le lait des gazelles, s'affaissent dans les poses de l'effroi, et les hommes mêmes sentent leur chair blêmir de terreur.

Soudain toutes ces têtes d'hommes et de femmes, appesanties par la débauche, se soulèvent, poussent un cri d'épouvante, et restent immobiles, le regard fixe, hagard, injecté de sang...

Une main, une main de feu, se montre dans la salle, voltigeant dans le vide, comme une flamme errante : puis bientôt elle va se fixer sur un des lambris de cèdre, en face du prince, et se promenant avec lenteur, écrit en caractères flamboyants ces mots mystérieux, et qui glacent d'horreur :

### MANÈ, THÉKEL, PHARÈS!

Que signifient ces paroles? Chacun se le demande en suivant de l'œil la terrible main qui s'efface dans le vide... et nul ne peut répondre. Alors un des officiers explique au roi que parmi les Juifs, réduits en esclavage et captifs à Babylone, il est un jeune voyant qui a nom Daniel, et que ceux de sa race appellent un prophète, parce que l'esprit de Dieu est avec lui. Plusieurs fois déjà son œil sacré a pu pénétrer d'impénétrables mystères. C'est ce Daniel que Nabuchodonosor a fait élever et qu'il gardait à sa cour à cause de sa science. C'est lui qui a expliqué les songes de la statue à tête d'or et à pied d'argile. C'est lui qui sortit sain et sauf de la fosse aux lions où il avait été jeté pour refus d'idolâtrie. C'est lui qui, tout récemment, a démontré l'innocence d'une femme juive, la belle Susanne, faussement accusée par deux vieillards qu'il a convaincus d'imposture.

— Qu'il vienne, qu'il vienne en hâte! murmure Balthazar.

Daniel est mandé : il arrive, il entre. On le met en face des terribles caractères de feu qui flamboient toujours.

— Roi, dit Daniel d'une voix grave et sévère, c'est mon Seigneur et mon Dieu, le Dieu des Juifs, qui vous adresse ce message par la main de l'ange chargé de l'exécution de ses vengeances. Ces mots signifient : MANÈ, *La fin de ton règne est venu!* THÉKEL, *Cette nuit même tu vas mourir!* PHARÈS, *Ton royaume sera divisé!*

A cette explication foudroyante, Balthazar sent son cœur se refroidir, s'entrechoquer se mâchoires, ses jambes se dérober sous lui. Ses compagnons gémissent, les femmes se lamentent.

— Roi, reprend Daniel, dans les *livres saints* que notre Dieu nous a donnés pour nous conduire dans la vie, le héros qui fait le siége de votre capitale à cette heure est annoncé de la façon la plus formelle : *Cyrus, tu es le pasteur de mon peuple bien-aimé, et en toutes choses tu seras l'instrument de mon bras!* est-il dit dans ces livres. Tremblez donc, roi de Babylone, car notre Dieu ne se trompe jamais, et il est terrible dans l'exécution de ses vengeances !...

Daniel achève à peine, et déjà, au-dehors, une voix sinistre, dix voix ensuite, puis cent voix poussent de lugubres clameurs et des sanglots de funèbre agonie :

— Babylone est prise! Voici le Mède! voici le Perse!

En effet, sans que les sentinelles des murailles, sans que les phalanges qui les gardent s'en doutent, l'Euphrate, détourné de son cours, au-dessus de la ville, par une tranchée faite avec adresse et dans les ombres de bien des nuits, a laissé couler ses eaux dans le lac de Sémiramis, et, par son lit ainsi mis à sec, conduit les légions de Cyrus dans l'enceinte de la grande Babylone. Les soldats mèdes et perses se glissent en silence dans ce chemin creux, et arrivent en armes, en bataillons pressés, au cœur de la ville, au centre de ses palais, sans que la cité s'éveille, sans qu'elle soupçonne son désastre, et il va falloir plus d'un jour (1) avant que la nouvelle de sa prise et de son malheur parvienne à ses extrémités.

Aussitôt les trompes de guerre sonnent et retentissent. Aussitôt des cris de bataille, de violence, de mort, de destruction, frappent les échos du palais. Mèdes et Perses envahissent l'opulente et trop corrompue Babylone, Babylone si fière de sa force, si fière de sa grandeur, si fière de ses remparts inexpugnables.

Un soldat, un valet de l'armée de Cyrus pénètre dans la salle du banquet sacrilége : il voit les femmes, il voit les hommes, il voit le roi lui-même éperdus, tremblants, pâles... Aussitôt d'une main saisissant la couronne d'or du prince qui tombe à genoux, de l'autre main il lui plonge par trois fois, jusqu'à la garde, son épée de combat dans la poitrine.

C'en est fait de Balthazar! C'en est fait de Babylone! C'en est fait

(1) *Babylone* était en effet si grande, que quand Cyrus s'en empara, en 538 av. J.-C., les habitants les plus éloignés des quartiers du centre n'apprirent cette nouvelle que le lendemain, après le coucher du soleil.   (*Dict. de la Conv. et de la Lect.*)

de l'Assyrie! Le second empire d'Assyrie n'existe plus! L'Assyrie désormais n'est plus qu'une province de l'empire des Mèdes et des Perses, qui devient un immense empire (1).

Ainsi se réalisent les événements prédits par Isaïe, Daniel et Jérémie, les prophètes du Seigneur, le Dieu du ciel, le Roi des rois...

Alors Cyrus qui, à une constitution robuste, à l'air noble et grand, à l'abord le plus gracieux, joint les plus belles qualités de l'âme, Cyrus signale sa prise de possession de l'Assyrie conquise d'une manière digne d'un grand roi. Véritable instrument de Dieu, qui veut adoucir les effets de sa colère sur son peuple, le peuple hébreu, je le vois publier le fameux édit prédit aussi par les prophètes, édit qui rend aux Juifs la liberté, leur restitue Jérusalem, leur livre les trésors arrachés à son temple et profanés par Balthazar, et permet aux lévites de rétablir le sanctuaire de Salomon.

C'est en 538 que se passent ces grands drames de l'histoire du Vieux-Monde.

(1) Dieu ayant fixé le terme de l'expiation de son peuple, avait décidé que cette ville superbe serait humiliée et enchaînée à son tour. Cyrus, déjà maître de la Médie, de la Perse, de l'Asie-Mineure, à la voix de Dieu qui l'appelle son Christ et lui ordonne d'aller briser les fers des Israélites, pénètre dans l'Assyrie et marche sur Babylone...

Les prédictions de la ruine de Babylone sont une des plus admirables parties de l'Ancien Testament. *Jérémie* et *Isaïe* l'ont prophétisée. Après eux, cent ans plus tard, et avant l'événement, *Daniel* en fait le tableau : « Babylone, reine superbe entre les royaumes du monde, qui as porté si haut l'orgueil des Chaldéens, tu seras détruite : on ne te rebâtira plus, tu ne seras plus habitée. Les Arabes ne dresseront pas même leurs tentes sur ton emplacement, et les pasteurs ne viendront pas y faire reposer leurs troupeaux. Tu seras la demeure des bêtes sauvages, des autruches et des oiseaux nocturnes. Les dragons feront leur séjour de tes palais détruits. Le Seigneur des armées a fait ce serment : ce qu'il a décidé s'exécutera... »

Malgré ces paroles, l'impie Balthazar, roi de Babylone, continue d'agir avec impiété. Aussi le Seigneur s'écrie :

— Prince des Perses, partez, et vous, prince des Mèdes, formez le siège de Babylone. En vain cette ville qui habite sur les eaux est fière de sa grandeur, je l'ai juré, ce que j'ai arrêté s'exécutera...

Ainsi avaient parlé les prophètes de Dieu, et la menace s'accomplit à la lettre. Et si Babylone ne fut pas encore détruite, par la conquête de Cyrus, elle perdit son titre et sa qualité de ville royale, et jusqu'à sa ruine définitive resta sans importance.

(*A. Masure.*)

Grâce à nos rapides véhicules aériens, véhicules ailés et se mouvant comme le simoun du désert, tour à tour passent sous nos yeux, de manière à nous rendre témoins des faits racontés dans ce chapitre, la Médie, ses lacs, ses fleuves et sa pittoresque capitale, Ecbatane; la Perse hérissée de montagnes, ses plaines, ses buffles, ses dromadaires, ses ours et ses hyènes; puis la Lydie et sa ville de Sardes; Thymbrée et son champ de bataille; Crésus et son bûcher; enfin Babylone avec sa grande tragédie de Cyrus dominant Balthazar par le bras de l'ange exterminateur.

Maintenant voici que nous voguons dans les plaines de l'air, vers l'une des plus belles cités de la Perse, dont Arthur Bigron me donne le nom en me citant ces beaux vers de Racine :

— Lève-toi, m'a-t-il dit, prends ton chemin vers Suse;
Là tu verras d'Esther la pompe et les honneurs,
Et sur le trône assis le sujet de tes pleurs...

SUSE est la capitale d'hiver des rois perses, comme Pasagarde est leur capitale pendant l'été. En effet, Suse m'apparaît, placée sous un ciel clément qui lui donne un printemps perpétuel. Elle est assise sur les rives du *Choaspes*, dont les eaux, toujours murmurantes et douces, vont se jeter dans l'une des bouches de l'Euphrate (1).

(1) L'origine de Suse est incertaine. On en attribue la fondation à *Memnon*, le Memnon d'Egypte, Aménof-Memnon, personnage très fabuleux, comme nous avons dit, que l'on prétend fils du beau Tithon, frère de Priam, et de l'Aurore, chose invraisemblable, puisqu'il aurait vécu à l'époque de la guerre de Troie, et notre Aménof-Memnon vivait, d'après l'histoire, plusieurs siècles avant cette guerre fatale.
Ce Memnon régna sur l'Egypte et l'Ethiopie, selon les uns, sur la Perse et la Susiane, d'après les autres, ou enfin sur l'Egypte et la Perse, à la fois, d'après les syncrétistes. Ce qu'il y a de certain, c'est que *Suse, Ecbatane*, etc., comme la Thèbes d'Egypte, ont eu dans leurs enceintes des monuments appelés *Memnonium*, érigés en l'honneur de ce Memnon.
C'est dans la province du Khouristan, entre Kirmanchah et Schiraz, que l'on trouve les ruines de Suse. La ville était bâtie en briques, comme Babylone; c'est pourquoi tout a disparu de cette riche cité. Ses murs avaient cent vingt stades, mais il n'en reste rien, si ce n'est des vestiges de terrasses. On n'entend plus que des rugissements de bêtes fauves dans cette vaste solitude.
Dans une note précédente, nous avons dit que c'est là que se trouve le tombeau du prophète Daniel.

C'est à Suse que Daniel a eu sa grande *Vision des empires* (1);

C'est à Suse que régnera la belle Esther sur Assuérus, son époux, par la protection du Dieu vivant, et que le plébéien Mardochée humiliera l'orgueilleux Aman (2).

Suse est bâtie en briques, comme Babylone. Ses murs ont cent vingt stades de circonférence, et forment une immense corbeille au centre d'une vaste plaine fleurie. Rien n'est bizarre comme l'aspect de ses rues tumultueuses, agitées, larges, émaillées du splendide costume de ses habitants, robes longues à torsades d'or lamées de métal, tiares de la plus fine pourpre, armures étincelantes. Mais ce qui efface toute beauté, c'est le magnifique *palais d'hiver* destiné aux rois, et que Cyrus fait décorer des richesses artistiques prises à l'ennemi. Par Cyrus, le luxe de la Médie, de la Lydie, de l'Assyrie, vient s'y installer et s'y développer dans tous ses raffinements multipliés. Vainqueur des princes les plus opulents du monde, c'est là que le roi

(1) Daniel, l'un des quatre grands prophètes, était issu du sang royal de Juda, et fut emmené captif à Babylone, à l'âge de dix à douze ans. L'habileté avec laquelle il confondit les accusateurs de Susanne commença sa réputation, et l'explication qu'il donna des songes de Nabuchodonosor l'acheva. Ce prince le prit en telle affection, qu'il le faisait vivre dans son palais. Une si grande faveur excita la jalousie des grands : on tendit des pièges à Daniel, et deux fois il fut jeté dans une fosse aux lions, d'où la protection du ciel le fit sortir sain et sauf.

La plus importante des prophéties de Daniel est celle de soixante-dix semaines d'années (490 ans), qui doivent s'écouler depuis l'*édit de Cyrus* jusqu'à la *venue du Messie*. Celle qui a trait aux *révolutions des quatre grands empires, Babyloniens, Perses, Grecs* et *Romains* est aussi l'une des plus frappantes, puisqu'elle annonce leur ruine et les circonstances qui les accompagneront, selon ce qui est arrivé.

Daniel conserva l'estime et l'amitié de Cyrus, qu'il suivit à Suse, où il mourut, et où, parmi les ruines actuelles de Suse, presque méconnaissables, on voit encore, en 1857, le *tombeau du prophète* debout sur la poussière de Suse, et honoré d'incessants pèlerinages des peuples et des touristes.

(2) *Mardochée*, un des Juifs qui furent menés en captivité à Babylone par Nabuchodonosor, en 595 av. J.-C., fit épouser *Esther*, sa nièce, au roi *Assuérus* (*Artaxerce Longue-Main*), et découvrit une conspiration tramée contre ce prince. Mardochée ayant refusé de s'agenouiller devant *Aman*, favori du roi, ce ministre voulut le faire mourir, ainsi que tout le peuple juif. Mais la protection d'Esther le sauva, et Aman, convaincu de conspirer, subit à sa place le dernier supplice.

Notre grand *Racine* a fait de ce drame historique le sujet de son incomparable tragédie *Esther*.

de Perse entasse ses trésors et les superfluités des habitations royales qu'il a dépouillées. Sans oublier Ecbatane, Pasagarde et Babylone qu'il a bien appauvrie, mais qu'il conserve par respect pour ses grandeurs, c'est Suse qu'il aime de préférence. Aussi voyez avec quelle prodigalité s'étalent ces merveilleux jardins dont les faveurs du climat fécondent si généreusement l'efflorescence. On ne voit que palais, temples, kiosques, statues, fontaines jaillissantes, vasques de porphyre, obélisques de marbre. Et dans l'univers entier que peut-on comparer à l'opulence des appartements royaux?

Or, c'est dans cette radieuse cité, dans cet écrin magique que l'on nomme Suse, que je vois Cyrus venir se reposer des fatigues de la guerre d'abord, mais aussi se préparer à de nouvelles batailles. Pendant que sous la dure discipline imposée à ses soldats, et par des manœuvres souvent répétées, il fait de son infanterie la première infanterie du monde et de ses armées des armées invincibles, lui, Cyrus, donne les lois les plus sages à ses peuples, crée des institutions heureuses, dispose une police vigilante et emploie tous les moyens pour assurer le bonheur de son immense empire.

Ensuite, au retour de l'été, je le vois de même se rendre dans son autre capitale, *Pasagarde*, la ville où il est né, la tête de la vaste plaine que fertilise l'*Araxe*, dont le *Cyrus*, petit fleuve modeste, est le tributaire, et qui porte ses eaux à un lac qui sert de miroir à la cité. A Pasagarde, les architectes perses, dans leur rudesse primitive et d'après les simples éléments d'une science encore à l'état d'enfance, ont construit des édifices sans élégance, de lourds palais, une place Eleuthère vaste, mais sans majesté. Peu à peu, la puissance de la Perse s'agrandissant, Pasagarde, qui n'était guère qu'un campement (1), devient une véritable capitale. Elle s'empare du luxe de ses sœurs : elle se couvre de constructions grandioses, ses maisons débordent son enceinte et s'étendent plus à l'aise dans la plaine.

---

(1) *Pasagarde* signifie, en langue perse, *campement des Perses*.

Néanmoins, si cette ville plaît à Cyrus comme patrie, comme doux séjour d'enfance, elle choque sans doute encore ses idées de grandeur. Et, à deux lieues de Pasagarde, à l'extrémité de la même plaine de l'Araxe, au pied de hautes montagnes de marbre, trouvant un jour, dans ses chasses, un point mystérieux, pittoresque, des rampes poétiques et pleines de charmes, le prince avise de construire là une cité nouvelle. Il se frappe le front alors, et s'écrie avec résolution :

— PERSÉPOLIS (1) va s'élever en ce lieu ! Persépolis sera la première

(1) *Persépolis*, aujourd'hui *Tchéhil-Minar*, c'est-à-dire les *quarante Colonnes*, à raison de ce nombre de colonnes qui en signalent les ruines extraordinairement belles, est située sur un plateau, dans une plaine fertilisée par le Bend-Emir, l'*Araxe* des anciens Perses, qui reçoit le Kur, Cyrus des Perses, et s'écoule dans un petit lac, près de Schiraz, ville de l'Iran. Ses ruines s'étendent jusqu'à plus de vingt milles vers le nord, du côté de Pasagarde. Sur leur emplacement se trouvent des campagnes fertiles et plusieurs villages.

Lorsque le touriste arrive à l'un de ces villages, *Merdacht*, le dernier au fond de la plaine, au pied d'une haute montagne de marbre gris, il remarque une espèce de plate-forme taillée dans le roc et dont les quatre côtés répondent aux quatre points cardinaux. Sur cette plate-forme s'élèvent çà et là quarante colonnes qui ont bravé les siècles et appuient les débris de portiques qui firent partie du palais de Cyrus, brûlé par Alexandre, sous l'inspiration d'une courtisane.

L'ensemble de ces ruines grandioses présente la forme d'un amphithéâtre et de plusieurs terrasses élevées les unes au-dessus des autres. On monte d'une terrasse à l'autre par des escaliers si spacieux, que dix cavaliers pourraient y passer de front. Au bout de chaque terrasse sont des restes de portiques, etc., avec des chambres qui paraissent avoir été habitées. Enfin, vers le fond, contre le rocher auquel cet immense édifice était adossé, se trouvent deux tombeaux taillés dans le roc vif, et dont il a été impossible de découvrir l'entrée. Les escaliers, les portiques et les appartements, tout est en marbre, sans mortier, et cependant on ne peut distinguer aucune jointure. (*Balby*.)

« Rien ne peut donner une idée de l'ensemble solennel des ruines de Persépolis, dit M. Flandin, *Voyages en Perse*. En face de lui, le palais du roi, ruiné, désert, s'élève et s'étend de la montagne sur la plaine, au-dessus d'une longue muraille coupée par un gigantesque escalier à double rampe. En haut, large groupe de colonnes élégantes soutenant encore des entablements de leurs chapiteaux aériens. A droite, autres palais en ruines, dont les murs sculptés se détachent en noir dans un milieu lumineux, puis se colorent des rayons d'un ardent soleil. A gauche, piliers massifs sur lesquels s'estompent les colosses imposants qui gardaient autrefois la royale demeure. Au fond, entre les colonnes, autres ruines, massifs de pierres couvertes de figures symboliques, et, dans la brume bleuâtre, tombes creusées dans les flancs du rocher, etc. »

de mes capitales. Ce Persépolis sera mon *palais d'été*, et ce palais renfermera le trône sur lequel je recevrai les ambassadeurs des peuples, le sanctuaire où mes sujets enverront leurs députés m'adresser leurs hommages, le caravensérail des nations qui fléchiront le genou devant moi. De Persépolis, avec ma cour, mes officiers et mon peuple, je gravirai vers les hautes cimes bleues de ces belles montagnes pour offrir des sacrifices à *Mithras*, à *Ormuze* et *Arimane* (1). Un palais spécial recevra les riches costumes et les armes des rois perses; et après que dans cette cité, plus grande que Babylone, plus opulente que Suse, plus brillante qu'Ecbatane, les souverains, mes successeurs, auront joui de la vie, ce sera Persépolis encore qui, telle qu'un sanctuaire, gardera leurs tombeaux.

Ainsi parle Cyrus, et une armée d'ouvriers se met à l'œuvre par ses ordres et sous son inspiration.

La montagne de marbre disposée en cercle par la nature à l'extrémité de la plaine de l'Araxe, est attaquée par la pioche et le ciseau de l'artisan. On taille dans le granit des terrasses superposées qui communiquent entre elles par de larges escaliers. On les couronne, au centre, d'une profonde excavation à laquelle la nature a donné la figure d'un croissant, d'une plate-forme immense. L'ensemble forme un gigantesque amphithéâtre.

On le voit, le palais était admirablement placé. Du haut de son trône, le grand roi pouvait embrasser du regard une immense étendue. Et dire que cette merveille fut incendiée par un homme ivre! Il est vrai que cet homme était Alexandre-le-Grand, et l'hétaïre qui le conduisait, l'Athénienne Thaïs. L'un et l'autre voulaient venger la Grèce de la ruine de ses monuments pendant les guerres médiques, par une autre ruine tout aussi grandiose!...

Persépolis était le lieu de sépulture des rois perses. Ce n'était pas leur résidence habituelle, fixée à Ecbatane, à Suse ou à Babylone.

Ces ruines sont les plus remarquables de la Perse.

On retrouve, à Persépolis, le taureau à face humaine que M. de Saulcy considère comme une représentation de Caïoumors, premier roi de la dynastie des Pischdatins, issus du taureau primitif, et dont le nom signifie *taureau* et *homme*.

(1) *Ormuz*, ou *Ormude*, l'*Oromaze* des Grecs, chez les Perses était le génie du bien. *Ahriman* ou *Ariman*, opposé à Ormuz, était le génie du mal.

Alors, sur cette plate-forme, vaste et large, on dresse le premier des palais, le *palais du roi*, dont la façade est décorée de portiques de l'effet le plus pittoresque.

Chaque terrasse est ensuite ornée d'un étage d'autres édifices, et l'on monte d'un palais à l'autre par les escaliers dont j'ai parlé, qui, doubles, spacieux, permettent à dix cavaliers de monter d'un côté, et à dix cavaliers de descendre de l'autre, de front, et sans se toucher. Ces édifices sont décorés de colonnades d'une hauteur de cinquante-neuf pieds, et chacune de ces colonnes est d'une telle circonférence que trois hommes, en réunissant leurs bras étendus, les embrasseraient à grand'peine. A l'extrémité de chacune de ces esplanades se montrent d'autres portiques, servant d'entrée à des constructions latérales composées de chambres destinées aux officiers du prince.

Escaliers, portiques, édifices, palais, murailles d'appartements, tout est en marbre appliqué, superposé, sans chaux ni mortier, et cependant les assises sont si parfaitement unies qu'on ne peut en distinguer les jointures, sans une extrême attention.

Au pied de cette agglomération de palais aériens, et sur les dernières ondulations des rampes de la montagne, vers la plaine, la ville de Persépolis s'élève à vue d'œil et charme déjà le regard par sa beauté. Ses rues immenses s'alignent avec harmonie, descendent vers l'Araxe et offrent de magnifiques perspectives de galeries et de promenoirs. C'est moins une réunion de maisons que de palais.

Il n'y a pas de temple, parce que les Perses, adeptes du culte de Mithras (1) et inspirés par les Mages (2), n'en élèvent pas aux dieux.

---

(1) *Mithras*, divinité ou *Ized* des anciens Perses, n'était autre que le soleil. C'est l'Osiris des Égyptiens, de qui il descend. On représentait cette divinité avec les traits d'un jeune homme, coiffé du bonnet phrygien, en tunique, et un manteau sur l'épaule gauche. Il est armé d'un glaive qu'il plonge dans le cou d'un taureau.

(2) Les Mages sont les prêtres de Mithras, Ormuz et Arimane. Ils formaient une corporation vouée au culte et aux sciences. Ils cultivaient spécialement l'astronomie, l'astrologie, les sciences occultes, ce qui leur faisait attribuer une puissance surnaturelle, dont le souvenir se conserve encore, parmi nous, dans le mot *magie*.

Ils étaient surtout chargés d'entretenir le *feu sacré*, symbole du soleil, leur dieu.

Mais c'est un assemblage admirable d'édifices qui, grâce à leur position, n'ont de rivaux nulle part.

Dans l'ensemble, palais royaux et demeures de citoyens, les constructions se distinguent par une telle solidité, que nulle contrée de la terre, à l'exception de l'Egypte, peut-être, n'offre un tel système de bâtisse et d'aussi prodigieuses murailles. L'ampleur du développement et la magnificence des lignes font de cette architecture persépolitaine (1), un ordre à part, devant lequel les savants des races futures seront en extase.

On retrouve les successeurs des Mages dans les prêtres actuels des *Guèbres*, répandus dans la Perse et dans l'Inde, et surtout à Surate et à Bombay.
Selon l'Evangile, des Mages venus de l'Orient, et conduits par une étoile miraculeuse, vinrent adorer Notre-Seigneur dans l'étable de Bethléem.

(1) La majesté et la splendeur des formes de l'architecture persépolitaine commandent l'admiration et surexcitent l'intérêt du voyageur le plus indifférent. Les colonnes n'appartiennent à aucun genre connu. Ces alphabets, ces inscriptions énigmatiques, ces animaux fabuleux, qui se trouvent aux entrées des palais, cette quantité d'allégories et de figures qui couvrent les murs, tout ramène à un ordre architectural qui n'a pas de correspondant, et qui porte son nom propre, *style persépolitain*.
Parmi les sculptures de l'un des palais de Persépolis, on voit un trône ou *takh'*, siège royal, qui offre un bas-relief. Ce bas-relief représente le roi assis sur un trône. Sa taille dépasse de beaucoup celle des autres personnages. Un serviteur agite un chasse-mouches au-dessus de la tête royale, et tient un bandeau ou mouchoir, comme on voit dans les sculptures babyloniennes. Au-dessus est le *mirh*, le *ferouher* ou Ormuzd, répété trois fois, d'abord sous sa figure complète, et deux fois en abrégé, au milieu de lions. Au-dessous du monarque sont trois rangées de peuples soumis, dans l'attitude de télamons ou cariatides soutenant le siège royal.
La corniche de quelques colonnes se compose de têtes chimériques de licornes. C'est l'un des ornements symboliques que l'on trouve le plus fréquemment dans l'ancienne architecture de la Perse. La licorne, ou le bœuf unicorne, est le chef des animaux purs d'Ormuzd.
Il n'est pas rare, il est même assez commun, en Perse, de trouver sur les rochers des montagnes, et notamment dans le mont Bi-Sutoun, dans la province d'Irack-Adjemi, qui s'élève en forme pyramidale noire et sauvage, des bas-reliefs isolés, ou superposés, etc. L'un d'eux représente une suite de neuf prisonniers qui ont les mains attachées par derrière, et qui sont liés entre eux par une chaîne ou corde passée au cou. La figure qui occupe le troisième rang porte une jupe sur laquelle sont gravés des caractères cunéiformes. La dernière est remarquable par sa coiffure, sorte de bonnet en pointe. Devant ces captifs, la tête tournée de leur côté, est un personnage qui porte une couronne, tient un arc de sa main gauche, et élève la droite en forme de commandement. Il foule aux pieds un individu qui élève ses bras en suppliant,

142   LES PEUPLES ILLUSTRES.

Ces murs de marbre, les lambris des portiques, des escaliers, des appartements, ne sont pas non plus sans ornements. Nulle part ailleurs peut-être on n'a prodigué davantage les hauts et bas-reliefs, les inscriptions cunéiformes, mille sculptures précieuses et finies, comme dans ces palais de Persépolis. Les murailles en sont brodées. Les unes représentent le roi donnant audience aux grands de la cour ou s'acquittant de quelque cérémonie au pied des autels. Les autres

Derrière sont deux gardes tenant un arc et une lance. Dans la partie supérieure plane la figure symbolique d'Ormuzd. Des inscriptions cunéiformes sont gravées sur diverses parties de l'intérieur, et au-dessous du bas-relief.

Ce bas-relief est fort célèbre. Ses inscriptions ont été, et sont le texte et l'occasion de progrès notables faits dans l'étude de l'écriture cunéiforme persépolitaine, et celle assyrienne, jusqu'à présent si peu connues. Elles signifient : *C'est un grand dieu qu'Ormuzd, qui a créé ce monde, qui a créé le ciel, qui a créé le mortel, qui a créé la vie du mortel, qui a fait Darius roi, seul roi de la multitude, seul empereur de la multitude. Je suis Darius, roi grand, Roi des rois, roi des contrées qui contiennent beaucoup de nations, roi de ce monde immense et son soutien, fils d'Hystaspes, Achéménide...*

On voit aussi un autel de feu, près de Tang-i-Kerram, village de Kerm : on l'appelle *Sang-i-atish-Kaddah*, pierre du temple de feu.

On trouve un autre autel de feu, plus élégant, quadrangulaire, à nervure sur les arêtes, à Nacht-i-Roustan.

Ces autels ont toujours leurs sacrificateurs, car les Persans modernes adorent toujours le feu. M. Flandin, alors qu'il était dans les ruines de Persépolis, vit deux guèbres, vieillards de petite taille, mais robustes, à l'œil vif, la tête couverte d'un large turban à bouts pendants sur l'épaule, et la barbe très blanche, qui ramassèrent du menu bois, des herbes sèches, en formèrent un petit bûcher, sur le bord de l'escarpement d'un rocher, et l'allumèrent, en murmurant des prières dans une langue qui devait être du zend, la langue de Zoroastre.

« Pendant que ces deux guèbres priaient, dit M. Flandin, je levai les yeux sur un bas-relief supérieur, placé là depuis 2000 ans : la scène qu'il représentait était exactement semblable à celle que m'offraient mes deux vieillards... Longtemps après leur départ, le petit bûcher brûlait encore, et sa fumée montait, en colonne bleuâtre, vers le ciel... »

Ailleurs, sur un autre bas-relief, on voit les soldats de l'armée des Perses, conduits à la bataille par des officiers armés de fouets, et poussant à grands coups, devant eux, les malheureux soldats.

Cet usage de faire marcher les soldats à coups de fouet était commun aux peuples de l'Asie. Sur les sculptures assyriennes, on voit un grand nombre de dignitaires ou d'officiers, armés du fouet, ce qui rappelle involontairement le fouet anglais, les courroies russes et la canne autrichienne.

Grâce à la bravoure française, nos soldats n'ont pas besoin de pareils stimulants!...

offrent aux regards curieux des processions sacrées. Ici, ce sont des combats d'animaux, soit entre eux, soit avec des hommes. Là, c'est un composé de bêtes féroces du désert et de brutes fantastiques.

Mais comme Persépolis sera aussi la ville royale des souverains morts, au bas des rochers auxquels sont adossés les palais, et sur la pointe aiguë de plusieurs de leurs pics on a dans ceux-là creusé dans le roc vif de mystérieux tombeaux dont les portes seront à jamais cachées à l'œil curieux des générations ; et sur ceux-ci on a été nicher des sépulcres que le désir de l'homme cherchera vainement à connaître, car à l'aide de la sape on en rendra l'abord inaccessible (1). Leurs secrets seront inviolables, comme introuvable leur entrée. La mort veut y reposer sans être visitée par les siècles futurs.

Pasagarde, placée comme une tente dans le désert, à l'entrée de la plaine, et Persépolis, assise sur la rampe de la montagne, sont sœurs, quoique séparées par un espace de deux lieues. Car, dans la pensée de Cyrus, ces deux cités, en se regardant, tendent à se réunir et devront un jour former une seule, mais merveilleuse et immense capitale.

Je n'ai pas besoin de vous dire que tous ces aperçus et ces réflexions sont et d'Even, et du comte, et de Marius, et d'Arthur. Je ne suis ici que leur sténographe. Permettez-moi donc de remettre la parole dans la bouche de notre ami Bédrin, qui me dit alors :

— Ce monument que vous voyez là-bas dans la plaine, petit édifice carré, avec un soubassement de marbre blanc d'une grandeur énorme, n'est autre chose que le *tombeau de Cyrus*. Ce prince sait

---

(1) Ces tombeaux existent encore, en 1870. Dans la roche d'où semble sortir le monument, on remarque deux grands *tombeaux*, et l'on a laissé, à une assez grande hauteur, sur les parois du mur de la voûte, une façade qui cache une chambre carrée à laquelle on ne peut parvenir que par une nouvelle porte qu'on a été forcé d'ouvrir, ne pouvant trouver la véritable entrée.

Pour les *tombeaux* placés sur les pics de rochers, le rocher a été coupé perpendiculairement dans sa partie inférieure pour ôter la possibilité d'entrer dans le monument.

que rois et bergers sont égaux devant la mort, et regardant en face le trépas, qui ne lui enlèvera que son corps et laissera vivre éternellement sa gloire, s'est fait construire à l'avance, assez près de Pasagarde, sa bien-aimée ville de naissance, et en regard de Persépolis, l'œuvre de son règne, le lieu de son dernier séjour (1).

On élève aussi tout auprès une demeure simple et modeste : ce sera celle des mages chargés, de père en fils, de veiller sur sa dépouille mortelle.

— Tu vois, ajoute mon oncle, que des idées d'amour de la patrie, d'empire, de religion, de souvenir posthume et de respect de la mort se lient à la fondation de Persépolis. Aussi, pour garder cette ville sainte, vois quelles nombreuses sentinelles veillent autour des palais, et rendent inexpugnable cette nouvelle reine du monde (2).

(1) Le peuple actuel, 1862, appelle cet édifice, qui existe toujours, d'un nom persan qui signifie *tombeau de la mère de Salomon*, par suite de l'habitude où sont les Orientaux d'attribuer au grand Salomon les monuments dont l'origine est ignorée. Comme cet édifice répond par sa forme à la description que *Diodore de Sicile* a faite du *tombeau de Cyrus*, *Ker-Porter*, un savant voyageur, n'a pas hésité à voir ici le mausolée de ce grand prince, et la plaine où il est placé lui a paru être *Pasagarde*, en face de *Persépolis*.

(2) *Persépolis*, à bien des points de vue, est une cité mystérieuse.

L'opinion commune avait fait de Persépolis la capitale et la résidence des rois perses. Mais si l'on pénètre dans l'antiquité, cette opinion paraît bientôt sujette à de grandes difficultés. Aucun des auteurs contemporains, Hébreux ou Grecs, ne cite le nom de Persépolis. Elle ne sort de l'obscurité qu'à l'époque de la décadence de l'empire perse, et c'est à l'époque de sa ruine par Alexandre que s'attache, pour ainsi dire, le commencement de sa gloire.

*Hérodote*, *Ctésias*, *Néhémie*, *Xénophon*, parlent souvent de Suse, de Babylone, d'Ecbatane, et ils ne nomment jamais Persépolis. Est-ce l'effet du hasard ? Non, car ils fixent exactement le temps et les mois de l'année que les rois de Perse avaient coutume de passer dans leurs résidences ; or, d'après cette distribution, il ne reste pas de temps pour le séjour de Persépolis.

Cependant les historiens les plus dignes de foi appellent Persépolis la capitale de tout l'empire. La conduite d'Alexandre qui, en épargnant Babylone et Suse, croit se venger sur la Perse entière et compléter son triomphe en détruisant Persépolis, prouve que cette ville avait la plus haute destination. Cette obscurité énigmatique dont Persépolis s'enveloppe, augmente encore l'intérêt qu'elle inspire.

On pense que *Persépolis* est la traduction grecque de *Pasagarde*, qui veut dire *camp des Perses*, la Pasagarde proprement dite s'élevant à deux lieues de Persépolis, et

— Mais que signifie cette procession qui gravit solennellement les cimes de la montagne de marbre? demandé-je avec curiosité.

Car en effet, au moment même où me parlait mon oncle, tout en admirant ce qu'avait de magique cette Persépolis, rivale de Babylone, de Ninive, de Thèbes, de Memphis, rivale de Suse et d'Ecbatane, je voyais une foule de courtisans et de seigneurs, de généraux et d'officiers, Cyrus en tête, et suivis d'un populaire innombrable, monter sur les sommets de la montagne, où les attendait un nombreux cortége de prêtres pompeusement vêtus de robes rouges. Et, sous le ciel resplendissant de ce climat d'Orient, sous le brûlant soleil de cette zone, parmi les riches teintes et la chaude couleur du paysage, c'était vraiment un majestueux spectacle, je l'affirme.

Even se prit à rire, et m'appuyant sa main sur le bras :
— Connaissez-vous Zoroastre? me dit-elle.
— Zoroastre?... balbutié-je.
Even de rire là-dessus et plus longtemps et plus fort.
— Toute votre éducation est à faire, beau cousin, écoutez donc, fit-elle.

*Zoroastre, Zerdascht, Zaradusth* ou *Zard'husht*, vous avez à choisir parmi tous ces jolis noms, est le personnage le plus énigmatique de l'histoire. Où est-il né? quand vint-il au monde? Ce serait une réponse bénie, si vous pouviez me la faire, car elle jetterait le jour dans les ténèbres. On le fait naître douze cents ans après le déluge; on le fait même travailler à la Tour de Babel; on prétend qu'il n'est autre qu'Abraham; on affirme qu'il fut disciple d'Elisée, sinon d'Elie : on le dit Chaldéen, Assyrien, Bactrien; on assure même qu'il fut roi; on

---

ayant le tombeau de Cyrus entre ses murs et ceux de sa rivale, et ne formant avec elle, pour ainsi dire, qu'une seule ville. D'où il faut conclure que quand Hérodote, Ctésias, Néhémie et Xénophon parlent de Pasagarde comme la résidence d'été des rois perses, c'est Persépolis qu'ils veulent dire.

Ainsi, par ce nom de Persépolis, il faut entendre toute la plaine qui unissait les deux villes n'en formant pour ainsi dire qu'une seule, car, d'après le touriste *Chardin*, des ruines persanes magnifiques s'étendent à dix lieues des alentours.

déclare l'avoir vu en Lydie, en Chanaan, en Médie. De tous ces mystères très opposés, sort néanmoins une vérité : c'est que Zoroastre est le plus ancien législateur des Perses.

Il en est pour la mort de cet être bizarre comme pour son origine. Suidas le tue d'un coup de foudre; Justin le fait mourir dans une bataille contre Ninus; Pline, après l'avoir égorgé en Médie, le ressuscite en Egypte.

La version la plus accréditée le rend contemporain de Cyrus. Elle le montre se retirant en une caverne sauvage de la Médie, après avoir reçu, à Babylone, des leçons du prophète Daniel, et c'est dans cette retraite solitaire que je vais le laisser se préparer à ses grandes destinées, pour vous parler des Mages, dont un jour il deviendra le chef suprême.

Les Mages ont persuadé aux Perses que le *feu* ou *soleil* est le Dieu du monde. De là le nom de *magie*, donné au culte du soleil ou du feu.

D'après les Mages, *Magos, qui fascine*, la lumière est *Ormuz*;

D'après eux encore, l'obscurité, c'est *Ariman*.

Ormuz habite le *ciel*, que soutient une haute montagne;

Ariman demeure en *enfer*, qu'entourent d'indescriptibles abîmes (1).

Ormuz est l'auteur de tout *bien*;

(1) *Amenthi*, chez les Egyptiens; *Hadès, Aidès, enfer, Pluton*, chez les Grecs; *Tartare*, chez les Romains; *Schéôl*, chez les Hébreux; *territoires de chasses*, chez les sauvages; *enfer*, chez les chrétiens; sous tous ces noms on retrouve l'idée d'un séjour des morts, commune à presque tous les peuples. Seulement, chez les anciens, cette idée fut amplifiée par l'imagination des poètes, qui entrent dans les détails les plus minutieux sur les délices qui attendent l'homme vertueux dans l'Elysée, le paradis, le ciel, etc., et sur les supplices réservés aux pécheurs. Le sixième livre de l'*Enéide*, de *Virgile*, en fournit la description la plus complète.

Les livres de *Zoroastre* renferment des traditions analogues, et les Mages de l'Inde actuelle ont aussi leur ciel, sous le nom de *Svarga*, et leur enfer, sous celui de *Naraka*.

*Voltaire*, ce singe du génie, comme l'a désigné un poète fameux, et d'autres détracteurs des *Livres saints*, ont prétendu que les Hébreux ignoraient l'immortalité de l'âme. Jugez de la conclusion qu'il faudrait tirer de cette ignorance de la part du peuple de Dieu!... Mais le *Schéôl*, dans l'ancien Testament, et dans le nouveau le *Géhenna*, qu'est-ce autre chose que l'enfer, et le séjour des âmes maudites?

Ariman est le père de tout mal.

Entre ces deux divinités antagonistes, irréconciliables, les Mages placent *Mithras* ou le *soleil*, astre bienfaisant, qui ne permet de triompher ni à la lumière ni aux ténèbres.

On conçoit dès-lors qu'adorant de tels dieux, les Perses n'ont pas besoin de temples, mais aillent en plein air, au sommet des montagnes, afin de s'en faire un piédestal pour voir se lever le soleil, leur dieu, et l'adorer; pour le mieux contempler dans ses langes de pourpre à son coucher, et l'adorer encore; pour user de cette montagne comme d'un autel gigantesque proportionné aux splendeurs de leur Etre suprême.

C'est pour cela que vous voyez le cortége royal de Cyrus porter ses victimes et son encens sur le plateau de ce mont de marbre gris, et, y allumant un grand feu, image et symbole du soleil, se prosterner, danser à l'entour et jeter dans ses flammes leurs offrandes sacrées.

Maintenant, cher cousin, laissons les Mages et la magie, et attendez avec confiance le moment de voir paraître sur la scène le Zoroastre que je vous ai annoncé. Il nous faut suivre Cyrus, qui va s'éloigner de la belle Persépolis, qui fait sa gloire.

Nous l'avons vu passer les trois mois de l'hiver à Suse, et les trois mois de l'été à Persépolis-Pasagarde, n'est-ce pas? Mais vous savez qu'il passe de même les trois mois de l'automne à Ecbatane, où les chaleurs sont tempérées par les montagnes. Enfin, pendant le printemps, Babylone le possède à son tour. Là, quittant la simplicité de son allure, il s'entoure de tout le luxe des rois d'Assyrie, et dites-moi s'il n'a pas bonne grâce, soit que, couvert d'une riche armure d'or, il manie habilement son dextrier à la tête de sa cavalerie mède, soit que, vêtu de la longue robe de pourpre et de la tunique de soie blanche, il assiste aux évolutions de sa terrible infanterie perse.

Voulez-vous le voir dans les splendeurs de son palais? Regardez : des *sarims* ou eunuques gardent l'entrée du séjour royal; dix mille hommes d'armes, richement costumés, veillent sur sa personne inviolable; les satrapes (1) se prosternent devant lui à son lever; les ambassadeurs réunissent avec empressement ses moindres paroles. C'est là, presqu'autant qu'à la tête des armées, que Cyrus se montre digne souverain d'un aussi vaste empire.

Evenor achève à peine son tableau que nous voyons Cyrus se mettre en mouvement. Il ne trouve pas cet empire assez grand encore sans doute, car il reprend les armes, et donnant le signal à ses phalanges, le voici, traînant à sa suite de nombreux chars de guerre, qui va faire la conquête de la *Cappadoce*, de la *Phrygie*, de la *Carie*, de la *Phénicie*, de la *Cilicie*, de la *Paphlagonie*, de toute l'Asie-Mineure en un mot, à laquelle il joint encore la Syrie.

Il traverse ensuite l'isthme qui sépare la Judée de l'Egypte, et il rend tributaire cette province dont *Amasis* est roi. Mais là, s'éprenant de *Nitétis*, fille du monarque, il en fait son épouse et l'aime d'un grand amour.

Elle le rend bientôt père d'un fils, qu'il nomme Cambyse (2).

Puis, continuant sa marche triomphale, il arrive en Arabie. Là, son armée, exposée à un soleil dévorant, ne foulant aux pieds qu'un sable brûlant, privée d'eau, se trouve, comme jadis l'armée de la reine Sémiramis, exposée aux plus grands périls. Néanmoins, il soumet cette riche contrée et s'avance vers l'Inde.

L'Inde avec sa formidable et luxuriante nature; l'Inde, dont le sol fécond fournit jusqu'à trois moissons; l'Inde, où la bruyère devient un arbre, et un arbre un colosse; l'Inde, dont les reptiles sont longs comme des rivières, où les lions, les tigres et les panthères, en rugissant, font trembler toute une contrée; l'Inde, dont les fleuves charrient d'effrayants caïmans, de monstrueux hippopotames, et qui, dans

(1) On nommait ainsi, dans l'empire médo-perse, les *gouverneurs des provinces* chargés de l'administration et du recouvrement des impôts. Ils eurent aussi l'autorité militaire. Les *satrapies* étant en petit nombre, formaient un emploi fort riche et très envié.

(2) Il est étrange que ce *Cambyse*, né d'une Egyptienne, ait désolé l'Egypte par la guerre qui la couvrit de ruines, surtout Thèbes et Memphis, comme il le fit plus tard.

ses monts Emodes (1) et ses gigantesques forêts à large verdure de bronze, fatigue l'imagination par la hauteur de leurs cimes et la profondeur ténébreuse de leurs retraites ; l'Inde ne l'arrête pas : elle est soumise à son tour.

Alors il rentre en Perse, et de sa ville de Persépolis-Pasagarde, il donne ses lois au monde entier. La Perse devient le centre de son univers, le caravensérail des nations attachées à son char, le point d'où s'élancent des routes nombreuses qui sillonnent l'Asie toute entière. Alors aussi l'illustre empereur, instrument de Dieu qui l'a nommé son Christ, divise son empire en cent vingt satrapies ; et, pour que ses ordres soient transmis avec le plus de rapidité possible d'un centre commun aux frontières, il établit un service régulier de relais de poste et de courriers.

Mais pendant que nous contemplons les hauts faits et les nobles loisirs de notre héros prédit par les prophètes, la mort, la fin commune à tous les hommes, vient frapper Cyrus.

— Le moment de comparaître devant les dieux approche...

Ainsi lui avait-il été dit dans un songe. Aussi le prince intrépide donne-t-il ses dernières instructions à son fils.

Puis, ayant à venger une injure des *Massagètes*, peuplade scythe qui habite les rives de l'Araxe, le voici vigoureux encore qui se hâte de marcher contre eux. Les avantages signalés qu'il remporte sur eux ajoutent à sa confiance dans le succès. Aussi avance-t-il dans le pays. Mais il tombe dans une embuscade, où il périt avec toute sa brillante armée. C'est un triste spectacle que celui qui se présente à nous : *Thamyris*, la reine de ce peuple barbare, dont il a tué le fils dans une bataille précédente, fait chercher le corps du héros, et lorsqu'un soldat le lui apporte, elle coupe la tête de Cyrus, et la plongeant dans une outre remplie de sang :

---

(1) Les monts *Emodes* sont l'*Himalaya* actuel.

— Bois donc, rassasie-toi, dit-elle avec fureur, de ce sang que tu as tant aimé (1)!

Heureusement un fidèle écuyer du prince ravit en secret cette précieuse dépouille de Cyrus, et s'arrachant à grand'peine aux rangs épais de la horde sauvage des Massagètes, il la porte à la trop désolée Nitétis, l'épouse égyptienne de l'immortel souverain.

Alors on l'enferme dans un cercueil d'or. On dépose ces restes précieux dans le tombeau élevé par Cyrus même devant Pasagarde, en face de Persépolis. Là, près du cercueil enfoui dans un caveau profond, on établit un siége dont les pieds travaillés en or moulé sont d'un fini merveilleux. Le sol du sépulcre est recouvert d'un riche tapis de Babylone, et sur le cercueil même on dépose les vêtements les plus riches, tous de différentes couleurs, avec des colliers, des boucles d'oreilles, des bracelets, puis des armes, épées, casques et cuirasses. Enfin, sur le fronton du funèbre monument on grave cette inscription commémorative :

Je suis Cyrus, fils de Cambyse,
Fondateur de l'empire des Perses et maître de l'Asie.
Ne m'envie pas le monument où reposent mes os (2).

Là, tous les mois, on immole un cheval aux mânes du héros, selon l'usage des Perses, qui voient un ami dans ce noble animal.

— Ayez donc un tombeau somptueux pour qu'on vous le pille! dit avec colère le Pirate d'une voix sombre et caverneuse.

Je me retourne à ces mots vers le tombeau de Cyrus, que je venais de perdre de vue, et je vois en effet d'infâmes larrons en forcer les portes, et, malgré les Mages qui veillent dans l'habitation voisine que

---

(1) Il y a bien des variantes dans l'histoire sur la mort de *Cyrus*. *Ctésias* assure qu'il mourut d'une blessure qu'il reçut à la cuisse. *Diodore de Sicile* le fait expirer en croix. *Plutarque*, *Arrien* et *Aristobule*, cité par *Strabon*, disent qu'il mourut dans son lit, fort tranquillement, à Pasagarde, à l'âge de soixante-dix ans.

(2) *Quinte-Curce*, d'après lequel Alexandre trouva le tombeau vide et le fit réparer par Aristobule.

vous savez, emporter avec violence les trésors précités et jeter le cadavre du prince sur le sable (1).

— *Vanitas vanitatum, et omnia vanitas!* dis-je tristement.

— Oh! vous devenez trop savant pour nous... reprend avec ironie Even. Mettez-vous à notre hauteur, cousin. Vous voulez dire sans doute qu'il n'y a rien de stable sur la terre? Je vais vous en donner une autre preuve.

Nous n'aurons pas de CAMBYSE d'aussi nobles faits à recueillir que de Cyrus, son père. L'histoire et la vie sont ainsi partagées. Après les beaux jours, les jours nébuleux...

C'est en 530 que Cambyse monte sur le trône de Perse.

Mais avant de rien dire de lui, je dois vous apprendre, mon cher Théobald, que Nétélis n'était pas la seule femme de Cyrus. Avant elle, il avait épousé *Cassandre*.

Or, Cassandre lui avait donné pour fils *Smerdis*, avant que Nétélis lui donnât Cambyse, et Smerdis étant l'aîné, devait régner avant Cambyse. Mais Cambyse ayant été l'enfant aimé de Cyrus et trouvant dans Smerdi un obstacle à son ambition, l'assassine sans pitié.

— Premier crime qui engage dans une mauvaise voie! dis-je.

— Ensuite, comme Amasis, le roi d'Egypte père de Nétélis, a semé certains bruits qui laissent croire que Nétélis n'est pas sa fille, et que Cyrus a été trompé, voici Cambyse, prenant à cœur la calomnie mise en crédit contre sa mère, qui marche contre l'Egypte.

Voyez quelle colère sur son front! Il est méchant, ce roi : c'est triste à dire, mais cela est. Considérez plutôt : voici qu'à son repas du soir il dit à Prexaspe, un de ses officiers, de lui avouer ce que les Perses pensent de lui.

Notez que c'était entre les coupes d'une orgie que se tenait ce discours.

— Ils admirent en vous beaucoup de bonnes qualités, répond le soldat, mais ils trouvent que... vous êtes trop adonné au vin!...

(1) *Strabon* et *Diodore de Sicile.*

— Est-ce donc à dire que le vin me fait perdre la raison et fait trembler ma main? dit Cambyse avec un flegme imperturbable.

Et il se remet à boire avec passion. Puis, quand on peut le supposer ivre depuis longtemps, se tournant vers son échanson, qui n'est autre que le fils de Prexaspe, il lui ordonne de se placer au fond de la tente, la main gauche sur la tête, et d'y rester immobile.

— Si je perce le cœur de votre fils, dit-il au père du jeune homme, vous conviendrez que les Perses m'ont calomnié. Et si je manque mon coup, moi, je conviendrai que j'ai eu tort.

En parlant ainsi, le tyran arme son bras d'un arc qu'il bande sans effort et sur lequel il place une flèche. Aussitôt, malgré l'horreur qui se manifeste sur les visages, le monstre ajuste le but et tire en déclarant qu'il en veut au cœur... Hélas! il le perce en effet. La flèche vole, le sang jaillit, le jeune échanson tombe... le cœur percé...

— Ai-je bien tiré? ne craint pas de demander Cambyse.

— Apollon lui-même ne tirerait pas plus juste... répond Prexaspe, qui dissimule sa douleur.

Enfin le roi de Perse tombe à la frontière d'Egypte. Là, des courriers viennent lui apprendre qu'Amasis, le père de Nétélis, vient de mourir, et que son fils *Psamménite* fait de grands préparatifs pour se défendre.

En effet, *Péluse*, la première ville de la frontière égyptienne, Péluse que l'Ecriture sainte nomme *Labnée*, Péluse qui s'est assise, comme une sentinelle, sur l'embouchure orientale du Nil dite *bras Pélusiaque,* au milieu des lagunes du Delta; Péluse, la porte de la vallée du Nil du côté de l'Asie, s'est mise en armes pour s'opposer au passage des Mèdes et des Perses. Elle ne craint même pas, quoique vigoureusement assiégée par Cambyse, de faire une sortie contre les ennemis. Mais toute son énergie tombe devant le rempart dont Cambyse s'est entouré. N'a-t-il pas mis en avant de sa ligne de bataille tout ce qu'il a pu trouver de chiens et de chats. Ses soldats les tiennent en laisse devant soi, et comme dans ces animaux les Egyptiens retrouvent leurs dieux, ils préfèrent se laisser vaincre que de passer sur le ventre de leurs divinités pour atteindre les assiégeants.

Aussi Cambyse s'avance-t-il en triomphateur, et rencontrant Psamménite, il écrase son armée, le fait prisonnier, s'empare de Memphis, et force le roi, qui se montre déloyal, à s'empoisonner en buvant du sang de taureau.

Bientôt, enivré d'orgueil, Cambyse détache cinquante mille hommes de son armée, et les envoie détruire le *temple de Jupiter-Ammon* et conquérir la Lydie. Mais il compte sans le simoun. Le simoun du désert se lève : il souffle avec violence, il engloutit les cavaliers mèdes, les fantassins perses : il les couche jusqu'au dernier sous des vagues de sables brûlants, et punit ainsi les hommes impies d'oser s'attaquer aux dieux.

Pour le prince trop entreprenant, il veut dompter l'univers. Ainsi le voilà qui déserte la Haute-Egypte et s'enfonce vers le sud, dans les solitudes de l'Ethiopie. Déjà les régions de feu qu'il parcourt ne livrent aucune subsistance à ses troupes; l'eau manque à son tour. Néanmoins le despote fait hâter la marche, et pour assurer le succès de l'expédition, n'envoie-t-il pas des présents aux chefs des Ethiopiens? Et quels présents! des parfums, des bracelets d'or, de la pourpre... De tels dons à des barbares...

Le roi d'Ethiopie, gagné par une telle courtoisie, ne veut pas être en retard vis-à-vis de l'hôte qui lui arrive. Il lui expédie un arc et des flèches. C'est un arc énorme : ce sont des flèches gigantesques. L'envoyé chargé de les offrir, les porte et s'en sert avec une aisance non pareille. Mais quand l'arc et les flèches passent aux mains de Cambyse, il en trouve le poids si accablant, qu'il se voit contraint d'appeler à son aide un et deux de ses officiers. Et encore, en réunissant leurs efforts ne peuvent-ils ni bander ni débander l'arme terrible.

— Et vous prétendez subjuguer les Ethiopiens! s'écrie l'ambassadeur avec un ricanement qui humilie les Mèdes et les Perses.

Plus n'était besoin d'arc et de flèches éthiopiens pour vaincre Cambyse, il suffit du climat. Ses phalanges, les unes après les autres, se couchent sous l'arène bouillonnante du désert. Réduits à la plus horrible famine, épuisés de soif, desséchés par un soleil implacable, les Mèdes et les Perses tirent au sort pour savoir lesquels d'entre eux donneront aux autres leur sang comme breuvage et leur chair comme aliment. Le sol est ainsi jonché de cadavres déchiquetés ; et une fièvre folle saisissant les hommes qui survivent à l'aide de ces substances sous lesquelles la vie se révolte, le soleil achève de les livrer au plus horrible trépas.

Pour Cambyse, assis sous une vaste tente qui l'abrite, une table richement servie dressée devant lui, de fraîches boissons apportées à grands renforts d'outres chargées sur des chamelles, les voluptés d'une chère exquise, l'orgie même, rien ne fait défaut à sa sensualité.

Néanmoins, dépourvu de soldats dont les corps recouverts de sables reproduisent sur la surface du désert les ondulations d'un immense cimetière, le tyran fait replier ses tentes et se hâte d'aller chercher un abri dans la grande ville de Thèbes.

Mais quelle fureur dans le farouche Cambyse ! N'a-t-il pas prononcé le mot fatal, l'horrible mot : Pillage !

Oui, certes, il a prononcé ce mot, et qu'est-ce que le mot près de la chose ? Voici qu'une soldatesque effrénée se rue sans pudeur sur les temples, envahit les palais, pénètre dans les tombeaux, inonde les avenues de ses flots tumultueux, se glisse dans les demeures, tue, profane, souille, détruit, renverse, brûle, effondre, égorge, pille... C'est un spectacle sans nom. Les femmes s'enfuient échevelées, pâles de terreur, sanglantes déjà, emportant dans leurs bras les enfants chéris de leur cœur. Les jeunes filles, les adolescents, pauvres martyrs ! sont immolés sans pitié par le soldat ivre et brutal. L'Egyptien veut en vain résister : il tombe dominé par le nombre...

Alors les grandes œuvres des Ménès, des Aménof, des Sésostris, le

Karnack, le Louksor, les salles hypostyles, les bibliothèque et sépulcre d'Osymandias, sont mutilés, éventrés, ruinés...

Puis l'océan des ravageurs s'éloigne portant ses flots impétueux vers Memphis, afin de dévaster aussi cet autre sanctuaire des arts et des merveilles architecturales.

Ne faut-il pas que Cambyse se venge sur l'Egypte de sa déconvenue en Lybie et de son mécompte à l'endroit de l'Ethiopie?

Mais à Memphis toute la ville est en liesse, en grand émoi de fête : la foule joyeuse va, vient, tourbillonne, se précipite. Le bonheur brille sur les fronts, l'allégresse dans les âmes et le plaisir dans les yeux. C'est la fête d'Apis, c'est la fête du dieu de l'Egypte!...

Voici soudain qu'une bien autre tempête gronde dans la poitrine de Cambyse, à cette vue. Ne se figure-t-il pas que ces réjouissances, dont il est témoin, sont une insulte méditée à l'adresse de ses revers? On cherche à l'apaiser en lui parlant de la fête du dieu.

— Qu'on me l'amène, ce dieu! Je veux le voir... dit-il de sa voix de tonnerre.

Les hiérophantes n'osent résister à cet ordre. Apis est enlevé à ses honneurs. On le sort de son temple, il quitte son palais. On l'amène en face du roi des Mèdes et des Perses.

— Un bœuf... votre dieu!... s'écrie-t-il en fureur, comme s'il se croyait insulté. Mais un dieu ne meurt pas... ajoute-t-il, et voici le vôtre qui expire...

En disant ces mots, Cambyse tire son poignard, et l'ironie aux lèvres, frappe l'animal sacré, qui tombe inanimé... En même temps le prince ordonne de mettre à mort tout Egyptien qui aura la sottise de pleurer et d'adorer le bœuf Apis (1).

Le soir de ce même jour, alors que l'armée de Cambyse met à fin le sac, la ruine, le pillage et la dévastation de Memphis, un courrier

(1) C'est de ce même bœuf Apis, immolé par Cambyse, que notre égyptologue français, M. Mariette, a retrouvé les ossements dans la découverte qu'il fit récemment du Sérapœum de Memphis, comme on l'a vu, dans une note précédente.

perse qui a traversé l'Asie à franc étrier, se présente à Cambyse, lui annonçant que le trône de Perse ne lui appartient plus, et que son frère Smerdis, qu'il croit avoir bien et dûment occis, vit très bien à l'heure qu'il est, et qu'il s'est fait proclamer roi du vaste empire de Cyrus. A cette nouvelle foudroyante, Cambyse fait sonner ses trompes de guerre, rassemble les débris de son immense armée, commande le départ et pousse ses soldats vers l'Asie. Il n'est pas le dernier à monter à cheval. Mais préoccupé de l'idée qui le ronge, il glisse en mettant le pied sur l'étrier, et se blesse à la cuisse du même poignard, sorti par hasard de son fourreau, avec lequel il a égorgé le dieu Apis. Mais une égratignure ne peut arrêter un roi dont la couronne est menacée. Cambyse s'éloigne, franchit l'isthme, et atteint la Syrie. Cependant la chaleur du soleil et la fatigue d'un voyage précipité ont aigri la plaie. A Ecbatane, un petit bourg de la province, dont le nom seul lui rappelle sa brillante Ecbatane à lui, la blessure de la cuisse s'envenime et le terrible roi meurt...

— Cambyse est un monstre, dit alors mon oncle, mêlant ainsi sa voix aux drames que mes yeux suivent avec tant d'intérêt, tout ce qu'il a fait le prouve; mais à ces brutalités dernières, joignez celle que voici :

Avant de quitter la Perse, le futur conquérant a voulu épouser *Méroë*, sa sœur, contrairement aux usages établis. Mais ses flatteurs lui disent que si une loi défend cette union, une autre loi donne au roi le droit de faire ce qu'il voudra. Cambyse épouse donc Méroë. Mais à quelques jours de là le prince, étant assis à table en face d'elle, la tue à coups de pied.

— Cambyse avait aussi parfois de nobles instincts, dit à son tour Evenor, et j'en donne la preuve suivante :

Sisamnès, un des juges royaux, s'était laissé corrompre par de l'argent. Cambyse le fait mettre à mort, puis il ordonne que son corps soit écorché et qu'avec sa peau l'on couvre le siège de ce magistrat prévaricateur et vénal. Puis il donne au fils la place de son père.

— Aussi j'imagine que ce fils, ayant toujours sous les yeux la peau de son père, ne fut jamais tenté de suivre son exemple... dit Arthur Bigron (1).

Déjà je n'écoute plus mes guides. Je ne saurais dire comment cela se fait, mais ainsi que de véritables nuages emportés dans l'espace par le zéphir, nous glissons au-dessus des contrées qui composent le monde avec une merveilleuse rapidité. Un voyage tel que celui que nous faisons a certainement bien son agrément, mais il demande que par-ci par-là on restaure son estomac. Le mouvement dans les airs, quoique doux et coulant comme un velours qui vous frôle, ne laisse pas d'exciter des caprices chez messire gaster. Heureusement Even, avec cette sollicitude qui caractérise la femme, nous met tour à tour sur les lèvres, avec une cuiller d'or, je ne sais trop quelle sorte de jalap concentré qui nous fortifie. Assez souvent aussi mon oncle ouvre et me présente une boîte de certaines pastilles qui me mettent en belle humeur et surtout en veine de curiosité. Aussi le cher comte de s'écrier tout jubilant :

— Quel amour de la science ! En vérité, je ne reconnais plus Théobald.

Donc nous nous retrouvons en Perse, et tout d'abord nous sommes étonnés de l'attitude des seigneurs de la nouvelle cour, celle de *Smerdis*. Ils se parlent à l'oreille, ils vont et viennent avec mystère. Le nouveau roi, de son côté, se montre peu ou prou, se tient enfermé dans ses appartements, et malgré l'exemple donné par Cambyse, ne songe même pas à consacrer son avénement au trône par la cérémonie du couronnement, qui, d'après les lois de Cyrus, doit se faire à Persépolis, avec les vêtements d'apparat.

Mais que veut cette femme qui s'approche des seigneurs réunis dans un des plus sombres bosquets entourant le palais du roi ? Elle aussi,

(1) Un des grands maîtres de la peinture ancienne a rendu avec un rare talent le sujet de ce drame émouvant, et nous avons le bonheur de posséder cette toile précieuse dans notre musée du Louvre.

s'avance avec mystère, leur parle à voix basse, et, pour ne pas éveiller les susceptibilités des gens de cour, évite de laisser traîner sur le sable les longs plis de sa robe persane, et cache sa tête, dont les cheveux, mêlés à des tresses de perles et à des plaques d'or, tombent de ses épaules à terre, sous un voile épais. Le soir est venu fort heureusement, et déjà les ténèbres enveloppent les jardins.

C'est *Phédime*, une des femmes du roi. Elle confie aux seigneurs et aux satrapes que le Smerdis qui s'est proclamé roi à la place de Cambyse, n'est point le vrai Smerdis, frère de Cambyse... mais bien un Mage du nom de Smerdis, qu'une certaine ressemblance avec le vrai Smerdis favorise et a rendu ambitieux.

— La preuve de cette imposture? demandent avidement les seigneurs.

— La preuve? répond-elle. Le fils de Cyrus et de Cassandre, Smerdis, a-t-il jamais eu les oreilles coupées?

— Jamais... affirment les seigneurs.

— Comment donc se fait-il que la nuit dernière, seule avec le roi, j'ai vu que les oreilles lui manquaient, lorsqu'il me fit enlever sa tiare.

Assurés de ne pas être induits en erreur, *Darius*, fils d'Hystaspe, gouverneur de la Perse, de la tribu des Pasagardes, et de la famille même de Cyrus, celle des Achéménides;

*Othanes*, dont Phédime, cette épouse de second ordre des rois, est la fille;

Et *Mégabyse*, satrape fort zélé pour l'empire, et père de Zopyre, que nous verrons en scène bientôt, réunis à quatre autres satrapes, forment le complot d'égorger le faux Smerdis.

— Honteux d'obéir à un tel souverain, s'empresse de dire Arthur Bigron, trop longtemps silencieux, les voyez-vous ameuter le peuple de Persépolis, et se renforçant d'un grand nombre de soldats, attaquer le palais avec une audace que rien n'arrête.

Mais en même temps voici tout un monde de Mages, ayant intérêt à conserver leur Smerdis, qui pousse sur une des terrasses du palais un officier du prince. Vous le reconnaissez, sans doute. C'est *Prexaspe*, ce père infortuné qui, voyant Cambyse, dans son ivresse, atteindre de sa flèche le cœur de son fils, échanson du roi, osa répondre à Cambyse qui l'interrogeait sur la justesse du coup :

— Apollon lui-même ne tirerait pas plus juste!

Or, ce Prexaspe, endoctriné par les Mages et rangé au parti du faux Smerdis, est mis en avant par eux pour parler en faveur du nouveau roi, en face de la foule irritée. Mais on a souvent reproché à Prexaspe la honte de la mort de son fils, qu'il n'a pas vengé. Aussi peu à peu sa résolution l'abandonne, et au lieu de tenir le discours que les Mages attendent de lui, le voilà qui s'écrie :

— C'est moi-même qui, par une odieuse cruauté et pour plaire à mon maître Cambyse, ai plongé le poignard dans le cœur de Smerdis, frère du dernier roi, qui voulait régner à sa place. Le Smerdis qui s'est assis sur le trône de Cyrus est un fourbe, un ambitieux, un Mage imposteur. Puissent les dieux et les hommes me pardonner d'avoir prêté la main à l'élévation de cette créature des Mages!

Ayant dit, Prexaspe se précipite de la terrasse sur les dalles de marbre de la terrasse qui est au-dessous, et se brise le crâne.

Un grand tumulte se fait alors : on ne laisse pas aux Mages le temps de revenir de leur surprise. Le populaire, dirigé par les satrapes conjurés, se jette sur eux. On les égorge, on les poignarde, on les foule aux pieds. Le palais est forcé, le faux Smerdis est immolé sans égards. On place sa tête, privée d'oreilles, et celle de son frère *Pathésite*, sur la pointe de hampes aiguës que l'on fixe aux estrades de la demeure royale.

C'est en 522 que cette tragédie a lieu, et pendant bien des siècles on célèbrera, chaque année, son anniversaire.

— Maintenant le côté comique de l'aventure, dit le Pirate. C'est un petit tableau de ce qui se passe à toutes les révolutions.

Les conjurés, enchantés du succès, se réunissent en conseil. Otanes veut pour gouvernement la démocratie; Mégabyse penche vers le pouvoir aristocratique; et Darius met en avant la monarchie. Ils s'étaient réunis pour détruire, et les voici qui se divisent pour reconstituer. N'est-ce pas là ce qui arrive toujours?

On se décide néanmoins pour le gouvernement monarchique. Alors reste à choisir le roi. Sur ce, les satrapes conviennent de s'en rapporter aux dieux, et de donner la couronne à celui d'entre eux dont le cheval hennirait le premier, au lever du soleil. Pour cette épreuve on convient de se réunir le lendemain dans la plaine de Pasagarde, dans le voisinage du tombeau de Cyrus.

La nuit vient, et, admire la ruse, Théobald, voici l'écuyer de Darius qui, vers minuit, conduit une cavale au lieu du rendez-vous, et la tient ensuite à l'écart, au loin. Tu comprends ce qui va suivre? Non. Ecoute-le : au point du jour nos satrapes quittent ensemble Persépolis, et, calculant leur marche, arrivent au tombeau de Cyrus juste au moment où le soleil se montre sur l'horizon. Aussitôt, hennit le cheval de Darius, qui sent que la jument, sa compagne d'écurie, a passé là, et procure ainsi, sans s'en douter, la bonne bête! la couronne à son maître.

DARIUS, fils d'Hystaspe, monte donc sur le trône.

Déjà marié à la fille de Gobryas, il épouse en outre deux filles de Cyrus, *Atossa*, qui a été femme de Cambyse, puis de Smerdis, et *Artystone*, dont il fait sa favorite. Il prend encore, pour quatrième femme, *Parmys*, fille du vrai Smerdis.

Ensuite il organise un grand système de finances et de revenus publics. Puis il remanie la division de son empire, et réduit à vingt grandes satrapies les provinces divisées en cent vingt par Cyrus.

Cependant, continue mon oncle, tout n'est pas roses pour les rois, comme pour le commun des mortels.

Babylone, fatiguée du joug des Perses, se met en pleine révolte, et pour assurer le succès de sa rébellion, elle s'est mise en état de soutenir un siége. Cette fois on veillera bien sur le cours du fleuve. Afin de diminuer le nombre des bouches à nourrir, les habitants étranglent tous les citoyens inutiles. C'est une horrible hécatombe d'hommes, de femmes et d'enfants, que l'on n'a certainement pas consultés sur ce moyen de prolonger les forces de Babylone.

Darius arrive avec une armée innombrable, et s'installe à l'entour de la ville, qui résiste en effet pendant dix-neuf mois.

Pendant qu'elle lutte ainsi avec avantage contre l'assiégeant, un jour, un des généraux du roi des Mèdes et des Perses, *Zopyre*, dont nous t'avons annoncé la mise en scène tout-à-l'heure, se présente à l'une des portes, et, quand il est introduit, on lui voit coupés le nez et les oreilles, et le corps déchiré de mille coups de fouet qui ont laissé sur sa peau livide leurs traces sanglantes.

— Voyez, s'écrie-t-il en s'adressant au peuple, voyez en quel état m'a mis mon maître, Darius, parce que je lui ai donné le conseil d'abandonner le siége de votre ville, que je regarde comme imprenable.

— Horrible ingratitude! s'écrient les Babyloniens, flattés dans leur amour-propre.

Alors trop confiante, Babylone accueille Zopyre, elle le console, elle le dédommage de ses douleurs. Elle fait plus, elle prie Zopyre de prendre le commandement de la garnison. Les soldats, séduits par son discours, se livrent à lui. Avec eux il fait d'abord de violentes sorties contre Darius, et bat son armée en différentes fois. Aussi lui confie-t-on le gouvernement suprême de l'antique cité.

Hélas! ce barbare dévoûment de Zopyre cache un piége tendu aux Babyloniens. Il a voulu s'introduire dans la place, afin de la livrer à Darius, et il atteint son but. Voici qu'une nuit les portes s'ouvrent : l'armée des Mèdes et des Perses pénètre dans la ville, s'empare de toutes les positions, et au point du jour Babylone se retrouve esclave. Le vainqueur fait d'abord pendre trois mille habitants. Puis, afin de réparer l'absence de femmes dans la population, il fait entrer cinquante mille jeunes filles réunies de toutes les parties de l'empire.

11

Enfin il rase les murailles de la cité, et, pour récompenser Zopyre de son dévouement aveugle, il lui abandonne le revenu de Babylone.

— S'il s'est jamais donné la peine de percevoir lui-même les impôts, il a dû n'être pas très gracieusement accueilli, ce beau Zopyre? dis-je au Pirate.

Mais ma cousine, mettant la main sur la bouche de son père, l'empêche de répondre, et dit avec une câlinerie charmante :

— Mon Zoroastre a suffisamment médité dans la solitude jusqu'à présent; maintenant je puis le produire.

Ce fut le hennissement d'un cheval qui fit la fortune de notre Darius, c'est un autre cheval qui va mettre Zoroastre sur le pinacle. Vous voyez que les chevaux jouent leur rôle dans l'histoire.

Les Mages viennent de se fourvoyer dans l'affaire de Smerdis, comme vous savez, beau cousin, aussi n'osent-ils plus se montrer. Zoroastre veut profiter de cette circonstance pour modifier le culte introduit par eux. Dans son désert des bois et des montagnes rocheuses de Médie, notre philosophe a découvert certaines plantes dont le suc a la propriété d'endurcir la peau contre la morsure du feu. Alors il se montre maniant des charbons ardents, se répandant sur le corps de l'airain fondu sans que son épiderme en soit même altéré. Cette jonglerie, digne d'un charlatan, lui attire la vénération des Perses. Alors Zoroastre se présente à Darius, avec un livre qu'il a composé, et se prosternant le visage contre terre :

— Je suis un prophète envoyé vers toi par Dieu même, roi des Mèdes et des Perses, dit-il, et ce livre, c'est du paradis que je l'apporte.

Ce livre n'est autre que *Zend-Avesta* (1), l'évangile de Zoroastre.

---

(1) Le *Zend-Avesta*, appelé aussi le *Livre d'Abraham*, fut écrit en vieux caractères, appelés *zund* ou *zend*, sur douze cents peaux qui formaient douze gros volumes et contenaient vingt et un traités, appelés *nusks* ou *noscks*, et dont chacun a un titre particulier. Le seizième, intitulé *Zeratusht-Numa*, renferme la vie de Zoroastre. Le vingtième est nommé le *Livre des Médecins*. C'est le chapitre dont parle *Eusèbe*. *Suidas* lui prête quatre livres sur la nature, un sur les pierres précieuses, et cinq sur

Zoroastre offre alors au roi la longue robe noire des Mages, qui a nom *sudra*.

— Mais quelles preuves me donnes-tu de ta mission? répond froidement Darius.

— Viens sur la montagne, et tu verras... dit Zoroastre.

Une fois sur la montagne, le philosophe fait allumer un grand feu, se jette dans les flammes, y reste une heure entière, lui et son fameux livre, et l'heure passée, il en sort intact, son Zend-Avesta sous le bras.

Puis il plante un cyprès microscopique devant la porte du palais de Persépolis, et, sous l'influence de ses mystérieuses incantations, le cyprès grandit à vue d'œil, si vite, et si fort, qu'en peu d'heures cet arbre atteint la hauteur de dix brasses.

Mais alors les Mages se liguent contre lui. Le portier (tu vois que l'heureuse institution de l'honorable corps des portiers remonte loin, et note que, dès le début, ces aimables personnages ont brillé par toutes les qualités qui les distinguent...) le portier donc, gagné par les Mages, leur livre la clef du réduit qu'il habite. Là, les Mages cachent dans ses sudras et parmi les feuillets de peaux qui composent son ouvrage, des os de chien, des poils de chat, des ongles et des cheveux de pendus, toutes choses réputées magiques chez les Perses. Puis, le roi Darius est amené dans la demeure de Zoroastre. Aussitôt, à la vue de ces infernales reliques, le prince ordonne que le prétendu philosophe soit enfermé dans le plus noir cachot.

---

les étoiles. Enfin *Pline* parle encore d'un traité d'agriculture, d'un livre sur les visions, et de deux millions de vers composés par Zoroastre.

Zoroastre s'établit dans la ville de Balk, et communiqua aux Mages les sciences qu'il avait apprises des philosophes et des prophètes. Heureux s'il eût borné là son ambition : mais il fut jaloux de convertir tous les peuples à sa doctrine, et poussa Darius à faire la guerre aux Scythes orientaux. Le roi des Scythes, *Argiasp*, après avoir été battu d'abord, battit à son tour les Perses, saccagea la ville de Balk, surprit Zoroastre dans son temple, et le fit massacrer avec ses Mages.

La religion de Zoroastre n'a point encore péri. Elle se conserve parmi les Indous.

(*Viennet, de l'Académie française.*)

C'est ici que le cheval entre en scène de nouveau : attention !

Un des coursiers favoris de Darius tombe malade, et ses souffrances sont telles que les quatre jambes du pauvre animal lui entrent dans le ventre. Les Mages sont appelés pour le guérir : mais ils reconnaissent l'impuissance de leur art. Zoroastre offre son secours, garantit le succès, impose les mains sur le patient, et soudain le généreux étalon bondit, hennit, se cabre, se montre tout joyeux, flaire sa provende, secoue ses crins, et commence un repas des plus succulents. Hein ! nos vétérinaires ne sont pas si habiles !...

Il faut t'avouer, par exemple, que par chaque jambe du cheval qu'il guérissait, Zoroastre exigeait une conversion du roi, qui assistait à l'opération.

Ainsi, à la première jambe, Darius embrasse la réforme que Zoroastre impose aux Mages.

A la seconde, ce sont les fils du roi.

A la troisième, c'est sa mère.

A la quatrième, Zoroastre fait avouer au portier, à son infidèle portier, la faute qu'il a commise et la ruse des Mages qu'il a favorisée.

Sur ce, quatre Mages sont pendus !

Alors Zoroastre est assis sur un trône d'or. On adopte la religion que prescrit son Zend-Avesta. Mais en échange de tant de concessions, Darius exige quatre dons du prophète. Ces dons sont, pour le roi :

1° D'aller faire un tour au ciel pour en connaître les joies ;

2° De lire dans l'avenir jusqu'à la fin des temps ;

3° D'être invulnérable à la guerre ;

4° De devenir immortel.

— C'est-à-dire que tu veux être autant que Dieu ? objecte Zoroastre à Darius. Cela n'est pas possible. Mais désigne-moi quatre personnes, et chacune d'elles sera mise en possession de l'un de ces dons.

Darius choisit le premier don pour lui-même. Alors Zoroastre enivre le roi, l'endort pour trois jours, pendant lesquels son âme visitera les mondes inconnus.

Le Mage *Giamasb* est présenté pour la possession du second bienfait de Zoroastre, et il acquiert la connaissance de l'avenir.

Enfin, deux fils du roi reçoivent, l'un une coupe dont il avale le contenu d'un trait, l'autre un pépin de grenade qu'il ingurgite sans retard, et le premier devient invulnérable, pendant que le second est rendu immortel.

Ainsi la religion de Zoroastre est consolidée, et devient la religion de l'empire.

Elle enseigne un Etre suprême, éternel, indépendant. Elle annonce une résurrection générale à la fin du monde, et la séparation des bons d'avec les méchants. Elle proclame l'existence d'un paradis pour ceux-là, et d'un enfer pour ceux-ci.

Ormuz et Ariman, les deux génies du bien et du mal, sont détrônés, ce qui fait grand plaisir aux sabéens perses, qui, comme la secte arabe de ce nom, vivaient dans une frayeur continuelle du mauvais génie.

Toutefois Zoroastre reconnaît deux principes et admet le combat perpétuel du bien et du mal, selon les décrets de Dieu.

Enfin, il ordonne aux Perses de s'aimer entre eux, de pratiquer la bienfaisance, et de ne jamais désespérer de la bonté divine.

— Mais tous ces préceptes ont leur prix, ce me semble! dis-je à Even.

Sans tenir compte de mon observation, et sans y répondre, ma cousine continue :

— Les sabéens adorent le soleil, sous le nom de Mithras, et ils allument le feu sacré sur les montagnes, en plein air. Zoroastre leur enjoint de bâtir désormais des temples ou *Pyrées*, pour que ce symbole de la divinité ne soit jamais exposé à s'éteindre.

En dernier lieu, pour servir de code religieux, le Zend-Avesta prend le nom de *Sud-Der*, abrégé du premier, et désormais la magie cède le pas à la nouvelle religion de Zoroastre.

— Notre fameux Pic de la Mirandole se vantait de posséder les douze volumes composés de douze cents peaux formant le Zend-Avesta, clame le Pirate. Je doute que l'heureuse chance de l'avoir jamais trouvé lui soit advenue. C'est du reste une curiosité que je serais fier de compter parmi mes antiquités (1).

J'interromps les désirs d'antiquaire qu'exprime mon oncle, car je ne sais quelle musique guerrière bruit à mon oreille, envoyant aux échos des montagnes ses sauvages harmonies.

C'est une grandissime revue de sept cent mille hommes qui se fait à Suse, et à laquelle préside Darius, qui prépare une expédition gigantesque. Cette masse énorme d'hommes de guerre, couverts de leurs armes brillantes les uns, les autres de leurs robes de couleurs vives, mais que zèbrent les harnais de bataille, carquois d'acier, javelots de fer poli, sabres acérés; ici, larges et longues cohortes de cavalerie mède; là, files interminables de vaillante infanterie perse : tout électrise et charme.

Certes, Darius, fils d'Hystaspe, l'*Assuérus* des Ecritures sacrées, est vraiment un roi de noble prestance. Le voici qui caracole avec grâce et majesté, suivi d'une immense légion de tous les généraux et officiers de ces sept cent mille combattants. Il passe devant le front de ces braves soldats qui vont affronter de nouveaux périls.

Mais il n'est pas seul à chevaucher sous son magnifique costume oriental, robe d'or à longues palmes de pourpre s'entr'ouvrant sous la brise, et laissant voir une riche tunique d'un tissu soyeux vert

---

(1) *Jean Pic de la Mirandole*, né en 1464, dès l'âge de dix ans se plaça au premier rang des orateurs et des poètes de son temps. Il se rendit à Rome, en 1486, à l'âge de vingt-trois ans, et y soutint un examen *Do omni re scibili* : c'est-à-dire qu'on peut l'interroger sur *toute chose qui peut être connue*. Il se faisait fort en effet de tout savoir.

Il vécut dans la retraite à Florence, s'occupant de religion, et mourut en 1494, à peine âgé de trente et un ans.

comme l'émeraude et semé de rivières de diamants ou de lames de perles; bonnet de fourrure de la plus fine martre surmonté d'une aigrette de rubis et d'opale; baudrier ruisselant de pierres précieuses et supportant un cimeterre recourbé, dont la garde et le fourreau doivent avoir épuisé toute une vie de travail de leur artiste.

A ses côtés s'avance, sur un blanc dextrier d'Arabie, une femme des plus élégantes. Que pourrais-je dire de sa robe splendide, d'un incarnat exquis, que recouvre à demi, sans la voiler, une chlamyde de la plus fine pourpre de Tyr? Comment peindrais-je sa chevelure noire, couronnée d'un diadème d'or et de perles, dont les longues tresses tombent jusque sur les flancs de son coursier, et la mentonnière de soie qui encadre légèrement son visage, à la mode juive?

— Sais-tu bien qui tu vois là? me dit alors mon oncle.

— La reine, assurément... répondé-je.

— Oui, mais quelle reine?

— La reine de Médie, de Perse, de...

— La reine *Esther*, la nièce de *Mardochée*, l'un des Juifs restés en Assyrie, après l'édit de Cyrus qui autorisait les Israélites à retourner en Judée... dit le comte avec une impatiente volubilité.

— Esther, une pieuse et modeste fille, montée sur le trône par les circonstances que je vais dire, continue Even.

Darius étant un jour plus gai qu'à l'ordinaire, par suite du vin qu'il avait bu, ordonne aux sept eunuques, ses officiers ordinaires, d'aller dire à la femme favorite du roi, la reine *Vasthi*, de venir devant lui avec le diadème au front. Vasthi refuse d'obéir. Darius entre dans une terrible colère, il répudie Vasthi, et, sans quitter la table, fait promulguer dans tout le royaume un édit qui l'exclut du trône. Le lendemain, Darius à jeun, s'attendrit un instant sur le sort de Vasthi, mais il n'était plus temps, l'édit était publié, et déjà des eunuques parcouraient les provinces pour que le prince pût choisir une reine. Ainsi fut amenée à Suse, de Babylone où elle était, *Edissa*, qui s'appelait autrement Esther.

Esther, comme vous voyez, est parfaitement belle. Elle est remise, à son arrivée, entre les mains de l'eunuque *Egée*. Elle plaît à cet officier, qui lui fait donner de riches ornements, avec sept filles d'une excellente beauté pour la servir. D'après le conseil du vieux Mardochée, son oncle, elle cache soigneusement qu'elle est Juive, car on dédaigne les Juifs dans l'empire. Le jour vint où Esther fut présentée au roi. Elle ne demanda rien pour se parer : mais Egée mit tout en œuvre pour relever les charmes de la jeune fille. En effet, elle parut si éblouissante aux yeux de Darius, par la volonté du Seigneur, qui voulait se servir d'elle pour le bien de son peuple, que ce fut elle que le roi choisit pour tenir la place de Vasthi (1).

Je ne vous parlerai pas de l'orgueilleux *Aman*. Vous savez comment il fut pendu aux lieu et place de Mardochée, et tout ce drame que l'Ecriture a raconté et que notre Racine a décrit. Je me contenterai de vous dire que cette brillante armée de sept cent mille hommes se met à la suite du roi (2).

Darius se dirige vers la *Scythie*. Aussi voyez ces nombreux bataillons se dérouler comme un immense serpent et monter vers le Pont-Euxin, où six cents vaisseaux les attendent pour leur faire traverser le Bosphore de Thrace et les conduire aux rives de l'Ister, maintenant le Danube.

Mais sur le chapitre d'une expédition militaire, un homme étant plus apte à parler qu'une pacifique jeune fille, je laisse à messire Bigron le soin d'entrer dans le détail des scènes que vous attendez.

— Avant tout, mon cher Théobald, dit alors Arthur, il est indispensable que vous sachiez que les Scythes, fils de Magog, l'un des enfants de Japhet, sont un peuple nomade qui n'a ni villes ni villages. Ils habitent des tentes à compartiments qu'ils dressent sur leurs chariots, afin d'être prêts à partir au premier besoin. Ils portent la barbe longue et sont généralement vêtus de peaux de mouton, les

(1) *Vasthi* n'est autre qu'*Atossa ;* c'est l'Ecriture qui lui donne ce nom de Vasthi.
(2) *Ch. du Rozoir.*

chefs seuls usant de la fourrure des bêtes fauves. Ils combattent à cheval et se servent de massues, de javelots, d'arcs, faits avec des cornes d'antilope, et d'une sorte de glaive. A la guerre, ils goûtent le sang des premiers ennemis qu'ils tuent, et coupent la tête à tous les autres.

Ils adorent une divinité barbue, sous la forme d'un glaive, et ajoutent la plus grande foi aux jongleries de leurs devins, qui exercent aussi la médecine. Leurs principales richesses, comme celles de tous les peuples nomades, consistent en troupeaux de moutons et de bœufs, dont ils mangent la chair, tout en lui préférant celle du cheval.

Parmi plusieurs coutumes singulières et barbares pratiquées par ces peuplades, je me bornerai à vous dire un mot des cérémonies qui se font aux funérailles de leurs chefs. Quand un de leurs rois meurt, ses amis enduisent son corps de cire, lui fendent le ventre et le remplissent de parfums et d'herbes aromatiques. Ce premier soin accompli, le cadavre est recousu et enterré avec une des femmes du défunt, préalablement étranglée, ainsi qu'un cuisinier, un échanson et un palefrenier. Ils étranglent de même une cinquantaine de ses serviteurs, avec un pareil nombre de ses chevaux, et leur ôtant les entrailles, ils les bourrent d'herbe et de foin. Puis, hommes et chevaux, ainsi empaillés, sont disposés autour du tombeau, les hommes maintenus à cheval à l'aide d'un pieu qui leur traverse l'épine dorsale. Dans leur féroce ignorance, ces barbares se figurent que leurs malheureuses victimes peuvent encore veiller sur leur maître et le défendre (1).

Il est difficile de déterminer les limites de la contrée qu'ils habitent, puisqu'ils errent toujours à l'aventure. Cependant, on peut dire qu'à partir du grand fleuve de l'*Ister*, en montant vers le nord, en comprenant la Sarmatie dans le parcours que je trace, en franchissant l'autre fleuve du *Borysthène* et celui du *Tanaïs*, pour descendre à droite

---

(1) *R. Bourdier*, Histoire de la Crimée.

de la Perse, dans les profondeurs de l'Asie, toute cette immense contrée en forme d'arc dont le Pont-Euxin et la mer Caspienne sont la corde, est la Scythie. Du reste, leurs tribus sont nombreuses. On compte parmi elles les *Gètes*, les *Fennes*, les *Æstiens*, les *Taures* (1), les *Iazyges*, les *Bastarnes*, les *Roxolans*, qui seront un jour les *Russes*, les *Agathyrses*, et les *Scyres*. Il y a même de ces tribus qui obéissent à des femmes.

Les *Huns* et les *Goths* descendront un jour de ces hordes sauvages, et des Goths et des Huns, tireront à leur tour leur origine les *Tchoudes*, les *Ouraliens*, les *Sarmates*, les *Finnois*, les *Turcs* et les *Hongrois*.

Cyrus a déjà tenté de subjuguer ces peuplades errantes. Mais plus sérieux dans son projet, voyons ce que fera Darius I$^{er}$.

Sur ce, nous voici courant la poste dans les cieux, à la suite de l'armée du roi de Perse. Nous cheminons tour à tour au-dessus de l'Arménie et de la mer de Pont. Elle étincelle de manière à nous éblouir. Bientôt nous avons à droite les hautes montagnes du *Caucase*, qui s'étendent du Pont-Euxin à la mer Caspienne; à gauche celles de l'*Hœmus* ou *Balkan*, entre le Pont-Euxin et près de l'Euphrate, et, se bifurquant en deux plus petits rameaux, vont se terminer aux golfes *Salalick* et de *Cos*, sur les mers Méditerranée et Egée. Enfin, surplombant la *Tauride*, dont la presqu'île verdoyante semble une immense émeraude enchâssée dans l'argent, nous dominons les vastes steppes de la Scythie, que sillonnent çà et là les méandres de ses fleuves.

A l'approche des Perses, les Scythes, prévenus par la poussière que fait élever la marche d'une si nombreuse armée, attellent leurs cavales aux carrioles d'osier de leurs villages roulants, et font partir au loin dans leurs déserts leurs vieillards, leurs femmes et leurs enfants. Les troupeaux s'éloignent les premiers. Alors les diverses

---

(1) *Taures*, habitants de la *Tauride*, maintenant la *Crimée*.

tribus se réunissant pour lutter à leur façon contre l'ennemi commun, ravagent le pays qu'elles veulent abandonner, et où les Perses vont arriver, comblent les puits et les fontaines, et vont à la rencontre des assaillants, non pas pour livrer bataille, mais pour les attirer dans des marécages, ou dans les lieux privés de toute subsistance.

En effet, je vois que la disette commence à se faire sentir dans le camp de Darius. Je vois aussi Artabane, le frère du roi, lui faire reproche d'une expédition qui offre des difficultés interminables sans offrir aucun avantage dans les dépouilles d'ennemis insaisissables ou de villes absentes.

Vainement des cavaliers mèdes se détachent du gros de l'armée et s'élançant à fond de train dans les solitudes, vont insulter les Scythes pour les amener au combat et leur faire reproche de lâcheté.

— La crainte ne nous porte pas à fuir, fait l'un des chefs : mais à quoi bon combattre? Serait-ce pour défendre nos villes? Nous n'en avons pas. Pour vous arrêter dans ces steppes? Elles sont à vous comme à nous. Ce que nous affectionnons le plus, ce sont les tombeaux de nos pères. Allez, essayez de les détruire, et vous verrez si nous fuirons... vous verrez si nous saurons combattre!...

Cette réponse décourage Darius à son tour : toutefois l'espérance renaît sur son front.

On lui annonce une ambassade des Scythes.

Voici venir en effet un héraut, vêtu d'une saie de poils de chèvres, sorte de sarrau à peine noué à la taille. Le Scythe s'incline gravement devant lui et lui remet, placés dans une corbeille de fougères, un oiseau, une souris, une grenouille et cinq flèches.

— Enfin, dit Darius en regardant triomphalement Artabane, les Scythes me livrent la terre et l'eau, cette souris et cette grenouille me l'indiquent. Ils m'offrent leurs cavaliers, que figure cet oiseau, dont les mouvements sont si rapides; et ils me rendent leurs armes, ces cinq flèches en sont la preuve.

— Vous vous trompez dans votre interprétation, prince, dit à son tour Gobryas, le beau-père de Darius. Ces présents veulent dire : Si vous ne vous envolez pas comme cet oiseau; si vous ne vous cachez comme la souris; et enfin si vous ne disparaissez dans l'eau comme la grenouille, vous ne pouvez échapper aux flèches de nos tribus.

Cette explication n'est que trop vraie. L'armée perse, naguère si brillante, tombe de lassitude, d'épuisement et de faim. Aussi Darius se résout-il à la ramener en toute hâte en Perse, pendant que, sur ses derrières, comme des nuées de sauterelles, les Scythes qui le poursuivent ravagent toute la partie de la Thrace qui obéit à Darius.

Cette fatale retraite s'opère en 506.

Darius Ier, qui projette de reculer les bornes de son empire du côté de l'occident, équipe une flotte dont il confie le commandement à *Sylax*, Grec de Carie, en Asie-Mineure. Sylax est un habile marin qui, partant de *Caspatyre*, sur l'*Indus*, parcourt toute la contrée arrosée par ce fleuve jusqu'à son embouchure, entre dans la mer Rouge et aborde en Egypte après un voyage de trente mois. Sur son rapport, Darius se met en marche à la tête d'une nouvelle armée, et soumet à sa domination tout le pays parcouru par Sylax.

C'est ainsi que le fils d'Hystaspe se venge de ses revers en Scythie.

Puis, en 504, commence une autre expédition bien autrement importante.

C'est contre la *Grèce* que le roi de Perse la dirige, et cette guerre prend le nom de *Guerre médique*. Elle offre tout un drame immense aux péripéties variées, et nous fait passer par mille émotions de terreur et d'admiration.

# LA HUITIÈME MERVEILLE DU MONDE.

L'Attique. — Acropole d'Athènes. — ATHÈNES. — Mont Hymette. — Collines des Nymphes, — De Musée, — De l'Aréopage, — Du Pnyx. — Ce que c'est que l'Aréopage. — La tribune du Pnyx. — Mont Lycabette. — Les trois ports d'Athènes. — *Munychie, Phalère* et le *Pirée*. — *Sunium*. — Temple de Minerve Suniade. — L'Ilissus et le Céphise. — Les sept merveilles du monde, à propos de la Grèce. — Les sept sages. — Perspectives de l'horizon vu des hauteurs d'Athènes. — Le rocher de Minerve. — *Cécropia*. — Les premiers monuments de l'Acropole. — Leur origine. — Agraule, Hersé et Pandrose. — Le flot de mer et l'olivier sacré. — Pisistrate. — Hipparque et Hippias. — Hippias à *Ecbatane*. — Sa réception par le grand roi. — Cérémonial. — Luxe oriental. — Qu'entend-on par *satrape*? — Démocède. — Habileté d'un médecin. — Première guerre médique. — Mardonius en Grèce. — *Milliade*, stratège athénien. — Bataille de *Marathon*. — Victoire des Athéniens. — Où est tué Hippias. — Pourquoi les Grecs nomment *grand roi* le roi de Perse. — Seconde guerre médique. — *Aristide* et *Thémistocle*. — Oracle de Delphes. — XERXÈS I<sup>er</sup>. — Les Perses à la porte de la Grèce. — Défilé des Thermopyles. — Le roi LÉONIDAS et ses trois cents Spartiates. — Pour parler entre les deux peuples. — Laconisme. — Trahison. — Invasion dans la Grèce. — Envahissement de l'Attique. — Prise d'Athènes. — Ruines et incendie. — *Eurybiade*, amiral des Spartiates. — Ruses de Thémistocle. — Bataille navale de *Salamine*. — Victoire des Grecs. — Bataille de *Platée* — Autre victoire. — Bataille navale de *Mycale*. — Le général perse *Mardonius* expulsé de la Grèce. — PAUSANIAS, roi de *Lacédémone*. — Ses trames. — Orgueil. — Il est condamné à mourir de faim. — Thémistocle relève les murs d'Athènes. — Création du Pirée. — Les Longs-Murs. — Thémistocle à *Suse*. — ARTAXERCE-LONGUE-MAIN. — Où paraît *Cimon*, fils de Milliade. — Aristide crée la confédération grecque. — Succès de Cimon. — Il achève de rebâtir Athènes. — Son exil. — Commencements de *Périclès*. — Sa vie. — Sa politique. — Ses œuvres. — Son adresse. — Il travaille à l'embellissement d'Athènes.

La nuit est venue, nuit bienfaisante, pendant laquelle mes sens assoupis reprennent dans le repos une vigueur nouvelle et s'imprégnent davantage du désir de continuer le voyage fantastique qui déroule ainsi sous mes yeux, et d'une façon si étrange, les âges passés depuis longtemps.

Quand je me réveille, une éblouissante lumière inonde le ciel de ses vagues de pourpre et d'or, à l'orient; et, vers l'occident, le sombre crépuscule s'éloigne comme à regret, baignant de ses voiles humides quelques étoiles attardées, et laissant voir la nature encore endormie dans les langes de sa pénombre.

Je reconnais bientôt à ma droite la vaillante et infortunée Troade, aux sombres ruines d'Ilion, de Pergame et de Troie, trinité de beautés architecturales et marmoréennes confondues en une seule cité tombée; à ma gauche, le célèbre mont Athos, dont le soleil, à son couchant, projette l'ombre gigantesque jusque sur l'émeraude de l'île de Lemnos. Il n'a cependant que dix-neuf cent quarante mètres d'élévation, et Lemnos est à trente lieues de distance. Déjà Xerxès l'a perforé à sa base pour y faire passer un canal et les nombreux navires de sa flotte, mais l'architecte Dinocrate n'a pas encore fait à Alexandre-le-Grand la flatteuse proposition de le tailler de manière à lui donner la figure du héros de Macédonie.

Bientôt nous planons au-dessus de la mer Egée, et soudain toute mon âme se concentre dans mon regard, car, en face de moi, au loin, teinte déjà par les reflets carminés de l'aurore, j'aperçois découpant sa silhouette vive et pure sur le fond bleu de l'horizon, et entourée de mille accidents d'îles, de caps, de promontoire, de baies et de collines groupées au hasard, la belle terre de l'Attique, filleule d'Attis, la fille de Cranaüs, fils lui-même de l'Egyptien Cécrops.

Sur le sol en pente douce qui s'étend du cap de Sunium à l'île de Salamine, dans le golfe de Saro, et qui monte du rivage de la mer au mont sourcilleux du Pentélique, c'est ensuite une gracieuse couronne de collines, qui dessine son profil à mes yeux autour d'un vaste rocher de marbre rouge et blanc, fièrement campé au centre de cette plaine inclinée que le soleil illumine de ses premiers rayons.

Ce rocher, c'est l'*acropole* d'Athènes, c'est la citadelle Cécropia; c'est le Parthénon qui a pris la place de la citadelle antique et de l'Athènes primitive; c'est le piédestal d'une gloire immense; c'est le sanctuaire des arts ; c'est ATHÈNES !

Oui, c'est Athènes, car voici, au sud, le *mont Hymette* qui dresse sa base colossale en regard de la cité pour laquelle il produit ses plus beaux marbres et son miel le plus doux;

Oui, c'est Athènes, car voici au sud-ouest la *colline des Nymphes*, qui a vu s'élever et tomber en ruines (1) les habitations des premiers Pélasges qui avaient fixé leur séjour sur ses déclivités et dans les grottes de ses flancs abruptes ;

Oui, c'est Athènes, car voici la *colline de Musée*, à l'ouest, qui possède les restes du poëte de ce nom, disciple d'Orphée, auquel elle emprunte son appellation.

Séparées l'une de l'autre par une étroite déchirure du sol, à pic, et dominant la colline de l'Aréopage, qui se dresse entre elles et l'acropole, elles voient à leurs pieds s'étendre dans le creux de la vallée le *Cœle*, quartier *creux*, le plus populeux de la cité.

Oui, c'est Athènes, car voici la *colline de l'Aréopage*, au pied et à l'ouest de l'acropole, dont elle semble un fragment détaché par une violente convulsion de la nature. Halirrhotius, fils de Neptune, dieu de la mer, ayant outragé Alcippe, fils de Mars, dieu de la guerre, et ayant été tué par ce dernier, Mars dut être jugé par un conseil. C'était le premier procès de ce genre. La colline, sœur jumelle de

(1) « Entre la colline des Nymphes et l'extrémité occidentale de l'Aréopage, s'étend un rocher en pente douce entièrement couvert d'entailles faites par la main des hommes, et indiquant l'emplacement d'habitations antiques, entassées les unes sur les autres, et dont il serait difficile de débrouiller le chaos, dit M. Ernest Breton. Cette entreprise a été tentée cependant, non sans quelque succès, par M. Emile Burnouf, ancien membre de l'Ecole Française à Athènes. On ne voit partout qu'enceintes aplanies de diverses dimensions ; une seule, d'une assez grande étendue, a pu porter un édifice de quelque importance. Quelques pièces entaillées plus profondément dans le roc conservent leurs parois naturelles sur une hauteur de plus d'un mètre. Partout on trouve des citernes, des restes d'escaliers, et, dans les endroits qui semblent le moins praticables aux chars, des rues étroites avec leurs profondes ornières. Triste désillusion pour qui chercherait ici les traces de cette ville qu'Homère appelait *Athènes aux larges rues*. »

l'Acropole, fut choisie pour les débats, et dès-lors elle prit le nom d'Aréopage, du mot *Arès*, Mars, et *pagos*, rocher ou colline. Mars fut absous et renvoyé de la cause.

L'Aréopage est détachée du rocher de Minerve par un petit vallon que distinguent un bois et un temple, consacrés aux Furies ou Euménides. Cette colline, à l'opposé de l'Acropole, s'élève en pente douce; puis, tout-à-coup, à son sommet, se dresse brusquement un rocher de marbre rouge et blanc. On y voit des siéges taillés dans le rocher et un autel qu'une statue de Minerve a dû décorer. Ce sont ces siéges qui servent aux juges qui composent le tribunal de l'Aréopage que l'on a institué à la suite du jugement du dieu Mars (1). De nombreux escaliers, taillés dans le rocher, conduisent à la plate-forme du roc de l'Aréopage, peu élevé, long et étroit, escarpé de toutes parts, et qui, sans eux, serait à peu près inaccessible. L'esplanade qu'il présente alors est inégale, et cependant quelques constructions le capitonnent çà et là. Mars, notamment, y possède un petit sanctuaire. A l'extrémité du plateau, voisin de l'Acropole, un rocher saillant et grossièrement équarri porte l'autel de Minerve.

Alors que les Amazones envahirent l'Attique, au temps de Thésée, ce fut sur ce plateau de l'Aréopage qu'elles placèrent leur camp.

C'est aussi de son sommet le plus rapproché de l'Acropole que les soldats de Xerxès commencèrent l'attaque de la citadelle, qu'ils prirent et qu'ils livrèrent aux flammes.

Oui, c'est Athènes, car voici, au sud de l'Aréopage, et ne faisant pour ainsi dire qu'un seul bloc avec la colline des Nymphes, la *colline du Pnyx*, illustre entre toutes par les assemblées populaires dont elle était le théâtre, sur le plateau supérieur qui la couronne, et qui lui donnèrent son nom, Pnyx, *foule serrée*. Ces deux collines sont à

(1) Une autre tradition prétend que ce fut en faveur d'Oreste, qui, ayant égorgé sa mère Clytemnestre, et d'Egisthe, son complice, assassins d'Agamemnon, son père, vint sur l'Aréopage embrasser la statue de Minerve et se soumettre à être jugé, que le premier jugement fut rendu sur cette colline déjà consacrée à Mars et à Minerve. L'absolution d'Oreste, poursuivi par les Furies, fut prononcée, mais il n'en conserva pas moins ses remords jusqu'à l'âge de quatre-vingt-dix ans.

peine séparées par une coupure verticale, escarpée, où sont appliquées quelques habitations, surtout au nord du Pnyx.

C'est sur le plateau du Pnyx qui regarde l'Acropole que fut disposée la première enceinte destinée aux assemblées du peuple. On y arrive par des pentes latérales assez douces, et alors on se trouve sur une esplanade demi-circulaire d'environ cent cinquante mètres, taillée à mi-côte et soutenue par un mur composé de blocs de pierre d'une force prodigieuse et de disposition cyclopéenne. Au centre de l'amphithéâtre que forme cette enceinte, et presque adossée au mur du fond, se trouve la Tribune aux harangues, et c'est là que retentissent si souvent les voix formidables de Démosthènes, d'Eschine, de Périclès, de Phonon et de tant d'autres orateurs illustres. Elle est entièrement taillée dans le rocher, ainsi que les trois gradins sur lesquels elle repose. Derrière la Tribune, le mur, ou plutôt le roc, sur une certaine largeur, est également taillé en gradins, et on peut y arriver par un passage coupé à l'extrémité méridionale de la paroi du rocher auquel est adossée la Tribune. De ce Pnyx la vue est assez bornée, et ne s'étend guère que sur l'Acropole (1).

Aussi, quand Thémistocle sentit le besoin d'exalter les sentiments

(1) « La Tribune, le Pnyx, ces monuments si intéressants par les grands souvenirs qu'ils rappellent, étaient ensevelis sous la terre et les décombres, et ils n'ont été dégagés qu'en 1822, aux frais et par les soins de lord Aberdeen. Jusqu'alors la destination de cet hémicycle avait donné lieu aux assertions les plus diverses. Wheler y avait vu l'Aréopage, Leroy l'Odéon de Périclès, Stuart le théâtre d'Hérode Atticus. Chandler, seul, y avait reconnu le Pnyx.

» Derrière la Tribune, au-dessus et à trente mètres en arrière, on trouve un autre rocher, taillé également, qui présente au nord un petit escalier, et au sud une niche que M. Pittakis pense avoir contenu la statue de Jupiter, devant laquelle on sacrifiait, avant de délibérer, de jeunes porcs, dont le sang arrosait le lieu d'assemblée, cérémonie que l'on nommait *purification*... Détruite sans doute par les trente Tyrans, plutôt que par les siècles, la Tribune aux harangues ne conserve plus qu'une hauteur de cinquante centimètres. » (*M. Ern. Breton. Athènes*.)

On voit aussi, au Pnyx, les tribunes des secrétaires et celles des hérauts. On y voit également les niches où l'on déposait les présents que faisaient au peuple ceux qui voulaient en obtenir quelques faveurs.

Enfin, on reconnaît la lice où se passaient les exercices gymnastiques, bâtie en marbre blanc, par Hérode Atticus.

patriotiques et l'énergie des Athéniens, il reporta le lieu des assemblées sur un point plus élevé de la colline, d'où leurs yeux pouvaient apercevoir la mer, théâtre de leurs exploits.

Mais, par la raison contraire, en 404 avant J.-C., les trente Tyrans de Lacédémone, craignant l'influence de ces souvenirs et la magie du spectacle, rétablirent le Pnyx à sa place primitive, où les hautes parois des rochers masquent la mer.

Oui, encore, c'est bien Athènes, car voici, au nord-est, le *mont Lycabette* qui s'élève comme un cône, et qu'on semble ne pouvoir gravir qu'en s'aidant des aspérités du roc. Il domine la brillante cité de toute sa taille, et du haut de ses rampes on peut voir épars dans la plaine les plus beaux monuments qu'ait élevés la main des hommes : on y est environné de toutes parts de souvenirs immortels.

Du mont Lycabette on embrasse toute l'Attique d'un seul coup d'œil. D'un côté, les regards se perdent sur l'immense Océan. Puis, on découvre devant soi les trois ports qui dentellent le rivage de la mer Egée, *Munychie*, *Phalère* et le *Pirée*; Salamine et son golfe étincelant, le cap de Sunium et son admirable *temple de Minerve Suniade*, dont les colonnes élancées se détachent en blanc sur l'azur du ciel; l'île d'Egine, Mégare et le territoire sacré d'Eleusis. Ici, ce sont les sommets du Cithéron et du Parnès qui s'élancent majestueusement dans les airs; là, l'Hymette et le Pentélique, qui se dressent comme des géants formidables.

Alors, découlent des montagnes, à droite et à gauche de la cité de marbre et de bronze, comme deux écharpes d'argent jetées négligemment sur la verdure, au nord l'*Ilissus*, si cher aux muses, et qui appelle soudain l'image de Socrate, surpassant, par l'idée plus pure qu'il représente, toutes les gloires du passé, toutes les grandeurs de l'antique sagesse; au sud, le *Céphise*, traversant les bois sacrés qui bordent les collines occidentales, sœurs de l'Acropole.

C'est vrai, l'Ilissus, pendant l'été, conserve à peine un filet d'eau; mais, au printemps, quand les lauriers-roses qui croissent sur ses bords vont fleurir, et que les anémones étalent partout leurs brillantes couleurs, les philosophes, marchant pieds nus dans le lit du torrent, peuvent vanter la fraîcheur de son onde, la douceur de l'air et l'ombre délicieuse des platanes qui les protègent contre la chaleur du jour.

— Oui, c'est Athènes! m'écrié-je, c'est la ville des arts, des sciences, de l'élégance et du bon goût! C'est la patrie d'Erechthée, de Solon, de Pisistrate, de Thémistocle, de Périclès, de Phocion, de Miltiade, de Cimon, de Conon, d'Alcibiade, de Démosthène, de Phidias, de Praxitèle, de Socrate, de Platon, de Xénophon, de Thucidide et de tant d'autres!

Athènes! Athènes! Athènes! trois fois salut!...

Salut, huitième merveille du monde!...

Je l'avoue à ma honte, je fus arrêté court dans mon enthousiasme par le plus strident éclat de rire de jeune fille qu'il soit possible d'entendre...

— En vérité, je vous admire, cher cousin, et, franchement, vous êtes admirable, en effet, dans votre délire poétique!... me dit Evenor. Puisque vous êtes si fort en merveilles, que vous faites d'Athènes la huitième merveille du monde, arrachez-vous donc à vos contemplations extatiques, et faites-moi connaître quelles sont les sept autres merveilles auxquelles vous avez donné droit de conquête sur votre judicieuse imaginative.

L'éclat de rire de mademoiselle de Froley m'avait blessé, j'en fais ma coulpe : aussi je lui psalmodiai à l'oreille :

— Ce coin de terre privilégié, quoique resserré de toutes parts entre la mer et les montagnes; ces paysages rutilants sous un ciel pur et resplendissant de lumière, où la vue s'étend au-delà des bornes ordinaires et embrasse tout à la fois les cimes neigeuses du Parnasse et de l'Œta, les montagnes du Péloponèse, et au-delà, les Cyclades, Samos, l'île de Crète et les côtes mêmes de l'Asie-Mineure; ces bosquets de myrte du Céphise et ces lauriers-roses de l'Ilissus, ces pâles cyprès des vallées et ces riches forêts de cèdres qui couvrent le Pentélique jusqu'à Marathon; en un mot, Athènes et ses prodiges de marbre, ont mon admiration et m'élèvent jusqu'à l'enthousiasme, ma chère cousine, parce qu'ils sont pour moi l'encadrement, la bordure, du génie de la Grèce, qui, livrée aux contemplations idéales, possède une grandeur bien disproportionnée avec sa puissance réelle.

Si l'on mesure l'étendue de la Grèce au bruit qu'elle fait dans le monde, elle est une immense région; et cependant, en réalité, c'est la plus petite contrée de notre Europe. Mais ce peuple minuscule, à qui l'espace manque, étend, par les travaux de ses grands hommes, son nom et son influence bien au-delà des limites de son territoire et des siècles où il vivra.

N'est-ce pas, d'autre part, un des plus beaux pays du monde? Ciel pur, doux climat, sol varié. Ici, de vertes campagnes; là, des forêts sombres. Derrière nous, les montagnes cachent dans la nue leurs cimes fièrement découpées et souvent frappées de la foudre.

Pour peu que, comme nous, l'on arrive du large, ou que, ainsi que nous le faisons en ce moment, on domine les collines et les monts, on ne manque pas de découvrir à l'horizon la mer qui miroite et brille entre des îles nombreuses, on la voit s'enfoncer capricieusement dans les terres et creuser une foule de ports et de golfes le long de ces rivages charmants, dont chaque promontoire porte un temple. Beautés de l'art qui ravissent, quand on les aperçoit au milieu de ces tranquilles et majestueuses beautés de la nature...

— Père, mes amis, j'ai décidément atteint mon but; le voilà qui se fait homme!... murmura Even en s'adressant à nos compagnons de voyage.

— Maintenant, chère cousine, pour mettre sans doute ma science à l'épreuve, vous me demandez quelles sont les sept merveilles que j'ai pu remarquer dans nos pérégrinations à travers ces admirables régions du monde antique?

— Oui, fit Even, car je veux vous proclamer le huitième sage de la Grèce !...

— Les *sept merveilles du monde* en question sont :

D'abord les fameuses *murailles de Babylone* et les splendides *jardins suspendus* de Nabuchodonosor, dans cette même cité;

Ensuite les *Pyramides d'Egypte*, celle de Chéops surtout, œuvre de géant, puisqu'elle ne compte pas moins de quatre cent cinquante pieds de haut, deux mille six cent quarante de tour, et que les pierres qui la composent mesurent jusqu'à trente pieds de longueur;

Puis la *statue de Jupiter*, dans le temple de ce dieu, à Olympie, ouvrage de Phidias, que sans doute nous verrons bientôt;

Au quatrième rang, le *temple d'Ephèse*, dans l'Asie-Mineure, édifice d'une longueur de quatre cent vingt pieds, large de deux cent vingt, d'ordre ionique, le plus svelte et le plus élégant des ordres, auquel se joint l'architecture grave de Memphis et de Thèbes, car il fut fondé par Sésostris, le Pharaon d'Egypte colonisateur de cette contrée. Aussi est-il dédié à la déesse égyptienne Isis, transformée en Diane par les Grecs. La longue nef de cette merveille est supportée par cent vingt-sept colonnes de soixante pieds d'élévation. Chacune d'elles est un don volontaire de toutes les villes de l'Asie. La sculpture a épuisé sur trente d'entre ces colonnes les prodiges de son art et les rois leurs trésors. La plus admirable est tout entière du ciseau de Scopas, et c'est l'architecte Clésiphon (1) qui a tracé le plan de ce monument incomparable (2).

(1) Scopas, fameux sculpteur grec, né à Paros, vers l'an 460 avant J.-C., remplit l'Ionie, l'Attique, la Béotie et le Péloponèse de ses travaux, fraya la route à Lysippe, à Praxitèle, et mérita d'être surnommé l'*Artiste de la Vérité*. Ses chefs-d'œuvre sont *Mercure* et *Bacchus ivre*. C'est lui qui sculpta les faces du *tombeau de Mausole*, à Halycarnasse.

(2) Tout le pachalik de Smyrne, dans l'Asie-Mineure, est rempli de ruines des antiques cités des colonies grecques, telles que Ephèse, Milet, Clazomènes, etc.

Capitale de l'Ionie, sur la rive méridionale et près de l'embouchure du fleuve Caystre, aujourd'hui Cutelme-Mendéré, Ephèse était à trois cent vingt stades, environ soixante kilomètres au sud de Smyrne, et à plus de cent kilomètres de Sardes, capitale de la Lydie.

Vient ensuite le *tombeau de Mausole*, l'ornement funèbre de la ville d'Halycarnasse, en Carie, dans l'Asie-Mineure, élevé par l'inconsolable reine Arthémise à son cher époux Mausole.

Située à l'extrémité d'une belle plaine appelée *Campus Cilbanus*, à travers laquelle coulait le fleuve *Ephèse*, fondée par les Lélèges et les Cariens, Ephèse fut ensuite occupée par une colonie ionienne qui en chassa les premiers habitants. Les Ioniens jouirent de leur conquête jusqu'à l'époque de Cresus. Ils se placèrent sous la protection de Diane, dont le temple se trouvait alors à sept stades en-dehors des murailles de la ville.

Ce *temple de Diane*, considéré comme une des sept merveilles du monde, fut brûlé la nuit même de la naissance d'Alexandre-le-Grand, par Erostrate, fanatique insensé qui, par ce crime, prétendait se rendre immortel.

Les Ephésiens élevèrent un second temple, plus grand, plus magnifique que le premier. On voyait à l'intérieur des chefs-d'œuvre de sculpture exécutés par Praxitèle, et plusieurs tableaux d'Apelles. C'était vers la cent douzième olympiade, 330 av. J.-C.

La *statue de Diane*, objet d'une vénération particulière, avait échappé à l'incendie du premier temple. Elle fut replacée dans le nouvel édifice, et devint l'objet de grandes fêtes que l'on célébrait sous le nom d'*Ephésies*.

Dans ce temple, les criminels trouvaient un asile inviolable.

Ephèse n'est pas moins célèbre dans l'antiquité sacrée. Ce fut dans cette ville que s'éleva une des premières églises dont saint Jean l'Evangéliste devint pasteur.

Saint Paul la visita plusieurs fois, et, plus tard, se trouvant à Rome, il adressa une épître à ses chrétiens.

Enfin le troisième concile œcuménique fut tenu à Ephèse, l'an 431 de J.-C.

Malgré les révolutions dont elle fut le théâtre, Ephèse conserva sa splendeur jusqu'à l'époque des premières croisades, vers le XIIe siècle. Elle déclina ensuite avec rapidité, et fut détruite par Tamerlan, en 1370.

Alors ses monuments disparurent, et le temple de Diane fut renversé. Les ruines de cette belle cité se voient de nos jours, à peu de distance du petit bourg Aïa-Solouk. Comme Ephèse avait été déplacée plusieurs fois, on avait perdu de vue ses débris enfouis, surtout au printemps, sous la verdure des lianes. C'est le beau moment pour les visiter. Les ruines couvrent une très vaste étendue de terrain.

D'abord les restes des murailles de Lysimaque sont ce qu'il y a de mieux conservé. Elles suivent la crête du mont Corissus, dans une longueur de plus de douze cents mètres. On trouve aussi les traces d'un *stade*, d'un *théâtre*, de *thermes*, etc. On montre aussi, au sud-ouest de la ville, au bas du Corissus, un édifice carré qui a nom *Prison de saint Paul*.

On a regardé comme perdus les vestiges mêmes du *temple de Diane*, mais cet édifice vient d'être retrouvé.

Détruit par un tremblement de terre et pillé par les Goths, au IIIe siècle de notre ère, il avait servi de carrière aux architectes qui rebâtirent à Ephèse une ville byzantine, sous le règne de Justinien. Quand l'ardeur du pillage s'arrêta, on laissa les ruines qui subsistaient encore s'ensevelir graduellement et silencieusement sous le sol qui s'élevait peu à peu des dépôts d'alluvion. C'est ainsi que le sol même du tem-

En sixième lieu se présente le *colosse de Rhodes,* énorme statue d'airain que l'on voit à l'entrée du port de cette ville, et qui représente Apollon ou le soleil. Ce géant de bronze est d'une hauteur de cent pieds. On dit à tort que ses pieds sont posés sur les deux môles qui forment l'entrée du port, et sont assez éloignés pour que les plus gros vaisseaux passent entre ses jambes.

Enfin la septième merveille est le *phare d'Alexandrie,* que nous aurons bientôt l'occasion de voir et d'admirer. La tour qui compose ce phare, lumineuse pendant la nuit, est si élevée que de son sommet on découvre, quand le ciel est pur, un navire à quarante lieues en mer (1).

ple de Diane resta couvert de vingt-deux pieds de terre, jusqu'à ce que des Anglais, par des fouilles heureuses, retrouvèrent tout récemment son pavé de marbres encore jonché de débris de colonnes et de sculptures.

Cette découverte, l'une des plus fortunées qu'ait faites l'archéologie de notre temps, est due à la sagacité de M. Wood, enfin récompensé de ses travaux. Il a tout dégagé, et d'innombrables marbres, plus ou moins mutilés, ont été rendus à la lumière, tels que les ont laissés les Barbares, à l'époque byzantine.

Le diamètre des colonnes était de six pieds. Donc ce temple devait avoir des proportions colossales, qui dépassent le temple de Jupiter Olympien, à Athènes, et tout ce qui reste de l'art grec.

Le plus grand des blocs retrouvés est un fût de colonne, pesant plus de onze tonnes, qui faisait partie d'un tambour de ces *columnæ cælatæ* dont parle Pline, colonnes à figures sculptées, qui existaient au nombre de trente-six.

On croit qu'il n'y a pas d'autre exemple dans l'art grec de cette hardie et frappante innovation. Le relief du tambour paraît représenter une réunion de divinités, parmi lesquelles le seul personnage qui puisse être reconnu est Mercure; les autres représentent des femmes drapées.

Sur une pierre provenant d'un pilier qui correspond par ses dimensions au tambour de la colonne sculptée, se trouve Hercule luttant contre une femme drapée.

Les sculptures sont très hardies et d'un grand effet décoratif. Mais elles n'ont pas le charme et la délicatesse des frises du Parthénon. Et, quant à la vigueur d'exécution et à la puissance dramatique, elles sont inférieures aux frises du Mausolée.

Tout en faisant la part de ces désappointements, on ne peut considérer sans intérêt les débris de ces colonnes fameuses que saint Paul a vues, et au milieu desquelles il a parlé.

L'architecture du temple de Diane était de l'ordre ionique.

(1) Dans la partie méridionale de l'Asie-Mineure, au point qu'occupait autrefois la Carie, on trouve la petite ville de *Boudroun.* C'est l'antique *Halycarnasse,* située dans la plus agréable position. On y voit plusieurs sculptures d'un travail parfait, repré-

— Sur ce, cher cousin, puisque nous sommes fixés au nombre cabalistique de *sept*, à mon tour et selon ma promesse, je vous proclame le huitième des sept sages de la Grèce, votre patrie du moment.

Le premier de tous fut *Solon*, l'illustre législateur d'Athènes;

Le second se nomme *Bias*, de Priène, en Ionie, celui qui disait, en quittant la ville prise d'assaut, et en s'en allant les bras libres : « *Omnia mecum porto!* Je porte tout avec moi! » Il faisait allusion à son talent et à ses connaissances, son unique fortune, que l'homme peut emporter partout avec lui... Pour lui, sa philosophie formait tout son butin.

Le troisième fut *Chilon*, de Sparte, qui mourut de joie en voyant son fils couronné aux jeux Olympiques.

*Cléobule*, de Lindos, est le quatrième. Fils d'Evagoras, roi de Rhodes, il succéda à son père dans le gouvernement de cette île. Il a pour maxime : Faites du bien à vos amis pour vous les attacher davantage, et à vos ennemis pour vous en faire des amis.

Le cinquième est *Pittacus*, de Mitylène, qui s'unit aux frères du poète Alcée pour chasser les tyrans de la patrie, vainquit en combat singulier le général athénien Phrynon, fut investi de la puissance souveraine par les Mityléniens, les gouverna sagement, puis abdiqua et n'accepta qu'une partie des terres qui lui furent offertes.

*Périandre*, de Corinthe, est le sixième...

---

sentant des processions funéraires et des combats entre des figures nues ou habillées, et toutes encastrées dans les murailles de la citadelle.

Cette circonstance a fait conjecturer à un touriste, M. de Beaufort, que cette forteresse avait été construite en partie avec les matériaux du célèbre *Mausolée*, ou *tombeau* que la reine Arthémise éleva au roi Mausole, son époux.

Le *colosse de Rhodes*, œuvre de Charès de Linde et de Lachès, en 300 av. J.-C., fut renversé, au bout de cinquante-six ans, par un tremblement de terre.

Quand on en vendit les débris en bronze à des marchands juifs, pour être emportés, le poids énorme que formaient les débris n'exigea pas moins de neuf cents chameaux.

Le *phare d'Alexandrie* n'existe plus. Il fut détruit dans les guerres des Romains contre l'Egypte, à l'époque de Cléopâtre.

— Mais, si je ne me trompe, illustre cousine, ce Périandre, que vous rangez sans vergogne parmi les sept sages, était un tyran quelque peu farouche. Je m'étonne que vous lui fassiez autant d'honneur. Ce prétendu sage n'a-t-il pas tué d'un coup de pied l'une de ses femmes ? n'a-t-il pas commis d'horribles assassinats ?... osai-je dire, tout d'une traite, à Evenor.

— Peste ! quelle érudition ! cousin... continue Even. Ce que vous dites est trop vrai, Théobald : mais Périandre fit pour les Corinthiens, dont il était le tyran, c'est-à-dire le roi, car, à l'époque en question, tyran est synonyme de roi, des lois fort sages et mit en vogue quelques maximes qui l'ont fait compter au nombre des sept sages.

— C'est commode ! mais n'y regardons pas de si près... répondis-je à ma cousine.

Votre septième sage fut le grand *Thalès*, de Milet, celui qui rechercha l'origine du monde et reconnut la divinité en disant que tout est plein de Dieu.

Ajoutons qu'il est le premier qui ait calculé la venue des éclipses, et qui ait expliqué physiquement ce phénomène.

— Donc, et en conséquence de vos dires, cher maître, ajouta Even, nous admettons sire Théobald de Lavange parmi les sept sages et au titre de huitième grand homme, qui...

Mais le comte de Froley interrompit sa fille, et me frappant sur l'épaule avec un recueillement qui indiquait l'importance qu'il attachait à son rôle de cicerone :

— A cette heure, me dit-il, après avoir vu les commencements barbares de la Grèce sauvage, contemplez cette même Grèce policée dans toute la splendeur de la civilisation, mon cher neveu.

Du haut de ce mont Lycabette qui nous sert d'observatoire, là-bas, au fond de l'horizon, comme des émeraudes montrant leurs reflets verts sur le vif éclat de l'argent, voyez, dans la mer Intérieure, l'*île de Chypre*, avec son beau temple de Vénus-Amathonte ;

Celle de *Rhodes*, dont le colosse, que vous signaliez tout-à-l'heure à notre admiration, semble commander aux flots;

*Crète*, aux douces figures et au vin rude, avec la caverne qui vit élever Jupiter; le labyrinthe que construisit, au temps de Minos, le fameux sculpteur Dédale, le savant artiste qui, le premier, burina des yeux aux statues, et détacha de leur corps les bras et les jambes; ses cent villes et leurs archers si renommés;

Puis les charmantes *Cyclades*, Scio, Naxos, Ios, Samos tant aimée de Junon, Lesbos, patrie d'Alcée et de la belle Sapho, et Ténédos, où se cachèrent les Grecs à la fin du siége de Troie;

Les brillantes *Sporades*, Egine, Paros aux marbres si purs, Salamine et la gracieuse Cythère;

Enfin, sur la côte occidentale de la péninsule, *Leucade*, dont le promontoire à pic porte un *temple d'Apollon*, tout près d'un rocher d'où se précipitent dans la mer, — ce qui s'appelle faire le *saut de Leucade*, — les infortunés dont les illusions de cœur sont perdues, et qui se figurent ridiculement que, par cette pirouette, ils vont obtenir une guérison complète de leurs douleurs...

— La mort la leur donne, en effet, mon oncle... essayai-je de dire.

Mais le comte ne répondit pas, et continuant son récit suivant les phases diverses des visions qui le frappaient :

— Sur la même côte occidentale de la Grèce, mon bon Théobald, regarde l'île d'*Ithaque*, royaume d'Ulysse, domaine de la fidèle Pénélope, et vois comme cette île délicieuse se mire dans les vagues bleues de la mer Ionienne...

Mais, alors que le Pirate continuait l'énumération des points principaux de la Grèce et de ses îles, je ne puis dire comment cela se fait, mes yeux se portaient sur les parties septentrionales de cette belle contrée, et je voyais passer sous mes yeux le *Strymon*, dont les rives entendirent les chants d'Orphée pleurant son Eurydice.

Puis c'étaient le *Pénée* et le vallon de *Tempé*, avec ses lauriers fleuris qui glissaient sous mon regard attentif.

Puis encore le *lac Copaïs* se montrant à moi dans toute sa largeur, avec ses rivages couverts de vraies forêts de roseaux.

Alors, ces roseaux, dans la vision qui m'apparaissait, devenaient des flûtes sous les doigts des lutteurs;

Aux *fêtes musicales d'Orchomène*, en l'honneur des *trois Grâces*, Aglaé, Thalie et Euphrosine;

*Aux fêtes* de même sorte de *Libethra*, à la gloire des *neuf Muses*, Clio, Melpomène, Thalie, Euterpe, Erato, Terpsichore, Calliope, Uranie et Polymnie, qui présidaient à l'histoire, à la tragédie, à la comédie, à la musique, à la poésie, à la danse, à l'éloquence, à l'astronomie et aux arts;

Et enfin aux *fêtes de Thespis*, en faveur de Cupidon, le fils de Vénus...

Mais en ce moment j'étais sans doute l'objet de quelque hallucination, car j'entendis la voix grave du savant Marius :

— Soyez donc à ce que nous vous disons, mon excellent monsieur de Lavange, et plongez le regard sur la belle Athènes!... C'est elle, elle seule, qui doit nous occuper à cette heure.

Vous avez devant vous, debout au milieu de la plaine, escarpé de tous côtés, dominant un précipice circulaire, et entouré des collines moins élevées, le rocher de marbre grossier, rouge et blanc, qui sert de piédestal à la citadelle d'Athènes, Cécropia, remplacée par le Parthénon, et qui a reçu le nom d'*Acropole*, lieu célèbre dans l'histoire présente d'Athènes et dans celle de l'art.

Produites sans doute par un même soulèvement du sol, à une époque dont les hommes n'ont pas conservé le souvenir, ces collines, l'Acropole, le Pnyx, l'Aréopage, les Nymphes et Musée, sont à peu de distance l'un de l'autre; mais l'Acropole, détachée probablement de l'Aréopage par un tremblement de terre, les domine toutes, et placée au centre de la plaine qu'elle domine de cent cinquante-quatre mètres, semble recevoir les hommages de ses sœurs qui lui font cortége.

Ce plateau surélevé, d'une surface inégale, forme un polygone irrégulier qui court de l'est à l'ouest, sur une longueur de trois cents mètres. Sa plus grande largeur s'étend du nord au sud et compte cent cinquante-cinq mètres. Sa circonférence est d'environ huit cents.

Ce fut cette vaste esplanade rocheuse que foula le pied de la jeune Egyptienne Neith, quand elle arriva de Saïs, pour s'abriter après son débarquement, et ce fut là que Cécrops, son père, plaça sa tente.

Neith devint la *Minerve* des Grecs, et la tente de Cécrops fut convertie en une forteresse qui fut tout d'abord appelée *Cécropia*.

Bientôt, tout autour de Cécropia, comme vous l'avez vu, Théobald, s'élevèrent des maisons qui formèrent l'Acropole, ou *ville haute*.

Mais ensuite la ville, trop à l'étroit, descendit dans la plaine, et l'Acropole ne fut plus qu'une citadelle, qui resta, en même temps, le sanctuaire vénéré de Minerve.

Le nom de Neith, dont le nom égyptien *Netha*, par inversion devint *Athen*, dans la bouche des Grecs, fut l'appellation donnée à cette ville naissante.

Quant à Cécropia, on lui donna d'abord pour première enceinte une fortification composée de pièces de bois; puis, vers l'an 1100 av. J.-C., des Pélasges-Béotiens, retirés à Athènes, l'entourèrent d'une de ces murailles pélasgiques devenues fameuses en Grèce, et rendirent inaccessible cette redoute formidable par des travaux avancés qui prirent le nom d'*Ennéapyle*, à raison des *neuf portes* dont ils étaient munis (1).

Ces neuf portes ne furent point placées dans le pourtour de l'enceinte, mais placées successivement, l'une sur l'autre, à l'entrée de l'Acropole, au côté opposé à la pente douce de la plaine, c'est-à-dire à

---

(1) « Nous signalerons dans l'intérieur de l'Acropole, non loin des propylées, un reste de construction cyclopéenne à polygones irréguliers ; et au-dessus d'une petite grotte creusée dans le roc, nous croyons retrouver un reste considérable de la muraille pélasgique. Les blocs sont de très grand appareil, à joints verticaux, et assez bien parementés, mais les assises sont de hauteur inégale. » (*E. Breton.*)

l'occident, car, à l'orient, ce rocher, plus escarpé, ne permet pas l'accès de la citadelle.

Mais, comme vous le savez aussi, les Perses, conduits par Xerxès et Mardonius, ayant enfin triomphé de la résistance des Grecs et s'étant emparés d'Athènes, les monuments qui couronnaient l'Acropole furent détruits et brûlés, et le mur pélasgique ou rempart cyclopéen fut en partie renversé.

Thémistocle d'abord, puis Cimon après lui, restaurèrent cette enceinte. Ils employèrent à cet effet les débris des monuments abattus par les Perses, et voilà pourquoi, dans ces murs, vous pouvez voir des fûts de colonnes, des tronçons de chapiteaux et d'autres matériaux que l'on ne prit même pas le temps de tailler, parce qu'au moment où l'on réédifiait les fortifications de l'Acropole, les Athéniens, en guerre avec les Lacédémoniens, redoutaient leur arrivée, et se hâtaient de s'enfermer dans une nouvelle enceinte.

Les monuments qui existaient sur l'Acropole avant Thémistocle et Cimon, et que détruisit Xerxès, étaient :

Le *Parthénon*, élevé en l'honneur de Minerve, et qui portait ce nom, soit comme un hommage rendu à la chasteté de la déesse, car ce mot veut dire *vierge*, soit parce qu'il avait été consacré par les filles d'Erechthée, souvent appelées *vierges*, *parthénoi*.

Ce Parthénon primitif était loin de rivaliser avec le nouveau Parthénon, que nous allons étudier tout-à-l'heure.

L'*Erechthéion*, autre temple placé au nord de l'Acropole, était un édifice consacré à Erechthée, et composé du

Sanctuaire de Minerve Poliade, c'est-à-dire protectrice de la ville,

Et d'un autre édicule élevé en l'honneur de Pandrose, fille d'Erechthée, et nommé, pour cette cause, le *Pandrosion*.

A l'occasion de ce triple monument, réuni en un seul, voici l'histoire qui en explique l'origine :

Un fils, du nom d'Erechthée, qui venait de naître de Vulcain seul, ou de Vulcain et de la terre, et que, par compassion, Minerve voulait faire élever en secret dans son sanctuaire, fut remis par elle, enfermé dans une corbeille tissue avec l'osier de l'Attique, à trois jeunes sœurs, Pandrose, Agraule et Hersé, filles de Cécrops, premier roi d'Athènes, et de sa femme Agraule. Pandrose respecte le dépôt qui lui est confié par la chaste déesse, mais Agraule et Hersé raillent la timide obéissance de leur sœur, et leur main détache hardiment les nœuds de la corbeille. Elles l'ouvrent et... que voient-elles? Un petit enfant, et un serpent couché près de lui (1).

Aglaule et Hersé, rendues furieuses par la déesse, dans leur délire se précipitent du haut de l'Acropole, disent quelques narrateurs.

D'autres racontent que les Athéniens étant engagés dans une guerre malheureuse et ayant consulté l'oracle d'Apollon, il leur fut répondu que si quelqu'un se dévouait volontairement pour le salut commun, sa mort assurerait la victoire à leurs armes. Agraule, informée de cette réponse, et voulant sauver sa patrie, se précipita du sommet du rocher de l'Acropole.

D'autre part, vous vous souvenez de la fameuse dispute de Minerve et de Neptune, prétendant tous deux au titre de protecteurs de la ville d'Athènes, que Cécrops venait de fonder. Vous vous rappelez que Neptune, frappant le rocher de son trident, en fit jaillir, selon les diverses traditions, un cheval ou un *flot de mer*; et que Minerve, d'un coup de sa lance, fit naître l'olivier, qui, lui assurant la victoire, devait devenir la principale source de richesse de l'Attique.

Le lieu où se passait cette querelle était précisément l'Acropole, dans sa partie septentrionale, vers le milieu de la courbe qu'elle décrit. C'est là que se trouvent et l'*olivier sacré* et le *flot de mer miraculeux*.

Or, Erechthée devenu grand, par reconnaissance pour Minerve, en-

---

(1) Erechthée, qu'on dit fils de la terre, a, dans la citadelle d'Athènes, un temple où l'on voit un *olivier* et une *mer*. Les Athéniens prétendent que Neptune et Minerve les avaient placés comme un témoignage de la contestation qui s'était élevée entre eux au sujet du pays. (*Hérodote*, liv. VIII, c. 55.)

toura cette partie du rocher de l'Acropole d'un sanctuaire, l'*Erechthéion*, dans lequel il fut inhumé plus tard.

Puis à côté, et adhérant à ce temple, les Athéniens édifièrent un sanctuaire à *Minerve Poliade*, protectrice de leur ville;

Ils élevèrent aussi un temple à Pandrose, le *Pandrosion*, au-dessus même de l'olivier sacré, qui recevait la lumière et l'air par le haut du temple découvert;

Et enfin, ils consacrèrent aussi à la dévouée Agraule une grotte, la *grotte d'Agraule*, placée sur le lieu même d'où elle se précipita, c'est-à-dire au-dessous même de l'Erechthéion, du Pandrosion et du temple de Minerve Poliade.

Nous visiterons tout-à-l'heure ces vénérables curiosités.

L'Erechthéion, que l'on nomme quelquefois *Cécropion*, en l'honneur de Cécrops, qui y reçut la sépulture, le Pandrosion, Minerve Poliade et le Parthénon furent donc détruits par les Perses. Les vainqueurs brûlèrent jusqu'à l'olivier sacré. Mais, dans la nuit même, de sa souche immortelle sortit un nouvelle tige haute de deux coudées (1).

Il est facile à comprendre que le premier Erechthéion était loin de la perfection du plan, de la science de distribution, de la beauté d'architecture de l'édifice complexe que nous allons admirer de près.

Mais d'abord, pour bien juger Athènes et ses beautés, allons ensemble jusqu'au Pirée, que nous devons étudier aussi, et de là, ensuite, nous remonterons la riche colline d'Athènes, en passant successivement en vue les nombreux monuments qui la décorent et composent cette ville admirable, votre huitième merveille du monde.

— Pendant ce trajet, ajoute notre historiographe Arthur Bigron, je vais vous entretenir des drames dont l'Athènes primitive fut le théâtre, et dont ses premiers monuments de l'Acropole, dont vous

---

(1) Pausanias donne deux coudées à cette pousse de l'olivier sacré. Mais Hérodote dit à cette même occasion : « Le feu qui brûla le temple consuma aussi l'olivier; mais le second jour après l'incendie, les Athéniens, à qui Xerxès avait ordonné d'offrir des sacrifices, étant arrivés au temple, remarquèrent que la souche de l'olivier avait poussé un rejeton d'*une* coudée de haut. » (*Hérodote*, liv. VIII, c. 55.)

parlait notre ami Marius Bédrin, Erechthéion, Pandrosion, Parthénon, etc., furent malheureusement les victimes.

— Oh! nous ne devons pas les regretter! fit Even avec un geste d'indifférence. Ne sont-ils pas noblement remplacés par les splendides édifices de Périclès, l'homme, que dis-je, le héros du premier grand siècle de la Grèce, ou plutôt du monde?

— Donc, reprit Arthur Bigron, vous vous rappelez que nous avons laissé Darius I$^{er}$, fils d'Hystaspe, de la race des Achéménides, monter sur le trône, l'an 521 avant J.-C., après l'interrègne qui suivit la mort de Cambyse et celle de l'usurpateur Smerdis-le-Mage.

Darius I$^{er}$ a fait la guerre aux Scythes; mais il y a perdu presque toute son armée.

Alors il a envahi les Indes et en a soumis une partie.

Enfin il résolut de faire la guerre aux Grecs, d'abord, dit-on, parce que sa femme Atossa avait le désir d'avoir, parmi ses esclaves, des femmes d'Athènes et de Sparte; mais aussi, puis surtout, par suite de l'empressement que mirent les Grecs à secourir les Ioniens révoltés contre lui, circonstances que je vais dire et qui sont du plus haut intérêt.

Après que *Solon* eut donné ses lois aux Athéniens, Pisistrate avait entrepris de gouverner ce peuple léger et frivole.

*Pisistrate*, s'étant rendu le favori du peuple, sans abolir les lois de Solon, avait donc exercé dans la ville une autorité supérieure à celle des magistrats ordinaires. Un jour, on le voit accourir tout sanglant sur la place publique, l'*Agora*, comme disent les Grecs. Là, il s'écrie que ce sont les ennemis du peuple qui ont voulu l'assassiner et qui l'ont mis dans cet état.

C'était un insigne mensonge; il s'était fait lui-même de légères blessures. Mais la plèbe le croit et lui vote aussitôt des gardes avec lesquels il s'empare de l'Acropole et se fait le tyran d'Athènes. Sa tyrannie, du reste, est douce, sans violence, amie des lettres et des arts. C'est lui qui commence plusieurs des monuments qui doivent embellir Athènes : il fonde la première bibliothèque publique que l'on voie en Grèce, et fait paraître l'*Iliade* et l'*Odyssée*, à l'aide de copistes, de manière à révéler au monde les œuvres admirables de l'immortel Homère.

Ses deux fils, *Hipparque* et *Hippias* lui succèdent et gouvernent comme leur père, jusqu'en 514.

Mais voici venir la brillante fête des Panathénées, instituées en l'honneur de Minerve. Or, au milieu des cortéges de jeunes filles, des danses des jeunes gens, des chars de guerre et de victoire, des étendards et des trophées, une des vierges, la plus belle, la plus pure, reçoit sur l'Agora l'outrage le plus flétrissant de la part d'Hipparque. Un coup de poignard l'immole aussitôt à la vengeance d'Harmodius et d'Aristogiton, les frères de la victime.

Hippias s'enfuit en hâte chez les Perses, à la cour du roi Darius I$^{er}$. Ce prince était alors à Ecbatane, l'une des capitales de son immense empire, qui comprenait alors toute l'Asie occidentale, Médie, Perse, Assyrie, Syrie, Asie-Mineure, Judée, Egypte et Libye. Aussi les Grecs avaient-ils une si haute idée de sa puissance, qu'ils ne le nommaient jamais que *le grand Roi.*

Les rois de Perse possédaient alors des richesses immenses, et des armées considérables gardaient, en leur nom, le nombre infini des villes et des provinces, dont les gouverneurs, avons-nous dit, portaient le titre de *satrapes*, et les provinces les noms de *satrapies.*

Quand Hippias arriva aux portes d'Ecbatane, il se flattait de pénétrer facilement jusqu'à Darius : mais il y apprit qu'il n'était permis qu'à un petit nombre de seigneurs d'approcher le monarque. On conseilla donc au fugitif grec d'écrire sur une tablette de cire, suivant l'usage d'alors, l'objet de sa demande, à l'adresse du prince, afin que, de main en main, sa requête pût parvenir au souverain.

Toutefois, au fond de leurs palais, les rois perses n'ignoraient rien de ce qui se passait chaque jour dans tout leur empire, car une multitude de courriers, que leur expédiaient sans cesse les satrapes les plus éloignés, le tenaient constamment informé des moindres faits.

C'était le grand Cyrus qui avait imaginé ce système des *postes*, dont plus tard les diverses contrées du monde devaient apprécier la merveilleuse utilité.

Darius fit enfin appeler le grec Hippias.

Introduit dans les somptueux appartements du grand roi, le républicain grec, étonné de tant de luxe et d'opulence, ne savait que penser en traversant les salles magnifiques du palais, toutes remplies de courtisans et de gardes richement vêtus. Bientôt cependant on ouvrit devant lui les portes d'une vaste galerie où Darius, caché par d'immenses courtines de pourpre, recevait les hommages de la cour agenouillée devant lui, le front incliné. Le fier Athénien, lui aussi, dut se prosterner à son tour et adorer le souverain, dont le magique appareil de colonnes d'or et de voiles de soie lui dérobait encore la présence.

Le nouveau venu se releva, et en ce moment les draperies s'écartant, il vit le grand roi siégeant avec pompe sur son trône d'or, dont les gradins étaient couverts des étoffes les plus précieuses. Tout à l'entour, dans les cassolettes richement travaillées, brûlaient et des parfums exquis et l'encens de l'Arabie. Une douce musique se faisait entendre, et des femmes, en étoles splendides, exécutaient les airs les plus variés sur des harpes et des cinnors.

Darius portait une longue robe de pourpre, brodée d'or et serrée à la taille. Sa tête était coiffée d'une haute tiare qui se terminait en pointe, et qu'entourait un triple diadème ruisselant de pierreries dont les feux étincelaient. Il tenait à la main un sceptre d'or, son autre main se promenait sur sa longue barbe noire frisée, et un resplendissant vermillon rendait son visage sévère et presque cruel. Nombre d'officiers, dans tous les costumes et toutes les attitudes, entouraient son trône, des armes au bras.

Hippias demeurait ébloui : mais Darius, nonobstant le rouge qui lui donnait un air si dur, lui parla avec bonté, et le fugitif, trouvant le prince fort mécontent des Athéniens, parce qu'ils avaient porté secours aux Ioniens de l'Asie-Mineure, en révolte contre la Perse, inspira au grand roi de porter la guerre dans sa patrie.

C'était une bien criminelle pensée; mais Hippias était un misérable. D'autre part, Darius I$^{er}$ n'était pas difficile à gagner, voici pourquoi :

Cyrus avait conquis l'Asie entière, et son empire avait alors atteint ses limites naturelles : il n'avait plus rien à conquérir...

Cambyse alors, ne voulant pas rester les bras croisés, s'était jeté sur l'Afrique, et s'était rendu maître de l'Egypte, comme vous avez vu.

Aussi Darius, pour ne pas rester au-dessous de ses prédécesseurs, se sentait entraîné à attaquer l'Europe. Il profita donc de l'occasion de la révolte de l'Ionie et des instances que lui faisait Hippias pour être rétabli dans Athènes, et leva une armée persique, sous les ordres de Mardonius, son gendre, afin d'assujétir la Grèce.

Toutefois, le danger qui menaçait cette généreuse contrée fut un moment conjuré.

Un jour que le grand roi, venu à Ecbatane pour se livrer au plaisir de la chasse, poursuivait un cerf dans une forêt très montagneuse, son coursier s'abattit sous lui, et le prince fut blessé si grièvement à la jambe, que des douleurs aiguës l'empêchèrent de dormir pendant plusieurs nuits. Informé de l'accident du monarque, un satrape lui dépêcha un médecin grec, nommé *Démocède*, qui, par ses causeries spirituelles et intéressantes, sut si bien calmer la souffrance et guérir la jambe de Darius, que le roi de Perse ne voulut plus s'en séparer.

Il advint aussi que la reine, à son tour, étant tombée malade, l'habile Démocède lui fut aussitôt expédié. Mais il ne guérit la reine qu'après en avoir obtenu la promesse et la permission d'aller faire un voyage en Grèce, sa patrie, aussitôt qu'il l'aurait rendue à la santé.

Darius ratifia l'engagement de sa femme, qui, rappelée à la vie, envoya Démocède à Athènes. Mais le roi, plus défiant, fit accompagner son médecin de quinze officiers qui ne devaient pas le perdre de vue. Ils avaient en outre la mission secrète d'observer le pays, d'étudier les villes, leur force, leurs ressources, etc.

Démocède fut assez heureux pour échapper à ses surveillants : il s'enfuit et alla épouser la fille de *Milon*, de Crotone, le fameux athlète, et les quinze Perses revinrent, fort confus, près de Darius, dont la curiosité fut vivement excitée par les récits et les peintures qu'ils lui firent des magnifiques contrées qu'ils avaient visitées. Aussi son armée étant prête à partir, il donne l'ordre à Mardonius, son gendre, et général en chef de l'expédition, de faire voile pour la Grèce. Mais en doublant le promontoire du mont Athos, qui s'élève comme une pyramide gigantesque à dix-neuf cent cinquante mètres au-dessus de la mer, sa flotte perdit trois cents vaisseaux.

Aussi Mardonius fut-il contraint de rentrer en Asie.

Alors, pendant que l'on y préparait un armement nouveau, plus formidable que le premier, Darius envoya en Grèce des hérauts chargés de demander la terre et l'eau. Cela voulait dire qu'il fallait que les Grecs se soumissent à lui.

Quelques cités, plusieurs îles, et Egine notamment, cédèrent à cette demande; mais à Athènes et à Sparte l'indignation fut telle que les citoyens, oubliant le droit des gens, dirent aux ambassadeurs :

— Vous demandez la terre et l'eau? Vous aurez l'une et l'autre!

Et ils jetèrent les Perses dans le *Barathre*, puits effrayant où l'on précipitait les criminels. Il coupèrent même la langue à l'interprète qui avait souillé la langue grecque par la traduction des paroles du grand roi.

C'était en 490.

Aussitôt la trompette des batailles sonna dans toutes les vallées du pays des Hellènes; mais, si fort qu'elle sonnât, elle n'appela sous les armes que onze mille guerriers.

Cependant s'approcha bientôt et envahit la Grèce une armée perse, dont les piques, plus nombreuses que les épis des moissons dans des plaines sans limites, annonçaient la grande colère de Darius I$^{er}$. Elle ne comptait pas moins de six cent mille hommes.

Cent mille fantassins aux armes légères, vingt mille cavaliers, et quelques chars de guerre se détachèrent de cette armée, et vinrent lutter contre les onze mille Grecs. Mais ces Grecs sont commandés par *Miltiade*.

Ce fut dans la plaine en pente douce de Marathon, non loin d'Athènes, le 29 de Boedroncion, — septembre, — que les deux armées se rencontrèrent. Les Athéniens, postés sur la partie haute de la plaine, dès que le signal fut donné, fondirent comme un ouragan qui se déchaîne sur les Perses, qui ne comprenaient pas cette folie d'une attaque faite à la course par un si petit nombre d'hommes, sans cavalerie ni archers. Enlevés néanmoins par cette trombe humaine, les Perses mordent bientôt la poussière et tombent au nombre de six mille quatre cents hommes, tandis que les Athéniens perdent seulement cent quatre-vingt-douze guerriers. Alors les ennemis, effrayés, sont mis en fuite, et un soldat grec vole d'un trait de Marathon à Athènes, où il expire en annonçant la victoire au peuple assemblé sur l'Agora.

Parmi les cadavres des Perses, on retrouva celui de l'infâme Hippias.

Miltiade, le grand Miltiade, général des Athéniens, est proclamé le libérateur de la patrie, et pour toute récompense on le fait peindre, sur les murs du Pœcile, au milieu d'un groupe de demi-dieux et de héros.

Quant aux soldats tués, on leur élève un tombeau dans la plaine de Marathon, et leurs noms sont gravés sur de petites colonnes au lieu même où ils ont péri.

Hélas! presque aussitôt, la même Athènes jette en prison le même Miltiade, qu'elle charge d'une fausse accusation, et le fameux stratège meurt sur la paille d'un cachot des blessures reçues à Marathon!

Trois hommes remplacent l'infortuné Miltiade :

*Xanthippe*, qui n'est célèbre que par une victoire navale, et surtout parce qu'il est le père de Périclès;

*Thémistocle* et *Aristide*, qui luttent de justice et de vertus.

Le premier, né vers 535, est fils d'un homme riche, mais obscur, et d'une femme étrangère. Son caractère ambitieux dès l'enfance a fait prédire à un de ses maîtres qu'il ferait beaucoup de bien ou beaucoup de mal. Aussi le jeune Athénien dit-il fréquemment : « Les trophées de Miltiade m'empêchent de dormir. »

Le second se distingue par une probité sévère et acquiert, sans la chercher, grâce à sa justice, l'influence qu'envie tant Thémistocle.

L'un est tout-puissant dans l'assemblée générale, l'autre dans les tribunaux. Celui-ci veut conserver la constitution intacte et s'opposer au progrès de la démocratie, celui-là la favorise. De là, luttes sans fin.

— Athènes ne sera tranquille, dit Aristide, que quand elle aura jeté Thémistocle et moi dans le Barathre!...

Malgré sa profonde justice, cependant, Aristide est exilé par l'ostracisme, c'est-à-dire par la majorité des voix du peuple écrites sur des coquilles. Aristide assiste à cette réunion du peuple, au Pnyx. Un paysan l'aborde, et, sans le connaître, lui dit :

— Ecrivez-moi le nom d'Aristide sur cette coquille : je l'exile...

— Que vous a-t-il donc fait? demande le généreux citoyen.

— Rien; mais je suis fatigué de l'entendre appeler partout le Juste!

Cependant, XERXÈS, cinquième roi de Perse, fils et successeur de Darius Ier, mort dans les préparatifs d'une nouvelle expédition contre la Grèce, Xerxès veut prendre la revanche de la honteuse défaite de Marathon. Il fait appel aux peuples de l'Asie, de l'Europe et de l'Afrique contre la petite province de Grèce. Quatre années sont employées à exercer les troupes à lutter contre des ennemis difficiles à vaincre.

Puis Xerxès fait percer le mont Athos, afin de le punir du désastre de la flotte de Mardonius : on y creuse un canal long de vingt-quatre mille mètres, et un pont est jeté sur le détroit qui sépare Sestos, en Asie, d'Abydos, en Europe. Mais la mer s'en fait un jouet et le brise. Alors Xerxès fait fouetter les vagues et jeter sur elles des chaînes nombreuses pour la punir de son crime :

— Onde amère, dit l'exécuteur des hautes-œuvres de Xerxès, ton maître te punit parce que tu l'as offensé. Le grand roi te passera, que tu le veuilles ou non. Tu es un fleuve, et un fleuve trompeur !

Toutefois, le lendemain, on recommence un nouveau pont, qui est promptement terminé, et, cette fois, l'armée des Perses se met en marche, avec tout son attirail. Je vous laisse comprendre quelle immense multitude compose cette armée, par ce simple détail :

Sept jours et sept nuits sont consacrés à ce formidable défilé de troupes de toutes les nations, qui font partie de l'armée de Xerxès, pour atteindre l'autre rivage. Elle traîne en outre, après elle, une si grande quantité de chariots, qu'on en voit passer sans interruption pendant tout un mois, sur un autre pont établi pour cet usage à peu de distance.

Quel spectacle éblouissant que celui de toutes ces armures de fer, d'acier, de cuivre et d'or, qui couvrent hommes et chevaux ; de toutes ces phalanges de fantassins dont brillent les piques et les lances, les javelots et les dards, comme les épis des moissons dans des plaines sans limites !

La *seconde guerre médique* commence.

Voici que neuf cent mille soldats perses s'acheminent vers la Grèce, par les mers, par les fleuves, par toutes les routes. Cette armée se compose de

Cent mille Gaulois transalpins et cisalpins ;

Cinquante mille Thraces et Macédoniens ;

Sept cent cinquante mille Mèdes, Babyloniens, Assyriens, Perses, etc.

L'Egypte envoie deux cents vaisseaux montés ;

La Phénicie expédie cent autres navires ;

Une reine, Arthémise, souveraine d'Halycarnasse ; trois rois, les rois de Tyr, de Sidon et de Cilicie, grossissent le cortége de Xerxès.

C'en est fait de la Grèce : elle doit être rayée de la carte du monde.

Au sortir de la Thessalie, se trouve un défilé très étroit que l'on doit inévitablement traverser pour entrer de ce côté dans la Grèce, et qui, dans la partie la plus large, ne présente que quinze mètres d'ouverture. A deux endroits, à Anthéla, et ensuite à Alpènes, il se produit deux étranglements qui ont tout au plus la largeur d'un char.

Ce défilé a nom les *Thermopyles*; il doit son nom à des sources d'eaux chaudes et à ces deux passages si étroits qui en sont comme les portes.

A gauche du défilé, le golfe Maliaque de la mer Egée.

A droite, le rocher à pic, infranchissable, du mont Œta.

Là, Sparte a envoyé trois cents de ses citoyens, commandés par leur roi *Léonidas*. Ils sont disposés à mourir pour le salut de la patrie.

— Dînons frugalement ce matin, disent-ils, ce soir nous souperons chez Pluton !

Xerxès, stupéfait qu'on ose garder le défilé, écrit à Léonidas :

— Si tu veux te soumettre, tu auras l'empire de la Grèce...

— J'aime mieux mourir pour ma patrie que l'asservir ! répond Léonidas.

Plus irrité que jamais, le grand roi expédie un héraut d'armes, avec ces mots :

— Rends-moi tes armes !...

— Viens les prendre !... écrit Léonidas au bas des tablettes.

Aussitôt, un cavalier perse est envoyé par Xerxès, afin de reconnaître la position des Spartiates. Il les trouve s'exerçant à la lutte, les uns; les autres, peignant leur longue chevelure, tous gais, tous joyeux, tous sans le moindre sentiment d'effroi. Pas un ne daigne même prendre garde à cet envoyé.

— Les Perses sont près de nous!... dit enfin un jeune soldat.

— Dis donc que nous sommes près d'eux!... réplique l'intrépide Léonidas.

Un Lacédémonien qui, de son côté, a vu les Perses, dit à ses compagnons d'armes :

— Les ennemis sont si nombreux que leurs traits obscurcissent le soleil...

— Tant mieux, répondent-ils; nous combattrons à l'ombre!

Hélas! le défilé était infranchissable, c'est vrai; mais un traître, un transfuge mélien, du nom d'Ephialtès, vient offrir au chef d'un corps de Perses, Hydarnès, commandant la phalange des Immortels, de le conduire, par un sentier détourné, jusque sur le haut de la montagne, d'où l'on gagnera facilement le camp des Grecs.

Prévenu à temps, Léonidas fait partir pour Athènes des Grecs qui étaient venus le joindre au nombre de cinq mille hommes, et reste avec ses trois cents Spartiates, en disant :

— Sparte nous a confié un poste, nous devons y rester.

En effet, à l'approche des Perses, les Grecs sortent à leur rencontre et livrent la bataille dans la partie la plus large du défilé, afin d'avoir plus d'ennemis en face, et d'en frapper davantage avant de mourir. Quand les Lacédémoniens ont brisé leurs piques à force de tuer, ils continuent à combattre avec l'épée. Enfin Léonidas tombe. Une lutte furibonde s'engage sur son corps. Quatre fois les Grecs repoussent les Perses. Enfin, enveloppés de toutes parts, ils succombent jusqu'au dernier sous une grêle de pierres et de traits lancés de loin par les Barbares (1), sur une colline qui est à l'entrée du passage, où ils s'étaient retirés.

---

(1) « *Passant, va dire à Sparte que nous reposons ici, pour obéir à ses lois!...* »
Telle est l'épitaphe que composa le poète Simonide et qui fut gravée sur le tombeau qu'on éleva aux Spartiates victimes de leur dévoûment à la cause de la patrie.

Le défilé des Thermopyles est de nos jours plus large qu'autrefois, par suite des dépôts d'alluvion et de la retraite de la mer.

Les Spartiates ont prouvé qu'ils valent leur chef : vingt mille Perses sont tombés sous leurs coups...

La porte de la Grèce est forcée ; Xerxès y entre, guidé par les Thessaliens. Il dévaste la Phocide, la Béotie, mais ne peut prendre Delphes, que les habitants défendent avec vaillance.

Enfin, il pénètre dans l'Attique : elle est déserte.

Grand émoi à Athènes. Thémistocle envoie consulter l'oracle.

Les plus fameux de ces oracles sont ceux de Delphes, de Dodone en Epire, et de l'oasis d'Ammon, en Lydie.

C'est à Delphes que court l'Athénien chargé de demander à Apollon le conseil que la république d'Athènes attend de lui pour échapper au danger. Aussitôt la Pythie est traînée par les prêtres du temple vers l'ouverture de la terre, d'où s'échappent certaines vapeurs. Là, assise sur un trépied de bronze, la prophétesse reçoit ce qu'on appelle l'exhalaison prophétique. On voit son visage pâlir et ses membres s'agiter de mouvements convulsifs. D'abord la Pythie ne laisse échapper que des plaintes et de longs gémissements; bientôt, les yeux étincelants, la bouche écumante, les cheveux hérissés, elle fait entendre, au milieu des hurlements de la douleur, des paroles entrecoupées, incohérentes, que l'on recueille avec soin sur des feuilles éparses et où l'on s'ingénie à trouver un sens et une révélation de l'avenir.

— Que les Athéniens... se renferment... dans des murailles... de bois... et leur salut... est assuré! dit la Pythie.

Les réponses des oracles, notez bien, Théobald, ne sont pas toujours le résultat d'un délire insensé; les prêtres, qui, grâce à l'immense concours des pèlerins, peuvent se tenir fort au courant des affaires de l'Etat, même de celles des particuliers, donnent à ces sons inarticulés une signification qu'accepte la crainte ou l'espérance, et que la foi réalise encore assez souvent.

Thémistocle fait comprendre au peuple d'Athènes que par *murailles de bois*, la Pythie a voulu parler des vaisseaux de la flotte; et, beaucoup l'entendent comme lui, car le plus grand nombre des citoyens courent sur les navires qui attendent dans les ports d'Athènes. Néanmoins, quelques hommes interprètent autrement l'oracle. Ils entourent en toute hâte l'Acropole d'une enceinte de madriers et de poutres solides; puis, faisant abriter dans cette muraille de bois les vieillards, les femmes et les enfants, et eux-mêmes défendant cette fortification, ils attendent.

Il en arriva tout autrement que n'avaient cru ces infortunés. Xerxès entra dans Athènes abandonnée. La ville fut pillée d'abord, puis incendiée et complètement détruite.

Les soldats perses allèrent placer des postes sur le rocher de l'Aéropage le plus voisin de l'Acropole. De ce point élevé ils jetèrent leurs brandons sur le Parthénon bâti par Cécrops, sur les monuments élevés par Erechthée, et enfin, pénétrant eux-mêmes dans l'enceinte de bois, ils égorgèrent ses défenseurs, sans respecter les vieillards, les femmes et les enfants.

Le feu qui brûla les temples consuma aussi l'olivier sacré dans le Pandrosion. Mais le second jour après l'incendie, les Athéniens, à qui Xerxès ordonna de continuer à offrir leurs sacrifices aux dieux parmi les ruines de leurs temples, étant arrivés à l'Erechthéion, remarquèrent que la souche de l'olivier avait poussé un fort beau rejeton.

Mais ce fut depuis ce triste événement que l'olivier sacré ne put reprendre son élégance première, et qu'il mérita le surnom de *tout tortu*. Du moins voilà ce que nous disent Hérodote, Pausanias et Hézych, à l'endroit de l'olivier de Minerve.

Pour décider le peuple à s'embarquer sur les navires de la république et à se réfugier à Salamine, Thémistocle avait dû annoncer aux Athéniens que le serpent sacré, que l'on nourrissait dans le Parthénon, venait de disparaître, et il leur avait alors persuadé que cela signifiait que Minerve elle-même abandonnait Athènes. Mais le grand général ne s'était pas ainsi retiré pour que l'impitoyable Xerxès remportât une victoire si facile sur quelques malheureux vieillards et de pauvres femmes, ni pour qu'il fît d'Athènes un monceau de cendres. Une grande flotte, à laquelle tous les peuples de la Grèce s'étaient empressés de fournir des galères, avait été rassemblée par ses soins, et il n'attendait, pour détruire complètement celle des Perses, qu'une occasion favorable, qui ne tarda pas à se présenter.

Une violente tempête s'étant élevée tout-à-coup sur la mer Egée, un nombre considérable de vaisseaux perses se brisèrent contre les rochers de la côte, et une immense quantité de leurs soldats périrent dans le naufrage.

C'était déjà un grand désastre; mais Thémistocle en préparait un plus grand encore.

La flotte grecque était réunie là, entre Salamine et la côte de l'Attique. Le Spartiate *Eurybiade* en était le grand amiral. Mais les chefs grecs ne s'y croyant pas en sûreté, voulaient s'éloigner pour courir chacun à la défense de leur cité. Thémistocle, lui, voyait que si la Grèce pouvait être sauvée, c'était sur cet espace de mer, et qu'une fois les vaisseaux grecs séparés, il n'y aurait plus de résistance. En conséquence, il réunit un conseil, et représenta qu'en se retirant on s'exposait à combattre dans une mer ouverte, grand désavantage pour une flotte inférieure en nombre comme la leur. Eurybiade, jaloux, comme tous les Péloponésiens, de la grande influence de Thémistocle, ne voulant pas céder, osa lever sa canne sur le général athénien, dont les arguments le confondaient.

— Frappe, mais écoute! lui dit froidement Thémistocle.

Néanmoins la majorité des voix se prononça pour la retraite, sous ce prétexte que la flotte grecque ne comptait que trois cent quatre-vingts vaisseaux, tandis que celle des Perses, rangée dans la rade de Phalère, en avait mille.

Thémistocle prit, dans cet extrême danger, une résolution extrême. Il envoya un homme sûr dire à Xerxès :

— Le général athénien vous est secrètement dévoué : il m'envoie vous confier que les Grecs ne se méfient de rien, et que vous pouvez leur fermer les deux bouts du détroit. Cernés de la sorte, ils seront vaincus...

Xerxès crut cet avis sincère et donna aussitôt l'ordre d'envelopper les Grecs. Pendant ce temps, Thémistocle était rentré au conseil. Un homme le demande alors. C'est Aristide, Aristide qui vient de traverser la flotte ennemie pour combattre avec ses concitoyens.

— Pendant que vous perdez le temps en vaines paroles, dit-il à son rival, les Perses vous entourent...

— Je le sais! dit Thémistocle, et c'est par mon avis que les Barbares vont envelopper notre flotte.

Il n'y a plus à reculer; cette fois, il faut combattre.

Xerxès, pour mieux jouir de la défaite de ses ennemis, fait dresser un trône d'or sur le mamelon que vous voyez à notre droite, Théobald, et d'où il domine le détroit de Salamine. De ce point élevé, entouré de quelques-unes de ses femmes et de ses principaux officiers, il va suivre les plus intéressantes péripéties du drame qui va se livrer.

On est au mois de pyanepsion, — novembre, — c'est-à-dire à l'époque où les tempêtes sont fréquentes sur la mer de Grèce.

Un vent s'élève à une certaine heure dans le détroit : les Grecs le savent et ils attendent que ce vent, assez violent, souffle, pour attaquer.

Aussitôt que ses premières bouffées se font sentir, le signal est donné. Mais alors, au milieu des vagues soulevées, les lourds vaisseaux des Perses s'entrechoquent, et, incapables de manœuvrer, reçoivent sans en rendre, les coups que leur portent les navires légers et rapides des Hellènes. En outre, dans cet étroit espace, ils ne peuvent déployer leurs forces, et leur nombre immense est inutile. C'est ce qu'avait prévu et voulu Thémistocle. Aussi, du haut de son trône, Xerxès est témoin, non pas de la victoire, mais de l'affreuse défaite des siens.

Pourtant, un des navires ennemis se signale dans cette affreuse mêlée, c'est celui d'une femme. Arthémise, reine de Carie, fait des prodiges de valeur. Sa galère étant vivement pressée par une galère athénienne, elle se détourne sur un vaisseau perse et le coule. L'Athénien, croyant alors qu'il poursuit un ami, cherche un autre adversaire.

Epouvanté à la vue de ce désastre, Xerxès craint que la route de l'Asie ne lui soit coupée par los Grecs victorieux.

Alors un nouveau et rusé message de Thémistocle accélère sa retraite.

— Les Grecs, lui fait-il dire, courent aux ponts jetés sur le Bosphore, pour les détruire d'abord, mais aussi pour enfermer le roi en Europe...

Aussitôt Mardonius, le conseiller de cette fatale expédition, s'offre à rester en Grèce avec trois cent mille hommes.

Quant à Xerxès, avec le reste de ses troupes il prend la route de la Macédoine et de la Thrace. Il met quarante-cinq jours à traverser les provinces, laissant derrière lui une longue traînée de morts, tombés sous les flèches des habitants ou tués par la faim, par la soif, par les maladies.

Une tempête ayant emporté les ponts de bateaux du Bosphore, le bruit se répand en Grèce que le grand roi n'a trouvé qu'une barque de pêcheur pour passer ce détroit, qu'il avait franchi en thargelion, — mai, — c'est-à-dire six mois auparavant, en impérieux conquérant des peuples, de la terre et des mers.

Pendant cette fuite, les Grecs vainqueurs, le 2 mémactérion, — octobre 424, — à la *bataille navale de Salamine*, illustre entre toutes, partagent le butin, élèvent des trophées, et décernent le prix de la valeur. Sparte accorde les plus grands honneurs à Thémistocle, dans une visite qu'il fait à leur ville : elle lui offre une couronne d'olivier, le plus beau char qui se trouve dans leur cité, et le fait escorter, à son départ, jusqu'aux frontières de Tégée, par trois cents jeunes hommes des premières familles,

Mardonius ne tarde pas non plus à être exterminé, avec toute son armée, dans une bataille qui se donne auprès de la petite ville de *Platée*, voisine de Thèbes.

Cette fois, c'est Aristide qui remporte la victoire à la *bataille de Platée*, non moins fameuse que celle de Salamine. On suspend, comme un hommage, dans le temple de Minerve-Poliade, sur l'Acropole, le riche cimeterre de Mardonius, chef de l'armée des Perses, et la cuirasse de *Masistius*, général de la cavalerie de Xerxès.

Néanmoins, en cette circonstance, les Athéniens obéissent au roi de Sparte, *Pausanias*, dont la vaillance et la gloire vont de pair avec celle d'Aristide.

En outre, le même jour que Pausanias et Aristide triomphent à Platée, Xanthippe, père de Périclès, détruit, dans la *bataille navale de Mycale*, une nouvelle flotte que Xerxès avait réunie sur cette partie de la côte d'Asie.

Trois hommes ont joué le principal rôle dans cette grande lutte de la seconde guerre médique : deux Athéniens, Thémistocle et Aristide, un Spartiate, Pausanias, roi de Lacédémone.

Mais Pausanias ne peut supporter sa fortune et sa gloire. Fier de s'être vu à la tête de cent mille Grecs, il ne comprend pas que le vainqueur de Platée reste un simple roi de Sparte. Envoyé dans la Thrace pour en chasser les garnisons persiques, il se laisse éblouir par les récits de ses captifs sur la splendeur de la cour de Suse. Ceux-ci lui racontent comment vivent les grands; ils lui dépeignent leur mollesse, leurs plaisirs, leur pouvoir. Alors ce séduisant tableau, mis en regard des lois sévères de Sparte, achève de troubler cette vaniteuse intelligence. Aussi, de ce jour, Pausanias s'abandonne aux plus vastes espérances. Il entre en relation avec Artabaze, satrape de Bithynie; il fait demander à Xerxès une de ses filles en mariage, promettant d'apporter pour dot la soumission de Lacédémone. Il fait plus : comme s'il était déjà le gendre du grand roi, il dépouille l'habit grec et endosse la robe persique, se coiffe de leur tiare, et prend l'allure superbe d'un Perse de premier rang. Enfin, il affiche un luxe asiatique dont l'or corrupteur de Xerxès fait tous les frais, et il s'entoure d'une garde de Mèdes et d'Egyptiens.

Aussi Lacédémone se hâte de le rappeler. Comptant sur ses trésors, il ose revenir et se présente fièrement devant les éphores. Mais alors il est jeté en prison. Toutefois, faute de preuves, il achète sa liberté et n'en continue que plus audacieusement ses menées. On le surprend essayant de soulever les Ilotes pour renverser les éphores et s'emparer d'un pouvoir absolu.

Un incident accusateur vient alors dévoiler la trame de ses complots.

Un de ses messagers à Artabaze ayant remarqué qu'aucun de ceux qui avaient fait ce voyage avant lui n'était revenu, ne craint pas d'ouvrir la lettre dont il est porteur. Il y lit la recommandation de le tuer, une fois la lettre remise. En toute hâte il court chez les éphores et leur livre son message. Ceux-ci lui ordonnent de se réfugier dans un temple inviolable, comme s'il redoutait la colère de Pausanias. Pausanias, averti, vient aussitôt et le presse d'accomplir sa mission. Des gardes, cachés dans le sanctuaire, entendent les paroles du roi. La trahison étant manifeste, on s'empare du coupable. Mais Pausanias s'enfuit et se retire lui-même dans le temple de Minerve Chalciœcos. Comme les éphores n'osent violer cette retraite sacrée, ils en font murer la porte, afin de le faire mourir de faim. Sa mère elle-même, la digne Spartiate, apporte la première pierre. Pausanias passe plusieurs jours dans son refuge, livré aux horreurs d'une affreuse et lente agonie. Enfin, au moment où il va rendre le dernier soupir, on le traîne hors du temple, afin que son cadavre ne souille pas le lieu saint.

Cependant Athènes était en cendres. Il ne restait plus de la cité de Minerve que l'inexpugnable rempart de vaillants cœurs.

Mais Sparte demande qu'on ne fortifie aucune ville, afin que si les

Perses reviennent, ces villes fortes ne puissent leur servir de citadelles.

C'est la jalousie qui inspire les Spartiates et leur dicte cette loi.

Thémistocle ne s'émeut pas. Il réunit les Athéniens et leur fait relever la muraille d'enceinte de leur Acropole. Comme nous l'avons déjà dit, pour accélérer ce travail, il fait employer les débris de l'antique Parthénon, du primitif Erechthéion (1), les colonnes tombées, les statues des héros, les tombeaux. Le mur n'en monte que plus vite et semble devoir en être plus fort. Vainement les Spartiates se plaignent. Comme le mur n'est pas assez haut pour braver une attaque, Thémistocle se fait envoyer à Sparte pour s'expliquer avec les éphores : mais il ne voyage qu'à petites journées, et, une fois arrivé, il ne se presse de visiter ni le Sénat ni les éphores... Cependant, à Athènes, hommes, femmes, enfants, vieillards travaillent sans relâche. Bref, l'achèvement des fortifications a lieu avant que les Spartiates puissent connaître la vérité : quand elle leur est dévoilée, ils s'irritent, mais dissimulent.

Revenu à Athènes, Thémistocle fait plus encore, il construit un nouveau port, car la rade de Phalère est trop petite et peu sûre. La nature a creusé dans le voisinage un bassin beaucoup plus vaste, *le Pirée*. Thémistocle fait décider que là seront désormais le port, l'arsenal, les chantiers ; et, pour mettre ces richesses à l'abri, il entoure le Pirée d'un mur haut de dix-neuf mètres et long de onze kilomètres, assez large, comme vous voyez, pour que deux chariots puissent y passer de front.

Enfin, il relie le Pirée à la ville d'Athènes par deux murailles fortes, afin d'assurer les communications. Ce sont ce que l'on nomme

---

(1) Nous avons dit dans une note précédente que l'on retrouve encore dans les murailles de l'Acropole, au rempart du nord, spécialement, une longue ligne brisée formant de nombreux angles saillants ou rentrants, accouplée à plusieurs parties de l'ancien mur pélasgique, dans laquelle ligne brisée on voit de très curieux fragments des anciens édifices détruits par les Perses, tambours de colonnes, cannelés ou lisses, des portions d'entablements doriques, architraves, frises, corniches, etc.

les *longs murs*, et dans toute leur longueur, la route qui en occupe le milieu est bordée de tous les tombeaux des hommes illustres et des guerriers fameux que l'on y place, et cette vue des honneurs rendus aux morts inspire davantage aux vivants le désir de se rendre fameux en se dévouant pour la patrie.

En même temps la flotte est augmentée d'un nombre considérable de trirèmes et de galères de tout genre.

Vous le voyez, Thémistocle a certainement bien mérité de la patrie, mais il a le tort de rappeler trop souvent ses services. Cette vanité, jointe à l'emportement de son caractère, le contraint à fuir leur indignation, et il se voit forcé d'aller chercher un asile auprès du roi ARTAXERCE LONGUE-MAIN, qui a succédé à Xerxès sur le trône de Perse.

Quand le noble Athénien parut, à Suse, devant le monarque :

— Je suis Thémistocle, dit-il, celui des Grecs qui t'a fait le plus de mal, mais aussi celui qui vient te faire le plus de bien.

Artaxercès admirant son audace, l'accueillit avec faveur et lui donna trois villes de l'Asie-Mineure, une pour le pain, l'autre pour la viande, et la troisième pour le vin.

Alors Thémistocle se mit à apprendre la langue des Perses, afin de pouvoir dévoiler ses plans au grand roi, sans le secours d'un interprète. Mais au moment de parler... on dit qu'il s'empoisonna, par honte d'avoir voulu proposer de combattre la patrie qu'il avait sauvée.

Ainsi, de tous les hommes qui avaient si vaillamment combattu pour la défense d'Athènes, il ne resta bientôt plus que le seul Aristide, qui, après avoir eu entre les mains tous les trésors de la Grèce, mourut pauvre, mais honoré de tous ses concitoyens.

Paraît bientôt à l'horizon politique d'Athènes un nouveau citoyen. C'est *Cimon*, fils de Miltiade. D'abord dissipé, n'aimant pas l'étude et ne songeant qu'à se divertir, Cimon se fait une mauvaise réputation dans la ville. Mais les remontrances d'Aristide le corrigent radicalement. Dépourvu d'éloquence, il ne peut acquérir une grande influence dans les assemblées populaires; mais un bouillant courage et de vrais talents militaires le rendent cher aux soldats. En même temps sa libéralité le fait aimer de la foule. Il ouvre au peuple ses jardins et lui en abandonne les fruits : dans sa maison, des tables sont toujours dressées pour que nul ne se présente sans y recevoir l'hospitalité. Quand il sort, il se fait suivre d'un esclave qui distribue au peuple de l'argent et des habits. Car Cimon est riche, et pendant que son père, Miltiade, est mort pauvre, Plutarque nous apprend que son fils a acquis une honorable fortune sur les Perses.

Alors que Thémistocle poussait le peuple à quitter Athènes pour se retirer sur les vaisseaux, Cimon a été le premier à appuyer cet avis. Puis on l'avait vu suspendre dans le Parthénon un mors de cheval en signe qu'il fallait renoncer aux combats sur terre. Alors il s'était distingué dans les grandes batailles de l'indépendance de sa patrie, et il n'avait plus eu qu'une pensée : Venger sur les Perses l'incendie d'Athènes!

Aristide a fondé une *confédération grecque* qui fait participer également tous les citoyens de la péninsule aux frais d'une défense commune. Cimon transforme cette confédération. Au lieu de donner des soldats, que les alliés versent plus d'argent et envoient plus de galères, alors Athènes, à elle seule, se chargera de fournir l'armée. La proposition est acceptée, et Athènes continue la lutte à elle seule, pour son compte et pour sa fortune. Il arrive ainsi qu'ayant sans cesse les armes à la main, Athènes devient puissante et fière. Les confédérés, au contraire, perdent, avec l'habitude de s'exposer au péril, le courage de se défendre.

Cimon affranchit ensuite des Perses les villes grecques de l'Asie-Mineure. Il purge les mers des pirates qui l'infestent. Il chasse les Perses de la Carie et de la Lycie, et bat les Barbares en toutes rencontres.

Il prétend avoir trouvé dans l'île de Scyros les ossements de

Thésée, et il les rapporte en grande pompe à Athènes, où on les ensevelit dans le beau et riche temple de Thésée que nous verrons tout-à-l'heure.

Ensuite, comme Thémistocle a relevé les murailles de l'Acropole, et particulièrement celles du nord, qui ont eu le plus à souffrir, Cimon rebâtit celles du sud, qui se composent de deux lignes à peu près droites. Les assises de sa fortification sont en retraite l'une sur l'autre, ce qui lui donne une inclinaison légèrement pyramidale, comme vous le remarquerez (1).

Mais Cimon s'aliène l'affection de ses concitoyens par sa trop grande admiration des vertus guerrières et de la discipline des Spartiates. Il pousse son affection envers ce peuple, jaloux d'Athènes, jusqu'à donner le nom de *Lacédémonios* à un de ses enfants. Puis, un tremblement de terre ayant renversé en partie Lacédémone, Cimon, malgré l'opposition des magistrats et des plus simples citoyens, fait envoyer un secours à ses chers alliés. Mais quand les porteurs de ces dons arrivent à Sparte, les éphores les refusent d'une façon blessante Athènes ressent alors, et si vivement, l'injure qui lui est faite, que sa colère se porte contre l'homme qui l'a exposée à cet outrage.

Cimon est condamné à l'exil pour dix ans.

Au moins l'honorable exilé ne va pas mendier un asile près des ennemis de sa patrie. Il se rend à Thèbes, dans la Béotie.

Là, un jour qu'une armée athénienne vient combattre les Béotiens, il accourt et demande à prendre place au premier rang. Mais la loi de l'ostracisme est inexorable, Cimon est refusé. Il s'éloigne la tête basse; toutefois, avant de s'éloigner, il laisse son armure à ses amis. Aussitôt ceux-ci se réunissent autour de ce noble trophée, et tous s'y font tuer jusqu'au dernier.

---

(1) « A l'intérieur du mur, près de brèches datant du siége des Vénitiens, en 16. , on voit des traces du mur de Cimon, mais le fragment le mieux conservé, et resté presque vierge de toute restauration, est celui qui forme extérieurement l'angle sud-est de l'enceinte. » (*M. E. Breton*, Athènes, etc.)

Ce généreux dévouement fait revenir le peuple sur sa sentence. Cimon est rappelé et on le place immédiatement à la tête des forces de la république. Alors il rétablit la paix entre Sparte et Athènes, et recommence la guerre contre les Perses.

Hélas! il meurt avant d'avoir pu les éloigner à jamais de quelques îles où ils dominaient encore.

Mais en rapportant son corps à Athènes, ses soldats lui font des funérailles dignes de lui. Ils tombent au milieu d'une grande flotte perse, qu'ils détruisent. Cette victoire est le dernier acte des guerres médiques.

Le grand roi signe un honteux traité pour la Perse, qui est à jamais dépouillée de tous ses domaines dans les terres sous la dépendance des Grecs en Asie, comme en Europe.

Nous voici arrivés au-dessus des ports d'Athènes, et nous allons maintenant planer au-dessus de la cité des merveilles, continue Arthur. Mais cependant je dois vous dire encore quelques mots :

La victoire navale de Mycale a été glorieusement remportée sur les Perses par *Xanthippe*, amiral de la flotte athénienne, si vous en avez souvenance.

Ce Xanthippe est père d'un jeune adolescent qui a nom *Périclès*.

A ce jeune Athénien la nature a concédé tous les dons de l'intelligence. L'éducation, qui lui est donnée par les maîtres les plus illustres, lui apprend, en outre de la science de cette époque, l'art difficile de se gouverner soi-même.

Aussi, dans Périclès, tout est sujet de réflexion.

« Il ne monte pas à la tribune aux harangues du Pnyx, sans prier les dieux de ne laisser échapper de sa bouche aucune parole qui ne soit utile à la question qu'il va traiter (1). »

Comme la galère salaminienne à trente rames, qui va tous les ans porter à Délos les offrandes d'Athènes, qui a servi à Thésée pour aller

---

(1) *Plutarque.*

vaincre le Minotaure, et que l'on garde à Athènes pour les grandes solennités (1), Périclès ne paraît en public que dans les grandes occasions. Mais alors il déploie une éloquence que l'on compare à la foudre et aux éclairs, qui éblouissent et qui frappent. La grâce ne manque pas pour cela à sa mâle éloquence.

— Notre jeunesse a péri dans le combat, dit-il un jour, l'année a perdu son printemps...

On pressent l'immense génie de cet homme.

Souvent on le voit se promener, sombre et taciturne, dans Athènes, dont il observe les ruines semées par les Perses. On devine qu'il médite quelque grand projet.

Sa vie privée est simple, modeste et frugale.

Son âme, toujours égale, est inaccessible à l'ivresse du succès, comme au ressentiment de l'outrage.

Un de ses ennemis, homme bas et vil, s'attache un jour à ses pas, sur l'Agora, en l'injuriant, et le poursuit encore de ses insultes quand il rentre chez lui. Périclès ne se retourne même pas; mais, arrivé à sa demeure, il appelle un esclave et lui ordonne de prendre un flambeau pour reconduire cet homme.

Point de bruyants plaisirs : il refuse toute invitation à des fêtes ou à des festins.

Afin de ne pas être détourné des affaires de l'Etat par les siennes propres, il fait vendre chaque année les produits de ses terres.

Il s'entoure d'artistes, de gens de lettres et de philosophes. Avec Phidias il parle d'art, de littérature avec Sophocle et Euripide, et de philosophie avec Protagoras, Anaxagore et Socrate.

Athènes compte quinze mille citoyens, la suprême aristocratie, qui jugent, font les lois, nomment aux charges et décident du sort de la Grèce.

(1) On réparait sans cesse cette galère, afin de la conserver plus longtemps. De cette manière on pouvait la faire durer toujours. Athènes la conserva en effet plus de mille ans.

Elle compte en outre cent mille citoyens, étrangers, métèques, esclaves, etc., qui encombrent la ville et le Pirée.

Or, le peuple d'Athènes, aristocratie et démocratie, s'applaudit d'avoir enfin trouvé un chef qu'il peut estimer et ne pas craindre.

En effet, par Périclès, Athènes lève fièrement la tête et commande à mille cités :

Villes sujettes, villes alliées, colonies.

Les conquêtes de Cimon, puis celles de Périclès, donnent à Athènes :

Egine et l'Eubée, les deux boulevards de l'Attique ;

Thasos, qui commande la côte de Thrace ;

Naxos, à mi-chemin de l'Asie ;

Eïon, la clef de la Macédoine ;

Enfin, une foule de points au nord de la mer Egée et dans la Chersonèse.

En outre, les alliés, en donnant leur argent à Athènes, l'enrichissent d'abord, mais aussi laissent toutes les forces de la ligue se concentrer dans cette ville unique. Pendant qu'ils labourent leurs terres, Athènes porte sur tous les rivages son pavillon victorieux.

Remarquez qu'ils acceptent cette domination nécessaire, sous laquelle leur commerce prospère. Aussi ont-ils de la reconnaissance, et non de la haine pour la glorieuse cité. En voulez-vous une preuve ?

Lemnos fait hommage à Athènes, pour son Acropole, d'une statue de bronze de Minerve, *la Lemnienne*, le premier ouvrage sur lequel *Phidias* inscrive son nom, et la plus belle de ses statues de déesses.

Samos demande que le trésor de la confédération, déposé jusqu'alors à Délos, soit transporté à Athènes, pour y être hors de l'atteinte du Péloponèse. La contribution en argent est même augmentee : de quatre cent soixante talents on la porte à six cents.

Périclès, alors, use des trésors des alliés pour embellir Athènes et la sortir de ses ruines. Il la réédifie plus brillante que jamais. Il appelle à lui les plus fameux artistes, Phidias, Praxitèle, Zeuxis et bien d'autres; il convoque les plus habiles architectes, et les peintres les plus célèbres. Il leur commande le nouveau Parthénon, les Propylées, l'Erechthéion, l'Odéon, un nombre sans fin de bâtiments, d'édifices, de monuments, et bientôt Athènes ressuscite plus gracieuse, plus magnifique, plus splendide que jamais.

En même temps il déclare la guerre aux Samiens révoltés, 440, invente des machines destinées à battre leurs murailles, et les harcelle de telle sorte que les ennemis se rendent, renversent leurs fortifications, livrent leurs vaisseaux et paient les frais du siége.

Il multiplie ensuite les colonies;

Tient le trésor toujours rempli et la flotte toujours prête;

Enfin, il fait d'Athènes le théâtre du concours des plus grands hommes de la Grèce.

Je me tais... A présent, regardez!

# LE PREMIER DES GRANDS SIÈCLES.

Lever du soleil sur la ville de Minerve. — Ville-Haute et Ville-Basse. — Porte Dipyle. — Mur d'enceinte de la Ville-Basse. — Agora d'Athènes. — Peuple et marchands. — Quartier du Céramique intérieur. — Portique royal. — Portique de Jupiter-Libérateur. — Tholus. — Portique des Eponymes. — Rue des Hermès. — Le Pœcile. — Philosophes stoïciens. — Siècle de Périclès. — Prodiges des arts et des sciences. — Artistes et savants. — Rue d'Eole. — Tour des Vents. — Nouvelle Agora. — Place publique du Pnyx. — La corde rouge. — Le Prytanée. — Un buphône. — Les réfectoires de la République. — Le Sénat des Cinq-Cents. — Métroûn. — Temple de Cérès. — Sanctuaire des Dioscures. — Camp des Scythes. — Temple de Thésée. — Beautés architecturales. — Le Ptolemaon. — Ce qui compose un gymnase. — Ephebœum. — Corycœum. — Conisterium. — Elœothosium. — Sphœristerium. — Stade. — Xyste. — Aires. — Bains. — Exèdres. — Temple de Jupiter-Olympien. — Panthéon. — Temple de Diane. — Temple d'Apollon-Lycoctone. — Le Lycée. — Philosophie du Lycée. — Péripatéticiens. — Cynosarges. — Les Cyniques. — L'Académie et ses Philosophes. — Le quartier Creux ou Cœlé. — Temple de Junon et Jupiter-Panhellénien. — Arc d'Adrien. — Le Stade. — Rue des Trépieds. — Théâtre de Bacchus. — Portique d'Eumènes. — Temple de Bacchus. — Odéon de Périclès. — Odéon de Régilla. — Monuments choragiques. — L'Ennéapyle de l'Acropole. — Les Propylées. — Pinacothèque. — Temple de la Victoire Aptère. — Avenue du Parthénon. — Enceinte et sanctuaire de Diane-Brauronia. — Temple de Minerve-Erganè. — Parthénon. — Merveilles des merveilles. — Les Panathénées. — L'œuvre de Phidias. — Statue de Minerve. — Opisthodôme. — Erechthéion. — Sanctuaire de Minerve-Poliade. — Le Pandrosion. — La tribune des Cariatides. — Tombeau de Cécrops. — Grotte d'Aglaure. — Grotte de Pan. — Pompéïon. — Aréopage. — Colline de Musée. — Quartier du Céramique extérieur. — Cimetière.

J'ai dit que le soleil est à son lever.

Or, comme tout ce que vient de me rappeler maître Marius, à l'endroit des grands hommes d'Athènes qui précèdent Périclès, a été murmuré à mes oreilles assez rapidement, l'astre du jour s'élève à peine de quelques degrés au-dessus de l'horizon, lorsque l'illustre historiographe se livre au silence.

Le promontoire de Sunium, l'avant-poste d'Athènes, le mur d'échiffre en quelque sorte de la ville par excellence, se montre à moi, doré des premiers rayons du soleil, et son *temple de Minerve Suniade*, détache en or, sur le firmament, ses colonnes aériennes d'ordre dorique (1) C'est d'un aspect magique, dont rien, dans nos paysages de France et de Navarre, ne peut donner idée.

Les îles d'Egine et de Salamine, endormies dans leurs langes de verdure, cyprès, vignes et figuiers, s'étendent mollement sur l'azur du golfe, en adoucissant en gracieux contours leurs pentes hardies et rapides. Le *temple de Jupiter-Panhellénien* s'élève au-dessus de la première et dessine ses profils magiques sur la partie du ciel qui s'enflamme de feux. C'est en ce moment que, pour la première fois, j'admire cette splendeur de firmament qui donne un charme tout particulier à l'Orient.

Devant nous l'Attique déploie ses splendeurs de nature; mais ce qui complète le tableau, ce sont le *Pentélique*, l'*Hymette*, le *Lycabette*, et d'autres chaînes moindres, le *Laurium* par exemple, où les Athéniens exploitent des mines d'argent, qui forment un immense amphithéâtre dont l'Acropole est le centre, et que la lumière du jour naissant inonde de ses plus vifs rayons.

Les collines du *Pnyx*, de l'*Aréopage*, des *Nymphes* et de *Musée*,

---

(1) Le *cap de Sunium*, appelé maintenant *cap Colonne*, était sacré du temps d'Hérodote. Ménélas, à son retour de Troie, y fit inhumer son pilote *Phrontis*. C'est une des plus belles positions de la Grèce; dominant majestueusement la mer, il est escarpé de toutes parts, excepté du côté des terres; vers le nord-ouest se trouve la longue chaîne du Laurium, qui va se joindre à l'Hymette dans la direction de la campagne d'Athènes, à environ quarante kilomètres de là.

Construit en marbre blanc, à la plus belle époque de l'art grec, le *temple de Minerve Suniade* était d'ordre dorique. Treize colonnes étaient encore debout lorsque ces ruines furent visitées par la commission scientifique de Morée. La surface exposée du côté de la mer est corrodée. La frise de l'entablement du pronaos était décorée de bas-reliefs figurant le combat des Centaures et des Lapithes. (E. Charton, *Voyages anciens et modernes*.)

composent à leur tour le diadème de leur reine, la brillante *Acropole*.

Au milieu d'elles, au plus haut de la plaine se dessine nettement le rocher de marbre blanc et rouge de l'Acropole ou *Ville-Haute*, entourée de son enceinte de murailles, qui suit les inégalités du plateau. Si sa partie supérieure est horizontale, la hauteur de ces murailles n'en est pas moins accidentée par suite des caprices des angles, des élévations et des descentes des bords de la roche sacrée. Mais comme le sol de la plaine monte, monte toujours, la pointe orientale de l'Acropole est beaucoup plus escarpée, cent cinquante-quatre mètres d'élévation! et plus élevée que le cône occidental, qui se raccorde presque avec le terrain. La circonférence de cette colline de Minerve est de huit cents mètres.

L'Acropole se dresse là comme un autel aux dieux, et c'est en effet le plus beau piédestal que l'antique humanité ait pu ériger pour y asseoir son *Parthénon*, expression de la sagesse dont le fondateur Cécrops voulait inspirer, dans Minerve, l'amour à son peuple.

Les deux ruisseaux du Céphise, à notre gauche ou à l'occident, et de l'Ilissus à notre droite ou au nord, enveloppent la *Ville-Basse*, étendue fort au loin tout autour de l'Acropole, de leur zone d'or qui rutile partout où les platanes de leurs rives ne les couvrent pas de leur épais ombrage. Dans son ensemble, Athènes offre un développement de sept lieues.

Au-dessous de nous se creusent en courbes élégantes les trois *ports du Pirée*, de *Phalère* et de *Munychie*, avec leurs entrepôts, leurs chantiers, leurs arsenaux, leurs bourgades animées, et les *temples de Jupiter*, au couchant, de *Vénus* et de *Cérès*, au levant, sanctuaires aériens et élancés, car ils occupent le sommet de quelques mamelons de la côte et se mirent dans les eaux du golfe de Saro.

Les *Longs-Murs* de Thémistocle, avec la double rangée de tombeaux, de sarcophages, de cénotaphes, de stèles et de cippes de leur enceinte, s'éloignent du Pirée et gravissent la plaine en pente douce qui monte vers Athènes, dont ils rejoignent la porte Dipyle, où s'arrêtent ces larges constructions, épaisses comme les murailles de Babylone.

En vérité, je n'y reconnais plus l'Athènes primitive, cette Athènes jadis mollement assoupie sous la tutelle de sa modeste forteresse de Cécropia.

Aussi le comte de Froley, qui devine ma pensée, me dit-il :

— Les temps ont marché depuis les Pélasges, n'est-il pas vrai, mons Théobald, et les hommes de génie de cette ville fameuse se sont produits, et avec eux leurs œuvres. Aussi, rends-toi bien compte des beautés toujours croissantes de cette ville, et possède ton Athène dans ton imagination, comme tu sembles la chérir dans ton cœur.

C'est alors l'archéologue Marius qui prend la parole :

— Après la plaine des morts, fait-il en montrant les Longs-Murs, se montre la cité des vivants.

Voici la *porte Dipyle*, porte de Jupiter, *Dios pulê*, qui donne entrée dans la Ville-Basse, *cata polis*.

A droite et à gauche de la porte Dipyle s'élancent dans tout le pourtour d'Athènes, qu'elles enferment de leur enceinte, des murailles fortes et puissantes, destinées à protéger la ville contre les attaques de l'ennemi. Ces murs chevauchent ici et là sur les collines du Pnyx, de l'Aréopage, etc., qu'ils n'enveloppent pas entièrement (1). Sur les quatre points cardinaux ils sont percés d'autres portes, *porte Mélitide*, entre le Pnyx et la colline de Musée, etc., qui ouvrent sur les routes conduisant aux villes du voisinage et donnent accès aux troupes, aux pourvoyeurs de la cité, etc.

Suivez du regard ces longues rues qui montent, montent encore, montent toujours, et se succèdent jusqu'à la Ville-Haute, *acra polis*.

Elles vous feront traverser d'abord l'antique et célèbre *Agora*,

(1) On trouve de nos jours des portions de l'ancienne muraille de la ville, en gros blocs de grand appareil en pierres du Pirée, sur le Pnyx, sur la colline de Musée, et de la colline des Nymphes.

vaste place publique, rectangulaire et entourée de portiques, afin que les citoyens puissent se mettre à l'abri du soleil, lorsqu'il est trop brûlant, et de la pluie, quand elle tombe. C'est dans l'Agora que se tiennent les marchés aux légumes, aux fleurs, aux comestibles rustiques, etc. ; c'est là surtout que la plèbe afflue et se promène, en s'entretenant d'une façon frivole des faits et gestes des hommes marquants de la cité, et critiquant la direction des affaires publiques. C'est aussi dans son enceinte que la jeunesse d'Athènes se livre à des jeux gymnastiques et que la tragédie naissante promène son char ou élève ses tréteaux sur lesquels se panadent et divertissent le peuple ses acteurs barbouillés de lie, ou le visage couvert d'un masque riant d'un côté, sérieux ou pleurant de l'autre. C'est là enfin que des magistrats nommés *Agoranomes*, armés de fouets et aidés d'archers et de soldats de police, appelés *Scythes, Scutai*, veillent au maintien de l'ordre et jugent les différends qui surviennent entre les vendeurs et les acheteurs, ceux qui jouent et ceux qui passent (1).

Nous sommes ici dans le *quartier Céramique intérieur;* intérieur, parce que, plus au nord-ouest de l'Acropole, se trouve un quartier dit Céramique extérieur. Ce nom de Céramique leur vient des ouvrages en terre cuite, vases, tuiles, etc., que l'on y fabrique.

Après l'Agora, voici le *Portique royal*.

Athènes, comme vous savez, est gouvernée par des *archontes*. Mais,

(1) « Les *Agoras* étaient en grand nombre à Athènes, dit M. Ernest Breton. La plus ancienne, qui, par la suite fut appelée vieille Agora, était située, suivant Robinson, dans le Céramique intérieur, non loin de la porte Dipyle. Elle était consacrée à toute espèce de commerce, mais chacun avait sa place séparée.

» Il ne reste plus rien, dans la moderne Athènes, de l'antique Agora, non plus que du *marché aux esclaves*, du *marché aux farines*, du *bazar où l'on vendait des parures de femmes*. Il y avait aussi l'Agora aux vins, l'Agora aux huiles, etc., de même que, à Rome, on trouvait le *Forum Boarium, Suarium, Piscarium*, etc., destinés au commerce des bœufs, des porcs, des poissons.

» Des diverses Agoras d'Athènes, une seule se retrouve en partie dans la ville moderne. C'est l'entrée monumentale de la nouvelle Agora, qui s'élève encore sur une place, en face de la rue du Pœcile, entre le gymnase de Ptolémée et la tour des Vents, dans l'ancien quartier d'Érétrie. » (*Athènes écrite et dessinée par Ernest Breton.*)

parmi ces archontes, il en est un que l'on nomme archonte roi, qui tient son tribunal sous ce portique, d'où lui vient le nom de Portique royal.

Il y arrive parfois que l'Aréopage, ce conseil sacré dont nous parlerons, quitte la colline où se tiennent ses séances, et vient tenir ses assises sous ce Portique, l'un des plus beaux de ceux qui décorent Athènes.

Ils sont nombreux cependant, car vous voyez que toutes les rues qui rayonnent autour de l'Agora que nous quittons, et toutes celles qui aboutissent à ce Portique royal, sont généralement bordées de ces portiques, soit isolés, comme une galerie servant de promenoir et faisant communiquer un quartier avec un autre, soit adossés aux maisons auxquelles ils servent de vestibules.

C'est qu'à Athènes les oisifs et les philosophes sont nombreux, et que, pour disserter sur des choses savantes ou des futilités, il leur faut des portiques sous lesquels ils puissent se promener à l'abri.

Le Portique royal porte au front, comme vous voyez, en guise de diadème, une rangée de statues en terre cuite. Je signale à votre attention celle de Thésée, qui précipite dans la mer le brigand Scyron, dont vous avez vu le drame, et l'Aurore qui enlève Céphale. Près de l'entrée principale, voici également, mais en bronze, la statue de Pindare, avec un livre sur les genoux, une lyre à la main et une couronne sur la tête. Sa place serait à Thèbes, sa patrie. Mais Thèbes est ingrate vis-à-vis du poète, qui fait sa gloire cependant; et, pour insulter à Thèbes, qu'elle n'aime pas, Athènes glorifie le grand homme.

Cet autre portique, qui fait suite, est le *Portique de Jupiter-Libérateur*, décoré des peintures des douze grands dieux, de Thésée, du peuple athénien et de diverses batailles. Ce beau travail est dû au peintre Euphranor, illustre entre tous par le mérite de son pinceau (1).

(1) *Euphranor*, peintre et sculpteur grec, né à Corinthe, contemporain et neveu de Parrhasius et de Phidias, vivait trois cent soixante ans avant J.-C. On admirait de lui un tableau de la bataille de Mantinée, les statues de Pâris de Thésée Minerve, etc.

Nous entrons actuellement dans une rue formée uniquement d'édifices magnifiques, dus à des hommes célèbres.

Vient ensuite l'édifice nommé *Tholus*, trésor et palais des anciens rois d'Athènes. Or, comme l'autorité de ceux-ci passa aux *prytanes*, magistrats inférieurs aux archontes, et qui cependant rendent la justice, ces prytanes offrent des sacrifices dans le Tholus, où l'on voit quelques statues d'argent.

Un peu plus haut sont les *statues des Eponymes*, dont les tribus d'Athènes ont successivement pris les noms. Ces éponymes n'étaient autre chose que les héros d'Athènes, Cécrops, Erechthée, Cranaüs, etc., etc. C'est sous le *Portique des Eponymes* que l'on affiche les décrets et les annonces publiques.

Ce portique des Eponymes sépare le Pœcile du temple de Thésée que nous allons tour à tour visiter. Pour arriver au premier, tout en admirant ces merveilles de l'art, statues de Praxitèle et de Phidias, qui décorent ces façades de demeures particulières, suivons la direction de cette rue magnifique.

Vous y voyez quantité de statues de marbre en forme de gaînes surmontées d'une tête de Mercure : c'est ce que l'on nomme des *Hermès*. De simples particuliers en ont fait hommage à la ville; quelques-unes proviennent des magistrats qui les ont érigées pour la décoration de la cité.

Cette *rue des Hermès* se termine par deux portiques qui forment l'entourage d'une vaste place.

L'un d'eux est le *Portique des Hermès*, qui montre trois de ces Mercures sur lesquels, après une victoire sur les Mèdes, on inscrivit l'éloge décerné par le peuple d'Athènes à ses vaillants soldats.

L'autre est le *Pœcile*, le plus admirable et le plus grand de tous les portiques d'Athènes.

Le Pœcile offre d'abord, à son entrée principale, parmi nombre de statues, celles de Solon, le grand législateur d'Athènes, et de Seleucus. Lorsqu'on pénètre dans l'intérieur, on trouve un double portique, fermé à chaque extrémité et partagé dans toute sa longueur par un mur percé, seulement au milieu, d'une porte qui permet de voir que, de cette galerie double, l'une, exposée au nord, offre en été un abri contre la chaleur ; l'autre, regardant le midi, concentre pendant l'hiver les rayons du soleil. Ainsi, le Pœcile, long de vingt-cinq mètres et large de moitié, n'est qu'un vaste promenoir à l'usage des citoyens. Le long de ses murailles, sont suspendus de nombreux boucliers d'airain, les uns pris aux Scionéens et à leurs alliés ; les autres, enduits de poix, afin d'être préservés de la rouille, sont, dit-on, ceux des Lacédémoniens faits prisonniers dans l'île de Sphactérie.

Souillé du sang de nombreux citoyens immolés par ordre des trente tyrans de Lacédémone, comme vous le verrez plus tard, le Pœcile, rendu odieux aux Athéniens par ce funeste souvenir, restera abandonné pendant plus de cent ans ; mais Zénon lui rendra son ancienne célébrité en choisissant ce *Stoa* ou Portique pour son école de philosophie, dont les disciples prendront le nom de *Stoïciens*.

Avant de nous en éloigner, admirons le talent avec lequel les peintres d'Athènes ont su orner et enrichir de peintures murales historiques le Pœcile, devenu ainsi la plus belle page des annales de la République athénienne.

Pour enrichir Athènes de monuments splendides, Périclès ne se faisait pas scrupule d'employer l'argent du trésor des alliés. Ce n'était pas d'une morale très sévère, mais Athènes remplissait de son côté ses engagements, et cela devait suffire à la confédération grecque. Alors, inspiré par son génie, les mains chargées des dons qui font naître le génie des autres, Périclès fit briller, dans Athènes, un des plus vifs éclairs de civilisation qui aient lui sur le monde. Ce fut à bon droit qu'on nomma son époque Siècle de Périclès. Quel temps que celui où pouvaient se rencontrer dans une même cité, à côté de ce grand homme, au moment où venait de mourir *Eschyle*,

*Sophocle* et *Euripide*, les deux plus grands poètes tragiques de tous les âges ;

Un puissant orateur, *Lydias*;

*Hérodote*, un conteur inimitable;

L'astronome *Méton*;

*Hippocrate*, le père de la médecine;

Le premier des poètes comiques de l'antiquité, *Aristophanes*;

*Phidias*, le plus illustre de ses artistes;

Puis *Apollodore*, *Zeuxis*, *Polygnote* et *Parrhasius*, les plus fameux de ses peintres;

Enfin, deux philosophes immortels, *Anaxagore* et *Socrate*.

Si l'on songe que cette même cité venait de perdre *Eschyle*, et qu'elle allait avoir *Thucydide*, *Xénophon*, *Platon*, *Démosthènes* et *Aristote*, on ne s'étonnera pas que, sous de tels maîtres, Athènes soit devenue ce que Thucydide l'appelle : l'institutrice de la Grèce !

Ajoutons : l'institutrice du monde !

Mais, puisque nous sommes au Pœcile, disons que Phidias était le roi de l'art, il mérita le nom de l'*Homère de la peinture*. En effet, un de ces hommes qui croient que l'art est la copie servile de la nature lui demande, un jour, où il a pris la figure de son Jupiter-Olympien :

— Dans Homère ! répond-il.

Et il récite ces trois vers de l'auteur de l'*Iliade* :

« Ayant dit, le fils de Saturne fit, de ses noirs sourcils, le signe du commandement. Ses cheveux, parfumés d'ambroisie, s'agitent sur sa tête immortelle, et il fait trembler le vaste Olympe. »

Mais, comme Alexandre, Phidias a sous lui des lieutenants dignes de commander en chef :

*Ictinos* et *Callicratès*, qui construisent le Parthénon;

Le Macédonien *Hippodamos*, qui achève les fortifications du Pirée, la première ville de la Grèce, bâtie sur un plan régulier;

*Mnésiclès*, l'habile architecte, qui élève les propylées de l'Acropole, le plus merveilleux vestibule de marbre qu'il soit possible de rêver, propylées qui coûtent deux mille douze talents et sont l'œuvre de cinq ans de travail;

*Panœnos*, son propre frère, qui décore le Pœcile, comme nous allons voir ;

*Micon* et d'autres encore, qui peuplent Athènes de leurs chefs-d'œuvre.

Plus tard, dans deux cents ans, **Apelles** et **Praxitèle** viendront à leur tour, et feront la gloire d'Athènes, comme Phidias a fait son honneur (1).

D'ici, sans nous écarter, vous pouvez voir, au milieu d'une place et dans l'axe de la *rue d'Eole*, au pied et au nord de l'Acropole, près de la nouvelle Agora, un petit édifice de marbre blanc et de forme octogone, qui a nom la *tour des Vents*, ou Horloge d'eau, d'Andronicus Cyrrhestes. Sur chacun des côtés est l'image de l'un des vents à l'opposite du lieu où il souffle. Sur cette tour, qui se termine en pyramide, vous reconnaissez un Triton d'airain qui tient une baguette de la main

(1) Du *Pœcile* rien ne reste dans la moderne Athènes, si ce n'est l'angle d'un mur fort épais, en équerre, « dont l'authenticité est fort contestable et même fort contestée, dit M. Ernest Breton. On a cependant donné son nom à la rue où il se trouve, *Odos Poicilou*, et sa position à l'extrémité du Céramique intérieur rendrait cette attribution fort vraisemblable, en même temps que la description que Pausanias nous a laissée du Pœcile ne permet pas de s'arrêter un instant à l'opinion » de ceux qui croient trouver cet édifice dans le Portique d'Adrien.

» Le nom primitif du Pœcile, dont Picidias avait été l'architecte, fut *Portique Pisianaction*. On lui donna celui de Pœcile, *Poicilé stoa*, lorsqu'il eut été décoré de peintures. On ignore l'époque de sa construction, mais il est certain qu'il existait depuis assez longtemps lorsqu'on songea à l'enrichir des chefs-d'œuvre du pinceau, et, comme Cimon revint à Athènes en 468 avant J.-C., il semblerait assez naturel de rapporter à cette époque l'exécution de peintures destinées à immortaliser la victoire remportée, à Marathon, par son père Milliade.

» On sait qu'Adrien, empereur de Rome, avait réuni à sa villa Adriana de Tivoli, près de Rome, la reproduction des monuments qui l'avaient le plus frappé dans ses voyages. Le Pœcile fut de ce nombre, et c'est par les ruines de sa copie, encore debout à la villa Adriana, qu'il nous est possible de concevoir une idée exacte de ce qu'il était à Athènes.

» Nous avons dit que l'authenticité des ruines attribuées au Pœcile est fort peu prouvée. En effet, ce qui reste encore debout ne paraît pas avoir appartenu à un portique double, mais à l'extrémité occidentale d'un portique simple, ouvert au nord, et s'étendant, il est vrai, comme le Pœcile, de l'est à l'ouest. » (*Athènes écrite et dessinée par Ernest Breton.*)

droite. La machine est ajustée de telle sorte que le Triton, en tournant, se tient toujours opposé au vent qui souffle, et l'indique avec sa verge (1).

La grande place et les palais qui font face aux Portiques des Hermès et au Pœcile, se nomment nouvelle Agora et Prytanée.

La *nouvelle Agora* est décorée d'un propylée qui lui tient lieu de porte. Ce propylée se compose de quatre colonnes doriques sans base; un entablement et son fronton le couronne. Les entre-colonnements de droite et de gauche sont assez rapprochés, tandis que celui du milieu, beaucoup plus large, offre une entrée majestueuse. Le nombre des triglyphes est double à cet entre-colonnement central; les métopes n'ont jamais été ornées de sculptures, non plus que le tympan du fronton.

En arrière de ce propylée s'étend un triple passage : deux pour les piétons, et un, plus large, au centre, pour les charrettes et les bêtes de somme qui apportent des marchandises au marché.

Car cette Agora, elle aussi, est consacrée à toute espèce de commerce, mais les marchands, comme vous voyez, y ont tous une place séparée. Au moment de la vente, la nouvelle Agora est remplie par une énorme affluence de peuple.

Aussi, quand une assemblée des citoyens doit avoir lieu, et que ceux qui sont à la nouvelle Agora tardent à se rendre au Pnyx, les magistrats font tendre, sur cette Agora, une corde teinte de rouge que l'on tire en avant, vers la sortie, afin de chasser la foule et de la pousser vers le Pnyx. La corde déteint alors sur les habits des retardataires, qui sont alors facilement reconnus et condamnés à une amende.

C'est pour cela qu'Aristophanes, le poète comique d'Athènes, dit :

(1) « Entièrement dégagée des décombres dans lesquels, lors de l'expédition de Morée, elle était encore à moitié ensevelie, la *tour des Vents* se trouve aujourd'hui isolée dans une enceinte en contre-bas de cinq mètres au moins au midi, et de trois mètres seulement au nord, fermée par une grille, et dans laquelle sont déposés divers fragments antiques. » (*Athènes écrite et dessinée par Ernest Breton.*)

— Le Pnyx est encore désert; les citoyens sont occupés à bavarder dans l'Agora, tout en s'efforçant d'éviter la *corde rouge*...

La nouvelle Agora est décorée de statues élevées en l'honneur de certains hommes et même de quelques rois qui ont bien mérité de la République et de la cité d'Athènes. De hauts platanes ornent aussi cette belle enceinte, et, par leurs ombrages délicieux, invitent les habitants à venir y passer les heures brûlantes du jour. Enfin, des cippes et des stèles, placés de distance en distance, rappellent aux promeneurs les lois de Solon et les décrets du peuple (1).

Voici maintenant le *Prytanée*, au pied de l'Acropole, assez près à l'est de la grotte d'Aglaure, et voisine de l'ouverture de la rue des Trépieds. C'est un édifice qui, fondé primitivement par Thésée, a un grand nombre de destinations différentes. On y loge et on y nourrit cinquante sénateurs appelés *prytanes*, pendant l'exercice de leurs fonctions, qui consistent à rester constamment réunis pendant quinze jours, pour veiller sans relâche à la sûreté de l'Etat. D'énormes revenus sont assignés à cet établissement. On y reçoit aussi les ambassadeurs étrangers et tous ceux envers lesquels la République veut exercer l'hospitalité. Dans certaines circonstances, on y donne des festins publics, auxquels tous les citoyens peuvent prendre part.

On voit dans ce palais les statues de la Paix, de Vesta et de quelques hommes célèbres, tels que Miltiade, Thémistocle, et un habile lutteur, Autolycus, etc. Il renferme aussi un tribunal où l'on juge le fer et tout autre instrument qui a servi à commettre un crime. Pausanias nous dit que cet usage prit naissance au temps du roi Erechthée. Lorsque le *buphone*, c'est-à-dire le sacrificateur des bœufs, tua pour la première fois un bœuf, il laissa là sa hache et s'enfuit. On fit aussitôt le procès à la hache, que l'on trouva innocente. Cet usage se

---

(1) Des diverses *Agoras* d'Athènes, une seule se retrouve en partie dans la ville moderne, dit M. E. Breton. L'entrée monumentale de la nouvelle Agora s'élève encore sur une place en face de la rue du Pœcile, entre le gymnase de Ptolémée et la tour des Vents, dans l'ancien quartier d'Eritrée.

perpétue à l'endroit des buphones... En outre, les objets qui ont occasionné la mort de quelque citoyen sont condamnés à l'exil et transportés hors du territoire de la République.

Dans le Prytanée brûle sans cesse un feu dont l'entretien est réservé à des veuves qui, l'âge de l'hymen passé, se sont consacrées au culte de la mère des dieux. Ce feu est l'image du foyer de l'Etat, et c'est à ce titre que ses hôtes viennent s'y asseoir.

Lorsque les Athéniens se repentiront de leur ingratitude envers leur célèbre orateur Démosthènes, ils décideront, après sa mort, qu'une statue lui soit élevée, et que l'aîné de ses descendants sera nourri au Prytanée (1).

Les immenses réfectoires du Prytanée, placés sous la partie du palais que l'on nomme *Rotonde*, offrent une noble hospitalité à tous les citoyens qui se sont ruinés au service de l'Etat, ou qui l'ont honoré par leur génie et leurs vertus.

Un peu au-dessus du Pœcile, en montant vers l'Acropole, on trouve un autre édifice qui est le siége du *Sénat* ou conseil, créé par Solon. Ce conseil, composé de cinq cents membres, puis de six cents, est chargé d'examiner les questions qui doivent être soumises à la délibération du peuple, et qui ne sont présentées aux assemblées que revêtues de son approbation et sous le nom de sénatus-consultes (2).

---

(1) « Le *Prytanée* fut renversé par un tremblement de terre, nous dit M. E. Breton, la sixième année de la guerre du Péloponèse, — 426 avant J.-C., — mais il fut reconstruit, et Leake regarde comme certain qu'on peut lui attribuer quelques ruines dont la position est parfaitement d'accord avec le récit de Pausanias. C'est en effet au pied de l'Acropole, à peu de distance et à l'est de la grotte d'Aglaure, et près du lieu où commençait la rue des Trépieds, que, au fond d'une impasse ouvrant sur la rue d'Adrien, on trouve un pan de muraille, seul reste du Prytanée. Le côté extérieur de la muraille, entièrement défigurée par des bâtiments qui y ont été accolées, donne sur une place nommée place du Prytanée. »

(2) « De l'édifice où siégeait le *Sénat*, il ne reste aujourd'hui que de grandes substructions en pierre du Pirée, de nombreux tronçons de colonnes non cannelés, d'autres, cannelés, un peu plus forts, et une base. Sur un des fûts de colonnes on lit cette inscription assez mal orthographiée :

» *Le Sénat et le peuple honorent Xénoclès de Rhamnonte, fils de Théopompe, qui a été*

C'est le Sénat qui fournit les cinquante prytanes qui sont d'office pendant quinze jours.

Voici maintenant venir le *Métroun*, temple de Cybèle, ainsi nommé de *mêter*, *mère*, parce qu'elle est la mère des dieux. Il est placé au-dessous de l'Acropole encore, et en face de la grotte de Pan. Une vaste enceinte l'entoure et on y voit nombre de statues. Mais la plus remarquable de toutes est celle de la déesse, car elle est l'œuvre de Phidias.

Les Athéniens placeront un jour dans ce sanctuaire le tonneau de Diogène, comme une précieuse relique de ce philosophe cynique.

Je vous signale aussi, au nord de l'Acropole :

Le *temple de Cérès*, entre la tour des Vents et la nouvelle Agora;

Le *sanctuaire des Dioscures* ou de Castor et Pollux, qui se trouve immédiatement au-dessous de la grotte d'Aglaure, à l'Acropole.

Puis le *camp des Scythes*, dont la République fait les frais pour maintenir l'ordre dans la capitale.

Mais avant de nous diriger vers le point septentrional, étudions un moment le *temple de Thésée,* que voici au sud-est de la même Acropole, et qui est le centre de toutes ces richesses architecturales.

Cet édifice, essentiellement dorique, est admiré des Athéniens à l'égal du Parthénon. Il se trouve placé sur un plateau légèrement surélevé, qui se détache au nord de la colline de l'Aréopage, qui est elle-même au sud-ouest de l'Acropole. Il est hexastyle, c'est-à-dire à six colonnes de face et périptère, c'est-à-dire encore ayant un pourtour extérieur qui présente sur toutes ses faces un rang isolé de colonnes, n'étant point engagées dans le mur et formant sur tout le tour du temple un portique couvert. Il se compose d'un péristyle et

---

*fondateur du grenier de réserve, deux fois commissaire pour l'achat des grains, et quatre fois nommé commandant des oplites pour son mérite et sa bienveillance pour eux.*

» Au milieu des ruines est une ancienne citerne, et dans un massif de construction on voit enclavée une grande jarre de terre cuite, un *dolium*. Plusieurs fûts de colonnes d'un faible diamètre et de marbre du mont Hymette, ont dû appartenir à l'église byzantine, devenue mosquée, qui avait remplacé le Sénat... » (*Er. Breton*, Athènes.)

d'une cella comprenant le pronoas, le naos ou sanctuaire et le posticum. Sa toiture est formée de magnifiques tuiles de marbre blanc.

Sa façade principale est tournée à l'orient. Il s'élève sur un stylobate formé de deux degrés de marbre reposant sur des assises de pierre du Pirée. Le plus beau marbre pentélique le compose dans une longueur de près de cent pieds. Ses colonnes d'ordre dorique, cannelées et sans base, n'ont pas d'astragale ; la hauteur des fûts est de quinze pieds sans le chapiteau, qui est assez bas. Des grilles ferment tous les entre-colonnements. Entre chacune des poutres de marbre qui forment le plafond des portiques, se trouvent des caissons, disposés sur deux rangs et creusés dans les plaques de marbre. Ces plaques sont divisées par caissons. Sur les poutres sont peints des oves, aussi bien que sur les bords des caissons, dont le fond est orné d'étoiles peintes en bleu et en rouge. Il est en outre décoré d'ornements peints, en bleu dans les triglyphes, en rouge dans le fond des métopes (1). Des acrotères sont placés en saillie sur l'arête du fronton, qui, lui aussi, est enrichi, au moins celui qui regarde l'orient, de riches sculptures en ronde-bosse que des crampons y tiennent solidement fixées.

D'après ce que vous savez, Théobald, de l'amitié qui unissait Thésée à Hercule, vous ne serez pas étonné de retrouver l'histoire des exploits des deux héros dans les métopes de ce temple, consacré au premier, à son retour de Crète, après sa victoire sur le Minotaure. Ainsi vous reconnaissez sur les métopes de la façade :

Hercule tuant le lion de Némée ; puis l'hydre de Lerne, en présence d'Iole ; puis le même héros domptant le sanglier de la forêt d'Erymanthe ; bref, les plus fameuses aventures du fils de Jupiter.

---

(1) Les *triglyphes* sont des espèces de bossage qui, dans la frise dorique, offrent des rainures profondes et verticales, appelées *glyphes* ou canaux : la triglyphe est composée de deux cannelures au milieu et de deux demi-cannelures sur les côtés, ce qui en fait trois, *tri glyphes*. Les triglyphes sont séparées par les métopes.

*Métope*, de *metôpon*, *front*, est l'intervalle carré qui se trouve entre les triglyphes de la frise dans les colonnes de l'ordre dorique. On y place des vases, trépieds, têtes de génisses ou bélier, etc.

Les métopes en retour aux côtés du temple sont consacrés aux beaux faits de Thésée : Thésée tuant le brigand Corynète; Thésée et Créon; Thésée et Sciron; Thésée tuant la laie de Crommyon; puis le Minotaure; puis le taureau de Marathon; puis Thésée et Cercyon, et enfin Thésée et Procuste, drames qui tous vous sont connus.

En outre de ces décorations du fronton oriental et des métopes, il faut remarquer encore deux frises placées sous les portiques, aux deux extrémités de la cella : avec les autres sculptures désignées, ces frises sont l'ouvrage de Micon, élève, comme Phidias, d'Agéladas d'Argos. La frise du pronaos, œuvre capitale, représente la bataille des géants contre les dieux; celle du posticum offre au regard le combat des Centaures et des Lapithes. Thésée y est montré seul vainqueur de son antagoniste. Micon a fait en faveur de ce héros la même exception dans une peinture de la muraille de la cella.

Quand ce temple lui fut dédié, Thésée ordonna que le revenu destiné à l'entretien de l'édifice et les frais des sacrifices seraient pris sur le tribut que l'on payait au roi Minos et dont lui, Thésée, avait affranchi les Athéniens. Elevé par les soins de Cimon, vers 460 avant J.-C., et sur les dessins de Micon, pour y déposer les dépouilles du héros, ce sanctuaire est un lieu d'asile pour les esclaves maltraités par leurs maîtres et pour les citoyens poursuivis par quelques hommes puissants, le tout en mémoire de Thésée, dont la vie entière avait été consacrée à la défense de l'infortune et de la faiblesse. Banni et mort en exil, par suite de l'ingratitude des Athéniens, Thésée, ainsi que le rapporte Plutarque, fut pieusement rapporté à Athènes, où il reçut les honneurs divins dans son *Théséion* (1).

(1) Beaucoup d'autres temples furent élevés, dans Athènes, à la gloire de Thésée, mais il n'en reste aucun vestige de nos jours.

Celui dont il est question ici reçut les dépouilles mortelles de Thésée. Il fut achevé en 470 avant J.-C., huit cents ans après la mort de Thésée, quarante ans avant celle de Périclès, et trente ans avant la construction du Parthénon. Il est le mieux conservé des monuments d'Athènes. Tout en ressemblant beaucoup au Parthénon, il est loin de produire le même effet à cause du site, et n'est point décoré des chefs-d'œuvre dont l'autre était orné. Il avait toutefois à l'intérieur de magnifiques peintures.

Entre l'Agora et le temple de Thésée, continue Marius, que son amour de l'art inspire d'un feu sacré, voici le *Ptolemœon*, gymnase magnifique élevé par Ptolémée-Philadelphe, vers le milieu du IIIe siècle avant J.-C. La statue de Ptolémée, son auteur, décore son enceinte, ainsi que celles de Juba le Libyen et de Chrysippe de Soles. Dans ce vaste édifice vous voyez l'une de ces arènes exclusivement réservées aux exercices gymnastiques, qui tiennent une place si importante dans l'éducation de la jeunesse grecque. Ce gymnase de Ptolémée, comme tous les autres gymnases, est divisé de cette sorte :

On y trouve d'abord l'*Ephebeum,* pièce immense où les jeunes gens, *éphêboi*, s'exercent en présence de leurs maîtres, *gymnastai*, et qui est entourée de siéges pour les parents, les précepteurs et les curieux.

Vient ensuite le *Corycœum,* autre pièce spacieuse destinée à un jeu qui consiste à pousser et à repousser à coups de poings un large sac, *côrycos*, suspendu au plafond et rempli de graines, de noyaux, etc.

Succède le *Conisterium,* salle dont le parquet est couvert de poussière, *conis*, ou de sable fin et jaune, dont les lutteurs se frottent le corps afin d'avoir plus de prise l'un sur l'autre.

« Dans les temps modernes, nous apprend M. E. Breton, le temple de Thésée, après avoir servi longtemps d'église aux chrétiens, puis d'écurie aux Turcs, avait reçu une destination touchante : il servait de mausolée aux malheureux voyageurs qui expiraient loin de leur patrie. Abandonné pendant quelque temps, il n'était plus que l'école des architectes, qui admiraient la pureté de son style ; des peintres, qui en reproduisaient à l'envi la belle couleur dorée ; maintenant, il est converti en Musée où sont réunis en assez grand nombre ces précieux fragments que le sol d'Athènes rend chaque jour à la lumière.

» Sur le terrain qui s'étend au sud-est du temple, le peuple grec vient encore, le mardi d'après Pâques, exécuter une danse appelée le *Labyrinthe*, que les jeunes gens y dansaient déjà le huitième jour du mois de Pyanepsion, — novembre, — et que Thésée lui-même avait exécutée à son retour de l'île de Crète : dansa une manière de danse que les Déliens gardent encore aujourd'hui, dit Plutarque... Le reste de l'année, cette esplanade est occupée par des troupes grecques, et les échos de l'Acropole et de l'Aréopage ne cessent de répéter les commandements, qui se font en français... »

C'est ensuite l'*Elæothosium*, simple cabinet où les jeunes athlètes se frottent d'huile avant les exercices qui demandent de la souplesse.

Se présente alors le *Sphæristerium*, ou jeu de balle, *sphaira*.

Un *stade*, pour la course à pied, le saut et le jet du disque;

Un portique double et fort large, *Xyste, xystos*, construit de manière que, le long du mur et le long des colonnes, il y a comme des chemins élevés larges de dix pieds qui laissent au milieu un autre chemin bas, large au moins de douze, afin que ceux qui se promènent habillés sur le chemin haut ne soient point incommodés par ceux qui s'exercent dans le bas.

Des *aires* pour la lutte, la palestre, le pugilat, le pancrace et les autres exercices des bras, telles sont les différentes salles, plus ou moins vastes, dont se composent les gymnases.

On y rencontre enfin des *Bains*, et dans ces bains des *Exèdres* ou salles de conversation, des portiques pour la promenade, des allées découvertes, *paradromoi*, des jardins, des fontaines, des pièces d'eau, etc.

Que vos yeux s'arrêtent à présent sur cette autre merveille de l'art, là, au sud-est de l'Acropole toujours!

— Quelle magnificence, en effet, m'écriai-je saisi d'admiration, et à quel dieu ce temple, — d'ordre corinthien, le plus moderne et le plus riche des ordres grecs; diptère, c'est-à-dire entouré tout entier d'un double rang de colonnes, qui devient même triple sur les façades, et tout en marbre pentélique, — peut-il être dédié?

— A Jupiter-Olympien! cher cousin... me répond Even. Enfin, je vois avec bonheur, avec gloire même, que vous saisissez, que vous comprenez les beautés, les prodiges de l'architecture grecque que nous faisons passer tour à tour sous vos yeux dans ce vaste sanctuaire des arts que l'on nomme Athènes. Remarquez, Théobald, que la disposition de ce *temple de Jupiter-Olympien* est la plus riche et la plus dispendieuse de toutes, et par là même la plus rare (1). On ne compte pas moins de cent vingt-quatre colonnes à l'extérieur de cet édifice, long de cent vingt mètres et large de cinquante-quatre. Les façades ont dix colonnes et les ailes vingt, en comptant deux fois les colonnes d'angle. Ces colonnes, hautes de vingt mètres, dont le chapiteau fleuri compte à lui seul deux mètres cinquante centimètres, et qui ont un diamètre de six pieds et une circonférence de quinze, sont diminuées à partir de la base, de manière à présenter une belle ligne courbe. La largeur des entre-colonnements est de près de six pieds.

— Voyez avec quelle entente du paysage les Athéniens ont élevé ce temple sur un plan incliné, dans la direction de l'Ilissus, ce joli petit fleuve qui arrose la plaine orientale d'Athènes! dis-je à Even. Comme ce peuple comprenait bien l'effet que devaient produire leurs monuments vus à distance. Et quelle vaste esplanade il occupe! Elle forme le péribole de l'édifice, et sa longueur est parfaitement en rapport avec l'immensité du temple.

— Commencé par Pisistrate, à qui ce monument coûta des sommes considérables, reprend ma cousine, la gloire de finir ce temple était réservée à l'empereur Adrien; aussi la Grèce retentissait d'éloges à l'endroit de ce prince, quand il mit à fin cette œuvre grandiose.

L'enceinte de l'édifice, le péribole, comme vous voyez, qui n'a pas moins de quatre stades de tour, est rempli de statues, chaque ville de la Grèce en ayant érigé une à la gloire d'Adrien : mais les Athéniens les ont toutes surpassées en plaçant derrière le temple cette statue colossale du même prince. On y remarque aussi, et considérez-les, divers monuments anciens, un Jupiter en bronze, un sanctuaire de Saturne et une enceinte consacrée à la Terre, surnommée Olympienne. Le sol de cette enceinte offre une ouverture d'une coudée environ,

(1) Vitruve ne cite que deux exemples de temples diptères : « C'est ainsi, dit-il, que sont construits, à Rome, le temple dorique de Quirinus, et, à Ephèse, le temple ionique de Diane, ouvrage de Chersiphron. »
Il existait, à Milet, un troisième temple diptère, celui d'Apollon Didyméen, bâti au IV⁰ siècle avant J.-C., par Péonius et Daphnés.

que je vous signale, par laquelle on dit que les eaux s'écoulèrent après le déluge de Deucalion. On y jette tous les ans des gâteaux de farine de froment pétris avec du miel. Cette colonne isolée porte la statue d'Isocrate. Voici encore un trépied de bronze, supporté par des Perses en marbre de Phrygie. Mais la merveille du monument est la statue de Jupiter-Olympien, ouvrage de Phidias, faite d'or et d'ivoire, comme la Minerve du Parthénon, à laquelle elle n'est nullement inférieure (1).

— Et quelle est cette haute et large coupole qui, par sa forme, très rare parmi les œuvres d'architecture que nous avons sous les yeux, unique même, se dresse assez près du temple de Jupiter-Olympien? demandé-je à ma jeune athénologue.

— C'est le *Panthéon*, temple consacré à tous les dieux, me répond-elle. Ce dôme, élégant et hardi, mais qui représente la convexité du firmament, servira un jour de modèle au Panthéon de Rome.

Enfin, épars dans la plaine, depuis le mont Hymette, que le thym parfume et dont les bocages retentissent du bourdonnement de ses abeilles, jusqu'aux rives de l'Ilissus, et aux édifices que nous admirons, voyez, mon cousin, ces gracieuses façades blanches de temples et de palais à demi enfouis dans la verdure.

C'est ici le *temple de Diane*, où tous les ans on sacrifie nombre de chèvres en l'honneur de la déesse de la chasse;

C'est là l'*autel des Muses*, qui se baigne à moitié dans les eaux du ruisseau cher à ces divinités des poètes;

Puis, voici le *temple d'Apollon*, qui a nom *Lycoctone*, tueur de loups;

Et tout près de ce dernier monument, cet autre édifice est le *Lycée*,

---

(1) « On ignore l'époque précise de la destruction de ce temple, dit M. Breton, on sait seulement qu'Alaric le ruina en partie. De l'immense colonnade, dix-sept colonnes étaient encore debout en 1753. »

Il en reste encore seize de nos jours, et les ruines du temple sont d'un effet tellement grandiose que le voyageur reste saisi d'admiration en présence de la magie de ce spectacle.

qui emprunte son nom au temple. Le Lycée sera choisi un jour par Aristote pour y tenir son école de *philosophie*, dite du *Lycée*, quand il aura achevé l'éducation d'Alexandre-le-Grand. Ses disciples prendront alors le nom de *Péripatéticiens*, parce qu'ils philosopheront tout en se promenant, soit sous les platanes, soit sous leurs portiques.

En remontant un peu plus haut, sur une légère éminence qui domine la plaine, cette construction sévère est le *Cynosarges*, mot qui veut dire *chien blanc*, parce que les philosophes qui y tiennent école, à raison de leur impudence et de leur mépris des hommes, ressemblent à des chiens qui aboient. Aussi leur donne-t-on le nom de *cyniques*, et appelle-t-on *cynisme* leur doctrine honteuse. Diogène sera l'un de ces philosophes sans vergogne.

Le fondateur de cette misérable école est un disciple schismatique de Socrate. *Antisthène*, prenant en haine la douce et pure morale de Platon, endossa le *pallium* troué, la besace et les sandales du mendiant, et, affectant la pauvreté, il recruta des adeptes, en jetant au vent une foule de phrases vides de sens, sous lesquelles on devinait l'orgueil du rhéteur. Aussi Socrate, avec une ironie naïve, lui dit un jour : « Je t'aperçois, Antisthène, au travers des trous de ton manteau ! »

Un jour, vers 340 avant J.-C., un navire chargé de marchandises rares et précieuses fera naufrage près du Pirée. Ce sera toute la fortune d'un trafiquant de Cittium, ville de l'île de Chypre, bâtie par les Grecs, mais habitée par les Phéniciens. Cet homme, fils d'un riche insulaire, s'appellera *Zénon*. Son malheur le rendra philosophe à ce point qu'il dira :

— Les vents, en me faisant échouer, m'ont été favorables !

En effet, il deviendra le disciple de Cratès-le-Cynique (1). Ensuite,

---

(1) *Cratès*, philosophe cynique, disciple de Diogène, était de Thèbes, et florissait en 324 avant J.-C. Il eut pour disciple Zénon. Il vendit tous ses biens et en distribua le prix à ses compatriotes. Il était contrefait et d'une malpropreté dégoûtante. Il inspira cependant une telle passion à la riche et belle **Hipparchie**, d'Athènes, qu'il l'épousa.

il fréquentera l'école de Stilpon (1) et Diodore-Cronus (2), de l'école de Mégare (3). Enfin, après vingt ans de recherches et de méditations, il se mettra lui-même à enseigner dans le Pœcile, l'un des portiques d'Athènes que vous savez. Or, comme il formera l'*école des Stoïques*, du mot grec *stoa*, *portique*, on appellera son enseignement l'école ou la *philosophie du Portique*. La philosophie, qui consiste à professer une austère morale, à regarder la vertu comme ce souverain bien, et à nier que la douleur soit un mal, fera que Zénon, pour en faire l'essai, se donnera la mort à Athènes, à l'âge de quatre-vingt-huit ans.

Ce portique de Zénon, le portique du Pœcile, *stoa*, nous l'avons vu tout-à-l'heure.

Tout-à-l'heure aussi, à l'ouest d'Athènes, non loin du Céphise, nous verrons la fameuse *Académie*, autre édifice consacré à la philosophie. Mais c'est là que Socrate et Platon professent, et tout y respire la sagesse et la sublimité de la doctrine de ces hommes illustres, qui cherchent vraiment la connaissance de Dieu (4).

Avant de nous éloigner de ce quartier d'Athènes qui a nom *Cœlé*, *creux*, parce qu'il est situé dans une large dépression du sol, lequel quartier a aussi une porte que voici à l'horizon nord-ouest, la *porte Mélitine*, nous avons trois derniers monuments à étudier.

D'abord le *temple de Junon et Jupiter-Panhellénien*. Il est en marbre gris du mont Hymette, et d'ordre ionique. Seulement, pour les chapi-

---

(1) *Stilpon*, philosophe de Mégare, disciple de Diogène et maître de Zénon, fut un modèle de vertu et s'attira si fort l'estime de Démétrius Poliorcète, que ce prince, en ordonnant le pillage de Mégare, voulut qu'on respectât sa maison. Il vécut aussi en Egypte et fut très aimé de Ptolémée Soter.

(2) *Diodore-Cronus*, philosophe de moindre importance.

(3) L'*école de philosophie de Mégare* fut fondée par Stilpon. Elle fut appelée aussi l'*école éristique*, de *eristés*, qui *dispute ou plaide*. Elle s'occupait spécialement de *logique*.

(4) Une maison neuve, avec un grand jardin, occupe aujourd'hui l'ancien emplacement de l'*Académie*. On y voit les promenades des philosophes et quelques oliviers, dont la haute antiquité commande le respect. Les anciens murs sont détruits : on n'en retrouve plus que quelques pierres éparses dans la plaine.

teaux des colonnes on a adopté le beau marbre blanc du Pentélique, ce qui produit le plus charmant effet.

Là aussi, entre le temple de Jupiter-Olympien et l'Acropole, se dressera bientôt un arc-de-triomphe du plus beau marbre pentélique, surmonté d'un attique d'une extrême élégance. On lui donnera le nom d'*Arc d'Adrien*, parce qu'en effet ce sera l'empereur romain de ce nom qui l'élèvera, pour servir d'entrée à une nouvelle ville qu'il voulait élever dans la plaine, et qu'il devait appeler *Hadrianopolis*.

Enfin, à côté du Lycée et sur la rive de l'Ilissus, ces longs gradins en marbre blanc, arrondis en fer à cheval à une extrémité, et ouverts à l'autre, sont le *Stade* antique, restauré avec magnificence par Hérode Agrippa, dont vous avez vu l'Odéon (1).

Even se tait à son tour et m'abandonne à mon admiration.

Or, pendant que nous planons au-dessus de toutes ces magnificences des temps héroïques de l'antiquité, le soleil s'est élevé dans l'espace et marche vers son zénith. Il couvre tous les monuments dont nous passons la revue de ses rayons brûlants; aussi les colonnes de marbre se convertissent en colonnes d'or, et les frontons des temples et des édifices en des auréoles qui rutilent de mille feux. Certes, mon Athènes est encore mille fois plus ravissante que je ne l'avais jamais rêvée dans mes songes d'étudiant.

Mais notre marche change : du nord de l'Acropole nous passons lentement au sud, au-dessus d'édifices que nous avons étudiés déjà.

Puis nous voici à l'ouest, nous acheminant vers les propylées.

En effet, voici que nous passons au-dessus de rues et de places où s'agitent, ainsi que les flots mouvants d'un océan sans limites, les vagues sans nombre de tout le peuple d'Athènes, vendeurs qui

(1) Les sièges de marbre du *Stade*, qui paraissent avoir été au nombre de trente, et avoir pu contenir vingt-cinq mille personnes, ont tous disparu. Mais le talus en fer à cheval que les gradins recouvraient existe tout entier. On avait profité pour l'établir d'un ancien lit de torrent dont les deux berges, fort élevées, avaient été régularisées pour recevoir des gradins. La longueur de l'arène est de deux cent vingt mètres. (*Ernest Breton.*)

crient, acheteurs qui discutent, gens affairés qui circulent rapidement, enfants qui jouent, animaux rétifs qui se cabrent, soldats qui chantent, litières portant d'élégantes Athéniennes, officiers qui chevauchent, mendiants qui tendent la main et esclaves qui flânent. Et les bateleurs, et les saltimbanques, et les montreurs de curiosités! J'en entends un qui a l'audace de prétendre faire voir dans sa baraque les ossements du géant Géryon, tué par Hercule, et la hure du sanglier de Calydon. De tout temps, paraît-il, la foule a été crédule et s'est composée de dupeurs et de dupés. Je n'en admire pas moins de quelle façon pittoresque sont groupés, sur les terrains en pente et accidentés qui entourent l'Acropole, les nombreux quartiers des deux Céramiques, d'Etrurie, de Cœlé ou des marais, de Mélita, des collines de Pnyx, de l'Aréopage, des Nymphes, et de Musée, dont les rues droites les unes, tortueuses les autres, toutes montantes, garnies de boutiques, d'étalages, d'enseignes et d'écriteaux, sont enserrées par la ceinture de mille portiques éblouissants.

Enfin nous dominons une rue triomphale, qui s'appelle *rue des Trépieds*.

Sans contredit, c'est la plus monumentale d'Athènes. Elle vient de la place du Prytanée et se dirige vers le théâtre et le temple de Bacchus, au nord-est de l'Acropole. On lui donne ce nom de Trépieds à cause de quelques petits temples sur lesquels sont des trépieds de bronze qui contiennent des statues d'un grand prix.

On y voit le Satyre que Praxitèle regardait comme un de ses meilleurs ouvrages. Phryné, la plus fameuse courtisane d'Athènes, lui demandant la plus belle de ses statues, il consentit à la lui donner, mais il ne voulut pas la désigner. Alors Phryné aposta un de ses esclaves, qui vint en courant lui dire que le feu, ayant pris à la maison de Praxitèle, avait consumé la plus grande partie de ses ouvrages, mais que cependant tout n'avait pas péri. Le grand artiste se précipita aussitôt à la porte, en criant que tout le fruit de ses travaux était perdu si la flamme n'avait pas épargné son Amour et son Satyre.

Phryné le rassura en lui disant qu'il n'y avait rien de brûlé, mais que, grâce à cette ruse, elle venait d'apprendre de lui-même ce qu'il avait fait de mieux; et elle choisit la statue de l'Amour.

Voilà ce que me raconte le grave Bédrin, pendant que nous arrivons au *théâtre de Bacchus.*

C'est dans ce théâtre que se livrent des luttes entre les musiciens, les danseurs, les athlètes, etc. Chaque classe nomme ses concurrents. Alors, quand le prix est décerné, la classe qui s'honore de la victoire offre un trépied de bronze soit à la rue voisine, soit à un temple ou tout autre édifice. Les trophées de la victoire font ainsi face au champ de bataille.

C'est là aussi que l'on représente les plus fameuses tragédies d'Eschyle, de Sophocle et d'Euripide, et enfin les comédies d'Aristophane (1).

(1) *Eschyle,* tragique grec, né à Eleusis, près d'Athènes, en 525 avant J.-C., s'était d'abord distingué à la bataille de Marathon, de Salamine et de Platée. On peut le regarder comme le véritable créateur de la tragédie. Au chariot ambulant de Thespis, il fut le premier à substituer une salle de spectacle fixe. Il employa le premier les décorations, les costumes, la musique. Il eut le chagrin de se voir préférer Sophocle, et se retira en Sicile, près d'Hiéron, pour n'être pas témoin des succès de son jeune rival. Il mourut en 426 avant J.-C.

*Prométhée enchaîné;* les *Perses;* les *sept chefs devant Thèbes;* les *Choéphores;* les *Euménides;* les *Suppliantes*... telles sont les œuvres d'Eschyle.

*Sophocle,* célèbre poète tragique grec, naquit vers l'an 495 avant J.-C., au bourg de Colonne, près d'Athènes. Il donna sa première pièce à vingt-cinq ans, et ne cessa de travailler pour la scène, tout en étant stratège et ambassadeur. *Philoctète, Œdipe à Colonne, Ajax, Electre,* les *Trachiniennes,* tels sont les ouvrages qui ont immortalisé Sophocle.

*Euripide,* illustre poète tragique grec, né à Salamine, près d'Athènes, 480 ans avant J.-C., le jour même où les Athéniens remportèrent la victoire sur les Perses, à l'embouchure du canal de l'Euripe, d'où lui vint le nom d'Euripide.

Accusé d'impiété, Euripide quitta Athènes et se retira en Macédoine, auprès du roi Archélaüs. Il y mourut âgé de soixante-dix-huit ans. On dit qu'il se promenait dans un bois quand il fut dévoré par une meute de chiens. Les plus estimées de ses tragédies sont : *Hécube,* les *Phéniciennes,* les *Troyennes, Médée, Alceste, Hippolyte* et *Iphigénie.*

*Aristophane,* célèbre poète comique grec, né à Athènes, ou à Rhodes, vers 450 avant J.-C. Il porta si loin la licence que, vers 388, on fut obligé de porter un décret proscrivant de la scène tout personnage vivant. Aristophane poursuivit surtout Socrate dans la comédie des *Nuées;* Euripide, dans les *Acharniens,* les *Grenouilles,* etc. Il a fait cinquante-quatre pièces; les plus fameuses sont la *Paix,* les *Guêpes,* les *Oiseaux,* etc.

Le théâtre de Bacchus, construit par l'architecte Philon, est adossé au flanc méridional de l'Acropole, afin d'économiser les frais de construction, en profitant de l'inclinaison naturelle du sol. Ses gradins sont taillés dans le roc. La base du mur de la scène est composée de grandes assises de tuf. Il contient trente mille spectateurs, au dire de Platon, et son diamètre est de cent cinquante mètres environ. Il date de 340 avant J.-C. Jusque-là, Athènes n'avait eu que des théâtres en bois, qui, eux-mêmes, avaient succédé au char sur lequel des acteurs, barbouillés de lie, allaient jouer primitivement leurs pièces de carrefour en carrefour, et de bourgades en bourgades, dans l'Attique (1).

Près du théâtre, selon la recommandation de Vitruve, qui recommande aux architectes d'élever des édifices couverts qui puissent servir d'abri aux spectateurs s'il survient de la pluie, je vois un vaste portique, le *portique d'Eumènes,* qui s'étend au pied de la pente méridionale de l'Acropole et qui réunit le théâtre à l'Odéon de Régilla.

Les arcades du portique d'Eumènes, fort nombreuses et à plein cintre, sont couronnées par le *tombeau de Talus,* placé sur le penchant de l'Acropole. Ce Talus, inventeur de la scie, du tour, du compas, etc., rendit jaloux de son talent et de ses découvertes son oncle Dédale, l'auteur du Labyrinthe de Crète, et celui-ci le précipita des murs de l'Acropole. Il fut enterré où il tomba.

Le *temple de Bacchus* regarde son théâtre. Placé dans le *quartier*

---

(1) Le *théâtre de Bacchus* n'a laissé que peu de traces. Toutefois, on peut encore « reconnaître certaines parties et sa forme au flanc méridional du rocher de l'Acropole. Les gradins, en partie taillés dans le roc, sont détruits ou ont disparu sous la terre et les décombres amoncelés depuis des siècles. Malgré quelques fouilles tentées en 1857, à peine quelques-uns sont-ils visibles dans la partie supérieure. La base du mur de la scène, composée de grandes assises de tuf, usées et disjointes, existe encore en quelques endroits, principalement dans le voisinage du temple de Bacchus, où il s'en trouve une portion considérable.

» A l'ouest de Jupiter-Olympien, au sud de l'Acropole, se trouvent, comprises dans des murailles modernes, quelques assises d'un édifice antique. » (*Athènes écrite et dessinée par E. Breton.*) C'est tout ce qui reste du *Lenœon* ou *temple de Bacchus.*

*des Marais*, le dieu du vin n'en reçoit pas moins de très chauds hommages de ses plus fervents adeptes. Cependant on ne l'ouvre qu'une fois l'année, au moment où le jus du raisin s'écoule des pressoirs.

Ce temple, le plus ancien de la ville, est adossé au rocher méridional de l'Acropole, à l'ouest du temple de Jupiter-Olympien, et juste au-dessous du théâtre de Bacchus. On le nomme aussi *Lenœon, Dionysion*, ou temple de Bacchus *in Limnis*.

En descendant du théâtre de Bacchus, le spectateur voit à sa gauche l'*Odéon de Périclès*. Even me fait remarquer avec complaisance que son toit est formé des mâts et des antennes des vaisseaux enlevés aux Perses, et qu'il est soutenu par des colonnes de marbre (1). Elle me cite ce passage de Plutarque, ayant trait à cet édifice :

« Quant au théâtre ou auditoire de musique destiné à ouyr les ieux des musiciens, qui s'appelle Odéon, il est bien par-dedans faict à plusieurs ordres de siéges et plusieurs rangs de colonnes, mais la couuerture est vn seul comble rond, qui se va tout à l'entour, courbant et couchant en soi-mesme, aboutissant en pointe; et dit-on qu'il fut faict sur le patron et la semblance du pauillon du roy Xerxès, et que Périclès en bailla le deuis et l'ordonnance; pourquoi Cratinus en vn autre passage de la comœdie des Thraciènes s'en iouë et s'en moque... »

Devant l'entrée de cet Odéon sont érigées plusieurs statues, et entre autres celles de Bacchus, qui est d'un beau travail, puis les statues des rois d'Egypte qui ont porté le nom de Ptolémée.

— Odéon, comme tu le sais, mon cher helléniste, me dit alors mon oncle, le comte de Froley, vient du mot *ôdê*, contraction de *aiodê*, *chant*, et signifie, chez les Grecs, *odeion, odeum*, odéon, édifice couvert où l'on chante. Les Athéniens, grands amateurs de chant, ne

---

(1) « Il ne reste plus rien, dans l'Athènes moderne, de toute cette magnificence, et le lieu même où s'élevait l'*Odéon* est un problème sur lequel les savants n'ont pas encore pu s'accorder... Nous savons toutefois, par Vitruve, que l'Odéon était situé à gauche du spectateur, lorsqu'il descendait du théâtre de Bacchus. » (*Breton*, Athènes.)

pouvaient manquer d'Odéon, et celui de Périclès ne pouvant suffire, un citoyen eut l'idée d'en élever un second, au sud de l'Acropole encore, non loin du premier, et au-dessous du temple de la Victoire Aptère et des Propylées.

Ce citoyen avait nom Atticus, père d'Hérode Atticus. Il était pauvre, mais ayant trouvé un trésor dans une maison qu'il possédait, il devint tout d'un coup fort riche. Il écrivit à l'empereur Nerva : « Seigneur, j'ai trouvé un trésor ; qu'ordonnez-vous que j'en fasse ? » L'empereur lui répondit : « Use de ce que tu as trouvé. » Atticus bâtit l'Odéon en question.

Il le nomma *Odéon de Régilla*, en souvenir d'une épouse chérie, dont il déplorait la perte, et qui était des premières familles de Rome.

La construction de cet Odéon est en belles pierres de taille provenant des carrières du Pirée. L'hémicycle s'appuie sur la pente de l'Acropole, comme au théâtre de Bacchus. Il est garni de plusieurs rangs de gradins, séparés en plusieurs ordres ou étages, par des passages semi-circulaires, appelés *præcinctiones*, *diazôma*. Il peut renfermer dix mille spectateurs. Là, chaque classe de citoyens a ses siéges distincts. Les premiers rangs sont occupés par les stratèges ou généraux d'armée, les archontes ou magistrats, et les prêtres. L'orchestre est entouré d'une sorte de banc d'honneur dont le dossier est taillé dans le même bloc. Escaliers, gradins, bancs, hémicycles, orchestre et murailles, tout l'édifice est revêtu du plus beau marbre pentélique (1).

(1) Quant à l'Odéon d'Hérode Atticus, il fut découvert en 1861. Détruit par un incendie, cet Odéon avait été enseveli sous ses propres décombres, sur lesquels les Turcs fort insouciants, construisirent plus tard de simples maisons. Ce fut en 1856 que M. Christopoulos, alors ministre de l'Instruction publique, ordonna des fouilles sur l'emplacement de ce théâtre, et parvint peu à peu à déblayer ce monument.

Les murailles qui soutenaient le *proscenium* ont été complètement dégagées. Elles sont percées de plusieurs arcades superposées.

L'hémicycle est nettement dessiné, et les portes des deux ailes sont parfaitement conservées. Le déblaiement du théâtre d'Hérode Atticus a déjà rendu de grands ser-

J'interrompis alors mon oncle pour lui dire :

— Nous venons de suivre la rue des Trépieds pour arriver aux théâtre et temple de Bacchus, et nous voici en regard des deux Odéons, sans que vous me disiez rien de ces élégants édifices que je vois, l'un dans la rue même des Trépieds, et les autres sur le flanc méridional de l'Acropole, au-dessous du mur de Cimon, mais au-dessus du théâtre de Bacchus ?

Veuillez donc m'en expliquer le but et les beautés.

— D'abord tu vois que ce nom de rue des Trépieds est donné à cette belle et large voie à cause de ces petits temples qui la bordent, et sur lesquels sont placés des trépieds de bronze contenant des statues d'un très grand prix, notamment ce Satyre, de Praxitèle.

Maintenant ce premier édifice si élégant, qui décore la rue des Trépieds, est ce que l'on nomme vulgairement la *Lanterne de Diogène*. C'est une fausse dénomination. Cet édicule, circulaire, temple monoptère, haut de près de sept mètres, large de trois, et formé de six colonnes portant un entablement et une coupole surmontée d'un élégant fleuron, le tout en marbre pentélique, sauf la corniche qui est en marbre gris de l'Hymette, et les degrés qui sont en pierre du Pirée, est le *monument choragique de Lysicrate*.

Qu'est-ce qu'un monument choragique ? L'inscription grecque, inscrite sur l'architrave de l'édicule, et que je te traduis, va te l'apprendre :

« *Lysicrate de Cycine, fils de Lysithides, étant chorège, la tribu Acamantide a remporté le prix du chœur des enfants. Théon avait joué de la flûte ; Lysiade, Athénien, avait composé la musique ; Evœnète était archonte.* »

vices à l'archeologie, qui a su déchiffrer les énigmes souterraines qu'il avait dérobées aux siècles précédents.

Dans le travail du déblaiement, on trouva des monnaies précieuses, des jarres en terre cuite, des bois de cèdre, des tuiles coloriées, une tête de femme dont les cheveux sont dorés et les sourcils peints, les yeux en émail, un torse de statue en *tunica talaris*, etc., etc.

246  LES PEUPLES ILLUSTRES.

Tu peux maintenant conclure qu'un monument choragique est l'œuvre d'un chorège, élevé en l'honneur d'un chœur exécuté par des voix, et qu'un chorège est un directeur suprême des chœurs, dans la ville d'Athènes.

Ce monument remonte à l'an 355 avant J.-C., troisième Olympiade (1).

Sur la frise, remarque ce charmant bas-relief offrant des épisodes de la vie de Bacchus, qui trouvent naturellement leur place sur le monument d'une victoire remportée aux fêtes de ce dieu. L'œuvre est signée *Praxitèle*.

Je passe à cet autre édicule que tu me signales sur le flanc méridional de l'Acropole, taillé verticalement, pour lui faire place. C'est le *monument choragique de Thrasyllus*. Au-dessous, s'ouvre une grotte dont, jadis, un chorège vainqueur fit un sanctuaire à la gloire de Bacchus. Le monument de Thrasyllus, composé de trois colonnes surmontées d'un entablement composé de l'architrave, d'une frise ornée de couronnes et d'une corniche fort simple, sans triglyphes, sans mutules, le tout d'ordre dorique, couronné d'une statue assise, accompagnée de deux trépieds (2). On lit sur l'architrave :

« *Thrasyllus, fils de Trasyllus de Décleia, a érigé, après avoir vaincu en qualité de chorège avec les hommes de la tribu Hippothoontide. Evius, de Chalcis, jouait de la flûte, Néœchmus était archonte; Charchidamus, fils de Sotis, avait composé la musique.* »

Nombre d'autres victoires choragiques sont signalées à la postérité, chez les Athéniens, par ces colonnes d'une hauteur inégale, surmon-

---

(1) Ce monument choragique de Lysicrate existe encore, et le terrain sur lequel il repose et le monument même appartiennent à la France, (BUCHON, *Grèce continentale*.)

« C'est le plus complet et le plus charmant monument de ce genre qui soit parvenu jusqu'à nous. » (*Ernest Breton*, Athènes.)

(2) « Le frontispice élevé par Thrasyllus, en avant de la grotte, a été détruit par les boulets des Turcs. Aujourd'hui à peine en reste-t-il quelques débris mutilés qui jonchent le sol. » (*Ernest Breton*, Athènes.)

tées de chapiteaux triangulaires, par ces cippes, ces stèles, ces trépieds, ces piédestaux et ces statues, que tu vois au-dessus et à l'entour du monument de Thrasyllus, et pour lesquels on avait taillé tout exprès le rocher.

A présent, acheminons-nous vers le rocher de l'Acropole, le berceau d'Athènes.

Nous ne parlerons plus de la muraille qui l'entoure, muraille en partie pélasgique, en partie formée des débris de l'ancien Parthénon sous la direction de Thémistocle, en partie faite par Cimon, puis par Conon, alors que Lysandre, l'un des trente tyrans lacédémoniens d'Athènes, y fit ouvrir des brèches, au son de la musique des Spartiates, et au grand désespoir des Athéniens.

Athènes, comme tu le vois, est située sur un terrain fort en pente, dont la base commence à la mer et dont le point culminant s'arrête au sommet du mont Pentélique. La colline de l'Acropole s'élève à peu près au centre de cet immense et rapide talus. Alors, à l'orient, elle domine le sol de cent cinquante mètres de son rocher, à peu près taillé à pic et par conséquent inabordable ; mais, à l'occident, elle se raccorde presque avec le terrain. C'est dommage, car si on eût pu arriver à l'Acropole par le beau côté de la ville, et que les propylées, dont nous allons parler, se fussent dressées de ce même côté, on eût pu les voir du rivage même de la mer et de tous les points de la cité, et la vue de cette avenue splendide eût été d'un effet magique.

Il n'en est pas ainsi.

Pour arriver à l'Acropole, un chemin peu commode se présente au sud, et un autre au nord. L'un et l'autre ont été tracés par les générations des premiers âges. Mais ce sont des voies escarpées, difficiles, dominant des précipices, et n'offrant aucune ressource pour que l'architecture pût produire une entrée noble et grandiose.

On adopta donc l'entrée naturelle, celle qui, à l'ouest, est presque au niveau du sol. Pour l'atteindre, on longe le flanc méridional du rocher, en passant devant les théâtre et temple de Bacchus, l'Odéon de Périclès et l'Odéon d'Hérode Atticus, et alors on se trouve au pied du rocher, le plus facilement accessible (1).

Lorsque Périclès chargea l'architecte Mnésiclès de tracer le plan et d'exécuter le projet des *Propylées*, on dut faire subir des modifications à l'*Ennéapyle* ou entrée aux neuf portes successives, déjà transformées, par suite des accidents survenus à l'Acropole dans les guerres de Xerxès. Cette Ennéapyle, avenue fortifiée, composée de neuf portes, avait suivi une ligne serpentine.

Mnésiclès dresse à leur place un vaste escalier du plus beau marbre, divisé, à intervalles, par des palliers de repos, bordé à droite et à gauche de murailles de soutènement, en marbre également, sur lesquels, ici et là, se dressent des édicules, des statues et des temples, de marbre toujours. Au sommet de l'escalier s'élève un magnifique portique, large de cent vingt-quatre mètres, qui sert d'entrée triomphale à l'Acropole. Il est flanqué de deux ailes en saillie, qui, par la plus heureuse hardiesse, offrent un petit ordre dorique, à chaque côté du même grand ordre central. Ces ailes sont symétriques en apparence; en réalité, elles ont des profondeurs inégales. Les trois colonnes qui les précèdent facilitent cette illusion. Les colonnes du portique, en marbre blanc pentélique, cannelées dans toute leur hauteur, à vive arête, mais à plat dans le fond de la cannelure pour la faire paraître plus saillante par le jeu des ombres, hautes de neuf mètres, et d'ordre dorique, reposent sur des degrés de marbre noir d'Eleusis.

Derrière le portique, s'étend, entre deux murailles parallèles, un

---

(1) « Cette entrée avait disparu, et en 1852 encore, ce côté ne présentait qu'un énorme bastion sans ouverture. Mais alors, M. Beulé, élève de l'école de France à Athènes, fut amené à penser qu'il était impossible qu'un monument magnifique, tel que les Propylées, eût fait face à un simple rempart, et n'eût été accessible que par un chemin détourné. C'était dans l'axe des Propylées qu'avait dû exister l'entrée...

» Des fouilles seules pouvaient donner la solution de ce problème; elles furent commencées par M. Beulé... Enfin, il découvrit la partie inférieure de l'escalier des Propylées, à quarante et un pieds de profondeur... » (*Ernest Breton*, Athènes.)

grand vestibule que soutiennent des colonnes d'ordre ionique : mais leurs cannelures ne sont plus à vive arête.

Portique et vestibule sont peints de couleurs tranchées, en bleu le fond des métopes et des triglyphes, en vermillon le fond de la frise. L'effet de ces couleurs, auxquelles se mélange l'or dans certaines parties, est délicieux pour le regard, qui saisit beaucoup mieux les délicatesses des sculptures et le fini du travail. Les plafonds sont formés de dalles de marbre creusées en caissons et reposant sur des soffites également de marbre, taillées en poutres monolithes de sept mètres de longueur.

L'*aile gauche* des Propylées a, dans ses trois colonnes, un écartement de près d'un mètre et demi; il est rempli par une grille en forme de balustrade. Cette aile, du reste, n'a que quatre mètres de profondeur en-dedans des colonnes, et le mur du fond est percé d'une belle porte et de deux fenêtres. La porte, haute de plus de quatre mètres, est large de plus de deux. Son seuil, de marbre noir d'Eleusis, est élevé de trente et un centimètres. A deux mètres au-dessus du pavé du portique règne un bandeau de ce même marbre, qui sert d'appui aux deux fenêtres, hautes de plus de deux mètres et larges de quatre-vingt-cinq centimètres. Chacune d'elles est accompagnée de deux pilastres doriques, et leurs impostes sont décorées d'oves peintes, dont les contours sont dessinés à la pointe. On se sent pénétré de respect en pénétrant dans ce temple de l'art, car fenêtres et porte ouvrent sur une grande salle qui a nom *Pinacothèque*. En effet, les murs de l'enceinte sont couverts de tableaux (1). On y remarque Diomède emportant de Troie la statue de Minerve, et Ulysse, à Lemnos, se saisissant des flèches de Philoctète (2). On y voit aussi Oreste et

(1) *Pinacothèque*, du grec *pinax*, tableau, et *thécé*, lieu où l'on serre, cabinet de peinture. Ce mot, chez les anciens, exprimait toute collection de tableaux. De nos jours, en Europe, on s'en sert en quelques contrées pour signifier un musée de tableaux.

(2) L'aile gauche, ou *Pinacothèque*, est la partie la plus intacte des Propylées, car elle a conservé son architrave et sa frise, par conséquent ses colonnes et leurs chapiteaux. La frise avec ses triglyphes se prolonge sur les murs qui forment les trois au-

Pylade tuant, l'un Egisthe, et le second les fils de Nauplius, qui étaient venus au secours d'Egisthe. Une autre partie de ce tableau représente Polyxène qu'on va sacrifier sur le tombeau d'Achille, etc.

L'*aile droite* des Propylées se compose du portique seul, mais avec un peu plus de profondeur. Il n'a donc pas de salle à l'arrière (1).

Mais, sur un grand soubassement qui borne au sud l'escalier des Propylées, s'élève le petit *temple de la Victoire Aptère*, c'est-à-dire sans ailes, ou, si tu veux, de Minerve-Victoire, Victoire ne s'éloignant jamais des Athéniens. Comme vous le voyez, mes amis, ce charmant édifice, tout en marbre pentélique, est tétrastyle et amphiprostyle, ou à quatre colonnes sur les deux faces antérieure et postérieure, et d'ordre ionique. Son stylobate pose sur trois degrés. Les chapiteaux de ses colonnes sont simples et un peu lourds, étant larges pour leur hauteur, qui n'est que de vingt-deux centimètres. Mais ils sont peints, comme ceux du vestibule des Propylées. Les architectes ont donné aux volutes des angles une double face d'où dut naître bientôt le chapiteau corinthien. Les fûts des colonnes sont monolithes et peu galbés : leur hauteur est de trois mètres et demi. Tout l'édifice est couronné par une frise entièrement couverte de bas-reliefs non interrompus. Ce sont de fines et magnifiques sculptures représentant une assemblée des dieux dont le centre est occupé par Minerve, entre Jupiter et Neptune. On voit ensuite des personnages nus, Grecs et Perses (2).

tres côtés de l'édifice, murs qui, bien que criblés de boulets et de balles, ont conservé en place leurs assises.

MM. Raoul Rochette, Beulé et Ernest Breton pensent que les peintures que Pausanias vit dans la Pinacothèque des Propylées étaient de véritables tableaux sur bois, sur marbre, ou toute autre matière, et qui étaient rassemblés dans ce musée.

En effet, sur les murs, il est impossible de trouver la moindre trace de peinture.

(1) Cette *aile droite* fut en partie démolie quand on voulut élargir la nouvelle entrée de l'Acropole, et que les Turcs murèrent le portique central.

(2) *Le temple de la Victoire* fut démoli par les Turcs, pour établir à sa place une batterie, lors du siège de l'Acropole par les Vénitiens, en 1687... Mais, en 1835, les architectes bavarois Schaubert et Hansen retrouvèrent intacts presque tous les mar-

La cella possède des sculptures ravissantes : Victoire maintenant un taureau furieux; Victoire dénouant ses sandales; Victoire présentant une couronne, toutes choses que l'on peut ranger parmi les plus merveilleuses productions de l'art grec.

De l'autre côté du portique des Propylées, tu peux voir, Théobald, à droite de celui qui s'avance vers le centre de l'Acropole, une *statue de Vénus*, placée sur un piédestal rond, dédiée à cette déesse par Callias, athlète célèbre qui avait été vainqueur aux jeux Olympiques dans la soixante-dix-septième Olympiade, c'est-à-dire de 472 à 469 avant J.-C.

A gauche, comme pendant de celle-ci, voilà la *statue d'Apollon*, hommage fait par le joueur de lyre d'Alcibius et travail de Nésiotès, l'un des plus habiles sculpteurs de l'antiquité grecque.

Puis, au pied de la dernière colonne du portique oriental, remarque cette autre statue de *Minerve Hygiée*, déesse de la santé, car elle guérit un des ouvriers travaillant aux Propylées, et qui avait été mutilé à cet endroit même par la chute de lourds matériaux (1). Cet ouvrage est en marbre pentélique. Son piédestal a la forme d'un autel circulaire; mais il est coupé par le fait de son adossement à la colonne.

Enfin cette *statue d'Agrippa*, qui décore également l'avenue qui conduit au Parthénon, domine assez les Propylées pour être vue de loin, comme tu peux le remarquer (2).

Iphigénie, fille d'Agamemnon, s'étant échappée de la Tauride avec la statue en bois de Diane, dont elle était prêtresse, arriva à Brauron,

---

bres dont le temple était composé, et, avec une habileté et une patience dignes des plus grands éloges, ils le relevèrent tout entier sur son ancien soubassement, qui était resté en place. (*E. Breton*, Athènes.)

Placés à une faible hauteur, les bas-reliefs ont été plus que tous les autres exposés aux injures des Barbares, qui, tour à tour, ont été maîtres de l'Acropole.

(1) *Plutarque, traduction par Amyot, Vie de Périclès*, XIII.

(2) Ces statues ont disparu; il n'en reste que les piédestaux plus ou moins endommagés, mais bien au lieu même où les vit Pausanias.

près de Marathon, dans l'Attique, où elle laissa la statue de la déesse. Or, les Athéniens élevèrent, sur l'Acropole, une enceinte et un temple à Diane Brauronia. C'est à droite, en sortant du portique oriental des Propylées, et immédiatement après la statue de Minerve Hygiée, que tu peux apercevoir l'enceinte et le temple de Diane Brauronia (1).

En pénétrant dans l'enceinte, on voit d'abord, à sa droite, le *cheval Durien*, en bronze. Ce n'est autre chose que la reproduction du cheval de bois, véritable machine de guerre inventée par Epéus, pour renverser les murs de Troie. On l'appelle *Durien*, du mot grec *doyrios, bois*. Ce beau travail en bronze repose sur un énorme bloc de marbre pentélique (2).

Le petit sanctuaire de Diane est à gauche.

En entrant, voici un enfant de bronze, fait par *Lycius*, fils de Myron, qui tient un vase d'eau lustrale, d'un côté, et, de l'autre, Persée qui vient de couper la tête de Méduse, ouvrage de *Myron* (3).

Dans ce sanctuaire se montre la statue de la déesse, par *Praxitèle*.

A la suite de l'enceinte de Diane, à l'est par conséquent, se présente une autre enceinte et un autre temple, *enceinte et temple de Minerve Ergané*, c'est-à-dire ouvrière, ou qui préside aux travaux.

En avant du sanctuaire, tu vois plusieurs statues, dues au ciseau de *Sthenès* et de *Leocharès*, habiles sculpteurs d'Athènes.

L'enceinte et le sanctuaire de Minerve Ergané se trouvent placés derrière le posticum du Parthénon, dont ils sont à peine séparés par

---

(1) A droite, après avoir quitté les Propylées, on trouve une terrasse assez vaste, exposée au sud, qui formait *l'enceinte de Diane Brauronia*.

C'est dans l'angle sud-est de cette enceinte que, suivant M. Beulé, dut exister le petit temple de Diane. L'inspection des lieux confirme cette hypothèse, car on voit encore un massif formé de gros blocs rectangulaires de tuf, qui ont dû faire partie du soubassement du petit édifice.

(2) Dans la même enceinte, à l'ouest du temple, gisent à terre deux blocs de marbre pentélique, sur lesquels on retrouve des traces de scellement. Un troisième bloc composait le piédestal. Cette base était celle qui portait le cheval Durien. (*E. Breton.*)

(3) Notre bénitier, à l'entrée des églises, remplace le vase d'eau lustrale que l'on trouve dans certains temples de l'antiquité, à côté des portes.

un étroit espace, et certes ils nuisent à l'aspect de ce côté du monument.

Voilà ce qui forme l'avenue du Parthénon, à droite. Nous verrons plus loin que, à gauche, se dressent l'Erechthéion, le temple de Minerve Paliade et le Pandrosion.

Arrivés sur l'esplanade de l'Acropole, après avoir franchi les Propylées, les Athéniens ne peuvent jouir complètement de la vue du Parthénon, car les enceintes et les sanctuaires que nous venons d'examiner brisent les lignes et cachent la base de l'édifice, qui n'occupe pas le centre du plateau, mais est placé sur le côté méridional. Aussi le chemin qui sort des Propylées oblique-t-il vers le sud, pour atteindre le merveilleux sanctuaire de la déesse bien-aimée. Remarquez que ce chemin est strié, afin de faciliter la marche des animaux que l'on conduit aux sacrifices. En outre, le même chemin longe le côté septentrional du temple, pour tourner ensuite et gagner la façade orientale, qui est la véritable entrée du monument.

Mais, si on le voit mal, en y arrivant par les Propylées, quel admirable perspective n'offre-t-il pas à celui qui vient à Athènes par la haute mer? On l'aperçoit dès l'entrée du golfe d'Egine.

S'élève du rocher un stylobate composé de trois degrés. Sur la façade principale, qui regarde l'orient, la mer et les plus beaux quartiers d'Athènes, on a formé trois escaliers composés d'une marche intercalée entre chacun de ces degrés, inaccessibles sans cela. Alors, de cette sorte de podium s'élance vers le ciel un temple tout entier du plus beau marbre blanc du Pentélique, resplendissant au soleil. Ce temple est d'ordre dorique, octastyle, c'est-à-dire ayant huit colonnes sur chacune de ses façades, périptère ou ayant des colonnes isolées, quarante-six, dans tout le pourtour de l'édifice, et enfin hypœthre, c'est-à-dire découvert. Il a cent pieds de développement sur ses façades, aussi le nomme-t-on l'*Ecatompedon* ; sa longueur est de soixante-neuf mètres (1).

(1) L'Acropole d'Athènes et spécialement le pourtour du Parthénon furent long-

Tel est le *Parthénon*, ou temple de Minerve, ainsi nommé comme un hommage fait à la chasteté de la déesse, ou parce qu'il lui fut consacré par les trois filles d'Erechthée, appelées souvent *vierges, parthenoi*.

Le temple proprement dit, ou *cella*, enceint de quarante-six colonnes, qui forment un péristyle tout autour, est long de quarante-sept mètres et large de vingt et un.

Le portique est double à chacune des façades du Parthénon, c'est-à-dire qu'il compte, sur ces deux points, un rang double de colonnes. Mais le second rang est exhaussé sur deux degrés et le fût des colonnes est d'un diamètre plus petit que celui des colonnes du premier.

Toutes les colonnes du périptère, cannelées à vive arête dans toute leur hauteur, et chacune de vingt cannelures, sont faiblement inclinées vers la cella, mais assez cependant pour que, en les prolongeant en hauteur par l'imagination, elles puissent se rencontrer enfin à un certain point du ciel, ce qui ferait alors de l'édifice une pyramide dont il serait la base. Les joints de leurs assises sont d'une ténuité telle qu'ils n'ont pas l'épaisseur d'un cheveu.

Ces colonnes supportent un entablement qui ne suit pas la forme pyramidale des colonnes et des murs de la cella, qui ont la même inclinaison, mais, loin d'incliner vers le centre, cet entablement se redresse et penche même quelque peu vers l'extérieur de monument. Il en doit être ainsi en effet, afin que les ornements de l'architrave, de

---

temps couverts de cahutes en planches et de misérables échoppes qui ne permettaient pas d'en étudier les admirables beautés. Heureusement on a fini par les faire disparaître. De nos jours le Parthénon est livré à la garde d'invalides qui servent de guides aux touristes et aux curieux.

« La chouette habite toujours la ville de Minerve, mais elle n'y règne plus. L'Acropole est habitée, en été, par une charmante espèce d'épervier qu'on appelle la *crécerellette*. Ce petit oiseau de proie ne poursuit pas d'autre gibier que les sauterelles. Au printemps, il délivre l'Acropole de tous les corbeaux dont elle est alors infestée. » (EDMOND ABOUT, *Grèce contemporaine*.)

la frise et des frontons ne fuient pas l'œil du spectateur, mais au contraire s'offrent à lui.

Quatre merveilles de sculpture font du Parthénon le prodige des œuvres de l'art, l'objet d'une profonde étude de la part des artistes, et le désespoir des architectes.

Ces merveilles sont : 1° les deux frontons; 2° les métopes; 3° la frise de la cella, et 4° la statue de Minerve.

D'abord, le sommet du fronton oriental, qui regarde Athènes, la mer, ses îles, les ports et les Longs-Murs, porte comme couronnement une magnifique *statue de Minerve* montée sur son char, que traînent d'ardents coursiers, lancés à toute volée. Cette œuvre superbe est en bronze, et due au plus habile sculpteur.

Ensuite l'angle aigu des deux frontons a pour ornement une palmette colossale, accompagnée de deux statues disposées en forme de supports héraldiques. Une réunion de figures en ronde-bosse orne les tympans de ces frontons. Le fronton oriental représente la *naissance de Minerve* ou la *sagesse sortant toute armée du cerveau de Jupiter*; le fronton occidental, la *querelle de Minerve et de Neptune à l'endroit d'Athènes*. Impossible de décrire la majesté des poses des dieux de l'Olympe, draperies inimitables et merveilleuses des trois Parques, etc., qui figurent sur le premier, et la beauté des détails du second, chevaux, torses d'hommes, attitude de Neptune vaincu, apothéose de Minerve, etc.

Quatorze métopes sur chaque façade et trente-deux sur chaque côté, total quatre-vingt-douze, offrent au regard étonné des magnificences sculpturales dont la plume ne peut tracer l'esquisse. Ce sont des épisodes du combat des centaures et des Lapithes aux noces de Pirithoüs et d'Hippodamie, Minerve luttant contre un Titan, combattant Encelade, domptant Pégase pour l'offrir à Bellérophon, des hauts faits d'Hercule, Persée, Thésée, et le combat des Amazones; enfin des guerriers à pied, des guerriers à cheval, etc., en un mot traditions antiques relatives à l'origine d'Athènes.

Ces métopes, de moindre importance que les sculptures du fronton et placées à une hauteur plus grande que la frise de la cella, séparées en outre par les triglyphes, ne sont pas l'œuvre de Phidias, qui n'aurait pu suffire à l'œuvre entière, mais de sculpteurs choisis avec soin par lui-même. Aussi ne leur reconnaît-on pas un mérite égal.

La frise, haute de plus d'un mètre, règne sans interruption tout autour du mur de la *cella* du Parthénon, cent cinquante-neuf mètres et demi de développement, et présente un nombre de trois cent vingt figures, dont les personnages concourent tous à représenter la grande fête des *Panathénées*, instituées par Erichthonius, 1496 ans avant J.-C. Cette fête, d'une durée d'un jour d'abord, et célébrées, les petites Panathénées tout les trois ans, le 21 du mois de thargélion, — mai, — et les grandes tous les cinq ans, le 2 du mois d'hécatombéon, — juillet, — voyait distribuer des couronnes d'or aux citoyens dont la République voulait reconnaître les services, et rendre une liberté provisoire aux prisonniers (1). Le but de ces fêtes est d'offrir à Minerve un voile couleur de safran appelé *péplus*, dont les broderies, exécutées par des prêtresses et des jeunes filles de sept à onze ans, offrent en relief les faits dont la déesse est l'héroïne, les images des dieux protecteurs d'Athènes, et les actions de Jupiter et de quelques héros. Attaché à un mât de navire que des ressorts cachés font mouvoir sur le sol de la ville, ce péplus est ainsi porté à

---

(1) « Les sculptures de la frise ont très peu de relief, dit M. Ernest Breton, ce qui était admirablement calculé pour permettre de les voir d'en bas et sans se reculer beaucoup, ainsi que l'exigeait leur position sous un portique assez étroit. Un fragment, déjà séparé du monument, fut apporté en France par M. de Choiseul. A son tour, lord Elgin détacha une grande suite d'environ soixante-dix-sept mètres de long et la transporta à Londres. Dans cette frise, des harnais, des armes et divers autres ornements étaient en métal, et on reconnaît encore facilement les trous des crampons qui servaient à les attacher. Ce n'était pas le seul genre de décoration appliqué à ces sculptures; beaucoup de parties avaient été rehaussées de peintures dont on retrouve encore des traces, et, si l'on en croit M. Penrose, la composition tout entière se détachait sur un fond bleu.

» Quatorze fragments de la même frise, plus ou moins complets, sont restés à Athènes et déposés dans l'opisthodôme du Parthénon . »

l'Acropole et doit décorer l'antique statue de Minerve, conservée dans le temple de Minerve-Poliade jusqu'à la fête prochaine.

Ouverte par les plus beaux vieillards de la ville, hommes et femmes, qui portent des feuillages d'olivier et qu'on nomme *Thallophores*, formée de plusieurs phalanges de jeunes garçons et de jeunes filles, la tête couverte de couronnes de millet, qui chantent des hymnes en l'honneur de la déesse, et terminée par des légions de citoyens armés, suivis des étrangers établis à Athènes, et que l'on nomme Métœques, vêtus de rouge, les hommes portant de petits navires, emblème de leur origine étrangère, et les femmes des vases remplis d'eau, la procession part de la place du Céramique extérieur, s'avance majestueusement à travers la ville et s'achemine vers l'Acropole. De jeunes vierges, prises dans les familles de premier rang, tiennent entre leurs mains des corbeilles dans lesquelles se trouvent tous les objets nécessaires aux sacrifices. On les nomme *Canéphores*. Derrière elles, s'avancent des filles de Métœques ayant en main des parasols et des siéges, et enfin des sacrificateurs conduisant des victimes. Enfin la marche est fermée par des enfants richement parés, auxquels on donne le nom de *Pandamiques*.

Au pied de l'Acropole, le cortége sacré du navire glissant sur le sol, et portant le péplus virginal, se partage. Les prêtres, les magistrats, les vieillards et les vierges prennent le grand escalier des Propylées. Les sacrificateurs et leurs victimes, les métœques et leurs offrandes passent par le chemin qui serpente au-dessous du temple de la Victoire-Aptère, au sud. Enfin la jeunesse athénienne, quittant ses chars et ses coursiers, avec le vaisseau sacré, gravit l'escalier qui fait face à l'Aréopage, au nord-ouest, et débouche par la porte latérale que voici au-dessous de la Pinacothèque. Alors les trois troupes se réunissent sur le pallier principal des Propylées, et pénètrent dans la ville sainte dans l'ordre voulu, et on immole les victimes sur l'autel qui fait face au temple de Minerve-Poliade.

Cet édifice que tu vois s'élever là-bas, au pied et à l'ouest de l'Aréopage, a nom *Pompéion*. C'est là que l'on dépose tous les objets et machines qui servent aux pompes religieuses, dans Athènes.

Ces fêtes des petites et grandes Panathénées donnent lieu à des luttes d'athlètes, à des exercices gymnastiques, dont le stade panathénaïque, sur les rives de l'Ilissus, est le théâtre. On y danse aussi la pyrrhique, symbole du combat de Minerve contre les Titans. Enfin, il s'y fait des concours de musique, de poésie lyrique, dramatique, etc. Enfin, il n'est pas rare d'y voir des coureurs s'élancer, une torche à la main, qu'ils doivent conserver allumée, et parcourir de grands espaces : c'est ce que l'on appelle *Lampadodromies*.

Or, ce sont ces fêtes des Panathénées et leurs accessoires qui sont reproduits sur la frise du Parthénon. Cérémonies mystérieuses qui se célèbrent la nuit dans le temple de Minerve-Poliade; courses de chars et de chevaux sur les bords de l'Ilissus; jeunes Athéniens se disposant à la fête et revêtant leurs costumes dans le Céramique; esclaves amenant leurs chevaux, les bridant, les caressant, cavaliers essayant leurs chevaux et allant rejoindre le gros du cortége; Athénien passant sa tunique tout comme nous passons nos chemises, rien ne manque dans les scènes de cette vaste composition, pas même les détails intimes. On reconnaît à la touche qu'elle forme un tout homogène conçu d'un seul jet, mais exécutée par plusieurs artistes, car, comme les métopes, les sujets de la frise n'ont pas tous le même mérite, et cependant appartiennent à des sculpteurs de l'école de Phidias.

Telles sont les merveilles du Parthénon que me fait remarquer mon cher oncle, le comte de Froley, et dont il m'explique les beautés.

Toutefois, je n'attends pas qu'il me signale chaque objet pour l'examiner et l'étudier; mon regard s'étend à l'ensemble, il s'arrête aux détails, il passe de la frise aux frontons, des métopes aux triglyphes, des colonnes aux murs de la cella, et mon admiration se traduit par des *ah!* et des *oh!* à remplir des volumes.

En effet, jamais il ne sera donné à l'homme de contempler de plus étonnantes splendeurs que celles que m'offre le Parthénon.

Nous avons sous les yeux une mer semée des îles les plus charmantes, qui semblent voguer sur les eaux comme des nefs de verdure, des caps et des promontoires qui brodent les rivages de leurs capricieux accidents et que couronnent des temples éblouissants de blancheur, la presqu'île de l'Attique avec ses montagnes qui bleuissent les horizons, et ses collines qui ondulent sur le sol, une ville aux larges voies et aux monuments les plus hardis et les plus variés, enfin un rocher de marbre dominant l'ensemble de cette scène admirable, et dominé lui-même par cette masse imposante d'un temple proclamé le plus beau de l'univers et la merveille des merveilles, et que dore de ses rayons obliques le soleil à son déclin, descendant peu à peu derrière les forêts du Pentélique.

Qu'il est beau ce Parthénon, à cette heure poétique du soir, alors qu'une lumière fauve se joue dans ses colonnes! Qu'il est beau cet édifice du plus blanc des marbres sur ce bleu firmament de la Grèce! Qu'il est beau, avec tous ces boucliers d'or pris aux Perses, et appliqués sur l'architrave du fronton oriental, et ces brillantes couleurs appliquées sous les sculptures les plus fines et les plus délicates, pour les faire ressortir davantage, azur sous les triglyphes et les mutules, rouge vif sous les métopes et la bande creuse qui sépare les mutules, gouttes dorées, fond des frontons généralement bleu, ainsi que celui des caissons des soffites, sur lesquels se détachent des étoiles, ou des rosaces, ou des étoiles d'or! Enfin, ici et là, des oves blancs séparés par des fers de lances rouges, et des rangs de perles sur un fond bleu. Les ceintures des personnages, des étoiles sur le front de quelques-uns, et une infinité d'ornements sont en bronze, appliqués avec une admirable précision. Aussi j'aime mieux, afin de savourer avec ivresse ces miracles de l'art, j'aime mieux le silence qui se fait autour de moi, que la voix monotone d'un cicerone qui m'enlève à mes contemplations pour m'égarer dans des renseignements que mon esprit ne suit plus...

Un mot cependant sur la fameuse Minerve de Phidias, et sur la cella qui la renferme (1).

L'intérieur du Parthénon offre une galerie large de cinq mètres qui entoure de trois côtés la partie centrale du *naos* et qui est composée de deux ordres superposés. Cette galerie est composée de dix colonnes de chaque côté et de cinq de fond, en comptant deux fois les colonnes d'angle. Ces galeries sont couvertes; mais le centre de la cella, en avant de la statue qui occupe le fond, est hypœthre, c'est-à-dire découvert.

C'est contre la troisième des cinq colonnes du fond du sanctuaire que se dresse la magnifique *statue de Minerve*, œuvre de **Phidias**.

Elle a près de douze mètres de haut, sans le piédestal qui la supporte.

Les parties nues de la déesse sont en ivoire, ses yeux en pierres précieuses, — agate saphirine, — les draperies en or. Les vêtements

(1) « Le Parthénon subsista longtemps presque intact, dit M. Breton. Au VIIe siècle, les chrétiens en avaient fait une église dédiée, comme la basilique de Constantinople, à la *sagesse divine*, conservant ainsi sous le nouveau vocable un souvenir de la consécration première du temple à la déesse de la sagesse. Plus tard, les Turcs, maîtres d'Athènes, bâtissant une mosquée dans son enceinte, l'avaient respecté également; seulement, de temps à autre, les habitants broyaient quelques fragments de marbre pour en faire de la chaux. Spon et Wheler, pendant leur séjour dans l'Attique, en 1676, eurent le bonheur de le voir tout entier. Peu de temps après, le provéditeur Morosini, qui depuis fut doge, et le feld-maréchal suédois comte de Kœnigsmarck, qui commandaient les Vénitiens, alors en guerre avec la Turquie, vinrent assiéger Athènes. Les Turcs avaient fait du Parthénon un magasin de poudres, et les assiégeants ayant malheureusement appris cette circonstance de la bouche d'un transfuge, le temple devint dès lors le point de mire de toute leur artillerie. Un lieutenant lunebourgeois, habile pointeur, s'offrit pour diriger les mortiers, et bientôt, dans la soirée du 26 septembre 1687, une bombe, partie du Pnyx, mit le feu aux poudres, et le pavé brisé du Parthénon indique encore le lieu où elle tomba. L'explosion coupa, pour ainsi dire, le monument en deux parties; tout le côté oriental de la cella, huit colonnes de l'aile septentrionale du péristyle, six de l'aile méridionale, la plupart des murs, et enfin toutes les sculptures appartenant à ces différentes parties de l'édifice, furent anéantis... »

« Morosini contribua encore à sa ruine, en voulant faire enlever du fronton oriental la statue de Minerve, son char et ses chevaux ; par la maladresse des ouvriers, ces chefs-d'œuvre furent précipités et brisés en mille pièces. »

d'or sont en outre relevés de peintures légères, par *Paninus*, parent de Phidias, et une légère teinte est passée sur l'ivoire lui-même, afin d'adoucir et de fondre sa blancheur, qui eût été trop éclatante. La tunique de Minerve descend jusqu'à ses pieds; sur sa poitrine est une tête de Méduse également en ivoire. Elle tient d'une main une Victoire haute de près de deux mètres. Son casque est surmonté d'un sphinx, emblème de l'intelligence, et au-dessus de la visière sont huit chevaux lancés de front au galop, image de la rapidité de la pensée divine. La lance de la déesse atteint les caissons du plafond. Son bouclier est posé à ses pieds. Sur sa surface convexe, Phidias a gravé le *combat des Amazones;* sur la partie concave, *la bataille des dieux et des géants*. Un serpent se roule aux pieds de Minerve.

La cella est coupée en deux parts; nous venons de voir la première. La seconde, qui n'a qu'un tiers de l'étendue de sa voisine, compte quatre colonnes seulement, et porte le nom d'*Opisthodôme*. C'est là que les Athéniens renferment l'argent provenant des revenus publics et des contributions des villes de la Grèce. Sous Périclès, le trésor monte jusqu'à dix mille talents, — cinquante-quatre millions de francs. — C'est alors qu'une partie de ces trésors sont détournés de leur destination et employés par Périclès à l'embellissement d'Athènes. Les deux divinités gardiennes de ces monceaux d'or sont Jupiter sauveur et Plutus qui, là, par exception, a des yeux bien ouverts. Pour plus de sûreté, aux dieux on joignait deux hommes, deux *hellénotames*, c'est-à-dire deux économes, chargés de tenir note de toutes les dépenses, de tous les dépôts et des inventaires.

On conservait aussi dans l'Opisthodôme les dons, offrandes, *ex-voto*, des citoyens, et aussi les dépouilles des ennemis. Ainsi, on y voit le trône sur lequel était assis Xerxès pendant la bataille de Salamine; et s'y trouvent nombre de couronnes, d'encensoirs, de coupes, de vases, d'amphores, de trépieds d'or et d'argent (1).

(1) De l'Opisthodôme, ainsi que de beaucoup d'autres temples d'Athènes et de Grèce, celui de Thésée, par exemple, on fit au moyen-âge des églises dont les chrétiens se servirent pendant de longues années.

262     LES PEUPLES ILLUSTRES.

A vous, lecteur bienveillant dont j'occupe un moment l'attention par la peinture des magnificences artistiques qui sont déployées sous mes yeux, je puis vous faire l'aveu que, tout-à-l'heure, dans mon extase en face des splendeurs du Parthénon, j'ai fort incivilement fermé la bouche à mon oncle, le comte de Froley, à ma cousine, la belle Evenor, à note archéologue Marius Bédrin, et au savant historiographe Arthur Bigron. Le murmure de voix expliquant toutes choses, dont ils accompagnent toujours le charme que j'éprouve à contempler tel ou tel monument, l'admiration que m'inspire tel ou tel objet d'art, la muette et savoureuse contemplation à laquelle me livre tel ou tel paysage, m'a fatigué à ce point que je ne veux plus entendre cette sorte de basse continue qui sert d'accompagnement invariable à mes pérégrinations mystérieuses. Aussi, je me suis révolté! J'ai eu tort sans doute, car j'ai offensé ces excellents amis, qui ne m'accompagnaient certainement dans cet étrange voyage que pour me donner la clef de la science et m'éclairer sur mes si nombreuses ignorances. Franchement, là, j'ai manqué de reconnaissance, et mes amis ont souffert de ma brutalité. J'en ai la preuve... Ils m'ont quitté; ils ne sont plus avec moi!... Oh! j'ai fait une faute grave!... Le pyroscaphe a disparu. Je ne sais comment je suis porté dans les airs... Que va-t-il se passer maintenant? Mettrai-je fin à mon expédition scientifique?...

Au fait, je suis à Athènes, je vois des merveilles, je me trouve toujours dans les mêmes conditions de curiosités placées sous mon regard; tant que rien ne sera changé à l'échelle de recherches, d'investigations et de connaissances que je parcours, ne nous inquiétons pas. Ventre-saint-gris! me troublerai-je pour si peu?

Au temps de Démétrius-Poliorcète, l'un des généraux et des successeurs d'Alexandre-le-Grand, qui prit Athènes et en chassa Démétrius de Phalère, l'Opisthodôme devint le théâtre des odieuses débauches de ce prince.

Cicéron reproche à Verrès l'horrible sacrilège qu'il commit en pillant les trésors amoncelés par les Athéniens dans l'Opisthodôme du temple de Minerve.

Selon *Thucydide*, il y eut un moment, au commencement de la guerre du Péloponèse, où l'Opisthodôme du Parthénon posséda 10,000 talents, soit 54,000,000 de francs.

Et puisque je connais maintenant le Parthénon, eh bien! passons à l'Erechthéion, qui est sur le flanc septentrional de l'Acropole, presque côte à côte avec le Parthénon, et formant le côté gauche de l'avenue qui conduit au temple de Minerve.

Ami lecteur, livré à moi-même, à moi seul, je ferai de mon mieux pour vous mettre en relief les curiosités qui vont frapper mes yeux.

Vous vous souvenez qu'il a déjà été question plusieurs fois dans ce livre de mes révélations scientifiques de la querelle de Neptune avec Minerve, à l'occasion d'Athènes, dont chacune des deux divinités prétendait être le parrain. Minerve eut le dessus en faisant naître un olivier sur le roc septentrional de l'Acropole, tandis que Neptune faisait jaillir un flot de mer, à quelques pas plus loin, sur le même rocher. Naturellement l'olivier miraculeux et le flot de mer non moins prodigieux, résultat du coup de trident du dieu de l'Océan, et qui fait entendre, dit-on, un sourd murmure semblable à celui des vagues, quand souffle le vent du sud, devaient obtenir des hommages des Athéniens.

Aussi ce fut là que Cécrops, le premier, dressa un autel à Minerve, et lui éleva une première statue.

Après lui, Erechthée, cet enfant du mystère confié aux filles de Cécrops et d'Agraule, environna ce lieu témoin et théâtre du prodige d'une enceinte sacrée et le couvrit d'un temple.

Ce temple fut l'*Erechthéion*. On lui donne aussi parfois le nom de *Cécropion*, parce que, à sa mort, Cécrops y fut enterré.

Xerxès donna l'ordre à ses Perses de le brûler; néanmoins l'édifice ne périt pas entièrement. Seulement, passablement endommagé, il dut être reconstruit, avant même que Périclès ne fît le nouveau Parthénon.

On en fit alors un édifice, sans modèle, comme aussi sans copie, dans les siècles héroïques.

D'abord l'Erechthéion fut élevé ayant sa façade tournée vers l'orient. Ce portique, composé de six colonnes ioniques de marbre pentélique, hautes de six mètres, supporte un entablement et un fronton de marbre noir d'Eleusis. Sur le marbre noir du fronton et de la frise, on n'a pas sculpté de détails d'ornementation, mais on a appliqué d'admirables figures de marbre de Paros, qui se détachent en relief. Ce blanc sur noir est d'un effet magique.

A l'intérieur, le *pronaos* est fermé par une muraille ouverte par une porte large qui donne accès dans le *naos*. De chaque côté de cette porte s'élèvent deux autels, consacrés le premier à Neptune et à Erechthée, les deux autres au héros *Butès*, fils de Pandion, mari de Cithonia, fille d'Erechthée, prêtre de Minerve et de Neptune, et à Vulcain, et le dernier à Dioné, fille de l'Océan. La muraille est décorée de peintures relatives aux faits et gestes de Butès.

La porte franchie, on pénètre dans le *sanctuaire de Minerve-Poliade*, c'est-à-dire protectrice de la ville. Ce *naos* ne compte pas plus de sept mètres sur quatre : il ne reçoit de jour que par la porte. Mais, là, brûle sans fin une lampe d'or, travail de *Callimaque*, dans laquelle on ne verse de l'huile qu'une fois par an. Ce qui rend sa lumière éternelle, c'est que la mèche est faite d'amiante, ce que les anciens appellent *lin carpassin*. Le tube d'un palmier de bronze placé au-dessus, et qui monte jusqu'à la voûte, en porte la fumée au-dehors.

La statue de Minerve qui occupe le fond est tombée du ciel, disent les Athéniens. Aussi est-elle la plus vénérée de l'Attique, et cependant elle est faite de bois d'olivier. Pour s'en assurer, et remarquer que ce bois d'olivier, quoique sculpté dans le ciel, n'est qu'un grossier travail, il faut soulever le magnifique *péplus* couleur de safran qu'on apporte à la déesse à chaque fête des Panathénées. On attribue bien des miracles à cette idole (1).

Un siége, qui se replie sur lui-même, œuvre du mécanicien Dédale,

---

(1) *Dion Cassius* raconte que la statue de Minerve-Poliade, à Athènes, à la mort d'Auguste, empereur de Rome, se retourna subitement vers l'occident, et vomit du sang contre la muraille du fond du *naos*.

la cuirasse du Perse Masistius, qui commandait les Mèdes à la bataille de Platée, et d'autres curiosités, sont placés dans ce temple, comme hommages à la déesse.

Le *Pandrosion* ou temple de Pandrose, cette fille de Cécrops que Minerve fit la première prêtresse de son culte, et qu'elle associa à ses honneurs en récompense de sa discrétion et de son obéissance à l'endroit de la corbeille renfermant le petit Erechthée, fait suite à ce temple de Minerve-Poliade. Mais il en est séparé par une muraille pleine.

L'entrée du Pandrosion, portique composé de six colonnes du plus bel ordre ionique, quatre en façade, deux en retour, et dont le fronton est décoré de guirlandes de bronze doré qui courent sur des volutes dont le centre est doré de même, regarde le nord, à l'extrémité de la cella de Minerve-Poliade, et fait saillie, mais un peu en contre-bas, à cause de l'inégalité du rocher.

Toutefois, on pouvait pénétrer aussi dans le Pandrosion, — mais les prêtres seulement, — par un corridor et un escalier dérobés qui se trouvaient accolés au flanc gauche du temple de Minerve-Poliade.

C'est au centre du sanctuaire de Pandrose que se trouve *l'olivier sacré*. Afin de lui donner le jour et l'air dont il a besoin, le temple est hypœthre, c'est-à-dire découvert; aussi l'arbre vénéré, malgré les insultes et les dommages des Perses, quoique devenu tortu, pousse avec vigueur et couvre de son feuillage l'autel de Jupiter-Hercéen, ou *protecteur de l'enceinte*.

La statue de Pandrose est placée contre la muraille qui sépare son sanctuaire de celui de Minerve-Poliade, et dos à dos avec la statue de la déesse, par conséquent sur le côté gauche de celui qui entre dans le *naos* par le portique septentrional. Un portique, soutenu par quatre colonnes, règne autour de la cella, dont la voûte est découverte seulement au-dessus de l'olivier.

Quant à la *thalassa*, ou flot de mer que Neptune fit jaillir d'un coup de son trident appliqué sur le rocher, on le trouve sous le portique même, dans une sorte de caveau caché par les dalles, mais dans lequel on fait pénétrer les curieux ou les dévots, par une porte et un escalier placés à gauche de la porte de la cella de Pandrose (1).

Passons maintenant au côté opposé de l'Erechthéion, c'est-à-dire au sud de l'édifice.

Là, à l'opposé du portique du Pandrosion, se montre au beau soleil de l'Acropole, une magnifique tribune que l'on désigne vulgairement sous le nom de *tribune des Cariatides*. Rien de plus élégant, non-seulement dans tout l'édifice, mais partout ailleurs. Figurez-vous une sorte d'enceinte de grand appareil formant un soubassement et longue de plus de sept mètres, sur près de quatre de profondeur. Couronnez-la d'un entablement supporté par six magnifiques cariatides, quatre de face et deux en retour. Dans ces figures voyez les plus charmantes jeunes filles que l'art grec puisse faire sortir du marbre avec son ciseau magique, et vous aurez peut-être une idée de ce monument, qui n'est autre que le *tombeau de Cécrops*. Ces belles vierges,

(1) M. Ernest Breton, dans *Athènes*, etc., nous dit, à l'occasion du flot de mer de Neptune :

« On doit à M. Tétaz une très curieuse découverte. Ayant remarqué dans l'angle sud-est, au pavé du portique, quelques dalles qui semblaient n'en pas faire partie intégrante, il les fit enlever et mit ainsi à découvert une cavité réservée dans les substructions du portique, au fond de laquelle on aperçoit dans le rocher deux trous irréguliers de 0$^m$50 environ de profondeur, réunis entre eux par une sorte de fissure. Ces trous pourraient bien n'être qu'un jeu de la nature; tout annonce cependant que ce sont eux que l'on vénérait, dans l'antiquité, comme étant l'empreinte du coup de trident frappé par Neptune. Il est vrai que le trident avait trois pointes, et qu'il n'y a que deux trous; mais en aucun temps la superstition n'y a regardé de bien près. Les dalles que M. Tétaz a détachées sont justement celles que soulevaient les guides, les exégètes, lorsqu'ils voulaient offrir l'empreinte sacrée à la curiosité ou à la vénération des visiteurs et des dévots.

» Dans le même caveau est une petite citerne en partie ruinée ; M. Beulé, en la faisant déblayer, à rencontré presque aussitôt le rocher ; ce ne serait point une raison pour qu'elle n'eût point remplacé le puits d'eau salée, le flot, la *thalassa Erechthéis*, qui partageait avec l'empreinte du trident les hommages des pèlerins de l'Acropole. Il suffisait du plus petit bassin d'eau salée ; et quant au bruit que cette *mer* en miniature faisait entendre lorsque soufflait le vent du sud, la communication souterraine avec le temple peut l'expliquer.

portant ainsi sur leurs têtes le plus élégant entablement qu'il soit possible de se représenter, rappellent le souvenir et la pose des jeunes Canéphores qui portent des corbeilles à la belle procession des Panathénées. L'entablement n'a pas de frise, on le conçoit : il eût évidemment surchargé les six magnifiques statues. Il se compose uniquement d'une architrave et d'une corniche. Mais quelle finesse de sculpture et quelle richesse de travail! Une légère et très habile peinture donne à ces figures une animation qui les rend vivantes (1).

Le soleil se couche, amis lecteurs; il ne dore plus que les cimes les plus élevées du Pentélique, et le soir vient, la nuit tombe.

Nous ne quitterons pas cependant les hauteurs de l'Acropole sans que je vous aie dit un mot et rapidement esquissé la *grotte d'Agraule*, ou *Agraulion*. D'ailleurs, il suffit de descendre de l'enceinte même de l'Erechthéion, par un escalier souterrain, au-dessous même de l'édifice. On arrive dans la grotte, qui ouvre sur l'escarpement du rocher, en face de la plaine qui se termine à l'Ilissus et au mont Hymette, et que la tradition nous dit être consacrée à Agraule, l'une des trois filles de Cécrops, parce qu'elle s'était donné la mort en cet endroit, pour le salut de sa patrie, selon le vœu de l'oracle.

Cette grotte est fort irrégulière et très étroite. Dans les parois du rocher sont creusées de petites niches contenant des *ex-voto*. Mais l'eau suinte de toutes parts et y forme des stalactites qui les dissimulent. A droite, au fond de la grotte, se montre une sorte de corridor naturel, haute fissure qui gravit et se dirige vers l'escalier de l'Erechthéion. Toutefois la communication ne peut être établie que par une échelle rejoignant l'escalier. C'est par là que les soldats de Xerxès s'introduisirent dans la citadelle d'Athènes, et que la ville fut prise.

A quelques pas de l'Agraulion, à droite, il est une autre cavité, la *grotte de Pan*, dédiée à Apollon, dans laquelle Créuse, fille d'Erech-

(1) Cette *tribune des Cariatides* existe encore, et c'est l'une des magnificences de l'Athènes moderne que les artistes et les voyageurs visitent avec le plus d'intérêt.

théo, conçut, d'Apollon lui-même, son fils Ion, de qui les Ioniens de Grèce et ceux de la colonie de l'Asie-Mineure tirent leur nom. Cette grotte fut ensuite consacrée à *Pan*, par les Athéniens, comme témoignage de gratitude pour la terreur panique qu'il inspira aux Perses dans la terrible bataille de Marathon (1).

J'en ai fini avec l'Acropole, et comme les ténèbres de la nuit, tout-à-fait tombées, entourent de leurs crêpes funèbres les collines, les montagnes, la ville et ses horizons immenses, je veux m'éloigner.

Mais je suis seul, et je ne sais quel frisson me saisit. Serait-ce celui de la peur? Oh! non.

Chose singulière, mais qui ne m'étonne pas, car je suis habitué maintenant à tant de singularités! Chose singulière! il me suffit de vouloir quitter l'esplanade de la citadelle pour qu'un mouvement imperceptible d'abord, mais plus prononcé ensuite, m'entraîne et m'enlève à la plate-forme de Minerve. J'entends les oiseaux de la déesse qui commencent à huer et à prendre leurs ébats.

Puis, comme à l'ouest du rocher se creuse une étroite vallée qu'occupe un bois et un temple consacré aux *Euménides* ou *Furies* et autres divinités infernales, et que, de l'autre côté de ce vallon, se relève en pente douce une colline sur laquelle se dresse brusquement le rocher de l'Aréopage, il advient que je me trouve planant au-dessus de cette fameuse éminence... Ciel! je n'y suis pas seul! son plateau est occupé par une foule nombreuse, mais muette et gardant un profond silence. A l'oscillation de cette multitude, dont l'obscurité me cache les physionomies, je reconnais qu'il s'agit d'un jugement dont s'occupe sans doute le célèbre tribunal des Aréopagites (2). En effet, le rocher

(1) Aristophane place, dans l'escalier et la grotte de Pan, une des scènes de sa comédie *Lysistrate*. Il est curieux de voir ce poète produire une telle œuvre, dans une république aussi policée que celle d'Athènes.

(2) On voit encore, à Athènes, les ruines de l'*Aréopage*, au midi du temple de Thésée. Ces restes consistent dans une esplanade de cent quarante pas environ, qui était proprement la *salle de l'Aréopage*, un tribunal taillé au milieu du roc, et des sièges aux deux côtés, sur lesquels les *Aréopagites* prenaient séance. Près de là sont

peu élevé, escarpé de toutes parts, long et étroit, qui règne de l'ouest-nord à l'est-sud-est, et dans lequel sont taillés les siéges des juges, me laisse bientôt entrevoir comme des ombres qui se meuvent, qui gesticulent, qui vont et qui viennent.

Je songe alors que ce fut là, parmi ces Aréopagites, que saint Paul, l'apôtre des nations, trouva et convertit Denis, surnommé l'Aréopagite, et qui devint un saint. Mais c'est un fait postérieur à l'époque où je me trouve que j'évoque là. Du reste, je suis enlevé à mes réflexions par le mouvement qui s'opère sur la colline.

Les Aréopagites siégent de nuit, pour ne pas se laisser influencer par la vue du coupable. Lui-même ne peut juger de leurs impressions sur son visage, puisqu'ils ne le voient pas. Aussi, je les vois voter en silence avec des cailloux, pleins pour l'acquittement, percés pour la condamnation, afin de les reconnaître au toucher. Ce vote se fait en silence.

Il est probable que l'accusé est renvoyé absous, car je le vois, ainsi que son accusateur, quitter les deux pierres brutes sur lesquelles ils étaient assis, le premier sur la *pierre de l'impudence*, le second sur la *pierre de l'insulte*, et celui-là descendre un escalier d'une vingtaine de marches, taillées dans le roc, et regardant le sud, près d'un *temple de Mars* et de l'Odéon.

Je passe alors au-dessus du Pnyx. Mais le calme et la solitude règnent sur le plateau de cette colline, si souvent agitée par les

---

des grottes taillées de même dans le rocher. On conjecture qu'elles servaient de prison pour les criminels. Cette colline a été longtemps un cimetière turc.

Les membres de l'Aréopage se nommaient Aréopagites. Saint Denis, premier évêque d'Athènes, avait été Aréopagite, et fut converti par la prédication de saint Paul devant l'Aréopage.

Au commencement, l'Aréopage se réunissait seulement les 27, 28 et 29e jours du mois ; mais plus tard, selon l'exigence des causes, les juges siégèrent tous les jours. Les séances se tenaient en plein air, sur la colline, afin qu'un même toit ne couvrît pas l'accusateur et l'accusé. C'était l'archonte-roi qui portait devant l'Aréopage les accusations capitales : avant de remplir ces fonctions redoutables, il déposait la couronne de myrte, insigne de sa dignité.

assemblées populaires. La tribune d'où se font entendre la voix éloquente de Lydias, de Périclès, d'Eschine, et d'où celle de Démosthènes fera bientôt trembler Philippe, roi de Macédoine, et d'où tonnera Phocion, est à cette heure muette et silencieuse.

Je salue ensuite le *tombeau de Cimon*, dont Hérodote écrit :

« Cimon fut enterré devant la citadelle, au-delà du chemin qui traverse le Cœlé. Vis-à-vis de lui sont enterrés ses chevaux, qui avaient gagné trois fois aux jeux Olympiques. »

C'est dans le flanc du rocher de la colline de Musée qu'est creusé le sépulcre du grand homme.

Au pied de la même colline de Musée, non loin de l'ancienne porte Mélitide, en regard de l'Acropole, je vois dans l'ombre de la nuit trois points noirs sur le rocher blanc, qui m'ont été signalés comme servant de *prison*. C'est là que Socrate sera enfermé pour expier la noble hardiesse de sa doctrine, et c'est là qu'il boira la ciguë qui lui donnera la mort.

Enfin, c'est sur le sommet de la colline, à la base de son renflement le plus élevé, que je vois sortir de terre la parti esupérieure d'un très ancien tombeau. La tradition prétend que c'est le *tombeau de Musée*.

Alors, je ne sais comment cela se fait, mais je me trouve dans le *quartier du Céramique extérieur*, à l'ouest d'Athènes, où je vois d'abord l'*Académie et les Jardins* de ses philosophes, puis le *cimetière d'Athènes*, dans lequel sont entassées de nombreuses générations.

J'évoque alors les ombres de ces Grecs fameux... et ma mémoire les rappelle à mon souvenir... quand, tout-à-coup, je me sens soulevé à une grande hauteur, et Athènes, ma belle Athènes, endormie dans les brumes de la nuit, disparaît tout-à-fait à mes yeux (1).

---

(1) M. de Lamartine, dans son *Voyage en Orient*, raconte ainsi ses impressions à l'endroit de la moderne Athènes :

« Un vent maniable nous a laissés approcher de la pointe du continent qui avance dans la mer d'Athènes ; mais là, une nouvelle tempête nous a assaillis... De temps en temps l'horizon s'éclaircit et nous laisse entrevoir le cap Colone qui blanchit devant nous. Nous espérons aller le soir saluer la mémoire du divin Platon, qui venait méditer deux mille ans avant nous sur ce même promontoire de Sunium. Mes regards ne quittent pas l'horizon des montagnes d'Athènes, d'où la tempête nous repousse. Enfin, au déclin du soleil, le vent s'amollit; nous faisons une bordée sur Egine. Nous tombons presque en calme à l'abri de l'île, et nous entrons à la chute du jour dans un autre golfe formé par l'île et par les beaux rivages de Corinthe. Nous jetons l'ancre, au moment où la nuit tombe, dans un lac immense et enchanté, que de sombres montagnes enveloppent, et où la lune qui s'élève frappe de sa blancheur l'Acropolis de Corinthe et les colonnes du temple d'Egine. Nous sommes à quelques centaines de pas de l'île, en face de jardins ombragés de beaux platanes. Quelques maisons blanches brillent au milieu de la verdure. »

Le lendemain, « le calme s'établit, et nous nageons six heures sans mouvement sur la mer transparente d'Athènes. L'Acropolis et le Parthénon, semblables à un autel, s'élèvent à trois lieues devant nous, détachés du mont Pentélique, du mont Hymette, etc.; en effet, Athènes est un autel aux dieux, le plus beau piédestal sur lequel les siècles passés aient pu placer la statue de l'humanité! Aujourd'hui l'aspect est sombre, triste, noir, aride, désolé; un poids sur le cœur; rien de vivant, de vert, de gracieux, d'animé; nature épuisée que Dieu seul pouvait vivifier; la liberté n'y suffira pas.

» Arrivés au Pirée à huit heures du matin, le 19 août 1832, nous jetons l'ancre. Nous montons à cheval. Pendant une demi-lieue, la plaine, quoique d'un sol léger, maniable et fertile, est complètement inculte et nue. Nous entrons dans le bois d'oliviers et de figuiers qui entoure le groupe avancé des collines d'Athènes comme d'une ceinture verdoyante. Nous suivons les fondations évidentes encore de la longue muraille bâtie par Thémistocle, qui unissait la ville au Pirée. Enfin nous passons sous les remparts élevés et sous les noirs rochers qui servent de piédestal au Parthénon. Le Parthénon lui-même ne nous semble pas grandir, mais se rapetisser au contraire à mesure que nous en approchons. L'effet de cet édifice, le plus beau que la main humaine ait élevé sur la terre, au jugement de tous les âges, ne répond en rien à ce qu'on en attend, vu ainsi; et les pompeuses paroles des voyageurs, peintres et poètes, vous retombent tristement sur le cœur quand vous voyez cette réalité si loin de leurs images. Il n'est pas doré comme par les rayons pétrifiés du soleil de Grèce; il ne plane point dans les airs comme une île aérienne portant un monument divin; il ne brille point de loin sur la mer et sur les terres, comme un phare qui dit : « Ici, c'est Athènes! Ici l'homme a épuisé son génie et porté son défi à l'avenir! » Non, rien de tout cela. Sur votre tête vous voyez s'élever irrégulièrement de vieilles murailles noirâtres, marquées de taches blanches. Ces taches sont du marbre, débris des monuments qui couronnaient déjà l'Acropolis avant sa restauration par Périclès et Phidias. Ces murailles, flanquées de distance en distance d'autres murs qui les soutiennent, sont couronnées d'une tour carrée byzantine et de créneaux vénitiens. Elles entourent un large mamelon qui renfermait presque tous les monuments sacrés de la ville de Thésée. A l'extrémité de ce mamelon, du côté de la mer Egée, se présente le Parthénon, ou le temple de Minerve. Ce temple, dont les colonnes sont noirâtres, est marqué çà et là de taches d'une blancheur éclatante : ce sont les stygmates du canon des Turcs ou du marteau des iconoclastes. Sa forme est un carré long; il semble trop bas et trop petit pour sa situation monumentale. Il ne dit pas de lui-même : « C'est moi, je suis le Parthénon, je ne puis pas être autre chose. » Il faut le demander à son guide, et quand il vous a répondu, on doute encore... Plus loin, au pied de l'Acropole, vous passez sous une porte obscure et basse, sous laquelle quelques Turcs en guenilles sont couchés à côté de leurs riches et belles armes, et vous êtes dans Athènes.

» Le premier monument digne du regard est le temple de Jupiter-Olympien, dont les magnifiques colonnes s'élèvent seules sur une place déserte et nue, à droite de ce qui fut Athènes, digne portique de la ville des ruines !

» A quelques pas de là, nous entrâmes dans la ville, c'est-à-dire dans un inextricable dédale de sentiers étroits et semés de pans de murs écroulés, de tuiles brisées, de pierres et de marbres jetés pêle-mêle. Çà et là, quelques femmes aux yeux noirs et à la bouche gracieuse des Athéniennes sortaient sur le seuil de leurs portes, nous souriaient et nous donnaient ce salut gracieux de l'Attique : « Bienvenus, seigneurs étrangers, à Athènes !... »

» A mesure que nous descendions vers le fond de la vallée profonde qu'ombragent le temple de Thésée, le Pnyx, l'Aréopage et la colline des Nymphes, nous découvrions une plus vaste étendue de la ville moderne qui se déployait sur notre gauche, semblable à ce que nous avions vu ailleurs. Assemblage confus, vaste, morne, désordonné, de huttes écroulées...

» Devant nous grandissait et se détachait du tertre gris où il est placé, le temple de Thésée, isolé, découvert de toutes parts, debout tout entier sur son piédestal de rochers ; ce temple, après le Parthénon, le plus beau, selon la science, que la Grèce eût élevé à ses dieux ou à ses héros... »

# MÉTAMORPHOSE DU VIEUX MONDE.

Mégare. — Temple de Jupiter-Olympien. — La citadelle Carie. — Temple de Bacchus-Nyctélius. — Temple de Vénus-Epistrophia. — Temple de Jupiter-Conius. — L'Acro-Corinthe. — Une tête de Méduse. — Aspects du Péloponèse. — Corinthe. — Temples, stades et théâtres. — Sicyone. — Forêt de Némée. — Temple de Jupiter-Néméen. — Jeux. — Mycènes. — Fontaine de Persée. — Chambres d'Atrée. — Tombeaux d'Agamemnon, de Clytemnestre et d'Egisthe. — Argos. — Temple de Junon. — Tombeau pélasgique de Phoronée. — Tombeau cyclopéen de Danaüs. — La citadelle Larisse. — Pyramide. — Epidaure. — Temple d'Esculape. — Ile d'*Egine*. — Temple de Vénus. — Temple de Jupiter-Panhellénien. — Trézène. — Phèdre et Hippolyte. — Tombeau de Démosthènes. — Sparte ou Lacédémone. — Portique des Perses. — Palais du Sénat. — Temples de la Terre et de Jupiter-Agorœus. — Temple de Minerve-Agorœa, de Neptune, etc. — Tombeau d'Oreste. — Ephories. — Roonéta. — Tombeaux de Pausanias et de Léonidas. — Dromos. — Mars enchaîné. — Temple de Minerve-Axiopœne. — Le quartier Limnœum. — Temple de Minerve-Chalciœcos. — Acropole de Sparte. — Monts Taygète. — *Hélos*. — Statue de la Pudeur. — Messène. — Mont Ithôme. — Evoé. — Stade. — Fontaine clepsydre. — Murailles de Messène. — Pylos. — Grotte de Nestor. — Olympie. — Temple de Jupiter-Olympien. — Prodiges de l'art. — Statue de Jupiter, par Phidias. — Temple de Junon. — Hippodrome. — Jeux Olympiques. — Statues des vainqueurs. — Milon de Crotone. — Mantinée. — Le Styx. — Ladon. — Orchomène. — Temple d'Apollon-Epicurius, à *Bassæ*. — *Alcibiade*. — *Nicias et Lamachus*. — Carrières de Syracuse. — Bataille navale Ægos-Potamos. — *Thrasybule*. — Bataille des Arginuses. — *Socrate*. — *Conon*. — Vénus de Praxitèle. — Une femme jalouse. — *Artaxerce-Longue-Main*. — *Xerxès II* et *Sogdien*. — *Darius-Nothus*. — *Artaxerce-Mnémon*. — *Cyrus-le-Jeune*. — Bataille de Canaxa. — Les dix mille Grecs. — *Xénophon*. — *Agésilas*, roi de Sparte. — Traité d'*Antalcidas*. — Despotisme de Lacédémone. — Délivrance de Thèbes. — *Pélopidas*. — *Epaminondas*. — *Cléombrote*, roi de Sparte. — Bataille de Leuctres. — *Philippe*, roi de Macédoine. — Guerre sociale. — *Démosthènes*. — Philippiques. — Drame de Pella. — Une lettre à *Aristote*. — Alexandre-le-Grand. — *Mésabate* et *Statira*. — *Darius-Ochus*. — *Sisygambès*. — *Bagoas*. — Où le crime est puni. — *Darius-Codoman*. — Comment part Alexandre pour faire la conquête du monde. — Nœud gordien. — *Clytus*. — Bataille d'Issus. — *Parménion*. — Passage du Granique. — Danger de mort dans le Cydnus. — Siège de Tyr. — Fondation d'Alexandrie d'Egypte. — Conquête de l'Egypte. — Passage à Jérusalem. — Alexandre adore le vrai Dieu. — *Bucéphale*. — Bataille d'Arbèles. — Ruine d'Ecbatane. — *Bessus*. — Mort de Darius-Codoman. — Fin de l'empire des Mèdes et des Perses. — Comment un traître est puni. — Conquête de l'Asie. — *Roxane*. — *Statira*. — *Héphestion*. — Monarchie universelle. — Incendie de Persépolis. — Mort d'Alexandre. — Partage du monde entre ses généraux. — Commencement de l'Empire romain. — Ere nouvelle.

Le dirai-je? Plus je m'élève dans les airs, plus je domine de haut la Grèce et ses îles, plus cette terre, si poétique et si généreuse naguère, me semble subir peu à peu une étrange et triste métamorphose.

Ce n'est plus la Grèce d'autrefois, où je voyais naguère encore le vieux paysan de l'Attique ou de la Laconie, s'il rencontrait, dans un champ, un soliveau debout, ou une borne dans un carrefour, s'arrêter, se prosterner et prier !

Avec quelle précaution ne purifiait-il pas ses bergeries, et n'aspergeait-il pas de lait le simulacre de la bonne déesse Palès, patronne de ses troupeaux ? Lui-même, en vêtements blancs, le front couronné de myrte, il suivait la victime destinée à l'immolation. Quant aux lares de sa demeure, combien de fois ne l'ai-je pas vu les appaiser avec une grappe de raisin et un diadème d'épis qu'il plaçait sur leur tête vénérée.

Il avaient des croyances, eux encore, et nous, et nos paysans, où sont les leurs ?

Quand la religion d'une contrée s'en va et que les croyances disparaissent, c'en est fait des mœurs et du bonheur !

Jadis encore, les femmes graves du vieux monde, la quenouille en main, entourées de corbeilles pleines de flocons de laine, distribuaient l'ouvrage à leurs suivantes, et s'entretenaient avec elles à la rouge lumière des lampes de la veillée.

Chaque soir et chaque matin, on les voyait se rendre aux pieuses assemblées des temples et des basiliques, se mêler à la foule des adorateurs de la déesse ou du dieu, leurs longs cheveux couverts d'un voile. Elles y agitaient le sistre d'airain, tandis que les hiérophantes, à la tête rasée, aux blancs vêtements de lin, offraient à l'idole les dons déposés sur l'autel. La flamme jaillissait, activée par le *flabellum* du ministre sacré, le chant des flûtes éclatait, les cymbales retentissaient, la statue peinte d'Isis ou de Cybèle, vêtue d'or et de pierreries, étincelait au fond de la *cella*, les longues files de sombres personnages, sculptés sur les tables isiaques, parmi les légendes hiéroglyphiques, semblaient s'animer et s'avancer en silence, d'un pas hiératique, vers le trône de Jupiter, de Diane ou d'Apollon.

Aujourd'hui, l'esclavage s'est introduit en Grèce, et les peuples qui ont des esclaves ne vivent plus que pour l'oisiveté et la satisfaction de leurs vices.

Oui, j'avais le cœur serré quand je contemplais l'une des plus délicieuses perles de la splendide et éblouissante ceinture d'îles et d'oasis marines qui entoure l'Hellade, Délos.

Délos! île flottante, lieu de pèlerinage pour le continent grec, où tous les cinq ans des théories de jeunes gens et de jeunes filles, venues d'Athènes, de Milet, de Samos, de Sparte et de Messène, célébraient les fêtes d'Apollon et d'Artémis, où des chœurs, au son des flûtes et du théorbe, chantaient des hymnes et exécutaient ces danses fameuses représentant le drame de Latone et de ses blonds enfants; Délos, dont aucune sépulture ne souillait la terre vierge; Délos ne me présentait, hélas! qu'un des plus vastes et des plus célèbres marchés d'esclaves de toutes races, de toutes régions, de tout âge et de tout sexe. La brillante Délos, la pittoresque, la charmante et verte Délos n'était qu'un sol maudit où les captifs, entassés sur le sable des grèves, et vendus à l'encan, devaient à tout jamais laisser toute espérance, comme les damnés du Dante!

C'est que le Christ, divin rédempteur, n'était pas encore venu pour briser les fers de l'homme et l'arracher à cette abrutissante condition de l'esclavage.

En ces temps-là, les pirates les plus farouches, Grecs ou Phéniciens, rendus cruels par l'amour de l'or, faisaient la traite des Blancs! Et, en attendant que plus tard Rome, dans les bouges de la rue Suburra ou de la Voie sacrée, vendît aux acheteurs des créatures humaines de prix fort divers, les pieds enduits de gypse, exposées sur un échafaud tournant, le trafiquant des îles entassait à Délos, comme un vil bétail, des troupeaux d'hommes et de femmes enlevés à la Lydie, à la Mysie, à la Carie, à la Bithynie, dans tout l'Orient, et jusqu'à la

Germanie. Blancs de lait, comme les Germains, nos pères les Gaulois y étaient confondus et parqués avec les noirs d'Afrique. Car pendant qu'on recherchait les Gaulois comme habiles porteurs de litières, on voulait des Numides, vantés comme excellents coureurs, des Ethiopiens comme baigneurs parfaits, des Grecs asiatiques estimés pour le service de la table, les belles-lettres, la musique, la danse, etc.

Dans cette Délos semblable à une mouette à large envergure, je voyais d'infortunées Lesbiennes, des femmes de Milet, de Samos, d'Ephèse, de Chio. Toutes pleuraient leur patrie absente, leurs mères à jamais perdues, leur famille désolée. Mais bientôt on atrophiait leurs généreux instincts à l'aide de philtres et de liqueurs; on allumait la passion des toilettes extravagantes; on faisait s'oblitérer en elles le sentiment du juste, du vrai, du beau, du bien. Alors, dansaient-elles avec la grâce des Ioniennes, au son du tambourin, des crotales, des castagnettes de Bétique; savaient-elles chanter une ode de Sapho, une mélodie d'Anacréon, une romance égyptienne, en frappant du *plectrum* d'ivoire les cordes d'une lyre, ou en promenant des mains fluettes sur la harpe de Phénicie, on en faisait des chanteuses, des danseuses, des femmes vouées au luxe et aux joies des festins. Elles étaient cotées des prix exagérés. Ne devaient-elles pas servir à l'amusement des grandes cités de l'Hellade et d'ailleurs?

De ces misérables esclaves, les unes, adroites, flexibles, belles et gracieuses, faisaient moisson d'or, et, achetant leur liberté, devenaient affranchies.

Les autres, réduites à d'immondes travaux, restaient dans le bourbier de la misère.

Alors, les premières, les cheveux noués avec la bandelette de couleur, *vitta*, majestueusement drapées dans les plis d'une robe talaire, *stola*, et d'un riche manteau, *palla*, dédaignant leurs anciennes compagnes d'infortune, riaient de leurs chaussures crottées et de leurs mitres peinturées, quand elles les rencontraient foulant aux pieds les Agoras et les pourtours des Cirques. Elles écrasaient ces infortunées de leur hautain regard et signalaient par des outrages leurs épaules portant la trace des piqûres d'épingles de leurs maîtresses et les plaies des coups de fouet de leurs maîtres barbares.

Une fois décrépites, hideuses, comme il arrive de bonne heure à toutes les femmes des contrées méridionales, leur or épuisé, leurs riches vêtements déflorés, leurs villas perdues, ces misérables affranchies se faisaient sorcières, oui, sorcières, comme la Canidie d'Horace. Si vous aimez mieux, elles disaient la bonne aventure pour une pièce de monnaie. Oh! comme j'ai vu leur œil s'allumer quand des dariques leur montraient leur fauve éclat! Combien, à la présence de l'or, les petits yeux perçants de ces abominables Thessaliennes pétillaient, comme leur cou se gonflait, ainsi que celui d'un reptile, et comme s'agitaient sur leur front terreux leurs rares cheveux gris, ayant l'apparence du jaune, sous l'étoffe rouge dont elles se coiffaient pour raviver leurs traits! Au riche porteur de dariques, elles offraient en vente les meilleurs philtres, et les garantissaient, hélas!

Oh! longtemps, bien longtemps, toujours, j'aurai l'imagination et la mémoire remplies de scènes que je n'ai pu décrire dans mes récits, parce que le mouvement et la rapidité des faits m'entraînaient. Mais que de fois j'avais pleuré sur les misères de ces peuples que j'avais sous les yeux, et dont les richesses et les splendeurs me présentaient un contraste si frappant.

Et cette Délos fleurie, et Cythère, et Paphos, et Gnide, et Amathonte, et Corinthe, là où le vice était en honneur, comme Dieu, le vrai Dieu du ciel, permettait que ces îles charmantes, ces cités somptueuses, mais bien criminelles, ces bocages enchanteurs, devinssent honteusement stériles, voués à la ruine, sans végétation désormais, et comme frappés de malédiction. C'est là que je trouvais marqué le doigt du Seigneur, et c'était là ce qui me frappait du haut des airs, et me consternait, en me faisant pleurer sur les misérables passions de l'humanité, extravagante et coupable!

Donc je me sens soulevé à une grande hauteur, et de là je reconnais que je passe au-dessus du célèbre bourg de *Colone*, où Sophocle a placé les plus belles scènes de sa tragédie d'*Œdipe à Colone.*

Bientôt je franchis les cimes du mont Pentélique, et je glisse, avec la rapidité du vent, au-dessus de bois, de collines, de plaines, de montagnes, tandis qu'à droite et à gauche une pâle blancheur me révèle la mer.

Je comprends alors que je franchis l'isthme qui sépare Athènes de Corinthe.

En effet, voici *Mégare* et son *temple de Jupiter-Olympien;* puis, sur la crête d'une colline qui domine la ville, la citadelle appelée *Carie*, de Car, fils de Phoronée, et tout près le *temple de Bacchus-Nyctelius*, celui de *Vénus-Epistrophia* et le *temple de Jupiter-Conius*, hypœthre, comme dirait le savant Marius.

Sur les bords du chemin étroit où se donnent à leur temps les jeux Isthmiques, se soulèvent de terre de nombreux tombeaux. Je vois les affreux rochers du haut desquels le terrible Sciron précipitait les étrangers, et tous les endroits signalés par les forfaits des brigands qu'immole Thésée.

Enfin se dessine à l'horizon, que blanchit déjà un pâle reflet de l'aurore qui approche, sur le sommet d'une montagne haute de plus de cinq cent soixante-quinze mètres, une blanche et formidable citadelle.

— L'*Acro-Corinthe!*

C'est la voix mystérieuse de tout-à-l'heure qui, sans doute pour répondre à ma pensée, prononce ce nom sonore, non plus avec la douceur d'une brise qui souffle, mais avec une force brutale dont je ne me rends pas compte.

Stupéfait d'entendre une voix rude qui semble parler au-dessus de ma tête, je... regarde avec effort... Que vois-je?... grand Dieu! Une face de Gorgone, la face grimaçante de la Méduse que j'avais examinée, quelques heures auparavant, sur la poitrine de la Minerve de Phidias, au Parthénon. Mais ce n'est pas seulement cette tête que j'aperçois, me regardant d'un œil glauque effrayant, et ouvrant une horrible bouche... Cette tête a un corps d'araignée, avec d'énormes pattes et des ailes de chauve-souris. Or, c'est l'une de ces pattes, plongée dans mon abondante chevelure, qui m'a tenu suspendu dans l'espace et porté à travers les airs de la colline de Musée, à Athènes, jusque sur la pointe extrême de l'Acropole de Corinthe.

Alors, cette épouvantable face de Méduse, après avoir poussé un strident éclat de rire, me dit de sa voix rauque, accompagnée de sifflements :

— Ah! les quelques connaissances que tu viens d'acquérir te font déjà monter au cerveau des bouffées d'orgueil et de superbe indépendance! Ah! tu as repoussé les sages instructions que te donnait la douce Even! Ah! tu n'as plus voulu des doctes enseignements de ton oncle si dévoué! Ah! tu as dédaigné les commentaires du savant Marius, et les légendes explicatives du laborieux Bigron!... Eh bien! sache qu'ils se sont éloignés, l'âme triste et le cœur brisé... A présent, c'est à moi que tu appartiens, messire Théobald de Lavange, esprit rétif, retors et rebelle! Tu es mon domaine... Oh! malgré toi, orgueilleux gentilhomme, je t'insufflerai la science qui te manque encore!

Voici que je te place sur la plate-forme de l'Acro-Corinthe, comme au sommet d'un observatoire. D'ici nous dominons la Grèce entière. Aussitôt que les premiers rayons du soleil vont illuminer cette étroite mais si glorieuse partie du monde, je vais faire passer sous tes yeux les faits principaux dont elle devient le théâtre merveilleux.

Malheur à toi si tu ne profites pas de mes leçons, ingrat!

Mais voici le soleil qui se lève. Regarde, et... écoute!

Ces derniers mots ressemblent aux foudres qui éclatent aux quatre points cardinaux du globe...

— Tu viens de voir Athènes dans sa gloire, et Périclès t'a révélé là, par ses œuvres, la puissance de son génie. Mais voici qu'on l'accuse d'impiété, lui, Périclès! Et le grand homme est obligé de fuir devant l'injustice si ordinaire aux Athéniens. Heureusement le même peuple lui vend bientôt sa faveur, car il a besoin de lui. Une coalition des Béotiens, des Mégariens, des Platéens, des habitants de Leuctres, d'Ambracie et de tout le Péloponèse s'est formée contre Athènes. Cette guerre fait un grand nombre de victimes parmi les Athéniens; aussi recueille-t-on pieusement leurs restes. Ces ossements, renfermés dans des cercueils de cyprès, sont exposés sous une grande tente, et après trois jours de deuil, les cercueils, placés sur des chars, dont le nombre est égal à celui des dix tribus de la ville, sont conduits au Céramique extérieur, où on leur donne la sépulture.

Puis, comme un fléau ne vient jamais seul, voici que fond sur Athènes une peste terrible. Venue de l'Egypte qu'elle a dépeuplée, de la Libye qu'elle a ravagée, de la Perse qu'elle a décimée, elle fait périr les citoyens par milliers.

L'époux d'Aspasie, Périclès, en est lui-même atteint, et il meurt en disant à ses amis, qui le pleurent et racontent ses belles actions :

— Vous oubliez une seule chose qui mérite d'être louée dans ma vie, c'est que je n'ai fait perdre la vie à aucun de mes concitoyens!

Mes amis, vous qui me lisez avec quelque intérêt, peut-être, je voudrais vous raconter tout ce que me dit et me signale la voix terrible qui bourdonne à mes oreilles; malheureusement cela demanderait des volumes : je m'abstiendrai donc. Notez toutefois que ce qui m'impressionne le plus, c'est que je n'entends et ne recueille pas seulement ses paroles; mais, en même temps qu'elle parle, je vois tous les drames qu'elle me signale s'accomplir sous mes yeux. La Grèce devient pour moi un théâtre immense, sur lequel passent magistrats, armées, stratèges, peuples en armes, en costumes, hommes, femmes, enfants, livrant des batailles, jouissant des loisirs de la paix, se livrant aux *jeux Isthmiques, Néméens, Olympiques*, etc.

D'abord je jouis de la plus belle vue de l'univers (1). L'Acro-Corinthe, comme vous le savez, est le sommet d'une montagne qui domine Corinthe. La ville s'étend à ses pieds. De la ville même, bâtie en amphithéâtre, on aperçoit le golfe Saronique, au loin la citadelle d'Athènes et jusqu'au cap Colone. D'un côté de l'isthme elle a Cenchrées pour port de mer sur le golfe de Corinthe, et de l'autre Léchée, autre port qui lui appartient également, sur la mer Egée. L'espace qui existe entre ces deux ports est ce qui réunit le Péloponèse au continent.

*Corinthe* est une fort belle ville; les principaux monuments qui la décorent sont le *théâtre* et un *stade* tout en marbre blanc. Non loin de la citadelle, je vois le *sanctuaire de Jupiter-Coryphœus*, celui de *Minerve-Chalinitis* et le *temple de Neptune*, qui renferme les statues des vainqueurs aux jeux Isthmiques. Ces jeux furent institués par Neptune et par le Soleil, qui les firent célébrer de concert la première fois. Ceux qui y remportèrent le prix furent Castor, pour la course simple; Calaïs, pour les diaules ou la course double; Orphée, pour la cithare; Hercule, pour le pancrace; Pollux, pour le pugilat; Pélée, pour la lutte; Télamon, pour le disque; et enfin Thésée, pour la course avec des armes. Il y eut aussi des prix pour les courses de chevaux. Phaéton fut vainqueur à la course à cheval, et Nélée à celle des quadriges. Enfin, on en proposa un aussi pour les vaisseaux, et le navire *Argo* le remporta, et ce fut sa dernière course, car Jason le consacra à Neptune.

Il en est qui prétendent que ce fut Thésée qui institua ces jeux, lorsqu'il eut tué Sinis; mais il est beaucoup plus vraisemblable que le

---

(1) « C'est, dit Spon, une des plus belles vues de l'univers. »

Au point le plus élevé de la ville on voit encore sept colonnes d'un temple, celui de *Neptune* sans doute. L'*Acro-Corinthe* était la barrière du Péloponèse. « Corinthe, dit Châteaubriand, est située au pied des montagnes, dans une plaine qui s'étend jusqu'à la mer de Crissa, aujourd'hui le golfe de Lépante. » Les monuments de Corinthe n'existent plus.

voisinage des deux mers, qui rend cet endroit très fréquenté, fut la cause de leur institution.

L'enceinte dans laquelle se trouve le temple de Neptune contient aussi le *temple de Palémon*. Il y a aussi un sanctuaire nommé *Adyton*, — secret, — dont l'entrée est sous terre : malheur à qui viole le serment fait dans ce temple !

Devant la plaine qui s'étend au pied de la ville est un bois sacré de cyprès, nommé le *Cranium*, duquel je vois s'élever une enceinte consacrée à Bellérophon, et qui contient le *temple de Vénus-Mélœnide* et le *tombeau de Laïs*, la fameuse et belle Laïs, née à Corinthe, et qu'il ne faut pas confondre avec celle qui a reçu le jour en Sicile.

La place publique, ou *Agora*, est ornée de temples nombreux, et on trouve les *statues* de *Diane d'Ephèse*, de *Vénus*, de *Mercure*, de *Jupiter*, etc., et de *Bacchus*, cette dernière faite en bois et dorée, à l'exception du visage, qui est enluminé de vermillon. Le *Panthéon*, le *temple de la Fortune*, et d'autres encore font la magnificence de cette place.

A quoi bon vous peindre Sicyone, ses tombeaux, son théâtre, ses temples de Bacchus, de Pitho, — *la Persuasion*, — et d'autres encore ?

J'aime mieux vous dire que sous mes yeux s'élance de Corinthe vers Argos une longue ligne blanche, qui n'est autre qu'une route, laquelle s'arrête d'abord à Cléone, qui a pris son nom de Cléone, fille de Pélops. Mais alors de Cléone se détachent deux chemins qui conduisent à Argos. L'un et l'autre traversent la forêt de Néméc, que je vois surmontée par le faîte du *temple de Jupiter-Néméen* (1). C'est non loin de là que se trouve la caverne dans laquelle Hercule tua le lion qui ravageait la contrée. Des jeux furent établis à cette occasion par Hercule, et ils se célèbrent dans la partie du bois qui s'étend de

---

(1) Ce temple était bâti au milieu d'une plaine peu étendue, entourée de montagnes de peu d'élévation, et couverte de houx. La plus haute, à l'extrémité nord-est, est couronnée par un rocher qui a l'aspect d'une forteresse. On voit encore debout plusieurs colonnes du temple.

Cléone à Phlius. La course à cheval, la course armée dans un stade, la course des chars, la lutte, le disque, le pugilat, le jet de la lance et du javelot, un concours musical, tels sont les exercices qui composent ces jeux, les seuls d'entre les quatre jeux solennels de la Grèce qui aient lieu en hiver. Les juges qui décernent les prix sont vêtus de robes noires.

Celui qui arrive à Argos par cette route, laisse à gauche la ville de Mycènes, fondée par Persée (1).

De *Mycènes* je ne vois que des ruines, car les Argiens l'ont détruite par jalousie. En effet, tandis qu'ils regardaient tranquillement l'irruption des armées de Xerxès dans la Grèce, les Mycénéens envoyèrent aux Thermopyles quatre-vingts guerriers qui partagèrent avec les Lacédémoniens la gloire de ce combat. L'honneur qu'ils s'étaient acquis aigrit contre eux les Argiens et fut la cause de leur ruine. D'ailleurs, de tout temps Argos avait vu Mycènes de mauvais œil, car cette dernière, située sur un sol élevé, était puissante et forte, tandis qu'Argos, placée dans une plaine basse et marécageuse, était peu florissante, humide et malsaine qu'elle se trouvait.

Je retrouve toutefois des blancheurs éparses sur la verdure des ronces, qui me renseignent sur l'étendue de leurs murailles. En outre, je distingue au loin une porte sur laquelle sont des lions en relief; muraille et porte sont l'ouvrage des Cyclopes, qui bâtirent aussi les murs de Tirynthe.

Mon horrible Méduse me signale d'ailleurs, parmi les ruines de Mycènes, la *fontaine de Persée,* les *chambres souterraines d'Atrée* et de ses fils, où ils renfermaient leurs trésors; le *tombeau d'Atrée;* celui des personnes qui, revenant de Troie avec Agamemnon, furent tuées par Egisthe dans un repas; celui de *Cassandre,* que l'on dit enterrée dans le pays; le *tombeau d'Agamemnon;* celui d'*Eurymidon,* conduc-

---

(1) *Mycènes* est située au nord et assez près d'Argos. La distance des deux villes est de deux heures de marche. Le village actuel de *Karvaty* occupe l'emplacement de l'ancienne cité des Atrides.

teur de son char; celui qui renferme *Télédamus et Pélops*, deux fils jumeaux nés de Cassandre, et qui, enfants encore, tombèrent aussi sous les coups d'Egisthe; enfin le *tombeau d'Electre*, donnée par Oreste en mariage à Pylade. Plus loin, je reconnais aussi le *tombeau de Clytemnestre et d'Egisthe*, enterrés à quelque distance des murs, car il n'était pas convenable qu'il fût placé dans le voisinage de celui d'Agamemnon, leur victime.

J'ai parlé tout-à-l'heure des cyclopes employés par Persée à la construction des murs de Mycènes. Il ne faut pas se figurer ces cyclopes tels que les représente la mythologie, c'est-à-dire géants et n'ayant qu'un œil au milieu du front. Les cyclopes dont il s'agit étaient des hommes industrieux qui savaient tirer des carrières d'énormes blocs de pierre, dont ils construisaient les murailles des villes et des édifices aussi solides, mais moins grossiers que les monuments pélasgiques. Pour pénétrer dans les entrailles de la terre, ils s'attachaient au front, avec un cercle de fer, une lampe du même métal, qui les éclairait dans leurs travaux souterrains. C'est à cause de cela qu'on a supposé qu'ils n'avaient qu'un œil; et comme ils ont exécuté des travaux gigantesques, tels que la *porte aux Lions* (1) de Mycènes, on n'a pas manqué d'en conclure que de pareils maçons devaient être des géants. Leurs constructions différaient de celles des Pélasges en ceci, que ces derniers n'employaient que des pierres entièrement brutes, tandis que les cyclopes taillaient d'abord les blocs dont ils faisaient usage. Mais ni les uns ni les autres ne se servaient de ciment.

---

(1) La plaine d'Argos et de Mycènes est nue et jaune; elle forme un contraste frappant avec la fertile contrée qui en est voisine.

La première chose que l'on remarque, c'est la *porte aux Lions*, dont les restes gisent en grande partie à l'extrémité d'un passage construit en grosses pierres taillées, qui conduit à la ville par un chemin détourné, et dont les murs pouvaient servir à cacher et à défendre la porte.

Mycènes, étant sur un sol élevé, devint plus puissante qu'Argos, qui était dans un lieu bas et humide; mais, par la suite des temps, les sols élevés s'appauvrissent par la culture, et les sols bas se dessèchent et deviennent fertiles. Ce fut là la cause de la prospérité d'Argos et de la décadence de Mycènes.

Les *tombeaux de Danaüs*, à Argos, sont les plus anciens monuments *cyclopéens* que l'on connaisse.

Le *tombeau de Phoronée*, dans la même ville, est le plus curieux et le plus antique des monuments *pélasgiques*.

J'avise bientôt le magnifique et célèbre *temple de Junon*, à quinze stades de Mycènes, sur la gauche. Le ruisseau Eleuthérius coule le long de la route. Son eau sert pour les purifications des prêtresses qui desservent le temple et président aux sacrifices secrets. Cet édifice est dans l'endroit le plus bas de l'Eubée, nom que les Argiens donnent à la montagne sur laquelle est bâti le temple. Ils disent que le fleuve Astérion eut trois filles, Eubée, Prosymna et Acrœa, qui furent nourrices de Junon. Acrœa donna son nom à la montagne qui est en face du temple, Eubée à tout ce qui entoure le temple, et Prosymna à la plaine qui est au bas. Le fleuve Astérion coule au bas du sanctuaire, et se jette dans un gouffre où il disparaît. Les sculptures qui règnent au-dessus des colonnes représentent, d'un côté, la naissance de Jupiter et le combat des dieux et des géants; de l'autre, la guerre de Troie et la prise de cette ville. Les statues des Grâces décorent le vestibule. On voit aussi le lit de Junon, à droite, et le bouclier que Ménélas enleva à Euphorbe devant Troie. La statue de Junon, dans la cella, est assise sur un trône. Elle est en or et en ivoire; *Polyclète* en est l'auteur (1). La déesse porte une couronne sur laquelle sont représentées les saisons. Elle tient une grenade d'une main et un sceptre de l'autre.

Sur la route de Mycènes à Argos, on voit, à gauche, le *monument héroïque de Persée*. Puis, en avançant quelque peu dans l'Argolide, c'est, à droite, le *tombeau de Thyeste* qui se montre. Le bélier de mar-

---

(1) Cette statue de Junon était une des plus célèbres de l'antiquité, et, dans une épigramme, Parménion dit à son sujet :

« Polyclète d'Argos est le seul de tous les mortels qui ait eu le bonheur de voir Junon, et il l'a représentée aussi belle qu'elle lui avait apparu. »

Martial n'en fait pas un éloge moindre, en disant que Phidias aurait voulu avoir fait cette statue.

bre qu'on a placé dessus rappelle le mouton à toison d'or que Thyeste obtint en profanant la femme de son frère Atrée. Celui-ci ne sut pas se contenir dans les bornes d'une juste vengeance, car il égorgea les enfants de Thyeste et lui donna ce festin tant célébré par les poètes.

Après ce monument, on laisse à gauche Mysia et le *temple de Cérès-Mysia*. Puis, après avoir traversé le fleuve Inachus, et passé l'*autel du Soleil*, on atteint la porte d'Argos (1).

*Argos* est dans la plaine, mais sa citadelle est sur un mamelon qui la domine. On appelle cette forteresse *Larisse*, du nom de Larisse, fille de Pélasgus.

En montant à la citadelle, on trouve les deux *temples de Junon-Acrœa* et *d'Apollon-Diradiotès*, du nom de *Diras*, qui est celui du col de la montagne voisine. Vient ensuite celui de *Minerve-Oxyderco*, — à la vue perçante, — érigé par Diomède, lorsqu'il combattait devant Troie, et que Minerve dissipa le brouillard qu'il avait devant les yeux.

Dans le voisinage de ces deux temples, vois une blancheur qui me signale le *stade* où se célèbrent aussi les jeux Néméens, en l'honneur de Jupiter, et les jeux Héréens, en l'honneur de Junon.

Je reconnais aussi le *tombeau des fils d'Egyptus*, tués par leurs femmes, les Danaïdes. Mais ce sépulcre ne renferme que leurs têtes, leurs corps sont à Lerne, dans un autre tombeau, car c'est à Lerne qu'ils furent tués, et lorsqu'ils furent morts, les Danaïdes leur coupèrent la tête pour faire voir à leur père ce qu'elles avaient osé faire.

(1) Le village moderne d'*Argo* occupe à peu près le même espace que l'ancienne ville. Les gradins du grand théâtre, taillés dans le roc, à la base du mont sur lequel est bâtie la citadelle, sont bien conservés. On retrouve aussi une grande partie des murs de l'antique Acropole, aussi bien que les tombeaux de Phoronée et de Danaüs.

« Soit que mon imagination fût attristée par le souvenir des malheurs et des fureurs des Pélopides, dit Châteaubriand, soit que je fusse réellement frappé par la vérité, les terres me parurent incultes et désertes, les montagnes sombres et nues, sorte de nature féconde en grands crimes et en grandes vertus... »

Plusieurs routes conduisent d'Argos dans le Péloponèse, et sur l'une d'elle, celle d'Argos à Epidaure, je vois, à droite, une *pyramide* décorée de boucliers argiens. Ce fut là que Prêtus et Acrisius combattirent pour la couronne. La victoire fut indécise, et alors les deux adversaires firent la paix (1).

Un peu plus avant, les *ruines de Tirynthe* se montrent aux regards, dispersées sur un vaste espace. Il ne reste de Tirynthe que les murailles d'enceinte, qui sont de construction cyclopéenne (2).

Avant d'atteindre Epidaure, le *temple d'Esculape* se dresse sur le bord de la route. Son bois sacré est entouré de montagnes de tous les côtés. Le dieu est assis sur un trône : il tient un bâton d'une main, touche de l'autre la tête d'un serpent; un chien est couché à ses pieds.

Je voudrais vous redire toutes les beautés d'art et de nature que mon odieuse conductrice me signale, non-seulement du sommet de l'Acro-Corinthe, où nous ne séjournons pas longtemps, mais surtout dans un vol circulaire qu'elle me fait exécuter sans que j'en ressente la moindre fatigue.

— Ah! tu aimes le haschichs, murmure-t-elle de temps en temps; eh bien! on t'en donnera, mon cher! On te donnera surtout l'ivresse qui enfante l'hallucination, et fait voir des prodiges réels où il n'y a que des prodiges factices, dus au crayon ou à la peinture...

Ces mots révélateurs sont un problème facile à résoudre pour moi.
— Suis-je donc l'objet d'une hallucination? me dis-je à moi-même. Et j'ajoute : — Devrais-je cet état singulier que je ressens, extatique et admiratif, en face des magnificences qui me frappent les yeux, à une boisson quelconque, au fameux haschichs, dont j'ai entendu vanter

(1) Cette *pyramide* est de construction cyclopéenne. Les pierres sont à parements bruts; celles des angles seulement sont taillées au ciseau. Le sommet seul manque; la base est encore bien conservée.

(2) Les *murs de Tirynthe* sont encore aujourd'hui dans le même état qu'à l'époque de *Pausanias*, à qui nous empruntons les descriptions de cette partie de l'ouvrage, en les analysant.

les merveilles? Au fait, voyons, et nous chercherons ensuite le mot de l'énigme.

En effet, je me rends à ma contemplation, et tour à tour je trouve à admirer

Dans l'*île d'Egine*, sur les côtes de l'Argolide, le *temple de Vénus*, puis et surtout celui de *Jupiter-Panhellénien* (1). Quelle beauté!

Puis, passe *Trézène*, dans un paysage charmant, avec la tente sous laquelle Oreste dut habiter, ne pouvant être reçu nulle part avant qu'il ne fût purifié du meurtre de sa mère; avec l'*enceinte consacrée à Hippolyte*, et son *tombeau* et celui de *Phèdre*, pour et par laquelle il fut tué, non loin de là, sur les bords de la mer, par ses coursiers épouvantés.

A Trézène aussi se montre à moi le *tombeau de Démosthènes*, exilé dans sa vieillesse et dont une mort violente termina la carrière.

Passent *Lerne*, et le *gouffre* par lequel Pluton pénétra dans les enfers, après avoir enlevé Proserpine; et le *lac*, d'une telle profondeur qu'on suppose qu'il communique avec le séjour de Pluton;

Arrive alors la Laconie, avec ses monts Taygètes, semblables à des dômes de bronze brunis par le soleil;

Passe *Sparte*, assise d'une délicieuse manière sur les rampes de collines, au bord du bel *Eurotas*, dont les eaux se couvrent de flottilles de cygnes, et les rivages de lauriers-roses toujours en fleurs (2).

---

(1) Le *temple de Jupiter-Panhellénien* est situé à l'extrémité de l'île, à l'est, sur un plateau élevé, à environ trois heures de la ville. Lorsqu'on arrive au pied des colonnes, un spectacle admirable se déroule au loin : on découvre à la fois toutes les montagnes de l'Attique, depuis le cap Sunium jusqu'à Salamine; on a devant soi Athènes et tous ses monuments. Vingt et une colonnes du portique et deux du pronaos sont encore debout avec leurs architectures. En 1811, on a retrouvé les sculptures des frontons; elles sont à Munich, et c'est alors que l'on constata la présence des couleurs dans toutes les parties de l'architecture grecque. On ne voulut pas y croire, mais cela est. (*Ed. Charton.*)

(2) L'*Eurotas*, appelé d'abord Himère, coule maintenant oublié sous le nom d'Izi.. Son lit, presque desséché en été, présente une grève semée de petits cailloux, plantée de roseaux et de lauriers-roses, et sur laquelle coulent quelques filets d'une eau

Là, sur l'Agora, se montrent le *palais du Sénat*, le *portique des Perses*, les *temples de la Terre et de Jupiter-Agorœus*, les statues d'Apollon-Pylhœus, de Diane, de Latone, qui entourent le *Chœur*, c'est-à-dire l'endroit où, dans les gymnopédies, les jeunes Lacédémoniens forment des chœurs en l'honneur de ces dieux (1).

Là aussi, mais plus au large, sont groupés les *temples de Minerve-Agorœa*, de *Neptune*, d'*Apollon*, de *Junon*, et la *statue* colossale du *peuple spartiate*. Dans leur voisinage, je trouve encore le *sanctuaire des Parques*, le *tombeau d'Oreste*, les *Ephories*, et l'édifice où les Lacédémoniens se réunissent pour leurs repas publics, et qu'ils nomment *Phitidies*.

En sortant de l'Agora par la *rue Aphétaïs*, le promeneur rencontre tour à tour l'édifice nommé *Boonéta*, c'est-à-dire demeure du roi Polydore, achetée par les Spartiates au prix de quelques bœufs; puis le *temple de Minerve-Céleuthie*, dont la statue de ce nom fut érigée par Ulysse; les *monuments héroïques de Iopus et de Lélex*, l'*enceinte de Neptune-Ténarius* ou Ténarium, l'Hellénium, endroit où se réunirent les Grecs qui voulurent défendre le pays contre Xerxès.

En quittant l'Agora vers le couchant, se trouve le *théâtre* en mar-

---

fraîche et limpide. Cette eau me parut excellente; j'en bus abondamment, car je mourais de soif. L'Eurotas mérite certainement l'épithète de *callidonax*, — aux beaux roseaux, — que lui a donné Euripide; mais je ne sais s'il doit garder celle d'*olorifer*, — qui porte des cygnes, — car je n'ai pas vu de cygnes sur ses eaux... »

(Chateaubriand.)

L'Eurotas est connu à Misitra, le village actuel qui remplace Sparte, sous le nom d'Izi, jusqu'à sa jonction avec le Tiase : il prend alors le nom de *Vasilipotamos*.

(1) « Tout l'emplacement de Lacédémone est inculte; le soleil l'embrase en silence et dévore incessamment le marbre des tombeaux. Quand je vis ce désert, aucune plante n'en décorait les débris; aucun oiseau, aucun insecte ne les animait, hors des milliers de lézards qui montaient et descendaient sans bruit le long des murs brûlants. Une douzaine de chevaux à demi sauvages paissaient çà et là une herbe flétrie; un pâtre cultivait dans un coin du théâtre quelques pastèques, et à Magouta, qui donne son triste nom à Lacédémone, on remarquait un petit bois de cyprès. Mais ce Magouta même, qui fut autrefois un village turc assez considérable, a péri dans ce champ de mort; ses masures sont tombées, et ce n'est plus qu'une ruine qui annonce des ruines. »

(Chateaubriand.)

bre blanc (1). En face est le *tombeau de Pausanias*, qui commandait les Lacédémoniens à Platée, et celui de *Léonidas*, dont on rapporta les ossements des Thermopyles. On y voit aussi un cippe où sont inscrits ceux qui combattirent aux Thermopyles.

Les Lacédémoniens nomment *dromos* l'endroit où s'exercent à la course les jeunes gens de la ville. Ce dromos possède deux *gymnases*.

Du dromos on arrive ensuite au *Plataniste*, enceinte appelée de ce nom à cause des platanes très hauts et qui se touchent, dont elle est ornée. Ce lieu est destiné aux luttes des adolescents, et entouré d'un euripe qui en forme une île. Deux ponts y conduisent.

Derrière le portique bâti près du Plataniste, on rencontre le *temple de Minerve-Axiopœnè*, celui de *Mars enchaîné*, statue fort ancienne érigée dans la même intention que la Victoire Aptère d'Athènes.

Viennent une infinité d'autres temples, placés un peu partout, et notamment dans le voisinage humide de l'Eurotas, quartier du Marais ou *Limnœum* : temple de Phœbé, de Lycurgue, de Diane-Orthia, d'Ilithye, etc.

La citadelle de Lacédémone n'est pas une colline remarquable par sa hauteur, mais il y a plusieurs collines dans la ville, et la plus élevée porte le nom d'*Acropolis* : c'est là que l'on voit le *temple de Minerve-Chalciœcos et Poliouchos*. Ce temple vit la mort, par la faim, de Pausanias, vainqueur des Mèdes à Platée, mais qui médita de vendre sa patrie au grand roi. Aussi, dans ce sanctuaire, un tableau représente la faim. Elle y est peinte sous la figure d'une femme pâle, maigre, et les mains liées derrière le dos. Les Spartiates croient que le spectre de Pausanias est resté dans ce temple, et ils le conjurent par des sacrifices.

Dans les *monts Taygètes* je vois fourmiller les chèvres sauvages, des cerfs et des sangliers.

(1) Les ruines anciennes de Sparte, peu nombreuses, ne s'élèvent pas, pour la plupart, au-dessus du sol. On a trouvé, dans les saillies de terrain qui dessinent le théâtre, deux gradins en marbre, des tombeaux, des restes de murs et de pont.

Enfin j'avise *Hilos*, sur les bords de la mer. Ses habitants furent les premiers esclaves publics du peuple lacédémonien, et portaient le nom d'Hilotes.

La *statue de la Pudeur* se trouve placée à trente stades de cette ville. C'est une offrande d'*Icarius*. Sa fille Pénélope ayant épousé Ulysse, son père voulait les retenir à Lacédémone. Impatienté, Ulysse dit, à cet endroit même, à sa jeune femme que poursuivait Icarius, ou de le suivre de bon cœur, ou de retourner à Sparte. Pénélope ne répondit rien, mais elle se voila le visage. Icarius comprit qu'elle voulait suivre son mari, et érigea en ce lieu même une statue à la Pudeur.

Passe alors la *Messénie*, et vient *Messène*, entourée par le *mont Ithôme* et par le *mont Eva*, qui a pris son nom du cri bachique *Evoé*, cet endroit étant le premier où Bacchus et les femmes de sa suite l'aient fait entendre. Les murs de cette ville sont en pierres, avec des tours et des créneaux (1).

On voit blanchir son *stade*, dans la partie basse de la ville (2).

J'y découvre aussi sa *fontaine clepsydre* (3).

(1) En 1729, l'abbé de Fourmont vit encore les murs de *Messène* flanqués de trente-huit tours.
La *porte de Laconie*, celle de *Mégalopolis*, plusieurs tours et une grande partie des murs d'enceinte sont encore debout. Dans l'intérieur, on trouve beaucoup de ruines et de débris, stades, théâtres, colonnes, tombeaux, etc.
Par l'immensité de l'enceinte actuelle de Messène, on peut affirmer que les Messéniens renfermaient des champs dans l'intérieur de leurs remparts, afin de se ménager des ressources et de faire paître les troupeaux, en cas de siège et de guerre. Du reste, dans les temps anciens, c'était un peu l'usage de tous les peuples.

(2) Le stade de Messène, de forme oblongue, terminé à une extrémité par un demi-cercle, et à l'autre par une muraille droite, était presque entièrement entouré de portiques, dont nombre de colonnes sont encore debout. Un triple rang de colonnes formait un double portique, à la partie supérieure. Ce stade se termine par seize gradins en pierre formant hémicycle. A l'extrémité inférieure que forme le mur d'enceinte de la ville, on trouve encore les restes d'un petit monument.

(3) On voit toujours cette fontaine antique, sur le penchant de l'Ithôme, au milieu du village de Mavromati. Elle fournit même encore une eau abondante et pure. C'est elle qui forme un ruisseau, le ruisseau sillonnant le stade, dans le sens de sa longueur.

Puis, passe à son tour *Pylos,* la ville du sage Nestor (1), ainsi que la *grotte* de ce prince.

Arrive ensuite l'*Elide* et la fameuse cité d'*Olympie,* avec son *temple de Jupiter-Olympien,* plus fameux encore (2).

Ce temple est d'architecture dorique. Il est entouré de colonnes en-dehors. Du sol au fronton, son élévation est de cinquante-huit pieds. Il en a quatre-vingt-quinze de largeur et deux cent trente de longueur. *Libon* fut son architecte. Ses tuiles sont de marbre pentélique. Les sculptures sont magnifiques et représentent une quantité de scènes du temps.

Il y a dans l'intérieur du temple des colonnes qui soutiennent les portiques par lesquels on va droit à la statue. Il y a aussi un escalier tournant pour monter sur le faîte.

A l'extrémité de la cella se trouve une des sept merveilles du monde, la statue de Jupiter, par *Phidias.* Le dieu est assis sur un trône d'or et d'ivoire. Il a sur la tête une couronne qui imite le branchage de l'olivier. Il porte sur la main droite une Victoire aussi d'or et d'ivoire, qui tient une bandelette et a une couronne sur la tête. Jupiter tient de l'autre main un sceptre taillé avec goût et émaillé de

(1) L'intérieur de *Pylos,* qui avait remplacé la cité dite *Nestor,* n'offre plus aux regards du voyageur que des masses de décombres. On peut y reconnaître quelques citernes antiques.

La *grotte* en question, où Nestor renfermait ses troupeaux, est située à la base de l'Acropole, sous des rochers qui s'élèvent à pic, au-dessus d'un lac. Son entrée regarde le nord et va s'élargissant. Une fente du rocher lui donne de l'air et de la lumière. Elle est vaste.

(2) La ville d'*Olympie,* si fameuse par ses *jeux Olympiques,* qu'elle a donné son nom aux *Olympiades,* est arrosée par l'*Alphée.*

On a dû fouiller le sol à peu de distance et au sud-ouest de la montagne de Saturne, et alors on a rendu à la lumière les ruines du *temple de Jupiter-Olympien.* On a même retrouvé deux colonnes qui appartenaient au portique intérieur. Elles sont d'un beau marbre gris, et cannelées. On a rendu de même au jour une portion des dalles en pierre. Enfin on a trouvé, sous le *pronaos* et le portique, des mosaïques et des fragments de sculpture qui s'accordent parfaitement avec les descriptions de Pausanias : *Hercule combattant Géryon* ; *Hercule vainqueur du lion de Némée* ; *Hercule luttant contre le taureau de Crète,* etc.

toutes sortes de métaux. L'oiseau qui repose sur ce sceptre est un aigle. La chaussure du dieu est en or, ainsi que son vêtement, sur lequel on voit toutes sortes de figures et de fleurs de lis. Le trône est tout incrusté d'or, de pierres précieuses, d'ébène et d'ivoire, et il est orné de sujets peints ou sculptés. Quatre Victoires, en attitude de danseuses, sont aux quatre coins du trône, et deux autres au bas.

On voit aussi à Olympie un *temple de Junon*, et, dans ce temple, un coffre en bois de cèdre, orné de petites figures en or, en ivoire, ou sculptées dans le bois même.

Le bois sacré qui entoure le temple de Jupiter et celui de Junon a reçu le nom d'*Altis*. Il renferme aussi

Le *Sénat* et l'*atelier de Phidias*, qui, envoyé en exil par les Athéniens, se retira dans cette charmante solitude;

Le *portique d'Echo*, où le son de la voix est répété sept fois;

L'*Hippodamium*, où, une fois par an, les femmes sacrifient à Hippodamie;

Le *Pélopium*, le *Stade*, l'*Hippodrome*, des autels, des cippes, des trophées, des statues en bronze d'hommes, de chevaux, de bœufs, et une foule de curiosités.

Mais les statues des athlètes qui ont remporté des prix sont peut-être celles qui attirent le plus l'attention. Ainsi les habitants d'Égine s'arrêtent avec orgueil devant l'effigie de *Cratinus*, le plus bel homme de son temps et celui qui luttait avec le plus d'art. Les Sicyoniens s'honorent des victoires remportées par le pancratiste *Sostrate*, surnommé *Acrochersitès*, parce que, prenant l'extrémité des mains de ses antagonistes, il les serrait si fort qu'il les obligeait de s'avouer vaincus. On remarque de même, sur un piédestal très élevé, la statue de *Polydamas*, de Scotasse, l'homme de la plus haute stature que l'on ait vu. Ce géant avait tué, sans autre arme que ses bras, un lion dans les environs de l'Olympie. Un jour, entrant dans un troupeau de bœufs, il avait saisi le taureau le plus grand et le plus farouche par l'un des pieds de derrière, et le tenant par la corne, il l'avait forcé à rester immobile. C'était un jeu pour Polydamas d'arrêter un char attelé de chevaux vigoureux et impatients, en le saisissant d'une seule main.

On trouve également, dans l'Altis, la statue de *Milon*, de Crotone. Il apporta lui-même en ce lieu sa statue en bronze, de grandeur naturelle. Ce Milon était si prodigieusement fort que, tenant une grenade dans sa main, on ne pouvait ni la lui ôter ni la lui faire écraser. Debout sur un disque huilé, il se jouait des efforts de ceux qui se jetaient sur lui et le poussaient pour l'en faire descendre. Voici encore ce qu'il faisait pour montrer sa force : il se ceignait le front d'une corde, puis il retenait sa respiration jusqu'à ce que le sang, en remontant, gonflât les veines de sa tête et rompît la corde. Mais il périt d'une manière cruelle, le pauvre athlète. Ayant trouvé dans les environs de Crotone un vieux tronc d'arbre qu'on avait commencé à fendre, et dans lequel les coins étaient restés, Milon mit hardiment les mains dans la fente pour l'achever; les coins tombèrent par l'effort qu'il fit, mais l'arbre se referma, et alors se trouvant ainsi pris dans le bois, il devint la proie des loups...

*Diagoras*, de l'île de Rhodes, chanté par Pindare, vit couronner à Olympie ses trois fils dans un même jour, l'un au pugilat, l'autre au pancrace, et le troisième à la lutte; or, ces trois jeunes gens, en l'embrassant, lui posèrent leurs couronnes sur la tête. Alors le peuple le félicita et lui jeta des fleurs, de telle sorte qu'il ne put résister à tant de bonheur et rendit l'âme, dans le stade même.

La curiosité d'Olympie, après ses temples, est l'*Hippodrome*, où ont lieu les courses et les luttes des célèbres jeux Olympiques.

C'est dans l'Hippodrome que les cochers, montés sur des chars, lancent leurs coursiers, afin d'atteindre le but fixé. Mais en tournant rapidement autour d'une borne placée à l'extrémité de la lice, il arrive fréquemment que les chars se pressent, se froissent, se renversent; et alors leurs conducteurs de rouler sur le sable, et fort souvent d'être foulés aux pieds par leurs propres chevaux.

Avant que les triomphateurs ne soient couronnés par les juges des jeux, ils sont conduits au temple de Jupiter, où l'on offre un sacrifice pour rendre grâces aux dieux. On amène alors devant l'autel, hors du temple, en face du portique de l'entrée, des victimes couronnées de fleurs et ornées de bandelettes, que des prêtres, vêtus de robes de fêtes, conduisent en chantant, en jouant de la flûte ou d'autres instruments de musique. Souvent ce sont des taureaux blancs que l'on immole, ou d'autres entièrement noirs, mais leurs cornes sont toujours dorées. Quelquefois aussi, ce sont de pauvres petits agneaux que l'on a soin de choisir de la plus belle espèce. Le sacrificateur égorge la victime avec un long couteau, et, tandis que le sang coule dans des bassins de marbre, il place les entrailles sur l'autel, où un brasier ardent les consume. Dans le même temps, d'autres prêtres font brûler, sur des trépieds en bronze, une grande quantité de parfums, afin d'empêcher la foule délicate de sentir l'odeur grasse et fétide qui s'exhale de l'autel du victimaire.

Ces *jeux Olympiques* se célèbrent tous les quatre ans, avec la même solennité, et l'on nomme *Olympiade* l'espace qui s'écoule entre chacune de ces périodes de temps.

La première de ces Olympiades fut celle où un athlète appelé *Corbus* remporta le prix du stade, c'est-à-dire celui de la course à pied.

Le *pancrace, pan cratos, toute force*, est le plus beau des exercices athlétiques. C'est un composé de lutte corps à corps et de pugilat. Il exige le déploiement de toutes les forces physiques. Les pancratistes combattent nus, le corps oint d'huile et couvert de sable fin ensuite. Ils sont sans armes, et ils s'entourent tout au plus les avant-bras et les poings d'un *ceste* ou gantelet, fait de cuir de bœuf, de manière à laisser libre le jeu des doigts.

Le *pentalhte* est le plus noble des jeux après le pancrace, et il se compose de cinq jeux qui se succèdent ainsi : course à pied, jet du disque, jet du javelot, lutte et pancrace.

Le *pugilat* n'est autre chose que la lutte à coups de poings.

Je ne vous dirai pas que je vois venir ensuite l'*Arcadie*, et, dans l'Arcadie, *Mantinée*, *Orchomène*, le terrible *Styx*, le *Ladon*, etc. Ce que j'y admire le plus, c'est la chute du Styx dans des gouffres rocheux, puis le *temple d'Apollon-Epicurien*, à *Bassœ* (1).

Mais alors que dans le vol circulaire qui m'est imprimé au-dessus du Péloponèse, je me trouve sur telle ou telle cité, sur telle ou telle plaine, en face de tel ou tel site, la voix, la redoutable voix qui a remplacé celle si douce de mon Even, celle si savante de mon cher Pirate, celle si insinuante des amis Arthur et Marius, me fait entendre, comme dans un chant funèbre, les épisodes les plus saillants de l'histoire de ces peuples dont j'admire les villes, les monuments, les contrées, les costumes, les hauts faits et les grands cœurs.

Ainsi *Alcibiade* se montre au peuple d'Athènes en tunique bleue relevée de broderies d'or, un bonnet de pourpre phrygien sur la tête, un long *pedum* d'ivoire à la main, cherchant et obtenant bientôt ses faveurs et devenant un des premiers personnages de la République.

Les amiraux *Nicias* et *Lamachus* vont porter du secours aux habitants d'Egeste, en Sicile, et les Athéniens, vaincus, sont jetés dans la ténébreuse et infecte prison des *Carrières*, à Syracuse (1).

(1) L'endroit où se trouvent encore debout les magnifiques ruines du *temple d'Apollon-Epicurien* est très accidenté, coupé de ravins et semé de montées abruptes. Ce temple occupe le sommet du mont Cotylius, au-dessus d'une petite vallée de l'Arcadie. Des fouilles, faites en 1818, ont permis de retrouver sa splendide frise de marbre représentant le *combat des Centaures et des Lapithes*, ainsi que le *combat des Athéniens contre les Amazones*.

(1) Syracuse, qui contint jadis un million d'habitants, n'en possède pas aujourd'hui dix-sept mille, et cependant les habitations actuelles et les restes d'autrefois s'étendent sur une superficie de trente à quarante kilomètres.

Ce que l'on peut observer encore des curiosités des temps anciens, le voici : 1° *Cirque romain*; 2° *Amphithéâtre*; 3° *Catacombes*, les plus vastes du monde, car elles se prolongent jusqu'à Cattaro, à quarante kilomètres; ces catacombes ou carrières ne sont autre chose que les fameuses *latomies*, ou prisons, et l'Oreille de Denys en faisait partie; et enfin la fameuse *Oreille de Denys*.

L'Oreille de Denys est un souterrain de trente-cinq mètres de hauteur et de cent vingt de longueur. C'est là que le tyran enfermait ses prisonniers politiques. Ce sou-

Une nouvelle insurrection du Péloponèse éclate contre Athènes. Alcibiade, un moment en disgrâce, est aussitôt rappelé, et la foule se

terrain est construit en forme d'oreille, de façon à ménager habilement l'acoustique. Au sommet était pratiqué un trou par lequel il entendait distinctement tout ce qui se disait en bas.

Le cicérone préposé à la garde de cette caverneuse antiquité ne manque pas d'en faire l'expérience aux visiteurs. Rien qu'en froissant un papier à l'entrée, le son arrive très perceptible à l'autre bout. Le plus léger bruit a des échos sans nombre et s'entend comme si l'on était au point d'où il part. Le guide fait encore partir à l'entrée un petit pétard, et il se produit aussitôt une succession de coups de tonnerre.

Les ruines principales de la ville antique, situées à environ une demi-heure de la ville actuelle, s'étendent à perte de vue. C'est un chaos, un fouillis, un cataclysme de débris, de cryptes, de tombeaux, de substructions, de ruines d'édifices et de murailles écroulées.

Le cirque et le théâtre, destinés à contenir cinquante mille spectateurs, sont beaucoup mieux conservés qu'on ne supposerait.

Le *tombeau d'Archimède* est également curieux, malgré les doutes élevés sur son authenticité. On sait que sa découverte remonte jusqu'à Cicéron, qui se basa, pour établir son opinion, sur ce qu'on trouva gravés dessus une sphère et un compas.

Dans son plaidoyer contre Verrès, le terrible proconsul romain qui traita si cruellement toute la Sicile, le prince des orateurs fait le tableau suivant de l'opulente Syracuse :

« Syracuse n'est pas fermée par le port ; c'est le port lui-même qui est renfermé dans la cité ; et la mer, au lieu de baigner les dehors et l'extrémité des murs, s'enfonce jusque dans le centre du Forum. » « A l'entrée même du port, dans le lieu où la mer commence à s'enfoncer vers le rivage, pour former le golfe, Verrès, le proconsul de la Sicile, faisait dresser des tentes du lin le plus fin. Alors, mollement étendu dans une litière à huit porteurs, appuyé sur des coussins d'étoffe transparente et tout rempli de roses de Malte, le front ceint d'une couronne de roses, une guirlande serpentant autour de son cou, à l'exemple des rois de Bithynie, cet homme se faisait transporter, du palais d'Hiéron, dans cet agréable asile, derrière la fontaine d'Aréthuse. »

Syracuse avait été fondée en 735 par le Corinthien Archias. Elle devint la première de toutes les villes de la Sicile. Mais elle fut fréquemment déchirée par les factions aristocratiques et démocratiques qui se partageaient le pouvoir.

Gélon en 484, Hiéron Ier en 478, puis Thrasybule, et la démocratie, de 466 à 405 avaient été les maîtres de Syracuse.

Athènes voulut s'en emparer, de 416 à 413, mais l'entreprise ne réussit pas.

Un peu plus tard les Carthaginois mirent les Syracusains aux abois. Denys Ier les sauva, 405, mais il usurpa le pouvoir. Il le transmit en 368 à son fils, Denys-le-Jeune, qui ne sut pas le garder.

Une affreuse anarchie suivit l'expulsion de ce prince : Dion, Timoléon, Agathocle, Hiéron II eurent tour à tour le pouvoir.

Les Romains l'assiégèrent et la prirent en 212. Marcellus aurait voulu sauver Archimède ; mais cet illustre savant périt par le fait d'un soldat grossier.

porte vers le Pirée pour assister à son débarquement, lui jeter des couronnes et l'appeler son sauveur. Alors il tire le glaive des batailles et contraint bientôt les Lacédémoniens à demander la paix.

En même temps, cent galères, sortant des ports d'Athènes, vont porter de nouveaux coups aux ennemis, dans les eaux d'*Ægos-Potamos*. Mais, hélas! Lysandre, un intrépide Spartiate, surprend la flotte athénienne, s'en empare, vogue vers la capitale de l'Attique et s'en rend maître avec la rapidité de la foudre qui éclate et qui brise. Athènes est saisie de terreur et d'effroi...

Quelle victoire pour le Péloponèse! Quelle gloire pour Sparte!

Aussitôt Lysandre fait tomber les murs de l'Acropole athénienne aux sons bruyants d'une musique guerrière; puis, le temple de Minerve, l'Erechthéion et les Propylées donnent asile à une garnison lacédémonienne, et trente tyrans, venus de la capitale de la Laconie, s'établissent dans la ville de Thésée. Ils envoient à la mort les riches, les puissants, les suspects... Les prisons sont remplies, le sang coule : l'épouvante règne partout.

Heureusement *Thrasybule* se lève et se fait le libérateur de la patrie affligée. Vainqueur à la *bataille des Arginuses*, il avait été chassé d'Athènes par les tyrans et s'était retiré à Thèbes. C'est là que le vaillant stratège médite les moyens d'arracher sa ville chérie à la servitude. Il expulse en effet les Spartiates, et Athènes est enfin rendue à la liberté, alors que commence le IV° siècle avant J.-C.

C'est à ce moment que m'apparait la grande image de *Socrate*. Ce n'est pas seulement sous la bure du philosophe que je le vois, car il s'est montré déjà couvert du harnais du soldat, et, au *siége de Potidée*, une ville de Macédoine révoltée contre Athènes, je le trouve sauvant Alcibiade, couvert de blessures, comme à la *bataille de Delium*, arrachant à la mort *Xénophon*, l'illustre chef des dix mille. Vainement le poète Aristophane, dans sa comédie des *Nuées*, le livre à la risée du peuple; vainement *Mélite* et *Anytus* le dénoncent comme impie; vainement l'injuste Aréopage le condamne à boire la ciguë;

entouré d'Antisthène et de Platon, sur le grabat de sa prison taillée dans la colline rocheuse de Musée, je reconnais en lui le plus grand, le plus vrai des sages de l'antiquité.

Cependant le désordre est dans la Grèce. Voici que de nouvelles luttes fratricides ont lieu à *Coronée*, dans la Béotie, où les armées combinées d'Athènes, d'Argos, de Corinthe et de Thèbes sont battues par le roi de Sparte Agésilas, en 394 avant J.-C.

— Grèce infortunée, s'écrie ce prince, à la vue des cadavres qui jonchent le sol, tu viens de faire périr de tes propres mains plus de guerriers qu'il n'en faudrait pour vaincre tout ce qu'il y a de Barbares!

Alors *Conon*, comme l'a fait Thémistocle, comme l'a fait Cimon; Conon, qui vient de remporter une victoire navale sur les Lacédémoniens, près de *Cnide*, ville de Carie consacrée à Vénus et où se trouve la fameuse *Vénus de Praxitèle*, Conon relève les murailles de l'Acropole d'Athènes, que le terrible Lysandre a fait tomber. Ensuite, avec l'argent du roi des Perses, Artaxerce, il fait décorer Athènes, que les trente tyrans ont dépouillée.

Xerxès, l'ambitieux roi de Perse, l'époux de la jalouse *Amestris*, n'est plus. La cruauté de sa femme, qui, pour une robe brodée de sa main que Xerxès a donnée à Arsainte, femme de son frère Mariste, a fait périr la pauvre enfant, après lui avoir coupé le nez, les lèvres et les oreilles, donne naissance à un complot. Artabane, chef des gardes de Xerxès, le poignarde pendant son sommeil. Puis courant auprès d'Artaxerce, troisième fils du grand roi, et feignant un air épouvanté, Artabane lui apprend que Darius, son frère aîné, vient de commettre un affreux parricide, et que son père n'existe plus. Dans le premier moment de sa douleur, Artaxerce se rend près de son frère Darius, et, avant que ce malheureux prince puisse s'expliquer ou se défendre, il le fait percer de coups par les gardes qui l'ont suivi.

ARTAXERCE LONGUE-MAIN, ainsi nommé parce qu'il a la main droite beaucoup plus longue que la gauche, monte alors sur le trône de Perse ; et son premier soin, quand il connaît la vérité, est de faire périr le fourbe Artabane du dernier supplice.

C'est à Suze que se passe ce drame de la mort de Xerxès ; mais il a un grand retentissement jusque dans la Grèce, et c'est près de ce prince que Thémistocle, exilé d'Athènes, va chercher un asile.

Hélas ! il est écrit que quand un Etat sera arrivé à une extrême civilisation, arrivera pour lui l'heure de la décadence. Il en est ainsi pour l'immense royaume des Perses. Les révolutions et les guerres vont le faire morceler et tomber par lambeaux.

Ainsi, après Artaxerce Longue-Main, les deux premiers fils du prince montent sur le trône, mais ils ne l'occupent que peu de jours.

A ces deux infortunés, XERXÈS II et SOGDIEN, succède DARIUS NOTHUS, leur frère. Son règne n'est pas sans gloire, et il meurt dans un âge avancé, chose déjà bien rare à cette époque.

Ce monarque laisse deux fils, ARTAXERCE que l'on surnomme MNÉMON à cause de sa prodigieuse mémoire, et qui prend en main le sceptre de ses pères, et *Cyrus*, que *Parysatis*, sa mère, affectionne particulièrement à cause de ses bonnes qualités. Malheureusement ces deux princes sont jaloux l'un de l'autre.

C'est alors la coutume que chaque roi de Perse, en montant sur le trône, se rende à Pasagarde, où se trouve le tombeau du grand Cyrus, pour s'y faire sacrer par les Mages. Là, le nouveau roi se dépouille de ses vêtements, et se couvre de la robe que Cyrus avait portée avant d'être roi, robe que la vénération des peuples conserve religieusement dans le temple de Pasagarde. Cela signifie que le nouveau monarque doit, en revêtant la robe de Cyrus, revêtir aussi ses hautes vertus. Puis on lui présente un breuvage composé de vinaigre et de lait, qu'il est obligé d'avaler d'un seul trait, pour lui apprendre que les douceurs de la royauté sont le plus souvent mêlées d'amertume.

Cyrus, le fils bien-aimé de Parysatis, qui s'est rendu à Pasagarde pour assister à la cérémonie du sacre, ne peut voir sans désespoir

Artaxerce-Mnémon s'emparer paisiblement de l'empire. Il prépare un complot contre son frère : mais dénoncé par un Mage, il va périr, lorsque Parysatis l'entoure des tresses de ses cheveux, attache ses bras à son cou, et conjure le roi par tant de larmes de pardonner au coupable, qu'enfin Artaxerce accorde la vie à Cyrus, mais l'envoie en exil, à Sardes, l'ancienne capitale de la Lydie, où nous avons vu régner Crésus.

L'ambition ne s'éteint pas facilement dans le cœur d'un prince. Un capitaine grec ravive cette passion dans l'âme de Cyrus, et ce Grec reçoit dix mille dariques du prince pour lui lever des troupes, afin de marcher contre son frère. Dix mille Grecs, commandés par ce Cléarque et le savant stratège d'Athènes, Xénophon, viennent bientôt se joindre à cent mille soldats que Cyrus a pris à sa solde. Alors, sous le prétexte de marcher contre les Pisidiens d'abord, puis quand on est à Tarse, et que la Pisidie est dépassée, sous celui de s'avancer contre le satrape de Syrie, et enfin à Thapsaque, disant toute la vérité, Cyrus passe l'Euphrate, traverse les déserts de la Mésopotamie, et arrive dans la plaine de *Cunaxa*, non loin et au nord-nord-ouest de Babylone, sur l'Euphrate.

Là, on se trouve en face de l'armée perse qui vient à la rencontre du rebelle Cyrus. Ce prince saute aussitôt à bas de son char, revêt sa cuirasse, monte à cheval, et met son armée en bataille. On est au milieu du jour. Toutefois, alors que le soleil commence à décliner, la bataille n'est pas encore engagée. On ne voit du côté de l'ennemi qu'une affreuse poussière semblable à un nuage blanc. Mais bientôt ce nuage prend une couleur plus sombre, et s'étend sur toute la plaine; puis on voit briller l'airain, on distingue des rangs de soldats innombrables hérissés de piques. En avant, sont des chars armés de faux, dont les unes, attachées à l'essieu, s'étendent obliquement à droite et à gauche; les autres, placées sous le siège du conducteur, s'inclinent vers la terre : les premières et les secondes doivent couper tout ce qu'elles rencontreront.

Il n'y a plus que quelques stades entre le front des deux armées, lorsque les Grecs entonnent le *Pœan*, chant national à la gloire d'Apollon, dieu du soleil, et s'ébranlent. Tous ensemble, ils invoquent Mars Enyalios et prennent le pas de course, en frappant les boucliers avec les piques pour effrayer les chevaux ennemis. Ils se précipitent avec l'impétuosité des vagues en courroux. Avant même d'être à la portée du trait, la cavalerie perse tourne bride. Le premier moment de la bataille est tout à l'avantage de Cyrus. Mais le centre de l'armée d'Artaxerce se présente, et Artaxerce lui-même, entouré de six mille cavaliers. Cyrus se précipite tête baissée contre son frère, et met en fuite son escorte. Aussitôt qu'il aperçoit le roi et sa troupe dorée :

— Je vois l'homme! s'écrie-t-il; et se ruant sur son frère, il le blesse à travers sa cuirasse.

Mais, au même instant, il est lui-même atteint au-dessous de l'œil, d'un javelot lancé par une main inconnue. Cyrus tombe mort, et, sur son corps tombent aussi huit de ses principaux amis...

Sa mort change l'issue de la bataille. Les Perses se prennent à piller le camp des rebelles. Alors les Grecs chantent de nouveau le Pœan et chargent les Perses avec tant de furie, que ceux-ci s'enfuient plus vite encore que la première fois.

Ainsi ces dix mille Grecs, ayant à peine perdu un ou deux soldats, demeurent maîtres du champ de bataille, entre deux armées, l'une alliée, l'autre ennemie, fuyant en sens contraires.

Alors commence la retraite de ces dix mille Grecs, retraite fameuse entre toutes, retraite longue de deux mille quatre cents kilomètres, à travers des pays inconnus, malgré les déserts, les montagnes, les fleuves, les neiges, la disette et les peuplades sauvages, alors que Tissapherne, général d'Artaxerce, harcelle sans fin, jusque chez les Carduques, ces nobles soldats, commandés par Xénophon. Enfin, ils aperçoivent le Pont-Euxin, du sommet d'une montagne. « La mer! la mer! » s'écrient-ils avec enthousiasme. Et alors arrière-garde, équipages, cavaliers, fantassins, tous s'embrassent les larmes aux yeux. Là, sans que l'ordre en ait été donné, les soldats apportent des pierres et élèvent une pyramide qu'ils recouvrent d'armes enlevées à l'ennemi.

C'est le plus glorieux des trophées, assurément, car il vient d'hommes qui ont vaincu l'empire perse et la nature...

Cette admirable retraite se termine enfin à Chrysopolis, en face de Byzance (1).

Ce qui la rend surtout remarquable, c'est qu'elle apprend aux Grecs le secret de leur force, en même temps qu'aux Perses celui de leur faiblesse. Aussi, AGÉSILAS, roi de Sparte, apprenant qu'Artaxerce-Mnémon ne peut pardonner aux peuples d'Ionie d'avoir aidé son frère Cyrus dans sa révolte, passe la mer, soulève les Ioniens, se met à leur tête, et remporte, à son tour, plusieurs victoires éclatantes sur les Perses. Elles font enfin comprendre au grand roi combien cette nation, que Darius et Xerxès avaient en vain tenté d'asservir, est devenue redoutable à son empire.

Mais, dans le même temps que le roi de Sparte poursuit en Asie le cours de ses succès, il reçoit tout-à-coup des éphores, auxquels les rois eux-mêmes sont forcés d'obéir, l'ordre de revenir promptement en Grèce. En effet, un danger menace Sparte. Athènes, à peine relevée de ses désastres, et les villes de Corinthe, d'Argos et de Thèbes, déjà fatiguées du joug que les Spartiates font peser sur elles, réunissent des troupes prêtes à marcher sur la Laconie.

Alors un éphore, nommé *Antalcidas*, va trouver Artaxerce-Mnémon à Suse, et lui propose de mettre un terme à la guerre cruelle qui divise les deux pays. Un traité, traité honteux s'il en fut, et qui porte le nom de son auteur, *traité d'Antalcidas*, déclare que toutes les villes grecques seront indépendantes entre elles, mais que celles d'Ionie, seules, demeureront soumises à l'empire du roi de Perse.

(1) *Cyropédie* et *Retraite des dix mille*, par Xénophon, style d'une grande douceur et faits d'une vérité parfaite et du plus grand intérêt.

Artaxerce signe avec joie un semblable traité, et les Lacédémoniens s'engagent à contraindre les Grecs à le ratifier. Aussi le roi de Perse envoie-t-il à Antalcidas une couronne de fleurs, parfumée d'essences précieuses, dont l'indigne Spartiate n'a pas honte de se parer comme pour un jour de fête.

Artaxerce-Mnémon n'avait pas agi de même vis-à-vis de Conon et de Cléarque, l'un des chefs des dix mille Grecs. Attiré, le premier, à Sardes, fut assassiné sous le prétexte qu'il avait trahi les intérêts du grand roi à Athènes; le second, dans le camp du roi, le lendemain de la bataille de Cunaxa, fut poignardé, parce qu'il avait organisé la rébellion de Cyrus contre son frère.

Mais laissons les rois de Perse, nous les retrouverons tout-à-l'heure, et parlons de la déplorable guerre du Péloponèse.

Nous avons dit qu'Athènes, Corinthe, Argos et Thèbes se soulèvent contre Lacédémone, dont l'injustice et le despotisme attirent sur elle toutes les colères.

En effet, alors que la paix était proclamée, que chacun retournait à ses travaux, le laboureur à son champ, le marchand à son navire, l'artiste aux monuments à élever, tout-à-coup Sparte somme les Mantinéens d'abattre leurs murailles. Mantinée avait le tort d'être voisine de Sparte.

Au contraire, sur le territoire d'Athènes, Platée reçoit l'ordre de rebâtir ses remparts.

C'est la même politique : détruire toute grande cité dans le Péloponèse, pour n'avoir rien à craindre, et en créer sur le sol rival d'Athènes, pour affaiblir cette dernière ville.

Voici donc les Spartiates qui, non-seulement détruisent Mantinée et dispersent ses habitants, mais encore attaquent Olynthe, dans la Chalcidique, prennent Cadmée, la forteresse de Thèbes, et y envoient des tyrans qui y exercent toutes les violences.

Mais alors, planant au-dessus de cette ville dans un vol fiévreux dont je ne puis redire les mystères, je vois douze jeunes Thébains, vêtus en chasseurs, menant des chiens en laisse, portant des pieux et des filets, qui prennent les devants et entrent isolément dans la capitale de la Béotie.

Il s'agit de sauver un citoyen qui doit être exécuté.

Ils se réunissent chez un des plus riches de la ville, nommé *Charon,* où leurs partisans viennent les rejoindre. Deux des polémarques spartiates y ont été conviés à un festin : on leur a promis que les premières femmes de Thèbes seront du repas. Les convives sont déjà dans l'ivresse lorsqu'on leur annonce que des exilés sont entrés dans la ville.

— A demain les affaires sérieuses! dit Archias en jetant la lettre qui trahit les conjurés.

Quelques instants après, ceux-ci se présentent dans la salle du banquet, des robes de femmes couvrent leurs cuirasses, et ils portent de larges couronnes de pin et de peuplier qui cachent leurs visages. A peine ont-ils reconnu Archias et son associé Philippe, qu'ils tirent leurs épées, et, s'élançant à travers les tables, tuent sans peine ces tyrans noyés dans le vin.

Thèbes est délivrée; *Pélopidas* est son sauveur!

*Epaminondas,* pauvre, mais vaillant Thébain, se lève à son tour.

Il demande d'abord aux Spartiates la pacification de la Grèce; sur leur refus, pendant que *Cléombrote,* leur roi, s'avance vers la Béotie, lui, et Pélopidas avec lui, court à sa rencontre.

C'est à Leuctres, dans la Béotie, au sud-ouest de Thèbes, que le bataillon sacré de Thèbes rencontre les dix mille hoplites et les mille cavaliers de Sparte. Dans la plaine s'élève le tombeau de quelques jeunes Thébaines qui se sont tuées après avoir été outragées par des Lacédémoniens. Ce monument est regardé comme d'un heureux présage.

On est au mois de scirophorion, — juin, — 371 avant J.-C. Au moment où les béotarques vont donner le signal de la lutte, le soleil voile sa face radieuse, la lune se montre sanglante au ciel, et des bruits d'armes se font ouïr dans les régions supérieures de l'air.

— Les dieux sont contre nous! s'écrient les Thébains.

— Les dieux sont pour la justice! reprend le béotarque Epaminondas. Il n'y a pas de meilleur présage pour défendre la patrie…

En effet, le bataillon sacré fait merveille. Cléombrote essaie de tourner et d'envelopper ce cône terrible qui, comme un coin, s'enfonce dans le front de son armée. Pélopidas le charge impétueusement. La victoire se déclare pour les Thébains : la *bataille de Leuctres* est gagnée! Cléombrote périt dans la mêlée.

Mais les Spartiates sont incorrigibles; ils reprennent les armes.

Trois fois, quatre fois, Epaminondas les refoule dans le Péloponèse. Il est seul alors à combattre, car Pélopidas, dans la bataille de Cynocéphales, contre ALEXANDRE, tyran de Phères, qui veut profiter des troubles pour élever une domination inattendue, a perdu la vie, en remportant la victoire.

Néanmoins, Epaminondas s'arrête, à Mantinée, devant le front de bandière des Spartiates, que commande *Agésilas*, roi de Sparte, et où se trouve une cavalerie d'Athènes, contrainte de rentrer dans l'alliance de Sparte. A Mantinée, Epaminondas suit la tactique qu'il avait adoptée à Leuctres. Mais il se laisse emporter trop loin, et il tombe atteint d'un coup mortel. Voici qu'on le rapporte dans sa tente. Le fer qui l'a frappé demeure encore dans sa blessure.

— A-t-on sauvé mon bouclier? demande à son écuyer Epaminondas, rappelé un moment à la vie.

— Le voici… répond son homme d'armes.

Epaminondas le contemple avec joie, et le baise : n'a-t-il pas vu tous ses travaux militaires? ne l'a-t-il pas protégé jusqu'alors, ce bouclier du béotarque?

— Maintenant je puis mourir! dit le brave Thébain, car je laisse deux filles immortelles, Leuctres et Mantinée!

Avant d'expirer, cependant, il veut voir Jolaidas et Daiphantos, deux de ses lieutenants qu'il juge dignes de lui succéder.

— Ils sont morts! lui dit-on.

— En ce cas, faites la paix... achève-t-il.

Et, arrachant le fer de sa blessure, il expire aussitôt (1).

Athènes a été ruinée par Sparte; Sparte l'est à son tour par Thèbes; Thèbes vient de se consumer pour reprendre le dessus; désormais il n'est plus de peuple fort en Grèce, la Grèce s'en va.

Mais voici venir un homme qui va dresser son pouvoir sur ces ruines amoncelées, et son peuple sur ces peuples.

Cet homme est Philippe, roi de Macédoine.

La Macédoine, située au nord de la Grèce, a pour habitants un mélange de la race grecque et de la race barbare. Plusieurs tribus composent le peuple macédonien: Elyméens, Orestes, Lyncestes, Eordéens et Pélagoniens. Leur civilisation en est encore à ce point que quiconque n'a pas tué un ennemi est marqué d'un signe de déshonneur. CARANUS, descendant d'Hercule, a érigé la Macédoine en royaume, vers 807. J'ai peu de choses à dire sur les rois qui lui succèdent jusqu'à Philippe II.

PHILIPPE II, profitant des troubles de la Grèce, organise une armée. Petit de taille, mais grand de cœur, il s'empare d'Amphipolis, sur le Stymon, conquête la Thrace, se rend maître de l'Illyrie et épouse Olympias, fille du roi d'Epire.

Ce qui fait la force militaire de Philippe, c'est sa *Phalange*. Le bataillon sacré d'Epaminondas lui en a donné l'idée. La Phalange macédonienne présente une grande masse d'hommes serrés les uns contre les autres, sur seize files de profondeur, couverts de fortes armures, portant une épée et une pique de sept mètres appelée *sarisse*. La pointe acérée de la sarisse protège l'homme du premier rang, à

---

(1) *Hérodote* n'a écrit l'histoire grecque que jusqu'après la bataille de Platée.
*Thucydide* s'est arrêté en 411.
*Xénophon* ne va pas au-delà de la bataille de Mantinée.

six mètres en avant de sa poitrine, de sorte que l'homme du second rang porte encore sa lance à cinq mètres en avant du premier phalangiste, celui du troisième à quatre, et ainsi de suite jusqu'au soldat de la sixième file, dont la lance dépasse encore d'un mètre le front de la phalange. Sur un terrain propice, rien ne peut résister à cette phalange, et Plutarque la compare à une bête hérissée de fer.

Avec sa phalange, Philippe s'empare de Pydna, il étend la Macédoine jusqu'à la mer (1).

La *guerre sociale* qui sépare encore Athènes de ses alliés, facilite encore à Philippe le développement de ses projets ambitieux.

(1) L'empereur Napoléon III a fait faire des expéditions archéologiques dans le nord de la Grèce, comme il en avait été fait dans la Grèce méridionale. La Thessalie, l'Epire et la Macédoine ont été visitées par une société de savants.

L'expédition a retrouvé la grande ville de *Philippes*, sur la frontière de la Macédoine. Ses ruines répondent aujourd'hui à leur importance d'autrefois. Situées sur un promontoire de rochers, au milieu de la vaste plaine de Drama, elles occupent une de ces positions dominantes qui font d'une place forte la clef de tout un pays. Dans la haute ville, qui représente l'antique cité macédonienne, une enceinte en blocage conserve encore partout de beaux restes de la muraille hellénique. Toute la plaine, au pied des montagnes, n'est qu'un champ de ruines, où l'on retrouve des monuments curieux, tels que le théâtre, sur la pente ardue de l'Acropole, et sur les rochers nombre d'inscriptions gravées par les anciens habitants; puis une grande ruine, avec piliers de marbre et portes cintrées, connue sous le nom des *Colonnes*. Ce sont très probablement des thermes. Enfin une belle voûte en marbre blanc, construite sur la voie Egnatienne, arc de triomphe encore bien conservé, et un tombeau monolithe d'un beau caractère.

*Pella*, la capitale de Philippe et d'Alexandre, n'est plus qu'un champ de labour, et *Edesse*, la ville sainte, cache jusqu'à ses vestiges sous les bâtisses d'un quartier bulgare.

A *Palatizza*, M. Léon Heuzey trouva des propylées, des chambres circulaires, des corps de logis, et des détails de sculpture qui démontrent que, où se trouve à cette heure Palatizza, dut être jadis le *palais* de campagne où Aristote se retira, avec Alexandre, pour faire l'éducation du jeune prince.

*Pharsale* offre encore des *tumuli* ou tombeaux.

Il en est de même à *Pydna*, où nos archéologues trouvèrent une chambre sépulcrale peinte, et deux lits funèbres, richement ornés de figures d'animaux et de feuillages élégants, enfouis sous des terres, ainsi que les battants renversés de deux portes en marbre, décorées de têtes de lion en bronze, et encadrées de reliefs imitant de puissantes ferrures et des rangées de clous à larges têtes.

La France possède maintenant l'un de ces lits, le plus beau, et un battant de la porte aux lions de bronze, rapportés par l'expédition.

Mais se montre alors à la tribune du Pnyx un homme dont la voix retentissante et les accents d'éloquence auront des échos dans les âges. *Démosthènes* se révèle à sa ville natale. Enfant, le nouvel orateur a reçu de ses amis le surnom d'Argos, pour exprimer l'âpreté de son caractère. Son père, armurier de profession, possesseur de nombreux esclaves, est mort jeune. L'orphelin est dépouillé par ses tuteurs. Mais il étudie, travaille, plaide contre la rapine dont il est l'objet, et la sentence des juges lui fait tout restituer. Toutefois Démosthènes ne réussit pas dans ses débuts publics. Au Pnyx, il est presque hué, à cause de ses longues phrases, de son style tourmenté, de son haleine courte et de son bégaiement. Alors il s'applique avec une indomptable opiniâtreté à vaincre ces difficultés. Il s'enferme pendant longtemps, et là, dans un souterrain, il façonne son geste et sa voix. Il s'y rase la tête, afin de se contraindre à ne pas sortir et à travailler. Puis il gravit une montagne, en récitant des vers, afin de s'habituer à respirer convenablement; ou bien, sur le bord de la mer, la bouche à demi remplie de petits cailloux, pour forcer sa langue à se délier, il lutte de la voix avec le fracas des vagues.

Alors, aussitôt qu'il est maître de la nature rebelle, il paraît en public et se pose en ennemi des envahissements de Philippe de Macédoine.

Philippe essaie-t-il de s'emparer des Thermopyles? aussitôt la voix de Démosthènes fait tonner sur Athènes et dans toute la Grèce sa *première Philippique*. S'empare-t-il d'Olynthe? nouvelle Philippique. Réussit-il à prendre les Thermopyles? autre violente Philippique.

Il s'ensuit que les Athéniens mettent à la tête de leur armée un nouveau et vaillant stratège, *Phocion*. Né vers 400, homme d'état et adepte de la philosophie qu'il a étudiée avec Platon, quoique d'une famille obscure, Phocion se distingue tout à la fois à la tête des troupes et à la tribune. Il est ainsi devenu le chef du parti aristocratique. Il ne cesse de recommander la modération à l'égard des alliés, la paix et une stricte surveillance à l'égard de Philippe. Aussi réussit-il à soustraire l'*île d'Eubée* aux attaques du roi de Macédoine, et force-t-il ce prince à lever le siége de Byzance.

Il sera même bientôt député vers Alexandre-le-Grand, après le sac de Thèbes, pour proposer le maintien de la paix, et méritera l'estime du jeune roi.

Mais, plus tard encore, comme toujours, les ingrats Athéniens condamneront à mort Phocion, et, en 317, lui feront boire la ciguë.

*Eschine*, un autre orateur d'Athènes, prenant au contraire le parti de Philippe, par lequel il s'est laissé corrompre, engage une lutte avec Démosthènes et obtient du roi de Macédoine que des agents particuliers travaillent pour lui en Grèce. La *bataille de Chéronée*, plus forte que les paroles, donne malheureusement la victoire à Philippe. Le bataillon sacré de Thèbes y est détruit tout entier par la phalange macédonienne. Démosthènes combattait parmi les hoplites.

Le soir de ce jour, Philippe ajoute l'ivresse du vin à l'ivresse du succès, et, couronné de fleurs, il vient insulter aux captifs.

— La fortune te donne le rôle d'Agamemnon, et tu joues celui de Thersite! lui dit l'Athénien Demade.

Ces mots frappent le roi de Macédoine. Il rentre en lui-même, foule aux pieds ses fleurs, rend la liberté aux captifs, et offre la paix à Athènes.

Alors, de Chéronée il se rend à Corinthe, où il convoque la Grèce entière. Là, on le nomme généralissime des Grecs contre les Perses.

Philippe a atteint son but : il est maître de la Grèce.

Aussi, avant de retourner dans ses États, il veut montrer sa puissance dans le Péloponèse et humilier les Spartiates. Il ravage la Laconie, et agrandit, aux dépens de Lacédémone, les territoires de Messène, de Mégalopolis, de Tégée et d'Argos.

Il s'agit bientôt de marcher contre la Perse. Philippe célèbre son prochain départ par des fêtes magnifiques, de splendides festins, des jeux, des combats de chants, auxquels les Grecs sont invités.

La scène se passe à *Pella*, en Macédoine.

Au milieu du banquet, des couronnes d'or lui sont offertes par les principaux convives et envoyées par les premières villes grecques. Celle que lui adresse Athènes porte ces mots : « Si quelqu'un conspire contre Philippe et se réfugie à Athènes, il sera livré au roi. » A la sortie du royal festin, la foule courut jouir des plaisirs du théâtre. Le lendemain, à travers les rues de Pydna, s'avance une pompe religieuse. Ce sont les images des douze grands dieux, travaillées par les plus habiles artistes et parées des plus riches ornements, que l'on porte en triomphe. Mais, à leur suite, vient une treizième statue, celle de Philippe lui-même, placée sur un trône comme celles des dieux... Alors Philippe paraît, vêtu de blanc. Il ordonne à ses gardes de s'éloigner, affectant ainsi une immense confiance vis-à-vis des Grecs. Mais, soudain, s'élance un meurtrier muni d'une épée celte, qui le frappe entre les côtes et l'étend mort à ses pieds.

Etait-ce Athènes, étaient-ce les Perses qui lui adressaient cet assassin? Nul ne peut le dire. N'était-ce même pas Olympias, sa femme, qu'il avait cruellement offensée, en la répudiant, pour épouser Cléopâtre, fille d'Attale, roi de Pergame?

C'est en 336 que se passe ce drame.

Mais vingt ans auparavant, c'est-à-dire en 356, un jour du mois d'hécatombéon, — juillet, — en la cent sixième Olympiade, Philippe avait reçu trois excellentes nouvelles :

*Parménion*, son meilleur général, avait vaincu les Illyriens ;

Ses chevaux avaient remporté le prix aux jeux Olympiques;

Enfin, Olympias, sa femme, lui donnait un fils, à Pella.

Ce fils, c'était ALEXANDRE, ALEXANDRE-LE-GRAND, le futur conquérant du monde!

Alors Philippe avait aussitôt écrit à *Aristote*, le fondateur de l'école philosophique d'Athènes appelée le Lycée ou les Péripatéticiens, Aristote, vaste et puissant génie, rival de Platon, rival de Socrate :

« Apprends qu'il vient de me naître un *fils*; je rends moins grâces aux dieux de la naissance de cet enfant, que de ce qu'il est venu au monde de ton vivant. J'espère qu'élevé et instruit par toi, il sera digne de moi et de mon empire. »

Alexandre, ce fils né à Pydna, le jour même où Erostrate, pour se rendre immortel, mettait le feu au célèbre et magnifique *temple de Diane*, à *Ephèse*, dans l'Asie-Mineure, Alexandre, tout en inclinant la tête sur l'épaule gauche, selon son habitude, prend d'une main ferme le sceptre de Philippe et se coiffe de sa couronne.

L'Ecriture sainte, qui ne dédaigne pas de parler, longtemps avant leur apparition, des héros comme Cyrus et Alexandre, dont Dieu fait ses instruments pour châtier les hommes, a dit de lui qu'*il fera trembler la terre*. Voyons si l'Ecriture a raison.

A peine compte-t-il vingt ans, et cependant il a déjà vaincu les Médares; il a repeuplé leur ville, qu'il a nommée Alexandrinopolis; il a soumis les Tribulles, auxquels il a soustrait la vie de son père en le couvrant de son bouclier; il a ravagé le pays des Gètes; c'est à lui, plus qu'à Philippe, que les Macédoniens doivent le succès de la bataille de Chéronée, contre Athènes et Thèbes; enfin, admirateur passionné d'Homère, il ne l'est pas moins de Pindare, l'illustre poète de Thèbes, car, maître de cette ville des Béotiens, il ne laisse debout que la maison de cet élégant et gracieux chantre des jeux Olympiques.

Alors, afin de suivre les traces de son père et de conduire à fin ses projets à l'endroit des Perses, voilà le nouveau roi de Macédoine, qui n'a pour tout trésor que soixante-dix talents d'or, pour unique armée que trente mille fantassins, pour cavalerie que quatre mille cinq cents chevaux, et pour flotte que cent soixante galères, voilà l'intrépide Alexandre qui s'élance sur l'Asie.

Nous avons vu Artaxerce-Mnémon triompher de son frère Cyrus à la bataille de Cunaxa, non loin de Babylone. A peine le roi des Perses avait-il vu tomber son frère, qu'il avait ordonné à *Mésabate*, l'un de ses officiers, de porter dans son palais de Suse la main droite et la tête de Cyrus-le-Jeune, pour y être exposées à la porte jusqu'à ce qu'elles tombassent en poussière.

Hélas! la mère de Cyrus, Parysatis, dans une pensée de vengeance, un soir, jouant avec Artaxerce, obtint, comme prix du jeu, le don de l'un des officiers du grand roi. Ce fut sur Mésabate qu'elle fit tomber son choix. Alors elle le fit écorcher vif et expirer dans d'horribles tourments.

Puis, *Statira*, femme d'Artaxerce, s'étant réjouie publiquement de la défaite et de la mort de Cyrus, elle lui servit à un repas un oiseau fort rare dont une moitié, empoisonnée, fut mangée par l'infortunée princesse, qui dut mourir après d'affreuses douleurs.

Artaxerce exila Parysatis à Babylone, et Gygis, une jeune esclave de la reine, l'instrument de sa vengeance, eut la tête écrasée entre deux pierres, supplice réservé aux empoisonneurs.

Mais il était dit qu'Artaxerce-Mnémon serait malheureux par les siens. En effet, ce prince, qui a un grand nombre de femmes, ne compte pas moins de cent cinquante-trois fils, tous impatients et ambitieux. Pour arrêter les projets de ces jeunes princes, le grand roi donne la tiare royale à Darius, son fils aîné, et lui confère le titre de roi. Mais Darius n'en conspire pas moins avec cinquante de ses frères et menace la vie de son vieux père. Cet affreux parricide n'est pas accompli toutefois, et Artaxerce meurt fatigué de la vie, après avoir fait périr tous les coupables.

Alors lui succède Ochus. Témoin de la mort de son père, celui-ci cache cet événement à tout l'empire, pendant dix mois entiers. A la faveur de ce mystère, il donne constamment des ordres à tous les gouverneurs, au nom du prince mort, et ne laisse découvrir la tromperie qu'après s'être défait en un seul jour de tous les princes de la famille royale, de crainte que quelqu'un d'entre eux ne songe à lui disputer la couronne. Sa propre sœur *Ocha*, que jusqu'alors il a paru affectionner particulièrement, osant déplorer un crime aussi horrible, est enterrée toute vive par ce monstre.

Une seule princesse, *Sisygambis*, est assez heureuse pour sauver de ce massacre un tout jeune enfant dont elle est mère.

Ces premiers faits d'Ochus annoncent à la Perse un règne sanguinaire et terrible : que peut-on attendre, en effet, d'un prince qui égorge tous les siens?

Mais, voici que, à peine monté sur le trône, Ochus voit se révolter contre lui l'Egypte, cette riche contrée que les rois de Perse ont presque toujours possédée depuis Cambyse. Aussi Ochus lève-t-il aussitôt une puissante armée et marche-t-il contre le nouveau Pharaon que les Egyptiens se sont donné. Dans une seule bataille, livrée auprès de Péluse, le roi de Perse met en fuite ses ennemis, et force Nectanebo, leur roi, à chercher un refuge en Ethiopie, d'où jamais plus il ne revient. Le vainqueur se rend maître de Memphis alors, et de toutes les villes qui bordent le Nil, et il surpasse encore Cambyse en cruautés et en folies. Je le vois renverser les temples, brûler les plus belles cités, égorger les prêtres, et enfin mettre le comble à ses stupides barbaries, en faisant servir le bœuf Apis, rôti, dans un festin qu'il donne à ses courtisans.

Parmi les généraux de l'armée des Perses se trouve alors un Egyptien du nom de *Bagoas*. C'est un officier brave et dissimulé. Indigné du sacrilége d'Ochus, il prend le parti d'en tirer vengeance. Il empoisonne Ochus dans un nouveau festin, et lorsque le grand roi expire à peine, il fait dévorer son corps par les chiens et ordonne que l'on fabrique des manches de couteaux avec les os du prince : il affecte même de se servir de ces couteaux à ses repas, pour montrer que le criminel a été puni là où il avait commis son forfait.

Bagoas choisit alors *Arsés*, fils d'Ochus, pour le mettre sur le trône de Perse : mais bientôt, mécontent de son élève qu'il juge trop capable de marcher sur les traces de son père, et apprenant que Sisygambis a sauvé un jeune enfant du massacre de la famille royale, il remet le sceptre à ce prince et lui donne le nom de Darius-Codoman.

Hélas! c'est précisément ce nouveau roi, élevé dans l'infortune et la retraite, par sa mère Sisygambis, princesse vertueuse et sage, à laquelle il doit deux fois la vie, et qui promettait un règne juste et noble, que le roi de Macédoine, Alexandre-le-Grand, vient attaquer jusque dans le cœur de ses Etats.

En effet, Alexandre longe les côtes d'Amphipolis, traverse le Strymon, saute par-dessus l'Hèbre, touche à Sestos, et en deux jours gagne l'Asie.

Une fois dans la Troade, il jette des fleurs sur le tombeau d'Achille et médite à l'entour, puis il atteint le Granique.

Memnon de Rhodes, le meilleur général de Darius-Codoman et ses Perses, au nombre de cent mille, lui disputent le passage du fleuve. Néanmoins Alexandre le traverse. Alors il est fait un instant prisonnier par les Perses; mais *Clytus*, son frère de lait, le délivre, et notre héros tue vingt mille ennemis.

L'Asie-Mineure devient le fruit de cette première conquête.

Alors il s'annonce partout comme libérateur, et cependant il met à mort Mithridate, roi de Pont; fait la conquête de la Mysie, de la Lydie; s'empare de Sardes, de Milet, d'Halicarnasse; ravage la Galatie, la Cappadoce; la Phrygie l'arrête un moment pour l'accomplissement d'un oracle. On lui présente à *Gordium* le nœud prophétique d'un char à la solution duquel est attachée la possession de l'empire de l'Asie; Alexandre essaie, en vain, de le dénouer : aussi tranche-t-il la difficulté à l'aide de son glaive.

Cependant Memnon a déterminé Darius à porter la guerre en Macédoine : c'est le seul moyen capable de faire échouer l'entreprise d'Alexandre; mais l'infortuné général périt au siége de Mytilène, et son projet périt avec lui.

Débarrassé d'un ennemi si redoutable, Alexandre parcourt en vainqueur l'empire des Perses, et, tout mouillé de sueur, se jette dans le Cydnus; il court une seconde fois le danger de la mort. Heureusement le docte Philippe, son médecin, le relève de sa couche.

En ce moment Darius-Codoman s'avance à la rencontre du conquérant, à la tête de six cent mille soldats. Alexandre le joint dans les plaines d'*Issus*, lui tue cent mille hommes, et lui prend *Sisygambis*, sa mère, *Statira*, sa femme, et toute sa famille, qui suivaient l'armée, entourées de la plus opulente escorte.

Arrivé à Damas, il s'empare des immenses trésors de Darius, donne pour roi, aux Sidoniens, le généreux Abdalonyme, qui se refuse à cet honneur; se rend maître de Tyr après un siége de sept mois, aussi merveilleux que la défense, et atteint Gaza, qu'il prend et qu'il saccage. Mais il est blessé sous ses murailles, et alors, dans sa fureur, il immole le Perse Bétis, l'intrépide défenseur de la ville, dont ensuite, comme jadis Achille fit à Hector, il perce les talons pour y passer des courroies et promener trois fois autour des remparts le cadavre attaché à son char.

Puis, le héros s'élance vers l'Egypte, remonte le Nil, se rend maître de Memphis, admire les Pyramides, s'enfonce dans le désert, honore la tombe d'Osiris dans ses plaines de sable, pénètre dans la Libye et s'y fait proclamer fils de Jupiter-Ammon, moins peut-être pour satisfaire un vain orgueil que pour frapper l'esprit superstitieux des peuples et des soldats.

Enfin, revenu sur les bords de la mer, près du Delta, et non loin de Canope, il taille une vaste enceinte sur le rivage, en forme de manteau royal de Macédoine, et fonde la ville d'ALEXANDRIE, dont le phare doit être une des sept merveilles du monde.

Là, s'adressant à Parménion, son intime confident, l'un des généraux de son père : « Ecrivez... » lui dit-il. Et il dicte cette lettre :

« Je vous demande votre appui, d'abord, et, ensuite, des secours d'hommes et des vivres. Vous aurez à laisser libre le passage pour mon armée. En dernier lieu, vous n'appartiendrez plus au roi de Perse, mais au roi de Macédoine, Alexandre. »

La lettre est pliée; Parménion attend que son royal maître lui dicte la suscription.

« Au grand prêtre Jaddus, à Jérusalem... fait le conquérant. »

Le courrier part et vole. A son tour, il trouve Alexandre à Péluse, et lui remet cette réponse :

« Nous avons fait serment à Darius-Codoman et aux rois de Perse de ne jamais porter les armes contre lui, nous tiendrons parole... »

— A Jérusalem! fait Alexandre.

Qu'était Alexandre, à Jérusalem? Un nom fort peu connu. On y avait bien ouï parler de la conquête de Tyr et de Sidon; on y avait entendu la chute de Gaza; le bruit d'une grande foule passant à l'horizon, le long de la mer, s'était étendu jusqu'aux murs de Jérusalem, comme l'écho d'une marée en fureur : mais c'était tout.

Hélas! voici qu'un matin, alors que les torrents des vallées commençaient à rayer de leurs sinuosités blanches les roches grises de la montagne, des toits coniques du temple, des escaliers, des terrasses, des tours et des remparts de Jérusalem, on signala, descendant des rampes des collines, comme des brouillards légers qui se traînaient contre le sol; puis ce fut un grand rideau de poudre grise perpendiculairement étalé, et, dans ses tourbillons des têtes de chameaux, des troupes d'éléphants, des forêts de lances rutilant au soleil, et des murs de boucliers qui reflétaient tous ses feux. C'étaient Alexandre et son armée...

Jaddus appelle au temple le peuple consterné; il ordonne des jeûnes, il prescrit aux Juifs de conjurer le Seigneur de leur porter secours.

Puis, se rappelant que Jéhovah est le maître des armées, il convoque les prêtres, les lévites, les notables de la cité. Le premier, vêtu de l'éphod, coiffé de la tiare, la poitrine couverte du rational aux pierres d'hyacinthe, il s'avance, suivi de légions sacrées, les encensoirs d'or à la main, les étendards saints déployés, le peuple en habits des grands jours, à la rencontre du farouche et redoutable vainqueur.

Bientôt ils ont percé le nuage de poussière, et déjà les éclairs des armures, les hennissements des chevaux et les fanfares des troupes de guerre les frappent de terreur.

Mais alors voici le conquérant, voici Alexandre qui s'avance monté sur son magnifique cheval de bataille, le célèbre *Bucéphale*. Seul, le jeune roi de Macédoine peut dompter ce terrible coursier. Mais aussi, que le noble animal est fier sous le poids qu'il porte! Souvent Bucéphale a sauvé la vie à son maître en le dégageant du fort de la mêlée (1). En ce moment le cheval de guerre redresse fièrement la tête, cette tête large comme celle du bœuf qui lui a valu son nom.

Le grand-prêtre, les pontifes, les prêtres, les lévites, le peuple s'inclinent...

— En vérité, s'écrie Alexandre en contemplant Jaddus, devant lequel il s'arrête, votre majesté sainte, noble vieillard, me révèle l'homme de Dieu. C'est à moi, mon père, à m'incliner devant vous et à vous vénérer.

Et Alexandre fait signe à son escorte de s'arrêter.

En même temps, le vainqueur des vainqueurs descend de son bouillant coursier, s'approche seul devant Jaddus, met le genou en terre et adore Jéhovah dans la personne de son ministre...

Puis le prince se mêle aux prêtres et aux lévites, et les salue tous. Il s'humanise avec la foule des Juifs et la caresse du regard.

Enfin, s'adressant à Parménion :

— J'ai vu ce vénérable grand-prêtre dans un songe, lui dit-il; Dieu me l'a montré... Je serais insensé de ne pas reconnaître que ce peuple est aimé du ciel!

Alors Alexandre entre à pied dans Jérusalem, dont il gravit les rampes non sans efforts; il va droit au temple, dont il admire les splendeurs; il immole des victimes en l'honneur du vrai Dieu. Jaddus lui fait lire la prophétie qui le concerne et sur laquelle son nom est

---

(1) *Bucéphale* fut tué dans l'Inde, au lieu où fut fondée la ville de *Bucéphalie*. Le lieu indiqué par les indigènes comme le lieu de sépulture de Bucéphale et la tombe élevée par Alexandre-le-Grand à son cheval favori, est au centre d'une vaste plaine entre les rivières Jalam et Chenab, dans le Punjab. Cette tombe en terre, revêtue de marbre sur le devant, a une étendue de cent pieds à sa base et de trente au sommet, qui est tout-à-fait plat. Au milieu se trouve un puits, près duquel s'élève un arbre. (*Siècle du* 15 *juin* 1857.)

écrit en toutes lettres; bref, ému, saintement inspiré, le conquérant accorde au pontife toutes les grâces qu'il peut désirer, après que Jaddus lui a raconté que c'est à Cyrus que les Israélites, captifs à Babylone, ont été rendus à la liberté et ont reçu le droit de rentrer dans leur patrie sous la conduite d'Esdras; et enfin, trois jours après, il s'éloigne, suivi du même cortége qui a fait honneur à son entrée dans la cité sainte du peuple de Dieu.

Longtemps encore on entend le vague murmure de son armée en marche; longtemps on suit du regard le nuage de poussière qu'il soulève sur son passage.

Puis on sut que Darius avait tenté par deux fois des propositions de paix, mais que, les voyant inutiles, il avait rassemblé toutes ses forces non loin du Tigre : là, dit-on, la *bataille d'Arbelles* fut livrée, et avec elle le sort de l'Asie se décide. Les Perses, vaincus, y perdent jusqu'à trois cent mille hommes, et leur roi n'échappe que par une fuite rapide (1).

Alors on ressent dans l'univers entier la secousse de la chute de Babylone, qui tombe au pouvoir du vainqueur avec tous ses trésors de science et ses trésors d'argent;

Alors on entend le sol trembler sous l'écroulement de Suse, qui livre à Alexandre tout ce qu'elle possède de rare et de précieux ;

Alors je vois le conquérant pénétrer dans Persépolis, immense ma-

---

(1) *Arbelles Arbela,* ville de l'Assyrie, au pied des monts Gordiens, dans une vaste plaine. La fameuse bataille en question ne se donna pas dans le voisinage d'Arbelles, dont elle a pris le nom. Voici ce que dit Arrien à ce sujet :

« C'est ainsi que l'opinion égarée place dans les champs d'Arbelles la dernière bataille livrée par Alexandre contre Darius; Arbelles est éloigné, selon les témoignages les plus authentiques, de cinq à six cents stades du champ où se livra cette bataille, qui eut lieu près de *Gaugamèle* et du fleuve *Bumelus,* au rapport de Ptolémée et d'Aristobule. Mais Gaugamèle n'est qu'un bourg misérable, dont le nom inconnu est peu harmonieux : on préféra le nom sonore d'Arbelles, ville célèbre et considérable. » *Arrien,* liv. VI, ch. IV.

Aujourd'hui *Arbyl* ou *Erbyl* n'est plus qu'un lieu sans importance, comptant tout au plus six mille habitants : l'antique Arbelles, Arbyl d'à-présent, est située à soixante-six kilomètres de Mossoul, vis-à-vis de Niniouah, — Ninive, — E.-S.-E.

gasin où les grands rois ont entassé des monceaux d'or; mais il s'y livre à d'immondes orgies, et la courtisane Thaïs use de son ascendant sur le monarque pour lui faire mettre, d'un bras aviné et chargé de torches brûlantes, le feu aux bâtiments qui masquent la vue du palais des rois, et les rouges reflets de l'incendie de Persépolis s'étendent sur l'Asie entière (1).

Puis on apprend qu'Ecbatane est prise et ruinée. C'est là que Darius s'était réfugié, et Alexandre y trouve d'énormes richesses dont il s'empare (2). Mais là, mal inspiré par le soupçon, il souille sa victoire par le meurtre de Parménion, l'ami de son père, son ami à lui, Parménion qu'il venait de faire gouverneur de la Médie, et qui, naguères, Darius offrant au roi de Macédoine la main d'une de ses filles et l'empire de l'Asie jusqu'à l'Euphrate, avait dit à Alexandre :

— J'accepterais, si j'étais Alexandre!

Mais Alexandre avait répondu :

— Et moi aussi, si j'étais Parménion!

Cependant, Darius-Codoman, poursuivi par Alexandre, songe de nouveau à tenter la fortune des armes. Mais *Bessus*, satrape de Bactriane, s'empare de sa personne, le charge de fers, et, sur son refus de le suivre, le perce de flèches. Alexandre arrive au moment où ce prince infortuné rend le dernier soupir. Aussitôt il se jette sur son corps, le pleure amèrement, lui fait faire de magnifiques obsèques, et jure de venger sa mort. En effet, le prince franchit l'Oxus et s'empare de *Nautaque*, où Bessus, livré par les siens, trouve dans une mort horrible la punition de son régicide.

La Sogdiane est alors soumise, comme la Bactriane.

Les *Scythes* sont vaincus au-delà du Jaxarte, et pour les contenir, Alexandre, qui vient d'épouser *Roxane*, fille d'un satrape persan, bat

(1) On a dit à tort qu'Alexandre brûla le palais des rois et la ville même de *Persépolis*. Ce qui ruina cette ville fut la translation du centre de l'empire à Babylone et la fondation de Séleucie et de Ctésiphon, non loin de la Bagdad moderne, sur le Tigre.

(2) La ruine d'*Ecbatane* commença sous les Séleucides, descendants de Séleucus, général d'Alexandre-le-Grand, qui détruisirent les principaux monuments.

la ville forte d'*Alexandeschata,* — la dernière *Alexandrie,* — près de *Cyreschata,* — la dernière ville de Cyrus, — laissant ainsi, à côté des ruines, d'impérissables monuments, et mêlant partout la civilisation européenne à la civilisation asiatique.

Hélas! faut-il qu'un prince qui mérite le surnom de Grand par son génie, se rende coupable du nouveau meurtre d'un de ses plus fidèles amis, celui de Clitus, que, dans un moment d'ivresse, il tue de sa propre main?

Quoi qu'il en soit, le conquérant part pour l'*Inde;*

Au-delà de l'*Indus,* il reçoit l'hommage et les présents du roi *Taxile;*

Défait le fier *Porus* et le *traite en roi,* selon la demande du vaincu;

Arrive à l'*Hyphase,* et veut pousser jusqu'au *Gange;* mais les plaintes de ses soldats l'émeuvent et l'arrêtent.

Alors il fait construire une flotte, descend l'*Hydaspe,* jusqu'à l'Indus;

Triomphe des *Maléens,* et, dans le siége de la ville des *Oxydraques,* monte le premier à l'assaut, où il court danger de la vie;

Touche enfin à l'Océan, et reprend par terre le chemin de Babylone.

*Néarque,* son amiral, reçoit l'ordre de l'y joindre par mer, afin de reconnaître les côtes depuis l'Indus jusqu'au fond du golfe Persique.

Quant à Alexandre, je le vois traversant le pays des Horites, la fertile Gédrosie, la Carmanie, etc.

A Suse, il épouse *Statira,* fille aînée de Darius;

Comble ses soldats de largesses et paie toutes leurs dettes;

Il incorpore à ses troupes trente mille barbares disciplinés à l'européenne;

Rentre à Ecbatane, où périt *Ephestion,* cet autre lui-même;

Et enfin revient à Babylone, où il reçoit des ambassadeurs de presque toutes les nations du monde;

Là, pendant qu'il roule dans sa tête d'immenses projets : le tour de l'Afrique, la conquête de l'Arabie, l'asservissement de l'Europe entière, en un mot la fondation d'une monarchie universelle, dont Alexandrie sera la capitale, à l'heure du départ, dans le dernier repas qui doit être fait à Babylone (1), il tombe empoisonné par la main du traître *Antipater*, à l'âge de trente-deux ans et huit mois...

Ses ennemis mêmes le pleurent, car Sisygambis, mère de Darius, l'a pris en telle admiration et l'aime si tendrement, qu'elle ne peut survivre à sa perte, et qu'elle se laisse mourir de faim.

Tel fut le conquérant illustre, devenu le maître de la Grèce, de l'Egypte, de la Libye, de la Babylonie, de l'Assyrie, de l'Arabie, de la Syrie, de la Judée, de l'Inde, de l'Asie entière, du monde ancien, en un mot; et cet homme, le rival de Cyrus, de César, de Charlemagne, de Napoléon I$^{er}$, sera jugé toujours vertueux, humain, toujours grand, par les génies les plus fameux des temps futurs, César, Condé, Bossuet, Montesquieu et Napoléon lui-même...

A quelque temps de là, un char funèbre, que suivent quelques soldats, repassait par le même chemin qu'avait pris l'armée de Macédoine revenant de l'Egypte, s'arrêtait à peine sous les murs de Jérusalem, traversait l'isthme de Péluse, — isthme de Suez, — et allait déposer un cadavre dans un sépulcre neuf de la nouvelle cité d'Alexandrie, que terminait l'architecte *Dinocrate*, sur la branche maréotique du Nil, non loin de Canope et tout près de la mer...

Ce cadavre était celui d'Alexandre-le-Grand!

Sur sa dépouille mortelle on pouvait écrire :

« Ci-gît qui conquit le monde jusqu'à ses extrémités, s'enrichit des dépouilles des nations, et *devant qui trembla la terre!* »

On touchait alors à 323 avant J.-C.

L'empire d'Alexandre, c'était le monde, nous l'avons dit.

Chacun des généraux du grand conquérant songe à s'y tailler un manteau d'empereur ou de roi.

---

(1) La mort d'Alexandre-le-Grand et la fondation de Séleucie, sur le Tigre, précipitèrent la décadence de *Babylone*. Babylone existait encore, mais vide et fort réduite lors de la conquête du second empire perse par les Arabes.

— Je laisse mon héritage au plus digne, mais... je crains fort qu'on ne me fasse de sanglantes funérailles... avait murmuré le héros, au moment de mourir...

Ces funérailles, je le vois, vont devenir sanglantes, en effet.

ANTIPATER prend la Macédoine et la Grèce ; Athènes veut résister, mais elle est vaincue dans la *bataille de Cranon*, et doit subir le joug, jusqu'au moment où le géant de l'Italie, Rome, qui vient à peine de maître, en fera une province romaine ;

LYSIMAQUE s'empare de la Thrace ; cruel et farouche, il saura néanmoins conserver son autorité et la transmettre à ses descendants, jusqu'à ce que, elle aussi, devienne province romaine ;

PTOLÉMÉE-SOTER, fils de Lagus, se donne l'Egypte. Il devient le chef de cette série de monarques, connus sous le nom de Lagides, qui commence par Ptolémée II-Philadelphe, Ptolémée III-Evergète, Ptolémée IV-Philopator, Ptolémée V-Epiphanes, Ptolémée VI-Philométor, Ptolémée VII-Evergète II, Ptolémée VIII-Soter II, Ptolémée IX-Alexandre I, Ptolémée X-Alexandre II, Ptolémée XI-Aulète, Ptolémée XII-Denys, Ptolémée XIII-l'Enfant, et se termine à la belle Cléopâtre, sous laquelle l'Egypte, à son tour, devient province romaine ;

ANTIGONE s'adjuge l'Asie-Mineure, et a pour successeur Antigone-Gonatas et Antigone-Doson, qui s'empare du Péloponèse, triomphe de la Ligue achéenne, et prend Sparte, où il abolit les lois de Lycurgue, alors que les Romains s'emparent de l'Asie et la réduisent à la condition de province romaine ;

EUMÈNE se fait roi de la Cappadoce ; mais Antigone la lui ravit et l'égorge dans sa prison.

Enfin SÉLEUCUS, général de la cavalerie d'Alexandre, prend pour lui la grande Asie, fonde la ville de *Séleucie* sur les rives du Tigre, et en changeant ainsi la capitale de l'empire des Mèdes, des Perses, d'Assyrie et de Babylonie, fait désormais s'appauvrir et tomber en ruines les grandes villes de Babylone, Ninive, Ecbatane, Suse, Persépolis et Pasagardes...

Chef de la famille des Séleucides, il change complètement la face des anciens empires de cette riche et belle contrée, le berceau du monde.

Mais je vois que la guerre va éclater entre tous ces nouveaux princes, ainsi que l'a prévu Alexandre à son lit de mort.

— La *bataille d'Ipsus*, en Phrygie, va se livrer, me dit la voix mystérieuse, qui depuis longtemps gardait le silence : mais, si elle enrichit celui-ci et amoindrit celui-là, la main de bronze du colosse romain ne s'en appesantira pas moins bientôt sur eux tous...

Rome doit punir les nations, comme un jour les Barbares puniront Rome...

DIEU LE VEUT! UNE ÈRE NOUVELLE, L'ÈRE ROMAINE, VA SE LEVER ET DOMINER LA TERRE !

La voix se tait : mais alors il se fait sur la surface du vieux monde un tel mouvement que j'en suis effrayé...

Je vois... Je ne sais plus ce que je vois, car la nuit se fait, nuit étrange, indescriptible. La voûte du ciel bleu s'enfonce à l'horizon, d'un côté, dans le poudroiement des plaines, de l'autre dans les brumes de la mer. La lune se lève à ras des flots, et je crois entrevoir çà et là des palmiers qui se penchent sur des collines de sable. Il me semble parfois qu'une pluie d'orage tombe, et, telle qu'une longue écharpe, pend des hauteurs du firmament. Alors, par moments aussi, un vent tiède chasse des tourbillons de poussière, et il se fait un grand mouvement d'hommes d'armes. Ce sont des gens de toutes nations, Ligures, Lusitaniens, Baléares, Macédoniens, Grecs, Asiatiques, noirs d'Afrique, Egyptiens, que sais-je? Je reconnais même des Gaulois aux longs cheveux retroussés sur le sommet de la tête. Ils s'avancent par tous les chemins, marchant d'un pas lourd, faisant sonner sur les pierres leurs cothurnes de fer. Les aigrettes de leurs casques, comme des flammes rouges, se tordent au vent derrière eux. Leurs armures sont bossuées et leurs visages noircis par le hâle des batailles. Leurs cottes de mailles déchirées battent sur les pommeaux de leurs glaives, et sous les trous de l'airain, on voit leurs membres nus. Glaives, haches, épieux, lances, sarisses, bonnets de poils, coiffures de feutre, casques de bronze, tout oscille à la fois. Des cris rauques sortent de leurs barbes épaisses.

— Qu'est-ce que cette foule? osai-je murmurer.

— Les peuples anciens qui viennent te porter en triomphe, pour te remercier d'avoir assisté à leurs ébats... me répond la voix. Regarde : vois-tu cette litière de pourpre, ornée aux angles de bouquets de plumes d'autruche, que portent des dromadaires en faisant tinter les sonnettes suspendues à leur poitrail? C'est dans cet équipage que ces vétérans des armées antiques vont te reconduire dans ta ville de Paris...

Ils t'ont découvert, et les voici qui t'appellent. Je vais te donner à eux... Attention!...

En effet, une affreuse, une inexprimable clameur s'éleva de terre et me fit trembler de ce froid que ressent un homme qui a bu du galbanum ou à qui une vipère a inoculé un venin qui glace le cœur.

Mais la misérable Méduse qui me tenait suspendu, en ce moment même sortit sa griffe de ma chevelure... Je tombai, du zénith à terre, avec une telle violence, qu'il me sembla que je me brisais tous les membres...

J'ouvris les yeux pour m'assurer que... je n'étais pas mort...

Chose prodigieuse à dire! je me trouvais... sur le divan de l'atelier de mon oncle de Froley, dans son hôtel de la rue Blanche, à Paris... Even brodait, mon oncle achevait une aquarelle représentant un paysage de l'Asie, Arthur Bigron faisait un dessin pour ma cousine, et Marius Bédrin lisait ces derniers mots :

« Telle fut l'issue de la bataille d'Ipsus, en Phrygie! »

Ces messieurs et ma chère cousine ont la plus placide figure qu'il soit possible d'imaginer. Ils ne se donnent même pas la peine de faire attention à moi. Enfin un craquement du divan semblant frapper leur oreille, ils daignent tourner les regards vers moi.

— Ah! voici mon cher cousin qui vient du pays des songes, dit Even : ont-ils été heureux, vos rêves, Théobald? J'ai presque lieu de croire que non, car tout-à-l'heure vous sembliez fort agité...

— Ma chère Evenor, le dernier mot de la lecture faite par notre ami Bédrin me donne beaucoup à penser... Il parlait de la bataille d'Ipsus, en Phrygie. Je vous dirai que j'en arrive, en droite ligne...

— D'Ipsus? fit Even d'un air habilement stupéfait.

— D'Ipsus, en Phrygie, et qui plus est, de la bataille livrée entre tous les généraux d'Alexandre-le-Grand, devenus les héritiers de son immense empire... dis-je avec un imperturbable sang-froid.

— Etes-vous devenu fou, mon pauvre cousin?

— Non, Evenor, et vous jouez trop bien la comédie! Assez de haschich comme cela, et merci, grand merci, de l'idée souverainement heureuse que vous avez eue de...

— Mais que voulez-vous dire, Théobald (1)?

— Ce que je veux dire? Le voici : Mon cher oncle, Even, et vous, mes bons amis, sachez que grâce à votre ruse ingénieuse et charmante, vous avez fait en ma personne la plus heureuse transformation. D'ignorant... honteux, c'est le mot, je suis à cette heure devenu un peu plus savant. Je possède mon antiquité à démonter le plus intrépide jouteur. C'était précisément ce qui me manquait que vous

---

(1) Le haschich !... Vous savez ce que c'est, cher lecteur?
C'est une préparation enivrante, composée d'extrait de chanvre bouilli avec du beurre, puis mélangé avec du sucre.
Cette boisson produit une ivresse étrange, qui, peu à peu, devient une extase délicieuse, pendant laquelle l'esprit entrevoit les choses les plus étonnantes, et, *quand il est guidé par un récit, par une lecture, par la parole, des dessins, des gravures, des fresques, des peintures, des esquisses architecturales*, il voit, il contemple, il entend, il juge les *scènes miniaturales* qui lui sont soumises, et qui lui apparaissent dans des proportions grandioses, colossales, animées par les mouvements et les actions qu'on prête aux sujets, et en jouit comme s'ils lui offraient, en toute vérité, le spectacle des événements arrivés et des choses de la vie réelle...

m'avez appris, montré, mis en relief. Me voici ferré à glace sur la mythologie, l'histoire, la géographie, l'archéologie, l'architecture. Merci, mille fois merci.

— Alors, à quand ton examen pour le baccalauréat? dit le comte de Froley.

— Quand vous voudrez, mon oncle, le plus tôt sera le mieux.

— Eh bien! mon très cher, dans deux jours; voici ton inscription que je suis allé prendre hier à la Sorbonne.

Je n'ai pas besoin de vous dire, ami lecteur, qu'au moment où j'écris ces lignes j'ai subi la terrible épreuve. Boules blanches sur tous les points... Victoire donc, je suis bachelier ès-lettres!

A cette heure je vais prendre ma place dans la société.

Puissé-je lui payer noblement la dette que lui doit tout homme mis sur la terre pour faire l'ornement et le bien de sa patrie.

FIN.

# TABLE.

| | |
|---|---|
| Préambule. | 8 |
| Cieux, soyez attentifs ! Terre, prêtez l'oreille. | 11 |
| Premiers signes de décadence. | 63 |
| Drames de la Terre. | 111 |
| La huitième Merveille du Monde. | 173 |
| Le premier des grands Siècles. | 217 |
| Métamorphose du vieux Monde. | 273 |

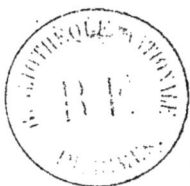

FIN DE LA TABLE.

Limoges. — Imp. Eugène Ardant et Cie.

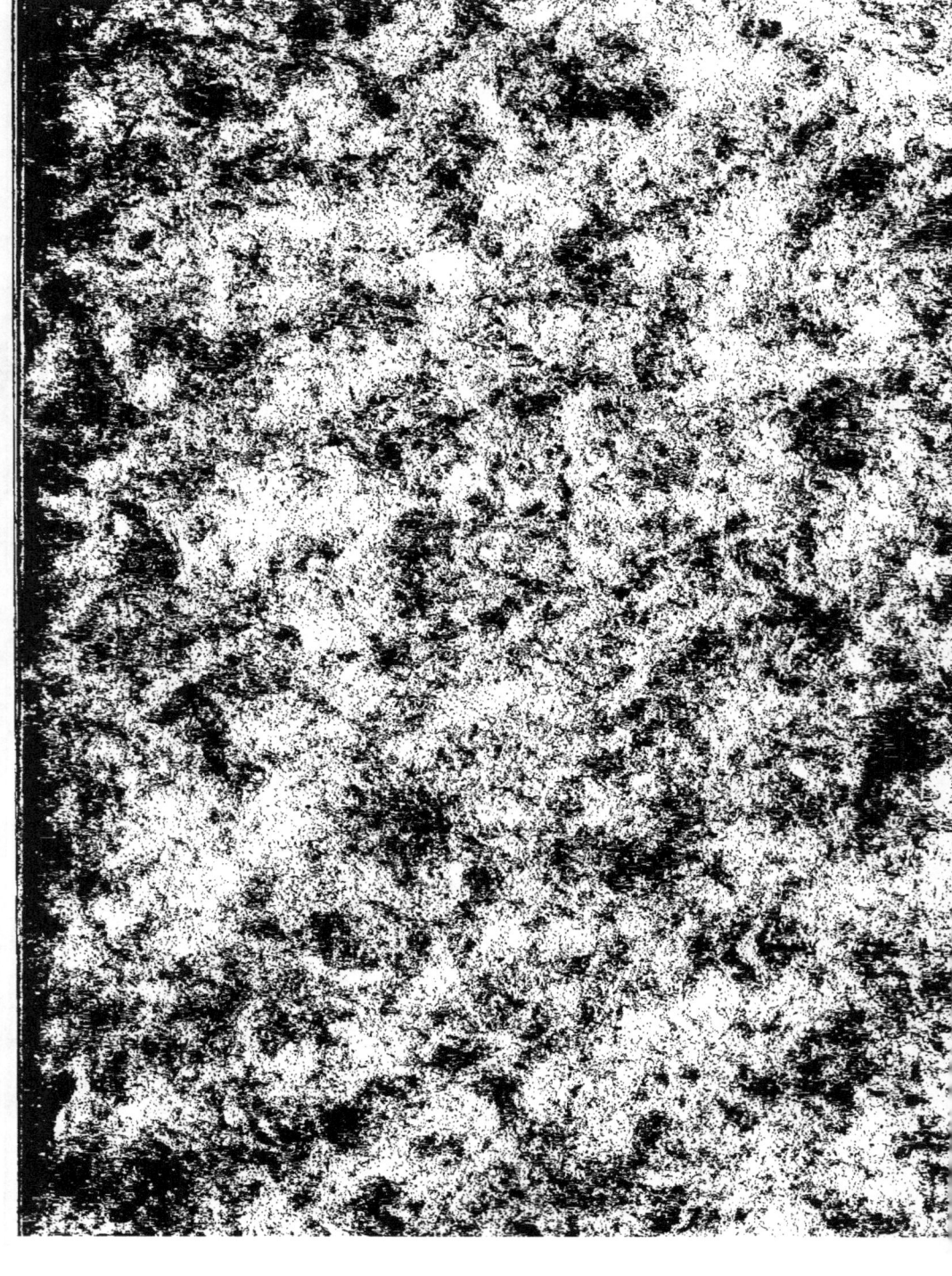

www.ingramcontent.com/pod-product-compliance
Lightning Source LLC
Chambersburg PA
CBHW072020150426
43194CB00008B/1184